# MÉMOIRES

DU DUC

# DE SAINT-SIMON

IX

TYPOGRAPHIE DE CH. LAHURE
IMPRIMEUR DU SÉNAT ET DE LA COUR DE CASSATION
RUE DE VAUGIRARD, 9, A PARIS

# MÉMOIRES

COMPLETS ET AUTHENTIQUES

DU DUC

# DE SAINT-SIMON

SUR LE SIÈCLE DE LOUIS XIV ET LA RÉGENCE

COLLATIONNÉS SUR LE MANUSCRIT ORIGINAL PAR M. CHÉRUEL

ET PRÉCÉDÉS D'UNE NOTICE

PAR M. SAINTE-BEUVE DE L'ACADÉMIE FRANÇAISE

TOME NEUVIÈME

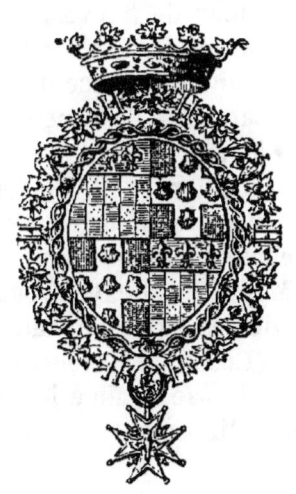

PARIS

LIBRAIRIE DE L. HACHETTE ET Cie

RUE PIERRE-SARRAZIN, N° 14

1856

# MÉMOIRES

DE

# SAINT-SIMON

## CHAPITRE PREMIER.

Prince de Lorraine coadjuteur de Trèves. — Mort et caractère du cardinal Grimani. — Mort et famille de la duchesse de Modène; son deuil. — Mort et fortune du prince de Salm. — Mort du comte de Noailles. — Mort et caractère de Mme de Ravetot; sa famille et celle de son mari. — Mort, famille et singularité de l'abbé de Pompadour. — Dixième denier. — P. Tellier persuade au roi que tous les biens de ses sujets sont à lui. — Explication du conseil des finances. — Monseigneur et Mgr le duc de Bourgogne fâchés du dixième. — Sortie de Mgr le duc de Bourgogne contre les financiers. — Du Mont m'avertit de la plus folle calomnie persuadée contre moi à Monseigneur. — Crédulité inconcevable de ce prince. — Mme de Saint-Simon s'adresse à Mme la duchesse de Bourgogne, qui détrompe pleinement Monseigneur et me tire d'affaire.

M. de Lorraine, par la protection de l'empereur, avoit forcé le chapitre de Trèves de souffrir que son frère y entrât; je dis forcé, parce que ce chapitre et celui de Mayence faits sages, et en cela appuyés de toute la noblesse de l'empire, par l'exemple de celui de Cologne qui n'a plus d'archevêque, il y a longtemps, que de la maison de Bavière, depuis que ces princes se sont introduits dans le chapitre, ne veulent plus souffrir de princes dans les leurs; ce que celui de Trèves craignoit du frère du duc de Lorraine et qui lui arriva. Les prières et les menaces furent employées par la cour de Vienne; M. de Lorraine traita et répandit l'argent à pleines mains. L'archevêque, qui étoit un baron d'Orgbreicht, et qui avoit soixante-quinze ans, fut gagné; la brigue emporta les chanoines, et le frère du duc de Lorraine fut élu coadjuteur sur la fin de septembre.

L'empereur fit incontinent après une perte d'un de ses plus effrénés partisans, en la personne du cardinal Grimani, qui n'eut de dieu que son service, à qui les crimes ne coûtoient rien, et qui en fut singulièrement récompensé de la vice-royauté de Naples, où il mourut à la grande satisfaction de ce royaume, qu'il tyrannisoit fort, et du pape et de tout Rome, qu'il maîtrisoit sans ménagement d'une étrange sorte. Ce prince perdit aussi sa belle-sœur, la duchesse de Modène; elle n'avoit que trente-neuf ans, et avoit deux ans plus que l'impératrice; toutes deux filles de la duchesse d'Hanovre, desquelles j'ai parlé à l'occasion de ce qui les fit sortir de France, et de la feue princesse de Salm, dont le mari mourut aussi fort peu après. Il avoit eu les premiers emplois à la cour de Vienne; il avoit été gouverneur de la personne de l'empereur, et avoit fait son mariage avec sa nièce; des mécontentements l'avoient fait renoncer à toutes ses charges et à la cour depuis quelques années; il s'étoit retiré chez lui, et il mourut à Aix-la-Chapelle. Mme la Princesse étoit sœur de sa femme et de la duchesse d'Hanovre. Le roi prit le deuil quatre ou cinq jours de Mme de Modène. M. de Modène avoit l'honneur d'être son parent.

Le jeune comte de Noailles mourut de la petite vérole à Perpignan. De beaucoup de frères qu'avoit eus le duc de Noailles, c'étoit le seul qui restoit. Il lui avoit donné son régiment de cavalerie, et il étoit aussi lieutenant général au gouvernement d'Auvergne. Cela ne vaut que huit mille livres de rentes. Le roi donna l'un et l'autre au duc de Noailles.

Mme de Ravetot[1] mourut aussi. Ce fut une perte pour ses amis, dont elle avoit beaucoup, des deux sexes, et la plupart de haut parage : c'en fut aussi une pour le monde, dont elle étoit fort et avec considération. On l'appeloit belle et bonne, et elle étoit l'une et l'autre, avec de l'esprit, des grâces et rien de recherché ni d'affecté. Elle avoit été fort de la cour de Monsieur. Elle étoit fille de Pertuis, autrefois capitaine des gardes de M. de Turenne, qui s'étoit fait estimer et considérer, et étoit mort gouverneur de Menin. Le nom de son mari étoit Canouville, gentilshommes riches, anciens et bien alliés de haute Normandie. Le maréchal de Grammont avoit une fille aînée borgnesse, boiteuse et fort laide, qui ne voulut point être religieuse. Ne sachant qu'en faire, il la maria à Ravetot presque pour rien, après la mort duquel elle se ravisa et se fit carmélite. C'est la belle-mère de celle dont je parle. Le mari étoit un fort brave homme, qui buvoit bien, fort bête et fort débauché, qui s'est ruiné et est mort lieutenant général, et qui n'a laissé qu'une fille, son seul fils étant mort longtemps devant lui, sans avoir été marié, après avoir perdu sa fortune par une prison de douze ou quinze ans, pour s'être battu avec Armentières, mort depuis premier gentilhomme de la chambre de M. le duc d'Orléans.

L'abbé de Pompadour mourut en même temps et emporta moins de regrets. C'étoit un petit homme qui, à quatre-vingt-cinq ou six ans, couroit encore la ville, et qui n'avoit jamais fait la moindre figure. Son père et son frère étoient chevaliers de l'ordre en 1633 et en 1661. Son père s'étoit bien différemment marié, d'abord à une Montgommery, après à une Rohan-Guéméné, sans enfants d'aucune ; enfin à

---

1. Saint-Simon écrit Ravetot ; mais la véritable forme est Raffetot, nom d'un village de la Seine-Inférieure.

une Fabri, dont il en eut. Son fils aîné fut père de Mmes. de Saint-Luc et d'Hautefort, et cet abbé, leur oncle paternel, a fini cette branche, qui étoit l'aînée. Il avoit un laquais presque aussi vieux que lui, à qui il donnoit, outre ses gages, tant par jour pour dire son bréviaire en sa place, et qui le barbotoit dans un coin des antichambres où son maître alloit. Il s'en croyoit quitte de la sorte, apparemment sur l'exemple des chanoines qui payent des chantres pour aller chanter au chœur pour eux. Il avoit un autre frère de qui le fils n'a laissé que Mme de Courcillon, dont la fille unique, veuve d'un fils du maréchal-duc de Chaulnes, s'est remariée au prince de Rohan, et n'a point d'enfants de l'un ni de l'autre.

L'impossibilité, trop bassement éprouvée, d'obtenir la paix, et l'épuisement où étoit le royaume, jetèrent le roi dans les plus cruelles angoisses, et Desmarets dans le plus funeste embarras. Les papiers de toutes les espèces dont le commerce se trouvoit inondé, et qui tous avoient plus ou moins perdu crédit, faisoient un chaos dont on n'apercevoit point le remède : billets d'État, billets de monnoie, billets des receveurs généraux, billets sur les tailles, billets d'ustensile, étoient la ruine des particuliers que le roi forçoit de prendre en payement de lui, qui perdoient moitié, deux tiers et plus, et avec le roi comme avec les autres. Ces escomptes enrichissoient les gens d'argent et de finance aux dépens du public, et la circulation de l'argent ne se faisoit plus, parce que l'espèce manquoit, parce que le roi ne payoit plus personne et qu'il tiroit toujours, et que ce qu'il y avoit d'espèces hors de ses mains étoit bien enfermé dans les coffres des partisans. La capitation doublée et triplée à volonté arbitraire des intendants des provinces, les marchandises et les denrées de toute espèce imposées en droit au quadruple de leur valeur, taxes d'aisés et autres de toute nature et sur toutes sortes de choses, tout cela écrasoit nobles et roturiers, seigneurs et gens d'Église, sans que ce qu'il en revenoit au roi pût suffire, qui tiroit le sang de tous ses sujets sans distinction, qui en exprimoit jusqu'au pus, et qui enrichissoit une armée infinie de traitants et d'employés à ces divers genres d'impôts, entre les mains de qui en demeuroit la plus grande et la plus claire partie.

Desmarets, en qui enfin le roi avoit été forcé de mettre toute sa confiance pour les finances, imagina d'établir, en sus de tant d'impôts, cette dîme royale sur tous les biens de chaque communauté et de chaque particulier du royaume, que le maréchal de Vauban d'une façon, et que Boisguilbert de l'autre, avoient autrefois proposée, ainsi que je l'ai rapporté alors, comme une taxe unique, simple, qui suffiroit à tout, qui entreroit tout entière dans les coffres du roi, au moyen de laquelle tout autre impôt seroit aboli, même la taille et jusque son nom. On a vu au même lieu et avec quel succès, que les financiers en frémirent, que les ministres en rugirent, avec quel anathème cela fut rejeté, et à quel point ces deux excellents et habiles citoyens en demeurèrent perdus. C'est dont il faut se souvenir ici, puisque Desmarets, qui n'avoit pas perdu de vue ce système, non comme soulagement et remède, crime irrémissible dans la doctrine financière, mais comme surcroît, y eut maintenant recours.

Sans dire mot à personne, il fit son projet qu'il donna à examiner et à limer à un bureau qu'il composa exprès et uniquement de Bouville, conseiller d'État, mari de sa sœur; Nointel, conseiller d'État, frère de sa femme; Vaubourg, conseiller d'État, son frère; Bercy, intendant des finances, son gendre; Harlay-Cœli, maître des requêtes, son affidé, mort depuis conseiller d'État et intendant de Paris, et de trois maîtres financiers. Ce fut donc à ces gens si bien triés à digérer l'affaire, à en diriger l'exécution, et à en dresser l'édit. Nointel, seul d'entre eux, eut horreur d'une exaction si monstrueuse, et, sous prétexte du travail du bureau qu'il avoit des vivres des armées, il s'excusa d'entrer en celui-ci, et fut imité par un des trois traitants, à qui apparemment il restoit encore quelque sorte d'âme. On fut étonné que Vaubourg ne s'en fût point retiré, lui qui avoit beaucoup de probité et de piété, et qui s'étoit retiré des intendances par scrupule, où il avoit longtemps et bien servi.

Ces commissaires travaillèrent donc avec assiduité et grand'peine à surmonter les difficultés qui se présentoient de toutes parts. Il falloit d'abord tirer de chacun une confession de bonne foi, nette et précise, de son bien, de ses dettes actives et passives, de la nature de tout cela. Il en falloit exiger des preuves certaines et trouver les moyens de n'y être pas trompé. Sur ces points roulèrent toutes les difficultés. On compta pour rien la désolation de l'impôt même dans une multitude d'hommes de tous les états si prodigieuse, et leur désespoir d'être forcés à révéler eux-mêmes le secret de leurs familles, la turpitude d'un si grand nombre, le manque de bien suppléé par la réputation et le crédit, dont la cessation alloit jeter dans une ruine inévitable, la discussion des facultés de chacun, la combustion des familles par ces cruelles manifestations et par cette lampe portée sur leurs parties les plus honteuses; en un mot, plus que le cousin germain de ces dénombrements impies qui ont toujours indigné le créateur et appesanti sa main sur ceux qui les ont fait faire, et presque toujours attiré d'éclatants châtiments.

Moins d'un mois suffit à la pénétration de ces humains commissaires pour rendre bon compte de ce doux projet au cyclope qui les en avoit chargés. Il revit avec eux l'édit qu'ils en avoient dressé tout hérissé de foudres contre les délinquants qui seroient convaincus, mais qui n'avoit aucun égard aux charges que les biens portent par leur nature, et dès lors il ne fut plus question que de le faire passer.

Alors Desmarets proposa au roi cette affaire dont il sut bien faire sa cour; mais le roi, quelque accoutumé qu'il fût aux impôts les plus énormes, ne laissa pas de s'épouvanter de celui-ci. Depuis longtemps il n'entendoit parler que des plus extrêmes misères; ce surcroît l'inquiéta jusqu'à l'attrister d'une manière si sensible, que ses valets intérieurs s'en aperçurent dans les cabinets plusieurs jours de suite, et assez pour en être si en peine, que Maréchal, qui m'a conté toute cette curieuse anecdote, se hasarda de lui parler de cette tristesse qu'il remarquoit, et qui étoit telle depuis plusieurs jours, qu'il craignoit pour sa santé. Le roi lui avoua qu'il sentoit des peines infinies, et se jeta vaguement sur la situation des affaires. Huit ou dix jours après, et toujours la même mélancolie, le roi reprit son calme accoutumé. Il appela Maréchal, et seul avec lui, il lui dit que, maintenant qu'il se sentoit au large, il vouloit bien lui dire ce qui l'avoit si vivement peiné, et ce qui avoit mis fin à ses peines.

Alors il lui conta que l'extrême besoin de ses affaires l'avoit forcé à de furieux impôts; que l'état où elles se trouvoient réduites le mettoit dans la nécessité de les augmenter très-considérablement; que, outre la compassion, les scrupules de prendre ainsi les biens de tout le monde l'avoient fort tourmenté; qu'à la fin il s'en étoit ouvert au P. Tellier, qui lui avoit demandé quelques jours à y penser, et qu'il étoit revenu avec une consultation des plus habiles docteurs de Sorbonne qui décidoit nettement que tous les biens de ses sujets étoient à lui en propre, et que, quand il les prenoit, il ne prenoit que ce qui lui appartenoit[1]; qu'il avouoit que cette décision l'avoit mis fort au large, ôté tous ses scrupules, et lui avoit rendu le calme et la tranquillité qu'il avoit perdue. Maréchal fut si étonné, si éperdu d'entendre ce récit, qu'il ne put proférer un seul mot. Heureusement pour lui le roi le quitta dès qu'il le lui eut fait, et Maréchal resta quelque temps seul en même place, ne sachant presque où il en étoit. Cette anecdote, qu'il me conta

---

1. Louis XIV disait lui-même à son fils (*OEuvres de Louis XIV*, t. I$^{er}$, p. 57) : « Vous devez être persuadé que les rois ont naturellement la disposition pleine et libre de tous les biens qui sont possédés aussi bien par les gens d'Église que par les séculiers, pour en user en tous temps comme de sages économes, c'est-à-dire suivant le besoin général de leur État. »

peu de jours après, et dont il étoit presque encore dans le premier effroi, n'a pas besoin de commentaire; elle montre, sans qu'on ait besoin de le dire, ce qu'est un roi livré à un pareil confesseur, et qui ne parle qu'à lui, et ce que devient un État livré en de telles mains.

Maintenant il faut dire ce que c'étoit que le conseil des finances, et ce qui s'y faisoit, et qui est de même encore aujourd'hui. Le roi le tenoit tous les mardis matin et les samedis matin encore; mais celui des samedis étoit supprimé toujours à Marly. Outre Monseigneur et Mgr le duc de Bourgogne qui entroient en tous, il étoit composé du chancelier, parce qu'il avoit été contrôleur général; du duc de Beauvilliers, comme chef du conseil des finances, de Desmarets, comme contrôleur général, et de deux conseillers d'État, comme conseillers du conseil royal des finances, qui étoient lors Pelletier de Sousy, et d'Aguesseau, père du chancelier d'aujourd'hui. Il faut se souvenir ici de ce qui a été rapporté ailleurs de la création de l'inutile charge de chef de ce conseil, lorsque Colbert, pour perdre Fouquet et se rendre maître des finances, persuada au roi d'en supprimer le surintendant et d'en faire la fonction lui-même. Ainsi ce conseil se passoit presque entier en signatures et en bons, que le roi mettoit et faisoit au lieu du surintendant, en jugements d'affaires entre particuliers, que leur nature ou la volonté du ministre y portoit, et en appel du jugement du conseil des prises des vaisseaux ennemis, mais marchands, que tenoit chez lui M. le comte de Toulouse, dont l'appel venoit au conseil des finances, que Pontchartrain y rapportoit, et où pour ces affaires seulement le comte de Toulouse entroit avec voie délibérative. Toutes les autres y étoient rapportées par le contrôleur général, où le comte de Toulouse et Pontchartrain n'entroient pas. Rien autre n'y étoit agité ni délibéré. Tout ce qui s'appelle affaires des finances, taxes, impôts, droits, impositions de toute espèce, nouveaux, augmentation des anciens, régies de toutes les sortes, tout cela est fait par le contrôleur général seul chez lui, avec un intendant des finances dont la fonction est d'être son commis, quelquefois avec le traitant seul. Si la chose est considérable à un certain point, elle est rapportée au roi par le contrôleur général seul, dans son travail avec lui tête à tête, tellement qu'il sort des arrêts du conseil en finance qui n'ont jamais vu que le cabinet du contrôleur général, et des édits bursaux les plus ruineux qui de même n'ont pas été portés ailleurs; que le secrétaire d'État ne peut refuser de signer, ni le chancelier de viser et sceller sans voir, sur la simple signature du contrôleur général; et ceux qui entrent au conseil des finances n'en apprennent rien que par l'impression de ces pièces devenues publiques, comme tous les particuliers les plus éloignés des affaires. Cela se passoit ainsi alors, et s'est toujours continué de même depuis jusqu'à aujourd'hui.

L'établissement de la capitation fut proposé, et passa sans examen au conseil des finances, comme je l'ai raconté en son lieu, singularité donnée à l'énormité de cette espèce de dénombrement. La même énormité redoublée engagea Desmarets à la même cérémonie, ou plutôt au même jeu. Le roi, mis au large par le P. Tellier et sa consultation de Sorbonne, ne douta plus que tous les biens de ses sujets ne fussent siens, et que ce qu'il n'en prenoit pas et qu'il leur laissoit étoit pure grâce. Ainsi il ne fit plus de difficulté de les prendre à toutes mains et en toutes les sortes; il goûta donc le dixième en sus de tous les autres droits, impôts et affaires extraordinaires, et Desmarets n'eut plus qu'à exécuter. Ainsi le mardi matin, 30 septembre, Desmarets entra au conseil des finances avec l'édit du dixième dans son sac.

Il y avoit déjà quelques jours que chacun savoit la bombe en l'air, et en frémissoit avec ce reste d'espérance qui n'est fondé que sur le désir, et toute la cour ainsi que Paris attendoit dans une morne tristesse ce qui en alloit arriver. On s'en parloit à l'oreille, et bien que ce projet prêt d'éclore fût déjà exprès rendu public, personne n'en osoit parler tout haut. Ceux du conseil des finances y entrèrent ce jour-là sans en savoir davantage que le public, ni même si l'affaire baiseroit ou non le bureau de ce conseil.

Tout le monde assis, et Desmarets tirant un gros cahier de son sac, le roi prit la parole et dit que l'impossibilité d'avoir la paix, et l'extrême difficulté de soutenir la guerre, avoient fait travailler Desmarets à trouver des moyens extraordinaires qui lui paroissoient bons; qu'il lui en avoit rendu compte, et qu'il avoit été du même avis quoique bien fâché d'être réduit à ces discours; qu'il ne doutoit pas qu'ils ne fussent d'avis semblable après que Desmarets le leur auroit expliqué.

Après une préface si décisive et si contraire à la coutume du roi, Desmarets fit un discours pathétique sur l'opiniâtreté des ennemis et l'épuisement des finances, court et plein d'autorité, qu'il conclut par dire qu'entre laisser le royaume en proie à leurs armes ou se servir des seuls expédients qui restoient, lui n'en sachant aucuns autres, il croyoit encore moins dur de les mettre en usage que de souffrir l'entrée des ennemis dans toutes les provinces de France; qu'il s'agissoit de l'imposition du dixième denier sans exception de personne; qu'outre la raison d'impossibilité susdite, chacun encore y trouveroit son compte, parce que cette levée qui seroit modique pour chacun en comparaison de ce qu'il avoit sur le roi en rentes et en bienfaits (mais outre cette iniquité criante à ceux-là, combien de gens qui n'avoient rien du roi ni sur le roi!) en procureroit le payement régulier désormais, et par là un recouvrement de moyens pour tous les particuliers, et une circulation pour le général qui remettroit une sorte de petite abondance et de mouvement d'argent; qu'il avoit tâché de prévenir tous les inconvénients tant pour le roi que pour ses sujets, et que ces messieurs en jugeroient mieux par la lecture de l'édit même qu'il alloit faire, que par tout ce qu'il en pourroit dire de plus. Aussitôt, et sans attendre de réponse, il se mit à lire l'édit, et il le lut d'un bout à l'autre tout de suite sans aucune interruption, puis il se tut.

Personne ne prenant la parole, le roi demanda l'avis à d'Aguesseau, à qui comme le dernier du conseil c'étoit à parler le premier. Ce digne magistrat répondit que l'affaire lui paroissoit d'une si grande importance qu'il n'en pouvoit dire ainsi son avis sur-le-champ; qu'il lui faudroit pour le former lire longtemps chez lui l'édit, tant sur la chose même que sur la forme, partant qu'il supplioit le roi de le dispenser d'opiner là-dessus. Le roi dit que d'Aguesseau avoit raison; que l'examen qu'il demandoit étoit même inutile, puisqu'il ne pouvoit être travaillé plus que ce qu'avoit fait Desmarets, qui étoit d'avis de faire cet édit, et tel qu'ils le venoient d'entendre; que c'étoit aussi son sentiment à lui à qui Desmarets en avoit rendu compte, et qu'ainsi ce ne seroit que perdre le temps que de le discuter davantage.

Tous se turent, hormis le duc de Beauvilliers, qui, séduit par le neveu de Colbert son beau-père, qu'il croyoit un oracle en finances, et touché de la réduction à l'impossible, dit en peu de mots que, tout fâcheux qu'il reconnût ce secours, il ne pouvoit ne le pas préférer à voir les ennemis ravager la France, ni trouver que ce parti ne fût plus salutaire à ceux-là mêmes qui en souffriroient le plus.

Ainsi fut bâclée cette sanglante affaire, et immédiatement après signée, scellée, enregistrée parmi les sanglots suffoqués, et publiée parmi les plus douces mais les plus pitoyables plaintes. La levée ni le produit n'en furent pas tels à beaucoup près qu'on se l'étoit figuré dans ce bureau d'anthropophages, et le roi ne paya non plus un seul denier à personne qu'il faisoit auparavant. Ainsi tourna en fumée ce beau soulagement, cette sorte de petite abondance, cette circulation et ce mouvement d'argent, lénitif unique du beau discours de Desmarets. Je sus dès le lendemain tout le détail que je viens de rapporter, par le chancelier. Quelques jours après la publication de l'édit, il se répandit qu'il s'y étoit opposé avec vigueur au conseil des finances ; cela lui fit grand honneur, mais il s'en fit un bien plus véritable en rejetant hautement le faux. Il avoua à quiconque lui en parla qu'il s'étoit tu absolument, qu'il n'avoit pas été mis à portée de dire un seul mot là-dessus, qu'il en étoit même bien aise, parce que tout ce qu'il auroit pu dire n'auroit rien changé à une résolution de ce poids, absolument prise, dont on ne leur avoit parlé que par forme, cérémonie qui l'avoit même surpris. D'ailleurs il ne se cacha pas de blâmer cette invention affreuse avec toute l'amertume que méritoit un remède tourné en poison.

Le maréchal de Vauban étoit mort de douleur du succès de son zèle et de son livre, comme je l'ai raconté en son lieu. Le pauvre Boisguilbert, qui avoit survécu à l'exil que le sien lui avoit coûté, conçut une affliction extrême de ce que, par n'avoir songé qu'au bien de l'État et au soulagement universel de tous ses membres, il se trouvoit l'innocent donneur d'avis d'un si exécrable monopole, lui qui n'avoit imaginé et proposé le dixième denier qu'en haine et pour la destruction totale de la taille et de tout monopole, et soutint constamment que ce dixième denier en sus des monopoles ne produiroit presque rien, par le défaut de circulation et de débit qui formoit l'impuissance, et l'événement fit voir en bref qu'il ne se trompoit pas. Ainsi tout homme, sans aucun excepter, se vit en proie aux exacteurs, réduit à supputer et à discuter avec eux son propre patrimoine, à recevoir leur attache et leur protection sous les peines les plus terribles, à montrer en public tous les secrets de sa famille, à produire lui-même au grand jour les turpitudes domestiques enveloppées jusqu'alors sous les replis des précautions les plus sages et les plus multipliées ; la plupart à convaincre, et vainement, qu'eux-mêmes propriétaires ne jouissoient pas de la dixième partie de leurs fonds. Le Languedoc entier, quoique sous le joug du comite¹ Bâville, offrit en corps d'abandonner au roi tous ses biens sans réserve, moyennant assurance d'en pouvoir conserver quitte et franche la dixième partie, et le demanda comme une grâce. La proposition non-seulement ne fut pas écoutée, mais réputée à injure et rudement tancée. Il ne fut donc que trop manifeste que la plupart payèrent le quint², le quart, le tiers de leurs biens pour cette dîme seule, et que par conséquent ils furent réduits aux dernières extrémités. Les seuls financiers s'en sauvèrent par leurs portefeuilles inconnus, et par la protection de leurs semblables devenus les maîtres de tous les biens des François de tous les ordres. Les protecteurs du dixième denier virent clairement toutes ces horreurs sans être capables d'en être touchés.

Quelques jours après la publication de l'édit, Monseigneur, par grand extraordinaire, alla dîner à la Ménagerie avec les princes ses enfants et leurs épouses, et des dames en petit nombre. Là, Mgr le duc de Bourgogne, moins gêné que d'ordinaire, se mit sur les partisans, dit qu'il falloit qu'il en parlât, parce qu'il en avoit jusqu'à la gorge, déclama contre le dixième denier et contre cette multitude d'autres impôts, s'expliqua avec plus que de la dureté sur les financiers et les traitants, même sur les gens de finances, et par cette juste et sainte colère, rappela le souvenir de saint Louis, de Louis XII, Père du peuple, et de Louis le Juste. Monseigneur, ému par cette sorte d'emportement de son fils qui lui étoit si peu ordinaire, y entra aussi un peu avec lui, et montra de la colère de tant d'exactions aussi nuisibles que barbares, et de tant de gens de néant si monstrueusement enrichis de ce sang; et tous deux surprirent

---

1. Les comites et non *comités*, comme on l'a imprimé dans plusieurs des éditions antérieures, étaient préposés aux travaux des galériens.
2. Cinquième partie. On appelait spécialement *quint* un droit féodal que percevait le seigneur suzerain toutes les fois qu'une terre relevant de ses domaines passait à un nouveau propriétaire.

infiniment ce peu de témoins qui les entendirent, et les consolèrent un peu dans l'espérance en eux de quelque ressource.

Mais le décret en étoit porté; le vrai successeur de Louis XIV étoit le fils d'un rat de cave, qui ajouta dans son long et funeste gouvernement à tout ce qui s'étoit auparavant inventé en ce genre, et qui mit les publicains et leurs vastes armées en effroi, et, s'il étoit possible, en honneur par la vénération qu'il leur porta, la puissance et le crédit sans bornes qu'il leur donna, le respect odieux qu'il leur fit porter par les plus grands et par tout le monde, et les grâces et les distinctions de la cour, de l'Église et de la guerre qu'ils partagèrent avec les seigneurs, même avec préférence, jusqu'à pas une desquelles jusqu'alors aucun d'eux n'avoit osé lever les yeux.

Il faut maintenant parler d'une nouvelle bombe qui me tomba sur la tête, et rapporter ce que je n'ai fait qu'indiquer ailleurs de l'incroyable crédulité de Monseigneur.

Il faut se souvenir de ce que j'ai dit de du Mont, de la confiance de Monseigneur pour lui, et de son constant souvenir de ce que mon père avoit fait pour le sien. Il faut encore remarquer que le roi déclara, le lundi 2 juin, à Marly, le mariage de M. le duc de Berry, et qu'il alla le même jour faire à Madame la demande de Mademoiselle; que le dimanche 15 juin, Mme de Saint-Simon fut nommée dame d'honneur de la future duchesse de Berry, de la manière qui a été rapportée, dans le cabinet du roi à Versailles; que le dimanche 6 juillet, le mariage se fit dans la chapelle de Versailles; que le mercredi suivant 9 juillet, le roi alla à Marly jusqu'au samedi 2 août; qu'il y retourna le mercredi 20 août jusqu'au samedi 13 septembre; qu'il y retourna encore le mercredi 8 octobre jusqu'au samedi 18 du même mois[1];

---

1. Nous avons reproduit exactement les dates de Saint-Simon, qui ont été changées dans les précédentes éditions.

enfin qu'il y retourna le lundi 3 novembre jusqu'au samedi 15 du même mois, et qu'il n'alla point à Fontainebleau cette année, retenu par les fâcheuses affaires et par la dépense de ce voyage. Ce sont quatre voyages de Marly depuis le mariage de Mme la duchesse de Berry, et il n'y en eut plus après de cette année.

Quelques jours après, le second voyage de Marly, commencé, revenant avec le roi de la messe, du Mont, dans le resserré de la porte du petit salon de la chapelle, prit son temps de n'être pas aperçu, me tira par mon habit, et comme je me tournai, mit un doigt sur sa bouche, et me montra les jardins qui sont au bas de la rivière, c'est-à-dire de cette superbe cascade que le cardinal Fleury a détruite, et qui étoit en face derrière le château. En même temps du Mont me glissa dans l'oreille : « Aux berceaux. » Cette partie du jardin en étoit entourée avec des palissades qui ôtoient la vue de ce qui étoit dans ces berceaux; c'étoit le lieu le moins fréquenté de Marly, qui ne conduisoit à rien, et où l'après-dînée même et les soirs il étoit rare qu'on se promenât.

Inquiet de ce que me vouloit du Mont avec tant de mystère, je gagnai doucement l'entrée des berceaux, où, sans être vu, je regardai par une des ouvertures que je le visse paroître. Il s'y glissa par le coin de la chapelle, et j'allai au-devant de lui. En me joignant il me pria de retourner vers la rivière, afin d'être encore plus écartés, et nous nous y mîmes contre la palissade la plus épaisse, et dans l'éloignement des ouvertures, pour être encore plus cachés sous ces berceaux. Tant de façons me surprirent et m'effrayèrent; je le fus bien autrement quand j'appris de quoi il étoit question.

Après quelques compliments de reconnoissance sur mon père et d'amitié pour moi, du Mont me dit qu'il venoit me donner la plus grande marque de l'une et de l'autre, mais à deux conditions : la première, que je ne ferois pas en la

moindre chose du monde aucun semblant de savoir rien de
ce qu'il m'alloit apprendre; l'autre, que je n'en ferois aucun
usage que lorsqu'il me le diroit; et que de concert avec lui,
et je lui donnai parole de l'un et de l'autre. Alors il me dit
que deux jours après le mariage de M. le duc de Berry,
étant entré sur la fin de la matinée dans le cabinet de Monseigneur, où il étoit tout seul avec l'air fort sérieux, il l'avoit
suivi tout seul encore par le jardin, où il entroit par les
fenêtres de ses cabinets chez Mme la princesse de Conti,
chez laquelle il entroit aussi de la terrasse de l'Orangerie
de Versailles, par les fenêtres de son appartement, laquelle
aussi il trouva seule dans son cabinet; que tout en entrant,
Monseigneur lui avoit dit d'un air contre son naturel fort
enflammé, et comme par interrogation, qu'elle étoit là bien
tranquille; ce qui la surprit à tel point, qu'elle lui demanda
avec frayeur s'il y avoit des nouvelles de Flandre, et qu'est-
ce qui étoit arrivé. Monseigneur répondit avec un air de
dépit qu'il n'y avoit point de nouvelles, sinon que j'avois dit
que maintenant que le mariage du duc de Berry étoit fait, il
falloit faire chasser Mme la Duchesse et elle, et qu'après
cela nous gouvernerions tout à notre aise ce bon imbécile,
en parlant de soi; qu'elle ne devoit donc pas être si assurée
ni si en repos. Puis tout à coup, et comme se battant les
flancs pour s'irriter davantage, il tint tous les propos qu'eût
mérités ce discours, ajouta des menaces, et dit qu'il avertiroit bien le duc de Bourgogne de me craindre, de m'écarter,
et de s'éloigner tout à fait de moi. Cette manière de soliloque
dura assez longtemps sans que j'aie su ce que Mme la princesse de Conti dit là-dessus; mais par le silence de du Mont
à cet égard, par le dépit qu'elle montra du mariage, et par
presque tout ce qui l'environnoit, je n'eus pas lieu de croire
qu'elle cherchât à rien adoucir. Du Mont seul en tiers, collé
à la muraille, frémissoit sans oser dire une parole, et la
scène ne finit qu'à l'arrivée de Sainte-Maure, qui fit tout
court changer de discours.

On ne peut comprendre l'effet que fit sur moi ce récit. Entre plusieurs l'étonnement l'emporta ; je regardai du Mont, je lui demandai comment un pareil rapport se pouvoit concevoir, comment il osoit se faire, et comment il pouvoit être cru, et je le priai de me dire par quel biais et par quel moyen proposer au roi, et réussir à lui faire chasser ses deux filles, princesses du sang, qu'il aimoit, et Monseigneur encore mieux ; et s'il ne falloit pas être plus fou que les plus enfermés pour concevoir un projet si radicalement insensé et si parfaitement impossible ; plus fou encore de s'en vanter et de le dire, et plus que démon pour l'inventer et en affubler quelqu'un qui au moins n'avoit jamais passé pour fou ni pour visionnaire. Je lui demandai encore ce qu'il lui sembloit de celui qui s'en étoit si aisément persuadé. Du Mont m'avoua que tout ce que je disois étoit véritable et d'une évidence parfaite ; mais que la calomnie n'en étoit pas moins faite et reçue. Je n'osai enfoncer sur la crédulité de Monseigneur, content que du Mont, en haussant les épaules, et par quelques mots échappés, me laissât entendre qu'il en pensoit tout comme moi.

Après la première surprise, qui fut en moi le sentiment le plus fort, je vis l'abîme qu'on avoit creusé sous mes pieds, et je demandai à du Mont qu'y faire. « Rien du tout pour le présent, me dit-il ; je n'ai osé vous avertir plus tôt, parce que, ayant été le seul témoin de la scène avec Mme la princesse de Conti, j'ai voulu laisser éloigner le temps ; il n'est pas encore venu de rien faire. Attendez que je vous avertisse, et je le ferai soigneusement. — Mais, monsieur, lui répondis-je, qui suis-je, moi, vis-à-vis de Monseigneur en fureur, et toujours dans les mêmes lieux que lui, hors à Meudon ? Que devenir ici dans le salon en sa présence ? Comment oser lui faire ma cour chez lui, et comment oser ne la lui pas faire en attendant que vous m'avertissiez et que nous ayons trouvé moyen de lui faire entendre raison, avec tous les démons qui l'obsèdent et qui l'entretiendront dans cette humeur, ceux surtout qui ont osé abuser de lui jusqu'à lui faire accroire une absurdité, trop forte même pour un enfant de six ans? — Tout cela est très-embarrassant, me répliqua du Mont; ne demandez point pour Meudon, ne vous approchez guère ici de Monseigneur dans le salon, allez chez lui de loin à loin, mais allez-y; vous ne vous êtes aperçu de rien de lui jusqu'à cette heure; en vivant de la sorte à son égard, il ne s'échappera à rien avec vous, c'est tout ce que je puis vous dire. » Il me recommanda après tant et plus l'observation exacte des deux conditions qu'il m'avoit fait promettre, reçut mes remercîments à la hâte, et s'enfuit par où il étoit venu, dans la frayeur d'être avisé par quelqu'un.

Je demeurai assez longtemps à me promener sous ces berceaux, à rêver à l'excès de scélératesse, à l'opinion que ceux qui l'avoient conçue pouvoient avoir d'un prince à qui ils avoient osé espérer de la lui faire croire, et à qui ils l'avoient si bien persuadée, et à m'abîmer dans les réflexions de ce qu'on pourroit devenir sous un roi gouverné par de pareils démons, et incapable de ne pas gober les absurdités les plus grossières et les plus palpables. Revenant à moi, je ne savois ni comment me tirer de celle-ci, bien moins encore parer toutes celles qu'il plairoit aux mêmes gens d'inventer, et d'en coiffer ce pauvre prince. Je me retirai chez moi dans tout le malaise qu'il est aisé de s'imaginer, et que je ne confiai qu'à Mme de Saint-Simon, qui n'en fut pas moins étonnée que moi, ni moins épouvantée. Je suivis exactement la conduite que du Mont m'avoit prescrite.

J'allois assez médiocrement chez Monseigneur, et même à Marly fort rarement autour de lui, parce que cette cabale qui le gouvernoit, et dont j'ai plus d'une fois parlé, étoit toute composée de gens qui me haïssoient parfaitement. Je n'avois donc aucune familiarité avec Monseigneur; j'allois assez rarement à Meudon; ainsi la conduite que j'eus à garder fut imperceptible au monde.

Je n'ai jamais su, et j'en loue Dieu encore, qui avoit fait accroire à Monseigneur cette ineptie si cruelle, et parmi cette troupe mâle et femelle de cette cabale, je n'ai pu démêler ni asseoir aucun soupçon sur personne de distinct. Les choses de rang pour les deux Lislebonne et leur oncle de Vaudemont, Rome à l'égard de d'Antin, ce qui s'étoit passé avec feu M. le duc et Mme la Duchesse, les choses de Flandre sur le tout les avoient tous rendus mes ennemis personnels. Ils m'avoient vu, malgré toutes leurs menées, ressusciter auprès du roi; ils frémissoient de ce que je n'étois pas resté perdu; ma liaison intime avec M. [le duc] et Mme la duchesse d'Orléans aigrissoit leur haine; enfin le mariage de M. le duc de Berry en avoit comblé la mesure. Quoique les détails en demeurassent ignorés, il n'avoit que trop transpiré que je l'avois fait, et la démarche que je fis par Bignon auprès de la Choin, si proche de la déclaration du mariage, acheva de les en persuader, quoique je me fusse bien gardé d'en rien laisser imaginer dans tout ce qui se passa entre Bignon et moi. Mes liaisons si intimes avec le chancelier, les ducs de Chevreuse et de Beauvilliers, ces deux derniers qu'ils haïssoient parfaitement, et tant d'autres principaux personnages des deux sexes, leur faisoient peur, et plus que tout, comme je le sentis par ce qu'en dit Monseigneur, ce qui commençoit à se former d'intime entre Mgr le duc de Bourgogne et moi, que des yeux si perçants et si attentifs commençoient à apercevoir parmi les ténèbres, leur faisoit frayeur et les déterminoit à tout oser et à tout entreprendre.

Dans une situation d'autant plus violente, dans la contrainte de son secret, que l'avenir en étoit plus terrible que le présent n'en étoit fâcheux et embarrassant à quelque point qu'il le fût, je pris du Mont dans le salon, un matin, tout à la fin de ce même voyage. Après force répétitions de l'absurdité de la calomnie, de respects pour Monseigneur, je lui proposai de lui dire qu'ayant appris ce qui m'étoit imputé auprès de lui, et le regardant comme étant déjà roi par avance, je ne pouvois demeurer dans cet état, et que j'avois prié du Mont d'obtenir de lui la grâce de le pouvoir entretenir un quart d'heure, ou de recevoir comme un sacrifice fait à son injuste colère de me retirer en Guyenne jusqu'à ce qu'il me permît de lui démontrer l'absurdité d'une si noire calomnie. Du Mont ne put désapprouver mon impatience de sortir de cette étrange affaire, ni le respect avec lequel je m'y prenois. Il me promit de parler à Monseigneur avec étendue, mais il le fit avec un air beaucoup moins ouvert, et en homme que cela embarrassoit pour avoir été témoin de la scène. C'étoit un homme de fort peu d'esprit, timide et fort mesuré, qui craignoit tout et qui s'embarrassoit de tout. Il me dit qu'il n'étoit pas temps encore, qu'il le prendroit dès qu'il le verroit à propos, et se rabattit à m'exhorter à la patience et au secret, et à la conduite que je lui avois promise.

Monseigneur traversa le salon et me vit parler à du Mont tête à tête. J'en fus bien aise dans l'espérance qu'il lui demanderoit ce que je lui disois, et qu'il en pourroit profiter pour ce que je désirois. La messe du roi finit notre conversation.

Ce Marly, comme je l'ai dit, étoit le second depuis le mariage. J'espérois peu des mesures et de la foiblesse de du Mont; nous songeâmes donc, Mme de Saint-Simon et moi, à nous aider d'ailleurs, dès que du Mont m'en laisseroit libre, mais comme ce que nous résolûmes ne s'exécutoit pas aisément par la mécanique si principale en toutes les choses de la cour, fatigués d'ailleurs d'une situation si pénible, et dans le dessein de ne laisser pas refroidir les promesses de liberté pour y accoutumer de bonne heure, et s'établir sur le pied d'en prendre, un peu avant le troisième Marly, Mme de Saint-Simon eut une audience de Mme la duchesse de Bourgogne, qui depuis le mariage ne pouvoit plus être remarquée.

Elle la supplia d'obtenir la permission du roi pour elle d'aller passer ce voyage de Marly, qui devoit être court, à la Ferté pour se trouver au retour à Versailles. Cela ne fit aucune difficulté, mais grand bruit, et grande envie par la distinction. Aucune dame d'honneur, pas même celles des bâtardes du roi, n'avoit eu liberté de s'absenter deux jours seulement, et cet esclavage étoit passé en loi par l'habitude. Mme de Saint-Simon usa sagement de cette liberté, mais elle en usa plusieurs fois, et fut la seule à qui elle fut accordée, laquelle même lui tourna à bien; nous allâmes donc nous reposer et réfléchir à la Ferté, et nous y prîmes la résolution dont je parlerai tout à l'heure.

De retour à Versailles, le roi fit le troisième voyage à Marly depuis le mariage. Vers le milieu du voyage, du Mont, comme la première fois, me tira en revenant de la messe du roi et me montra les berceaux. J'allai aussitôt l'y attendre. Là il me dit qu'il croyoit maintenant que je pouvois faire parler à Monseigneur, parce qu'il y avoit assez longtemps de ce dont il m'avoit averti pour que j'eusse pu l'être d'ailleurs, et le laisser hors de soupçon de l'avoir fait; que néanmoins, après y avoir bien réfléchi, il n'avoit pas cru pouvoir hasarder de parler à Monseigneur, parce qu'il avoit été témoin de la scène, mais que si Monseigneur, plein de ce qu'on lui auroit dit pour moi là-dessus, lui en parloit, il saisiroit l'occasion et diroit merveilles. Je lui fis valoir l'exactitude si pénible avec laquelle je lui avois tenu les deux conditions qu'il m'avoit demandées; je ne fis pas semblant de sentir sa foiblesse et sa timidité, parce qu'on ne peut tirer des gens plus que ce qui est en eux, et que le service de l'avis n'en étoit pas moins grand, et pour accomplir toute fidélité avec lui, je lui proposai de faire parler à Monseigneur par Mme la duchesse de Bourgogne; il l'approuva fort. Je ne laissai pas pourtant de lui demander si ce

canal seroit agréable, et il m'en assura. Je lui promis de
l'instruire du succès, et nous nous séparâmes de la sorte
avec force amitiés et recommandations de sa part de continuer ma même conduite à l'égard de Monseigneur, jusqu'à
ce qu'il pût être pleinement détrompé.

L'impossibilité de trouver personne assez de nos amis et
assez avant dans la privance de Monseigneur pour lui faire
parler, nous avoit tournés vers Mme la duchesse de Bourgogne. Mme de Saint-Simon en eut une audience dans laquelle elle lui conta ce qui vient d'être rapporté, sans lui
nommer du Mont, l'excita sur le mariage imputé à crime
auquel elle avoit eu une si principale part, lui fit sentir
jusque pour elle-même et pour Mgr le duc de Bourgogne
en quel danger chacun étoit par l'incroyable crédulité de
Monseigneur, livré sans réserve à de tels scélérats. Mme la
duchesse de Bourgogne en fut vivement touchée ; elle en
sentit tout le péril, entra pleinement en tout ce que Mme de
Saint-Simon lui dit, lui parla avec toute sorte d'intérêt et
d'amitié, reçut avec mille bontés la prière qu'elle lui fit
de parler à Monseigneur, et lui promit de prendre son temps
pour le faire, avec l'étendue que la chose méritoit, et en
soi, et à mon égard. Quinze ou vingt jours après, elle eut
l'attention de dire à Mme de Saint-Simon, qui ne lui en
avoit point reparlé, de ne s'impatienter pas ; qu'elle n'avoit
pu trouver encore occasion de pouvoir parler avec étendue,
mais qu'elle pouvoit compter qu'elle la cherchoit et ne la
manqueroit pas. Cela dura jusqu'après le quatrième et dernier voyage de Marly, d'où le roi revint le samedi 15 novembre.

Le lendemain dimanche, Monseigneur s'en alla à Meudon
pour plusieurs jours. Il vint à Versailles le mercredi suivant, 19 novembre, pour le conseil d'État, au sortir duquel
il retourna dîner à Meudon, et y mena tête à tête avec lui
Mme la duchesse de Bourgogne. Ce fut là qu'elle lui parla,
sûre du temps, d'être seule, et de ne pouvoir être inter-

rompue. Elle entama sur Mme. de Saint-Simon, qui alloit aussi dîner à Meudon avec Mgrs ses fils et Mme la duchesse de Berry. Sur ce que Monseigneur la loua fort, la princesse lui dit qu'il la mettoit pourtant au désespoir. Il fut très-surpris, et demanda comment. Alors elle lui parla franchement de l'affaire qu'on m'avoit faite auprès de lui. Il l'avoua et s'en irrita de nouveau. Elle lui laissa tout dire, et puis lui demanda si bien sérieusement il en étoit persuadé; de là, lui dit avec adresse qu'elle aimoit fort Mme de Saint-Simon, que de moi elle ne s'en soucioit point; mais que pour lui-même elle ne pouvoit souffrir de le voir la dupe d'une invention si grossière; qu'il n'étoit pas imaginable qu'un homme avec la moindre teinture de la cour, combien moins un homme qu'on lui avoit dépeint comme si remuant, si plein d'esprit et de connoissances, si dangereux, pût se mettre dans la tête un projet aussi insensé que celui de faire chasser de la cour deux veuves de princes du sang, si aimées de lui et du roi qui étoit leur père, bien moins encore de le dire, et qu'à la première vue de la chose, nul homme du moindre sens n'y pouvoit ajouter foi.

Il n'en fallut pas davantage à ce pauvre prince pour lui persuader l'ineptie d'une supposition qu'il avoit si aisément gobée, et tout d'un coup pour lui faire naître la honte d'avoir si pleinement donné dans un panneau si grossièrement tendu. Il l'avoua à l'instant de bonne foi, convint de tout avec elle, et dit qu'il n'avoit pas tant fait de réflexion, parce que la colère l'avoit surpris.

Elle en prit occasion de lui donner des soupçons contre des personnes qui avoient eu assez peu de respect pour lui pour l'exposer à une colère si peu fondée et si fort à leur gré, et pour lui représenter qu'étant ce qu'il étoit, il ne pouvoit être trop en garde contre les faux rapports, et contre les gens qu'il y auroit surpris, et si grossiers encore. Elle n'osa lui demander qui c'étoit, et se contenta de lui dire que tout ce qui l'approchoit me haïssoit, les uns par rang, les autres par d'autres raisons. Elle le laissa changer de discours, dont il eut hâte, après qu'elle lui eut fait suffisamment sentir combien ce rapport étoit peu respectueux, hardi, scélérat et incroyable, et combien honteux et dangereux pour lui d'y avoir donné sans y faire la moindre attention.

Elle ne voulut faire semblant de rien à Mme de Saint-Simon à Meudon; mais à Versailles, le soir même, elle lui rendit toute cette conversation, dont Mme de Saint-Simon lui rendit les grâces que méritoit ce service, rendu avec tant de force, d'esprit, de bonté et de succès. Dès que je pus voir du Mont, je lui dis, mais sans détail, que Mme la duchesse de Bourgogne avoit parlé à merveilles, et réussi à détromper Monseigneur, dont il me parut fort aise. M. de Beauvilliers et le chancelier, qui étoient en grande peine de me savoir dans ce bourbier, se réjouirent fort de m'en savoir dehors, et [furent] fort d'avis du parti que je m'étois proposé, de continuer à l'égard de Monseigneur, avec qui je n'avois qu'à perdre par ses entours infernaux et rien à gagner, la même conduite que je gardois depuis cette aventure, et de laisser croire ainsi aux honnêtes gens qui m'y avoient mis que j'y étois encore, pour ne leur pas donner envie de quelque autre invention qui me perdroit peut-être auprès d'un prince si facile à croire, et si fort entre leurs mains, sans que j'en pusse être averti.

## CHAPITRE II.

Abbé de Vaubrun rappelé après dix ans d'exil. — Sa famille, son caractère. — Bulle qui condamne les jésuites sur les usages chinois. — Cinq hommes d'augmentation par compagnie d'infanterie. — Taxe d'usuriers. — Refonte et profit de la monnoie. — Pont de Moulins tombé. — Ravages de la Loire. — Grand prieur enlevé par une espèce de partisan impérial. — Apanage et maison de M. [le duc] et de Mme la duchesse de Berry. — Rare méprise. — Benoist, contrôleur de la bouche, homme dangereux. — Scrupule du roi sur la vénalité des charges de ses aumôniers. — Mme de La Rochepot fort étrangement admise, comme femme du chancelier de M. le duc de Berry, à Marly, à [la] table et dans les carrosses de Mme la duchesse de Bourgogne. — Mme la duchesse de Bourgogne seule maîtresse indépendante de sa maison. — Retour des généraux. — Fervaques quitte le service. — Mort du lord Greffin. — Mort de Spanheim. — Mort et deuil de la duchesse de Mantoue. — Prétendu faiseur d'or. — Boudin; son état et son caractère. — Bals, fêtes et plaisirs à la cour tout l'hiver.

L'abbé de Vaubrun, depuis dix années en exil, et les dernières avec permission d'être à Paris, sans approcher plus près de la cour, eut enfin permission de venir saluer le roi, le jour du retour à Versailles du dernier voyage de Marly de cette année. Son nom étoit Bautru, de la plus petite et nouvelle bourgeoisie de Tours.

Vaubrun, son père, étoit frère de Nogent, tué maître de la garde-robe, au passage du Rhin, qui avoit épousé la sœur de M. de Lauzun, du chevalier de Nogent, et de la Montauban, cette fausse princesse dont j'ai parlé quelquefois. Leur père avoit fait sa fortune par beaucoup d'esprit et de souplesse, sur la fin de Louis XIII, et surtout dans la minorité de Louis XIV, et étoit devenu capitaine de la porte.

Nogent eut sa charge à sa mort, et après celle de maître de la garde-robe, pour épouser pour rien la sœur de M. de Lauzun, qui étoit fille de la reine mère. Vaubrun avoit épousé la fille de Serrant, frère de son père, qui étoit très-riche et avoit été maître des requêtes, qui vivoit encore à quatre-vingt-cinq ou six ans, retiré à Serrant en Anjou, où l'abbé de Vaubrun avoit passé son exil. Vaubrun fut tué lieutenant général au combat d'Altenheim, à cette belle et fameuse retraite que mon beau-père fit à la mort de M. de Turenne.

Il laissa deux filles, dont l'aînée fut, en 1688, seconde femme du duc d'Estrées, et une autre, dont j'ai parlé à l'occasion de son enlèvement, et qui fut depuis enfermée aux Annonciades de Saint-Denis, où elle a fait profession, et un fils unique, mais absolument nain, extrêmement boiteux, qui par ces défauts naturels se fit d'Église. Avec ses jambe torses et une tête à faire peur, il ne laissoit pas d'être fort audacieux avec les femmes, pour lesquelles il se croyoit de grands talents. Il avoit du savoir, beaucoup d'esprit, peu ou point de jugement, une grande hardiesse, la science du monde où il vouloit tout savoir, être de tout, se mêler de tout, frappant à toutes les portes, obséquieux, respectueux, bassement valet de tous gens en place souvent ennemis, toujours dès qu'ils y arrivoient, et se fourrant chez tout ce qui figuroit. Une folle ambition et la passion du grand monde lui firent acheter une charge de lecteur pour s'introduire à la cour. L'intrigue étoit son élément, mais dangereux, imprudent, peu sûr d'ailleurs, et comme tel, craint, évité, méprisé. Il se dévoua au cardinal de Bouillon dont les intrigues le firent chasser, et les siennes avec les jésuites le firent revenir. Il finit par se faire l'âme damnée de M. et de Mme du Maine, qui ne le menèrent à rien. Toute sa vie il eut la rage d'être évêque.

En ce temps-ci parut une bulle du pape, qui décida très-nettement toutes les disputes des missionnaires et des jésuites de la Chine sur les cérémonies chinoises de Confucius, des ancêtres et autres, qui les déclara idolâtriques, les proscrivit, condamna les jésuites dans leur tolérance et leur pratique là-dessus, approuva la conduite du feu cardinal de Tournon, dont les souffrances, la constance et la mort y étoient fort louées, et les menées et la désobéissance des jésuites fort tancées. Cette bulle les mortifia moins qu'elle ne les mit en furie; ils l'éludèrent, puis à découvert la sautèrent à joints pieds. On a tant écrit sur ces matières que je n'en dirai pas davantage. Je fais seulement mention de cette bulle comme de la source de tout le fracas qui arriva bientôt après, et dont la persécution dure encore, et n'a fait que croître en fureur. Je parlerai en son temps de son chef-d'œuvre du démon et des jésuites, et en particulier du P. Tellier.

Le dixième établi donna lieu à augmenter toute l'infanterie de cinq hommes par compagnie. On fit aussi une taxe sur les usuriers, qui avoient gagné gros à trafiquer les papiers du roi, c'est-à-dire à profiter du besoin de ceux à qui le roi les donnoit en payement. On appeloit ces gens-là agioteurs, et leur manége, suivant la presse où étoient les porteurs de billets, de donner par exemple trois ou quatre cents livres, et souvent encore la plupart en denrées, pour un billet de mille francs, ce manége, dis-je, s'appeloit agio. On prétendit tirer une trentaine de millions de cette taxe. Bien des gens y gagnèrent gros, je ne sais si le roi y fut le mieux traité. Bientôt après on refondit la monnoie, ce qui fit un grand profit au roi et un extrême tort aux particuliers et au commerce. On a dans tous les temps regardé comme un très-grand malheur, et comme quelque chose de plus, de toucher aux blés et aux monnoies. Desmarets a accoutumé au manége de la monnoie; M. le Duc et le cardinal Fleury, à celui des blés et de la famine factice.

Le pont que Mansart avoit bâti à Moulins sur l'Allier avoit été emporté aussitôt qu'achevé, comme je l'ai rapporté en son lieu. Il y en avoit rebâti un autre, qu'il avoit assuré devoir durer jusqu'à la postérité la plus reculée. Il avoit coûté plus de huit cent mille livres. Il fut emporté aux premiers commencements de cet hiver par l'inondation de la Loire, qui par ses ravages coûta plus de dix millions au royaume, qui, comme il a été expliqué ailleurs, en fut redevable au crédit du duc de La Feuillade.

Le grand prieur, encore sorti du royaume, comme il a été rapporté en son lieu, s'étoit, à force d'errer, établi à Venise. Ne se trouvant bien nulle part, il alla promener ses inquiétudes tout à la fin d'octobre, et se mit en chemin pour Lausanne en Suisse. Une manière de bandit nommé Massenar, ayant pourtant une commission de l'empereur, et dont le fils avoit été pris depuis quelques mois, et mis à Pierre-Encise pour les crimes de son père et pour les siens, attrapa le grand prieur dans son chemin, lui fit passer diligemment le Rhin, l'enferma dans un château de l'empereur, et lui déclara qu'il le traiteroit tout pareillement que son fils seroit traité. Il eut permission d'en envoyer avertir le comte du Luc, ambassadeur du roi en Suisse, qui en donna avis par un courrier. Il ne parut pas que le roi fût fort ému de cette nouvelle, ni que personne y prît grande part.

L'emprunt continuel où M. le duc et Mme la duchesse de Berry étoient sans cesse réduits d'officiers de chambre, et de gardes du roi, et de table de Mme la duchesse de Bourgogne, lassa enfin par l'importunité, tellement qu'au lieu d'attendre la paix qui paroissoit encore si éloignée, le roi, contre sa première résolution, se porta à donner un apanage à son petit-fils. Les pensions furent accordées sur le pied de celles qu'avoient eues Monsieur et Madame, mais l'apanage fut fort différent. La reine mère, qui aimoit tendrement Monsieur et qui étoit régente, régla le sien et n'y garda point de mesure; on tomba pour celui-ci dans l'extrémité contraire. Le revenu ne suffit pas à la dépense du pied de la maison; les extraordinaires, si souvent indispensables, se trouvèrent sans fonds; on ne donna pas le moindre meuble, ni aucune maison de ville ni de campagne; et ce ne fut que du temps après que le palais de Luxembourg ou d'Orléans leur fut donné à Paris. Cet apanage fut des duchés d'Angoulême et d'Alençon, avec quelque extension légère, et du pays de Ponthieu, avec la collation de tous les bénéfices de nomination royale, excepté les évêchés comme à feu Monsieur, mais qui s'y trouvèrent rares et petits.

Tout cela fait et passé; MM. d'Abbeville, qui par leur ancienne fidélité et service ont obtenu et conservé le privilége de garder eux-mêmes le roi lorsqu'il passe par leur ville, et de n'y recevoir aucunes troupes, députèrent pour demander en cette considération que leur ville fût détachée de l'apanage, et réservée immédiatement à la couronne. La Vrillière, secrétaire d'État, qui l'avoit dans son département, en rendit compte au roi, dont la surprise fut extrême d'apprendre qu'Abbeville fût de l'apanage, et demanda pourquoi. La question parut étrange; mais l'étonnement le devint quand, à la réponse, il dit qu'il ne savoit pas que le Ponthieu fût là, ni qu'Abbeville en fût la capitale. Il ajouta que ce pays sentoit trop la poudre à canon pour être donné en apanage, et le fit retirer.

Le Berry en la place, et même tout d'abord, convenoit mieux qu'aucune autre pièce, puisque le prince en portoit le nom. Mais, en examinant, on trouva que tout le domaine en étoit engagé à la maison de Condé. On eut donc recours au comté de Gisors et à quelques environs pour remplacer le Ponthieu; et, comme les noms d'Angoulême et d'Alençon avoient été profanés par la bâtardise de Charles IX, et par le fils mort enfant du dernier duc de Guise, le roi fit expédier des lettres patentes à son petit-fils pour porter le nom de duc de Berry, qui lui avoit été imposé en naissant, quoiqu'il n'y eût aucune propriété. L'affaire de l'apanage consommée, on mit en vente les charges de la maison de M. [le duc] et de Mme la duchesse de Berry. Comme ils y désirèrent des noms, la chose fila assez lentement. Son peu d'importance n'en fera pas ici à deux fois.

Le duc de Beauvilliers, qui, comme ayant été gouverneur de M. le duc de Berry, étoit seul de droit premier gentilhomme de sa chambre, eut la disposition de cette charge. Comme tout se régloit sur le premier pied de la maison de feu Monsieur pour le nombre des charges et de leurs appointements, M. de Beauvilliers fit deux charges de la sienne. Il fit présent en plein de l'une au duc de Saint-Aignan, son frère, dont la naissance et encore plus la dignité flattèrent extrêmement M. [le duc] et Mme la duchesse de Berry, et vendit l'autre au marquis de Béthune, gendre de Desmarets, devenu depuis duc de Sully. Le chevalier de Roye acheta une des deux charges de capitaine des gardes. Clermont-d'Amboise, gendre d'O, prit l'autre; Montendre, celle de capitaine des Cent-Suisses.

Rasilly, porté par le duc de Beauvilliers, qui l'avoit fait sous-gouverneur des princes, et qui depuis la fin de cet emploi n'avoit pas quitté M. le duc de Berry d'un pas, avec des fatigues de courses, de chasses et de veilles incroyables, par ordre du roi et sans appointements, en fut récompensé par le beau présent de la charge de premier écuyer, demandée pour un prix fort haut par des gens de la première qualité. Toute la cour applaudit à cette grâce, parce qu'il la méritoit, et qu'il s'étoit fait universellement aimer, estimer et considérer. Mme la duchesse de Berry, qui y vouloit de plus grands noms, en pleura amèrement et n'en cacha son dépit à personne. Il est pourtant vrai que Rasilly étoit gentilhomme ancien, de fort bon lieu, bien allié, lieutenant général de sa province, et que ses pères l'avoient été quand ne l'étoit pas qui vouloit, ni pour de l'argent.

Cette princesse ne fut pas si délicate pour La Haye, écuyer de M. le duc de Berry, à qui elle fit donner pour rien la charge de premier veneur, et bientôt après lui fit acheter par M. le duc de Berry celle de premier chambellan, qui lui donnoit place dans son carrosse, et à sa table quand il mangeoit avec des hommes. Il s'en redressa et s'en regarda au miroir avec plus de complaisance. Il étoit bien fait, mais avec une taille haute de planche contrainte, et un visage écorché qui d'ailleurs n'avoit rien de beau. Il fut heureux en plus d'une sorte, et plus attaché à sa nouvelle maîtresse qu'à son maître. Le roi fut fort en colère quand il sut que M. le duc de Berry avoit emprunté ce présent.

De Pons et Monchy, gens de bonne maison, achetèrent les deux charges de maîtres de la garde-robe. Champignelle, gentilhomme de bon lieu, et gendre de feu Denonville, premier sous-gouverneur des princes, prit celle de premier maître d'hôtel, et la fit très-honorablement. Le fils du baron de Beauvais et de cette Mme de Beauvais, première femme de chambre si confidente de la reine mère, desquels j'ai parlé ailleurs, acheta celle de capitaine de la porte. Le roi l'avoit fait défaire de la capitainerie de Grenelle, Montrouge, etc., en faveur de Bontems par une noire malice de Benoist, contrôleur de la bouche.

C'étoit un gros brutal qui servoit toute l'année, fils d'un cuisinier de Louis XIII. Il s'étoit rendu si familier avec le roi, par son assiduité et son attention à ses mets, qu'il s'étoit fait craindre à toute la cour, à Livry même, et ménager jusque par M. le Prince et M. le Duc. Il traita souvent fort mal ce petit Beauvais sur du gibier assez mal à propos, qui se rebéqua. Benoist fit languir le gibier, vanta les autres capitaines des chasses qui en envoyoient de bonne heure, et quantité, se plaignit qu'il n'en pouvoit tirer de celui-ci, l'accusa de le vendre, et fit si bien qu'il mit le roi en colère, et qu'il le perdit. Je sens bien qu'en soi c'est la dernière des bagatelles pour être rapportée; mais elle caractérise et dépeint.

L'abbé Turgot, aumônier du roi, venoit d'être sacré évêque de Séez, et cherchoit à vendre sa charge. Il n'y avoit plus que lui et l'abbé Morel qui les eussent achetées; le roi les avoit toutes retirées peu à peu par scrupule de simonie[1]. Il croyoit avec raison que ces charges s'achetoient pour se frayer et s'abréger le chemin aux abbayes et à l'épiscopat, et que c'étoit indirectement les acheter. Cette considération fit l'évêque de Séez premier aumônier de M. le duc Berry, pour la plupart du prix de sa charge, dont le roi lui paya le surplus. C'étoit un très-bon et honnête homme.

Je procurai à Coettenfao, mon ami de tout temps, la charge de chevalier d'honneur de Mme la duchesse de Berry, la plus belle sans comparaison, et la plus commode de toutes à faire, et qui portoit naturellement à être chevalier de l'ordre. Il étoit lieutenant général, et des bons, et premier officier des chevau-légers, qu'il vendit. Pour m'être trop pressé, il n'eut point là diminution que la difficulté de vendre introduisit quelque temps après qu'il fut pourvu. Le chevalier d'Hautefort acheta la charge de premier écuyer; le frère de son père l'étoit de la reine. Il fut curieux de voir en même temps lui avec cette charge chez une fille de France, et son frère écuyer de M. le comte de Toulouse, lequel encore faisoit l'important. Saumery, frère du sous-gouverneur des princes, mais homme droit, simple et d'honneur, qui s'ennuyoit de sa retraite après avoir longtemps servi, acheta la charge de premier maître d'hôtel, et la remplit très-honnêtement.

Celle de premier aumônier demeura longtemps à vendre,

---

1. Trafic des choses saintes et spécialement des dignités ecclésiastiques. Fleury (*Instit. au droit ecclés.*, III⁰ part., chap. xi) détermine les cas de simonie : vendre ou acheter la prédication ou l'administration des sacrements, en sorte que l'on refuse d'instruire, de baptiser, de donner l'absolution des péchés, sinon à certain prix; vendre l'ordination des évêques, des prêtres, des diacres ou des autres ministres de l'Église, et par conséquent la collation des offices ecclésiastiques et des revenus qui y sont attachés. « Les canons traitent encore de simonie d'exiger quelque chose pour la permission d'enseigner (il s'agit ici d'enseignement religieux), pour l'entrée dans les monastères qui ne doit avoir pour but que la pénitence et la perfection chrétienne, pour la consécration des églises, etc. »

ainsi qu'une infinité de petites. A la fin, l'abbé de Castries, frère du chevalier d'honneur de Mme la duchesse d'Orléans, maintenant archevêque d'Alby et commandeur de l'ordre du Saint-Esprit, le fut très-longtemps après.

Voysin, profitant de sa faveur, et ne sachant que faire de sa fille aînée qu'il aimoit fort, et qui étoit exclue de tout pour avoir épousé un homme de robe, La Rochepot, fils de La Berchère, fort riche, lui fit acheter la charge de chancelier de M. le duc de Berry, et fit accroire au roi qu'avec cela il pouvoit lui faire la grâce de l'admettre dans les carrosses et à la table de Mme la duchesse de Bourgogne, et par là la mener à Marly, ce qui fut très-extraordinaire.

En même temps le roi fit pour Mme la duchesse de Bourgogne ce qu'il n'avoit accordé ni à la reine ni à Mme la Dauphine. Il lui laissa l'entier gouvernement des affaires de sa maison, et la disposition de toutes les charges et places, même sans lui rendre compte de rien : en un mot maîtresse absolue. Il s'en expliqua ainsi tout haut, dit qu'il se fioit assez en elle pour cela, et qu'elle seroit capable de choses plus difficiles et plus importantes. Cette faveur très-signalée vint de lui-même. Mme la duchesse de Bourgogne se seroit perdue avec lui pour toujours, si elle avoit fait la moindre tentative pour l'obtenir. On peut croire qu'elle sut ménager une faveur si distinguée ; et que, pour peu que ce dont elle eut à disposer ne fût pas tout à fait dans le petit, elle connoissoit trop bien le roi pour rien faire sans lui, mais sûre alors de son approbation et du gré de cette déférence.

Berwick, chassé par les neiges, revint le premier après avoir détaché une partie de ses troupes pour le Roussillon. Harcourt revint ensuite, Besons après, et tous les officiers de leurs armées entrées en quartiers d'hiver. Villars aussi arriva des eaux de Bourbonne. Goesbriant fut reçu en gendre de ministre, et eut avec l'ordre une pension de vingt mille livres, en attendant le premier gouvernement.

Fervaques, colonel du régiment de Piémont, et brigadier

d'infanterie avec réputation, quitta le service. J'ai parlé ailleurs de ces Bullion à l'occasion du carrosse de Madame, où Mme de Bullion sa mère entra une fois pour de l'argent qu'elle donna à Mme de Ventadour, mais sans que cela ait été plus loin. C'étoit une femme fort impérieuse, qui fit quitter son fils, piquée qu'il ne fût pas maréchal de camp au sortir de Douai, quoique brigadier seulement de l'hiver. Le roi en fut fort blessé. Qui lui auroit dit que ce même Fervaques seroit fait officier général comme s'il n'eût point quitté, et chevalier de l'ordre en 1724 : il auroit été étrangement étonné et scandalisé, comme le fut aussi toute la France. Le roi le punit par la bourse. Piémont lui avoit coûté cent mille livres, il le fixa à soixante-quinze mille. Ils purent être fâchés de ce petit coup de houssine, mais trop riches pour se soucier de vingt-cinq mille livres.

Lord Greffin, pris avec le marquis de Lévi, en mer, lors de la tentative d'Écosse, dont il a été fait à cette occasion mention honorable, mourut à Londres, dans un grand âge, de sa mort naturelle, ayant eu des répits de sa condamnation de temps en temps, et sûreté qu'il en auroit toujours. Il a été parlé alors assez de lui pour n'avoir rien à y ajouter.

Spanheim, si connu dans la république des lettres, et qui ne l'a pas moins été par ses négociations et ses emplois, mourut en ce même temps à Londres, à quatre-vingt-quatre ans, avec une aussi bonne tête que jamais, et une santé parfaite jusqu'à la fin. Il avoit été longtemps à Paris envoyé de l'électeur de Brandebourg, et il passa en la même qualité à Londres lorsque les affaires se brouillèrent sur la succession d'Espagne.

La duchesse de Mantoue mourut aussi à Paris, à la fleur de son âge, et d'une beauté qui promettoit une grande santé, le 16 décembre. Sa maladie fut longue, dont elle sut heureusement profiter. Depuis son bizarre mariage sa vie avoit été fort triste; aucun des beaux projets de la duchesse d'Elbœuf ni de ses grandes prétentions pour elle n'avoit pu réussir. Elle avoit depuis son retour mené à Paris une vie fort triste. Elle n'avoit point d'enfants et n'eut rien de son mari. Il avoit l'honneur d'appartenir au roi, qui prit le deuil en noir pour cinq ou six jours.

Il se produisit en ces derniers jours de l'année un de ces aventuriers escrocs, qui prétendoit avoir le grand secret de faire de l'or. Boudin, premier médecin de Monseigneur, le fit travailler chez lui, sous ses yeux et sous clef. On le verra dans quelque temps un hardi et dangereux personnage pour un homme de son espèce. Il est bon d'en dire un mot puisqu'il se trouve naturellement ici sous la main. Il étoit boudin de figure comme de nom, fils d'un apothicaire du roi dont personne n'avoit jamais fait cas. Il étudia en médecine, fut laborieux, curieux, savant. S'il fût demeuré dans l'application et le sérieux, c'eût été un bel et bon esprit. Il l'avoit d'ailleurs extrêmement orné de littérature et d'histoire, et en avoit infiniment d'un tour naturel, plein d'agrément, de vivacité, de reparties, et si naïvement plaisant que personne n'étoit plus continuellement divertissant, sans jamais vouloir l'être. Il fut doyen de la faculté de Paris, médecin du roi, et enfin premier médecin de Monseigneur, avec lequel il étoit au mieux. Il subjugua M. Fagon, le tyran de la médecine et le maître absolu des médecins, au point d'en faire tout ce qu'il vouloit, et d'entrer chez lui à toute heure, lui toujours sous cent verrous. Il haïssoit le tabac jusqu'à le croire un poison; Boudin lui dédia une thèse de médecine contre le tabac, et la soutint toute en sa présence, se crevant de tabac, dont il eut toujours les doigts pleins, sa tabatière à la main, et le visage barbouillé. Cela eût mis Fagon en fureur d'un autre; de lui tout passoit. Un homme de si bonne compagnie réussit bientôt dans une cour où il ne pouvoit faire envie à personne. Il fut des soupers familiers de M. le Duc, de ceux de M. le prince de Conti. C'étoit à qui l'auroit, hommes et femmes du plus haut parage et de la meilleure compagnie, et ne l'avoit pas qui vouloit, vieux à dîner, jeunes dans leurs parties; libertin et débauché à l'excès, gourmand à faire plaisir à table, et tout cela avec une vérité et un sel qui ravissoit. De cette façon, Boudin fut bientôt gâté. D'ailleurs c'étoit un compagnon hardi, audacieux, qui se refusoit peu de choses, et qui n'en ménageoit aucune quand il n'en craignoit point les retours ou quand il étoit poussé, et devenu fort familier, et de là fort tôt très-impertinent. Initié de cette sorte dans le monde le plus choisi, il se mit dans l'intrigue, et il sut et fut de bien des choses secrètes et importantes de la cour.

Le maréchal de Villeroy, durant sa brillante faveur, se mit à le plaisanter devant Monseigneur, un matin qu'il prenoit médecine. Ses grands airs déplurent à Boudin, qui répondit sec. Le maréchal continua; l'autre n'en fit pas à deux fois; il l'insolenta si net que la compagnie en demeura confondue et le maréchal muet et outré. Monseigneur, qui n'aimoit pas le maréchal et qui se divertissoit de son médecin, fort bien avec lui et avec tout ce qui l'environnoit, ne dit mot. Après un peu de silence, le maréchal s'en alla, et Monseigneur se mit à rire. L'histoire courut incontinent et il n'en fut autre chose.

Quoique Boudin aimât son métier, il s'y rouilla tout à fait parce qu'il ne prenoit plus la peine de voir les malades; mais sa curiosité pour toutes sortes de remèdes et de secrets ne l'abandonna point. Il étoit sur cela de la meilleure foi du monde, et tomboit sur la Faculté qui n'en veut point, et qui laisse mourir les gens dans ses règles. Il aimoit la chimie, il y étoit savant et aussi bon artiste, mais il alla plus loin, il souffla. Il se mit dans la tête que la pierre philosophale n'étoit pas impossible à trouver, et avec toute sa science et son esprit il y fut cent fois dupé. Il lui en coûta beaucoup d'argent, et quoiqu'il l'aimât beaucoup, rien ne lui coûtoit pour cela, et il quittoit les parties et les meilleures compagnies pour ses alambics et pour les fripons qui l'escroquoient. Mille fois attrapé, mille autres il s'y laissoit reprendre. Il s'en moquoit lui-même et de ses frayeurs, car il avoit peur de tout et en faisoit les contes les plus comiques. Ce faiseur d'or-ci l'amusa et le trompa enfin comme les autres, et lui coûta bien de l'argent qu'il regretta fort, car il ne négligeoit pour en amasser aucun des moyens que sa faveur lui pouvoit fournir. Seigneurs et ministres le comptoient et le ménageoient comme un homme fort dangereux, et lui aussi, pourvu qu'il ne fût pas poussé, connoissoit à qui il avoit affaire, et ne laissoit pas de se ménager aussi avec eux. Il tenoit fort à la cabale de Meudon et assez à celle des seigneurs.

Dès le commencement de décembre, le roi déclara qu'il vouloit qu'il y eût à Versailles des comédies et des appartements, même lorsque Monseigneur seroit à Meudon, contre l'ordinaire. Il crut apparemment devoir tenir sa cour en divertissements pour cacher mieux au dehors, et au dedans s'il l'eût pu, le désordre et l'extrémité des affaires. La même raison fit qu'on ouvrit de bonne heure le carnaval, et qu'il y eut tout l'hiver force bals à la cour de toutes les sortes, où les femmes des ministres en donnèrent de fort magnifiques, et comme des espèces de fêtes, à Mme la duchesse de Bourgogne et à toute la cour; mais Paris n'en demeura pas moins triste, ni les provinces moins désolées.

## CHAPITRE III.

1711. — Prince de Conti, Médavy, du Bourg, Albergotti, Goesbriant reçus chevaliers de l'ordre. — Singularités sur le prince de Conti. — Goesbriant gouverneur de Verdun. — Mariage de Châtillon avec une fille de Voysin. — Électeur de Cologne, à Paris et à la cour, dit la messe à Mme la duchesse de Bourgogne. — Son étrange poisson d'avril. — Mort de l'électeur de Trèves. — La Porte déclare la guerre à la Russie. — Nangis colonel du régiment du roi. — Mort, famille et caractère de Feuquières. — Réflexion sur les vilains. — Mort et caractère d'Estrades; sa naissance. — Prétention et procès de d'Antin sur la dignité de duc et pair d'Épernon. — D'Antin obtient permission du roi d'intenter son procès. — Ruse et artifice de son discours. — Appartement du roi à Marly. — Ferme et nombreuse résolution de défense. — Avis sensé et hardi d'Harcourt. — Causes de fermeté. — Mesures prises. — Je refuse la direction de l'affaire, dont je fais charger les ducs de Charost et d'Humières. — Opposition à d'Antin signée. — Étrange procédé du duc de Mortemart. — Souplesse de d'Antin. — Partialité du roi pour d'Antin, inutile. — Misérable procédé de La Feuillade. — Ducs dyscoles. — Aiguillon. — Le roi fait déclarer son impartialité au parlement. — Inquiétude singulière du duc de Beauvilliers à la réception du duc de Saint-Aignan, son frère.

Cette année commença par la cérémonie de faire chevaliers de l'ordre M. le prince de Conti, Médavy et du Bourg, longtemps depuis maréchaux de France, Albergotti et Goesbriant.

M. le prince de Conti n'avoit pas quinze ans. Mme sa mère ne laissoit pas de demander l'ordre pour lui depuis longtemps avec le dernier empressement. L'âge des princes du sang pour l'avoir est vingt-cinq ans; mais le roi, qui l'avoit donné au comte de Toulouse avant quatorze ans, ne sut que répondre à cet exemple que M. du Maine fit valoir, dans la liaison intime où les affaires de la succession de M. le Prince l'avoient mis avec Mme la princesse de Conti. Aussi, moyennant les bâtards qui peu à peu renversèrent tout et défigurèrent tout, les princes du sang eurent l'ordre sans âge comme les fils de France, c'est-à-dire que, les fils de la couronne et ceux de l'adultère y étant traités pour l'âge en toute égalité, les princes du sang ne purent demeurer exclus du même avantage.

La présentation de M. le prince de Conti fut une autre nouveauté tout aussi étrange. Les parrains doivent être de même rang que le présenté. Lorsque les chevaliers manquent, comme en 1661 et en 1688, on n'y regarde point par l'impossibilité, et les fils de France sont parrains indifféremment de tous les chevaliers novices, à leur tour ; mais quand il y a des chevaliers suffisamment on revient à la règle toujours observée. C'étoit donc à deux princes du sang à présenter le prince de Conti, mais il n'y avoit de prince du sang que M. le Duc qui fût chevalier de l'ordre. La raison vouloit donc que, pour le second parrain, on en approchât au plus près, et que M. du Maine, ou, si sa jambe boiteuse l'en empêchoit, le comte de Toulouse le fût, puisqu'il ne leur manquoit rien, nulle part en France, du rang de prince du sang que des bagatelles au parlement imperceptibles, et que les enfants mêmes de M. du Maine y étoient pareillement montés. Néanmoins, avec la pique d'entre Mme la Duchesse et M. du Maine, qui étoit dès lors très-vive, sur la succession de M. le Prince, le roi hésita à coupler M. du Maine avec M. le Duc. On pouvoit, pour honorer les princes du sang, coupler M. le Duc avec M. le duc d'Orléans ; mais le rang de petit-fils de France, si récent et si distingué de celui des princes du sang, s'accommoda encore moins de cela que M. le Duc de M. du Maine. Pour couper court, on remonta au faîte, afin que tout y fût sans proportion ; on ne s'arrêta point aux fils de France, quoiqu'il n'y en pût avoir d'un prince du sang avec eux, et la présentation se fit par Monseigneur et Mgr le duc de Bourgogne.

Les quatre autres, on a vu à quelle occasion ils furent nommés, et jusqu'à quel point la décoration de la cour, des plus hautes dignités, de la première naissance, devint de plus en plus, depuis Louvois et sa promotion de 1688, récompense militaire. Les deux premiers portoient l'ordre depuis longtemps jusqu'à ce qu'ils pussent être reçus. A cette occasion, ils furent mandés pour l'être : l'un de Strasbourg, où il commandoit sur toute la frontière du Rhin ; l'autre de Grenoble, où il commandoit sur toute la frontière de Savoie. Les deux autres venoient d'être nommés, et ne portèrent l'ordre qu'après avoir été reçus. Les deux premiers retournèrent bientôt après à leur commandement; et Goesbriant s'en alla commander à Saint-Omer. Le roi lui donna une pension de vingt mille livres en attendant le premier gouvernement vacant. C'étoit bien le moins pour le gendre de celui qui les payoit. Goesbriant n'attendit pas longtemps le gouvernement de Verdun, que la mort de Feuquières lui procura.

Voysin maria sa seconde fille au comte de Châtillon, fils et neveu des deux premiers gentilshommes de la chambre de Monsieur et de M. le duc d'Orléans, qui sûrement n'auroient pas cru à son horoscope, si elle leur eût dit la fortune dans laquelle il est aujourd'hui, et que son oncle, le favori de Monsieur, a eu le loisir de voir quelques années avant sa mort à quatre-vingt-sept ou huit ans, retiré depuis longtemps dans sa province. Voysin, au lieu des deux cent mille livres que le roi, avant cette dernière guerre, donnoit aux filles de ses ministres, eut, comme ils ont eu depuis, dix mille livres de pension pour sa fille.

L'électeur de Cologne, qui étoit venu de Valenciennes voir l'électeur de Bavière à Compiègne, arriva à Paris les deux ou trois premiers jours de cette année. Il eut incontinent après une audience du roi incognito, et alla de même tout de suite chez Mme la duchesse de Bourgogne, où Mgr le duc de Bourgogne se trouva. L'électeur s'amusa quelques semaines à Paris, et vint après dîner à Meudon. Monseigneur se mit à table dans son fauteuil à sa place ordinaire, sans cadenas, parce qu'à Meudon il n'en avoit jamais, et comme à l'ordinaire une serviette plissée sur la nappe sous son couvert, et servi par du Mont, avec une soucoupe pour boire. L'électeur de Cologne se mit vis-à-vis de Monseigneur, parmi les courtisans, sur un siège pareil à eux; et cette place vis-à-vis de Monseigneur n'étoit point celle des princes du sang, ni distinguée en rien. Il n'eut point de serviette sous son couvert, ni de couvert distingué, mais fut servi par un officier de la bouche, et sans soucoupe pour boire, comme tous les autres courtisans. Il fut par toute la maison avec Monseigneur, qui aux portes étroites passoit devant lui sans aucun compliment, et l'électeur s'arrêtoit et se rangeoit avec un air de respect, et parlant à lui l'appela toujours Monseigneur, usage qui avoit tellement prévalu que le roi ne lui parloit jamais autrement, et que, parlant de lui, il le nommoit plus ordinairement Monseigneur qu'il ne disoit mon fils ; mais M. le Dauphin, il ne le disoit jamais.

Deux jours après, qui fut le mardi 3 février, il vit l'électeur dans son cabinet, lequel en sortant de là s'en alla dire la messe à Mme la duchesse de Bourgogne. Il aimoit à la dire, et basse et haute, et à faire toutes sortes de fonctions. Il avoit fort prié Mme la duchesse de Bourgogne de l'entendre. Il la dit au grand autel de la chapelle, basse, et comme un évêque ordinaire. Mme la duchesse de Bourgogne étoit en haut dans la tribune, pour éviter le corporal que le prêtre lui apportoit à baiser à la fin de la messe quand elle étoit en bas, et pour que cette messe eût l'air d'une messe ordinaire ; mais l'électeur la salua profondément en entrant et en sortant de l'autel, et s'inclina comme un chapelain ordinaire aux *Dominus vobiscum* et à la bénidiction. En entrant et en sortant de l'autel, Mme la duchesse de Bourgogne reçut debout son inclination profonde, et lui fit une révérence fort marquée. Madame fut outrée de cette messe, et se garda bien de s'y trouver. L'électeur en effet auroit pu s'en passer ; mais non-seulement ce fut lui qui la proposa, mais qui en pressa, et qui témoigna que Mme la duchesse de Bourgogne le désobligeroit si elle l'en refusoit. Il n'y avoit point de cérémonies qu'il n'aimât à faire. Enfin il aimoit même à prêcher, et on peut juger comment il prêchoit. Il s'avisa un premier jour d'avril de monter en chaire ; il y avoit envoyé inviter tout ce qui étoit à Valenciennes, et l'église étoit toute remplie. L'électeur parut en chaire, regarda la compagnie de tous côtés, puis tout à coup se prit à crier : « Poisson d'avril! poisson d'avril! » et sa musique avec force trompettes et timbales à lui répondre. Lui cependant fit le plongeon et s'en alla. Voilà des plaisanteries allemandes, et de prince, dont l'assistance, qui en rit fort, ne laissa pas bien d'être étonnée.

Après avoir dit la messe à Mme la duchesse de Bourgogne, il dîna chez le duc de Villeroy, et fut ensuite voir Mme de Maintenon à Saint-Cyr, qui lui donna Mme de Dangeau pour le conduire à voir toutes les classes de demoiselles, et l'accompagner par toute la maison. Il avoit pris congé du roi le matin, qui lui fit donner beaucoup d'argent et le renvoya fort content. Deux jours après, il apprit la vacance d'un canonicat de Liège, dont il étoit aussi évêque; il l'envoya offrir galamment à Mme de Dangeau, pour le comte de Lowenstein, son frère, chanoine de Cologne et grand doyen de Strasbourg, mort longtemps depuis évêque de Tournai; et le canonicat fut accepté avec l'agrément du roi. L'électeur de Cologne s'en alla le 7 février à Compiègne, d'où il s'en retourna à Valenciennes.

On apprit quelques jours après la mort de l'électeur de Trèves. Ainsi le frère de M. de Lorraine ne fut pas longtemps coadjuteur; et ces chapitres de Mayence et de Trèves, si résolus, par l'exemple de celui de Cologne, à se faire sages contre l'ambition des princes, et à n'en point recevoir parmi eux, tombèrent dans le même inconvénient, Trèves dès lors et Mayence ensuite, dont le coadjuteur étoit le grand maître de l'ordre Teutonique, frère de l'électeur palatin et de l'impératrice douairière.

Le roi de Suède, de son asile de Bender, sut si bien remuer la Porte en sa faveur qu'on sut par des Alleurs, qui avoit succédé à Fériol dans l'ambassade de Constantinople, que le Grand Seigneur déclaroit la guerre, et prétendoit, avec une armée de trois cent mille Turcs, Tartares ou Cosaques, chasser les Moscovites et les Saxons de Pologne, et rétablir le roi de Suède et le roi Stanislas. Cette nouvelle, qui pouvoit influer sur les affaires de l'empereur, fit un peu de soulagement.

Le roi, lassé de voir son régiment d'infanterie dans un assez mauvais état, donna le gouvernement de Landrecies à du Barail et le fit maréchal de camp. Il étoit lieutenant-colonel lorsque le roi l'ôta, comme on l'a dit, à Surville, et le donna à du Barail à qui il le reprit et le donna à Nangis. Cela parut un grand commencement de fortune à tous les détails que le colonel de ce régiment avoit fréquemment tête à tête avec le roi, qui se croyoit le colonel particulier de ce régiment, avec le même goût qu'un jeune homme qui sort des mousquetaires.

Feuquières mourut en ce temps-ci. Il étoit ancien lieutenant général, d'une grande et froide valeur, de beaucoup plus d'esprit qu'on n'en a d'ordinaire, orné et instruit, et d'une science à la guerre qui l'auroit porté à tout, pour peu que sa méchanceté suprême lui eût permis de cacher au moins un peu qu'il n'avoit ni cœur ni âme. On en a vu quelques traits ici répandus, dont sa vie ne fut qu'un tissu. C'étoit un homme qui ne servoit jamais dans une armée qu'à dessein de la commander, de s'emparer du général, de s'approprier tout, de se jouer de tous les officiers généraux et particuliers; et, comme il ne trouva point de général d'armée qui s'accommodât de son joug, il devenoit son ennemi, et encore celui de l'État, en lui faisant, tant qu'il pouvoit, manquer toutes ses entreprises. On feroit un livre de ces sortes de crimes; aussi ne servoit-il plus, il y avoit très-longtemps, parce que aucun général ne le vouloit dans son armée, pour en avoir tous tâté. Il a laissé des Mémoires sur la guerre, qui seroient un chef-d'œuvre en ce genre, et savamment, clairement, précisément et noblement écrits, si, comme un chien enragé, il n'avoit pas déchiré, et souvent mal à propos, tous les généraux sous lesquels il a servi. Aussi mourut-il pauvre, sans récompense et sans amis. Il n'avoit qu'une pension de six mille livres, que le roi laissa à sa famille. Leur nom est Pas, bonne et ancienne noblesse de Picardie. Son père fut tué approchant fort du bâton, vers lequel il avoit rapidement et vertueusement couru ; et son grand-père s'étoit signalé dans les plus importantes négociations de son temps, sur les traces duquel Rebenac, frère de celui-ci, commençoit à marcher quand il mourut, et avec cela ils n'ont jamais pu rien obtenir de la fortune que le gouvernement de Verdun, qui fut donné à Goesbriant. Son fils mourut bientôt après lui sans enfants ; et sa fille unique, dont la mère étoit fille du marquis d'Hocquincourt, chevalier de l'ordre, fils du maréchal, laquelle hérita de tous ses frères, porta tous ses biens à un Seiglière, dont la vie honteuse a même déshonoré jusqu'à la bassesse de sa naissance, et dont la mère, fille du marquis de Soyecourt, chevalier de l'ordre et grand veneur, avoit aussi hérité de ses deux frères, tués sans alliance tous deux à la bataille de Fleurus ; et voilà comme on donne des filles de qualité à des vilains, parce qu'ils les prennent pour rien, desquelles après ils ont tous les biens de leurs maisons!

Ce fameux Soyecourt est mort fugitif à Venise, sa femme bientôt après ; et leur fils a eu un régiment, tandis que les gens les plus qualifiés n'en peuvent obtenir du cardinal Fleury : *Similis simili gaudet.* Cela se retrouve en tout. Il n'y a plus d'Hocquincourt, qui est Monchy, ni de Pas. Rebenac n'a laissé que Mme de Souvré, mascarade de Tellier ; et leur troisième frère est mort fort vieux, sans enfants de la fille de Mignard, ce peintre fameux qui, pour sa beauté, l'a peinte en plusieurs endroits de la galerie de Versailles et dans plusieurs autres de ses ouvrages.

Estrades mourut presque en même temps. Il étoit fils aîné de ce maréchal d'Estrades, si capable dans son métier, et si célèbre par le nombre, l'importance et le succès de ses négociations, et qui mourut, en 1686, en février, à soixante-dix-neuf ans, gouverneur de M. le duc de Chartres. Il venoit de conclure et de signer la paix à Nimègue en 1678.

Il dépêcha ce fils au roi sur-le-champ. Il s'amusa à Bruxelles à une maîtresse, et donna ainsi le temps au prince d'Orange, qui étoit au désespoir d'une paix qui mettoit des bornes à sa puissance en Hollande, de donner la bataille de Saint-Denis à M. de Luxembourg, qui ne s'attendoit à rien moins, comptant la paix faite, et qui en reçut la nouvelle du roi le lendemain. Le prince d'Orange l'avoit dans sa poche avant le combat, mais il espéra la rompre par une victoire, et s'il ne la remportoit pas, profiter de la paix.

Estrades fit dire vrai encore à ce proverbe : *Filii heroum noxæ*. Il mena toujours une vie obscure, avec peu de commerce, peu d'amis et moins de considération. Celle de son père, qui sut faire le marché si important du secours maritime des États généraux pour prendre Dunkerque, dont il eut le gouvernement après le maréchal de Rantzau, le lui valut après lui, et la mairie perpétuelle de Bordeaux. Son fils, devenu lieutenant général, voulut bien accompagner les enfants de M. du Maine en Hongrie, où il fut tué devant Belgrade en 1717, et a laissé des enfants qui n'ont pas percé dans le monde.

Le maréchal d'Estrades avoit deux fils qui valoient mieux que l'aîné. Le chevalier d'Estrades, attaché à M. le duc de Chartres d'alors, qui fut tué à la tête de son régiment à Steinkerque en 1692, et qui seroit devenu digne de son père ; et l'abbé d'Estrades, dont il sera parlé ailleurs.

On ne connoît rien au delà du grand-père du maréchal d'Estrades. Son père, qui étoit brave et sage, et qui avoit servi Henri IV contre la Ligue, fut successivement gouverneur du comte de Moret, bâtard d'Henri IV, et des ducs de Mercœur et de Beaufort, enfin des ducs de Nemours, de Guise et d'Aumale. La mère de celui-là étoit fille d'un conseiller au parlement de Bordeaux et d'une Jeanne, dite de Mendoze, qui était de race juive d'Espagne. On a parlé ailleurs de la ridicule coutume de ce pays-là, de donner aux juifs qui se convertissent, et dont on est parrain, non-seu-

lement son nom de baptême comme partout, mais encore
son nom de maison et de ses armes, qui deviennent le nom et
les armes du juif filleul et de sa postérité. Le père ou le
grand-père de cette Jeanne Mendoze eut ainsi le nom et les
armes de Mendoze de son parrain, et M. d'Estrades en
décora ses armes et sa postérité après lui. Il y a d'excellents
Mémoires du maréchal d'Estrades.

Maintenant il est temps de venir au procès que d'Antin
intenta sur des chimères aussi folles que rances de l'ancienne duché-pairie d'Épernon, et aux adresses incompa-
rables par lesquelles il sembla faire grâce au roi et aux ducs
de le devenir, et à l'édit qui, à cette occasion, sous prétexte
de grâces et de bienfaits, donna comme le dernier coup à
une dignité que le roi voulut sans cesse abattre, et dont le
sort étoit d'en recevoir des coups de massue à chaque occasion de procès de préséance que des chimères et l'ambition
intentoient aux ducs. Ce récit, qui ne sauroit être court, et
qui pourra même avoir des parties ennuyeuses, sert si fort
à peindre les ruses d'un courtisan, la jalousie des autres,
les artifices des bâtards, un intérieur de cour et de seigneurs
peu connu, et à montrer à découvert les pierres d'attente et
la préparation de grands événements de cour et d'intérieur
d'État, qu'il ne sera pas un des moins curieux de ce genre.

On a vu, lors du procès de préséance de feu M. de Luxembourg, la tentative que firent les Estrées en faveur de Mlle de
Rouillac, pour ce duché d'Épernon en sa personne, et que le
comte d'Estrées devoit épouser en cas de succès, et qui fut
depuis gendre de M. de Noailles. Ce coup manqué, feu M. de
Montespan avoit passé avec elle tous les actes nécessaires
pour succéder après elle à sa terre d'Epernon et à ses prétentions, et n'avoit rien oublié pour les tenir secrets, quoiqu'il n'eût pu se tenir d'essayer de prendre dans ses terres
de Guyenne, où il demeuroit, le nom de duc d'Épernon, et
de s'y faire moquer de lui. Il était mort dans ses idées, et
d'Antin s'en étoit toujours nourri.

Arrivé enfin à la faveur et aux privances avec le funeste appui de la coupable fécondité de sa mère, il sentit ses forces, et il se crut en état de se faire écouter du roi, et craindre de ceux qu'il avoit à attaquer. Il choisit Marly comme un lieu qui lui étoit encore plus favorable. Il épia son moment dans les cabinets, et le trouva le samedi 10 janvier de cette année. Là il dit au roi que, comblé de ses grâces, il lui siéroit mal de l'importuner pour de nouvelles, mais qu'étant le plus juste des rois, il croyoit devoir à Sa Majesté et à soi-même de lui représenter qu'il souffroit une injustice de sa part, qu'il ne pouvoit se persuader qui fût dans sa mémoire, puisque, comblé de ses bienfaits, il ne pouvoit croire qu'il la voulût faire au plus inconnu de ses sujets. Après ce bel exorde, il dit au roi que sa coutume étoit de laisser à chacun le libre cours de la justice, et entre particuliers de ne se mêler point de leurs affaires; que néanmoins il en avoit une où il alloit de toute sa fortune, qui ne touchoit le roi en rien, et qui étoit arrêtée par sa seule autorité; que cette affaire étoit la prétention à la dignité de duc et pair d'Épernon, que le dernier marquis de Rouillac avoit poursuivie après son père, et que le crédit des ducs prêts à la perdre avoit suspendue par un coup d'autorité du roi, que depuis il avoit eu la bonté de permettre à Mlle de Rouillac de reprendre cette instance dont le succès auroit fait son établissement; que les difficultés toujours plus fâcheuses à ce sexe, et la grande piété de Mlle de Rouillac lui avoient fait prendre le parti d'un saint repos, dans lequel elle étoit morte : qu'il avoit recueilli ses droits avec sa succession dans des temps où il n'avoit pas trop osé demander justice; que maintenant qu'il se croyoit assez heureux pour que ces temps fussent changés, il ne demandoit pour toute grâce que celle qu'il ne refusoit à personne, et de lui permettre de faire valoir son droit; qu'il ne seroit importuné de rien; que ce seroit un procès à l'ordinaire à la grand'chambre; qu'il avoit extrêmement examiné et fait examiner la question ; qu'elle étoit indubitable, et que de plus, quoiqu'il dût s'attendre à des oppositions, il tâcheroit de mériter, par sa conduite, de s'en attirer une dont il n'eût pas lieu de se plaindre ; que d'ailleurs c'étoit si peu de chose pour chacun des ducs de reculer d'un pas, et pour lui une si grande fortune que de se trouver leur confrère, et du même coup à leur tête, qu'il ne savoit si beaucoup s'opposeroient bien sérieusement à lui ; que par là devenu duc et pair sans grâce, personne ne seroit en droit d'exemple d'importuner Sa Majesté ; qu'il espéroit assez de ses bontés pour oser se flatter qu'il ne seroit point fâché de le voir en ce rang, sans qu'il lui en coûtât rien.

C'étoit là toucher le roi par l'endroit sensible, après lui avoir menti de point en point sur tous les faits qu'il avait avancés, et avoir mis dans son discours tout l'art du plus délié et du plus expérimenté courtisan. Il étoit vrai que, le roi subjugué par lui, il étoit hors de portée du refus. Mais la prostitution des dignités et l'outrecuidance françoise y portoit des gens que le roi ne vouloit ni faire ni mécontenter. Mais la raison intime, et que d'Antin avoit bien sentie, étoit la jalousie du roi contre ses favoris, dont il redoutoit autant l'apparence d'être gouverné, comme il leur en abandonnoit la réalité de bonne grâce. La faveur si éclatante de d'Antin n'avoit pas besoin d'un nouvel accroissement aux yeux du monde ; et il sut mettre le roi si avant dans ses intérêts, par ce tour adroit et si ajusté à son goût, que la partialité du roi eut peine à demeurer en quelques bornes. Parler donc en ce sens et obtenir ne fut qu'une même chose, laquelle fut plus tôt faite qu'éventée.

Le lendemain dimanche j'entrai dans le salon vers l'heure que le roi alloit sortir pour la messe. Je m'approchai d'abord d'une des cheminées, où La Vrillière se chauffoit avec je ne sais plus qui. A peine les eus-je joints que La Vrillière m'apprit la nouvelle. Je baissai la tête et haussai les épaules. Il me demanda ce que j'en pensois. Je lui dis que je croyois que le triomphe ne coûteroit guère sur des victimes comme nous. Un moment après, je vis de l'autre côté du salon les ducs de Villeroy, de Berwick et de La Rocheguyon, qui parloient tous trois ensemble, et qui dès qu'ils m'aperçurent m'appelèrent. Non-seulement ils savoient la chose, mais tout le propos de d'Antin que j'ai rapporté.

Le roi, à Marly, n'avoit que deux cabinets, encore le second étoit-il retranché en deux pour une chaise percée, dont le lieu étoit assez grand, aux dépens du reste du cabinet qui lui donnoit le jour, pour que ce fût là que le roi se tînt après son souper avec sa famille. Ainsi les valets intérieurs dont ces cabinets étoient pleins, et dont les portes étoient toujours toutes ouvertes, voyoient tout ce qui s'y passoit, et entendoient tout. Bloin, qui n'aimoit pas d'Antin, n'avoit pas perdu un mot de son discours, et l'avoit rendu aux ducs de Villeroy et de La Rocheguyon ses intimes, et qui soupoient chez lui presque tous les soirs.

Dès que je fus à eux, ils me le rendirent et me demandèrent mon avis. Je leur répondis comme je venois de faire à la Vrillière. Ma surprise fut grande de les voir tous trois s'en irriter, et me demander si j'avois résolu de ne me point défendre. Je dis languissamment que je ferois comme les autres; et dans la vérité c'étoit bien ma résolution de laisser tout aller, par les expériences que j'avois de ces choses et ce qui m'en étoit arrivé, et qui se trouve ici en plusieurs endroits. Mais je trouvai une vigueur qui ranima un peu la mienne, mais sans me faire sortir des bornes que je crus ne devoir pas outre-passer.

Ils me dirent qu'ils venoient de parler aux maréchaux de Boufflers et d'Harcourt, qui pensoient comme eux à une juste et verte défense; que d'Antin, sorti exprès des cabinets, leur venoit de dire ce qu'il avoit obtenu; qu'il y avoit ajouté des respects infinis, entre autres que, s'il lui étoit possible de détacher l'ancienneté de sa prétention, il s'estimeroit trop honoré d'être le dernier de nous; et toutes sortes de déférences et de beaux propos sur les procédés dans l'affaire, que je supprime ici ; qu'ils lui avoient répondu, avec la politesse que demandoit son compliment, mais avec la fermeté la plus nette, sur la défense, qu'ils y étoient résolus ; qu'il y auroit de la honte à marquer de la crainte de sa faveur et de la défiance du droit ; que j'étois celui qui entendoit le mieux ces sortes d'affaires, pour avoir défendu celle contre M. de Luxembourg, et empêché celle d'Aiguillon ; que, ne doutant pas de mon courage, ils venoient à moi me prier de me joindre à eux, et de leur dire ce qu'il y avoit à faire. Ils ajoutèrent qu'il ne falloit pas douter que le roi ne fût pour d'Antin ; que l'espérance de celui-ci étoit qu'il ne se trouveroit personne qui osât le traverser, chose dont sûrement le roi seroit bien aise, mais que ce seroit la dernière lâcheté ; qu'il falloit tous nous bien entendre et marcher d'un pas égal ; que, cela fait, le roi n'oseroit nous en montrer du mécontentement, ni, pour d'Antin seul, fâcher tout ce qui l'environnoit dans les principales charges, qui, réunis, feroient au favori la moitié de la peur ; qu'il falloit commencer par rassembler ce qui étoit à Marly, et que cet exemple seroit puissant sur les autres. La Rocheguyon surtout insista que céder seroit abandonner la cause pendante contre M. de Luxembourg, ouvrir la porte à toutes les prétentions du monde ; et prit avidement ce hameçon de l'affaire de M. de Luxembourg que je lâchai froidement dans le discours. Ils insistèrent donc vivement pour savoir mon sentiment, et surtout comment il s'y falloit prendre pour se bien et fermement défendre.

A ce qu'ils venoient de dire sur le roi, je sentis qu'ils parloient de bonne foi sur tout le reste. Je leur dis donc, mais sans sortir du flegme, que j'étois bien aise de les voir dans des sentiments que l'expérience de toute ma vie les devoit empêcher de douter qu'ils ne fussent les miens ; mais que je leur avoüois aussi que mon expérience particulière me rendoit leur ardeur nécessaire pour rallumer la mienne ; que, puisqu'ils vouloient savoir ce qu'il falloit faire, et ne pas perdre un moment, la première démarche nécessaire étoit de signer une opposition à ce que nul ne fût reçu duc et pair à la dignité d'Épernon, et de la faire signifier au procureur général et au greffier en chef du parlement, moyennant quoi il n'y avoit plus de surprise à craindre; la seconde, de nous former un conseil, que le meilleur, à mon avis, étoit de prendre ce qui restoit du nôtre contre M. de Luxembourg; et que je m'offrois de pourvoir à ces deux préliminaires. Ils m'en conjurèrent avec mille protestations de courage et d'union.

Aussitôt j'exécutai par une lettre chez moi l'engagement que je venois de prendre. Rentrant au château, je trouvai M. de Beauvilliers, qui se jeta dans mon oreille, et me dit de ne me point séparer des autres ducs, de faire même tout ce que je pourrois contre d'Antin, mais de me contenir dans l'extérieur en des mesures d'honnêteté et de modération, et qu'il en avoit dit autant à son frère et à son gendre. C'étoit bien mon projet; mais je ne laissai pas d'être surpris et encouragé de cet avis d'un homme si mesuré, surtout en ces sortes d'affaires.

Arrivant dans le salon, les trois qui m'avoient parlé, et que j'y avois laissés, m'avertirent de me trouver chez le maréchal de Boufflers dans une demi-heure, où ils se devoient rendre. Les ducs de Tresmes et d'Harcourt y vinrent. Je leur rendis compte de ce que je venois de faire, et je les réjouis fort de leur apprendre que les ducs de Mortemart et de Saint-Aignan seroient des nôtres, de l'aveu du duc de Beauvilliers, d'autant que le duc de Mortemart avoit répondu au duc de Villeroy qui lui avoit parlé, à ce qu'il nous dit là, qu'il consulteroit son beau-père. Nous raisonnâmes sur une liste de ducs sur lesquels on pourroit compter ou non. Chacun se chargea d'écrire à ses amis, excepté à ceux qui avoient des duchés femelles, quoique l'exemple de M. de Richelieu contre M. de Luxembourg les dût rassurer. On parla ensuite de notre conduite de cour.

Il fut résolu, M. d'Harcourt menant la parole, que nous payerions d'Antin de compliments; que nous déclarerions notre union et notre attachement à notre défense; que nous ne ferions pas semblant de nous douter que le roi, quoi qu'il fît, pût souhaiter contre nous, afin de l'obliger par cette surdité volontaire à des démarches plus marquées, que nous savions bien que d'Antin avec toute sa faveur n'arracheroit pas contre des personnes, desquelles plusieurs l'approchoient de si près dans ses affaires, ou autour de sa personne, outre sa conduite ordinaire en ces sortes d'affaires de se piquer de neutralité. On discuta ensuite les démarches du palais. Il fut question de donner une forme à la conduite de l'affaire.

Je rendis compte de celle du procès contre M. de Luxembourg. Il fut jugé à propos de l'imiter en tout pour celui-ci. M. d'Harcourt appuya fort sur la nécessité d'en choisir un ou deux parmi nous qui eussent la direction de l'affaire, qui y donnassent le mouvement par leur soin et leur présence; et qui eussent le pouvoir d'agir et de signer pour tous, quand il seroit nécessaire, pour ne point perdre de temps aux occasions pressées; puis proposa de me prier de vouloir bien m'en charger. Je n'avois pas eu peine à reconnoître que la chose avoit été agitée entre eux, auparavant l'assemblée, et résolue. Tous applaudirent, et joignirent à l'invitation la plus empressée toute l'adresse, et la plus flatteuse politesse pour piquer mon courage. Je répondis avec modestie, bien résolu à ne pas accepter un emploi dont j'avois bien prévu la nécessité et les inconvénients, et qu'il me seroit présenté. Je fus pressé avec éloquence. Je représentai que mon assiduité à la cour ne m'en pouvoit permettre assez à Paris pour suivre l'affaire d'aussi près qu'il étoit nécessaire. Comme je vis que rien ne les satisfaisoit, je leur dis que ces affaires communes ne m'avoient par personnellement assez bien réussi pour m'engager de nouveau à les conduire ; que, d'ailleurs, les raisons particulières qui m'avoient plus d'une fois commis avec M. d'Antin ne me permettoient pas de m'exposer volontairement à une occasion nouvelle ; que je les suppliois de n'imputer point mes excuses à paresse ni à mollesse, mais à une nécessité qui ne pouvoit se surmonter. Nous nous séparâmes de la sorte, contents de nos mesures prises en si peu de moments, mais ces messieurs fort peu de mon refus à travers toutes les honnêtetés possibles.

Tant de fermeté, dans un temps de si misérable foiblesse, et parmi des courtisans si rampants qui voyoient clairement le roi contre eux, eut des raisons que dans ma surprise je découvris sans peine. Les ducs de Villeroy et de La Rocheguyon avoient de tout temps vécu dans un parfait mépris pour d'Antin, et si marqué, que d'Antin, dont la politique avoit toujours été de ne s'aliéner personne, s'en étoit souvent plaint à eux par des tiers, et quelquefois par lui-même ; et comme ç'avoit été sans succès, il s'en étoit formé une inimitié, même assez peu voilée, que la jalousie de la cour intérieure de Monseigneur avoit fomentée, et que la faveur déclarée de d'Antin auprès du roi avoit comblée dans les deux beaux-frères, qui avant de l'être, et de toute leur vie, n'avoient jamais été qu'un, et M. de Liancourt avec eux. Harcourt extrêmement leur ami, et plus encore du premier écuyer qui haïssoit sournoisement d'Antin, et qui de plus ne lui pouvoit pardonner les bâtiments sur lesquels il avoit eu lieu de compter, avoit épousé leurs sentiments avec d'autant plus de facilité qu'il regardoit d'Antin comme un dangereux rival pour le conseil, et comme un obstacle à entrer. Boufflers, si droit, et si touché de la dignité, n'avoit pas oublié les mauvais offices de d'Antin lors de la bataille de Malplaquet ; et Villars lié à d'Antin, par la raison contraire, n'osa jamais abandonner une communauté d'intérêts qui lui faisoit un si prodigieux honneur. Tresmes, né noble, je ne sais pas pourquoi, avoit de plus Harcourt pour boussole ; et Berwick fort anglois, ne pouvoit souffrir l'interversion des rangs.

Notre conseil fut formé en vingt-quatre heures, et notre opposition dressée me fut renvoyée. Il fut singulier que le hasard fit que celui de d'Antin fut celui de Mme la Duchesse pour la succession de M. le Prince, et le nôtre, le même qui lui fut opposé par ses belles-sœurs. Je dis à ces messieurs, en arrivant pour la messe du roi, que j'avois l'opposition. Le roi au sortir de sa messe étant entré chez Mme de Maintenon, MM. de Tresmes et d'Harcourt firent sortir tout ce qui se trouva dans l'antichambre, et en firent fermer les portes. Là je rendis compte aux mêmes de la veille, de la formation de notre conseil, et des mesures prises, et il fut arrêté qu'on proposeroit l'opposition à signer aux ducs qui étoient à Marly. On y dansoit, et le roi y avoit mené pour cela de jeunes gens, entre autres le duc de Brissac. Je fis observer qu'à son âge, sa signature de plus ou de moins n'auroit pas grand poids, et qu'il embarrasseroit fort au contraire s'il s'avisoit de consulter auparavant son oncle Desmarets, et celui-ci le roi, et qu'après il refusât sa signature. Cela fit qu'on ne lui en parla point.

On reprit après l'article, qui étoit demeuré indécis la veille, de la conduite de l'affaire, dont je fus pressé de me charger, sans comparaison plus fortement que je ne l'avois été. Plus j'y avois pensé depuis vingt-quatre heures, plus je m'étois fortifié dans ma résolution, mais de faire en sorte d'en tenir les rênes de derrière la tapisserie. Ainsi, après avoir fait valoir les excuses que j'avois déjà apportées, je leur dis que ce n'étoit pas pour refuser mon temps ni mes soins ; que je me rendrois même le plus souvent que je le pourrois aux assemblées de notre conseil; mais que, ne pouvant me livrer à ce qu'ils désiroient de moi, j'estimois qu'il y avoit deux de nos confrères très-capables d'y suppléer, et assez de mes amis pour vouloir bien user de mes conseils dans le cours de l'emploi dont j'étois d'avis qu'ils fussent priés de se charger; et je leur proposai les ducs de Charost et d'Humières, par qui je comptois bien gouverner l'affaire comme si j'en avois accepté le soin. J'ajoutai que, d'Antin attaquant tous les ducs, les vérifiés n'avoient pas un moins juste sujet de défense que les pairs; que les vérifiés se trouveroient flattés d'avoir part en la direction de l'affaire; et, après avoir dit ce que je crus convenable sur ceux que je proposois, je les assurai que, encore que M. d'Humières fût l'ancien de M. de Charost, il lui céderoit sans difficulté partout en une cause de pairie. Ces raisons, et, s'il faut l'avouer, celle de l'influence que j'aurois avec ces messieurs sur la conduite de l'affaire, déterminèrent à s'y arrêter. Ils n'étoient ni l'un ni l'autre à Marly; on remit à le leur proposer au retour à Versailles, et on résolut de signer ce jour même l'opposition.

Elle fut datée de Paris, en faveur de ceux qui y étoient et qui la voudroient signer le lendemain avant qu'elle fût signifiée, comme elle le fut ce lendemain-là même à d'Aguesseau, procureur général, et au greffier en chef du parlement. Ceux qui la signèrent furent : les ducs de La Trémoille, Sully, Saint-Simon, Louvigny, Villeroy, Mortemart, Tresmes, Aumont, Charost, Boufflers, Villars, Harcourt et Berwick, pairs; La Rocheguyon, pour soi et pour M. de La Rochefoucauld pair et aveugle; Humières et Lauzun vérifiés. On ne jugea pas à propos d'en faire signer davantage pour en réserver en adjonction.

Je fus averti par le duc de Villeroy de me trouver le soir de ce même jour chez le duc de La Rocheguyon, pour y discuter encore je ne sais quoi. Comme j'y entrois on proposa d'attendre le duc de Mortemart. Je le connoissois trop, depuis mon aventure avec lui sur Mme de Soubise, pour parler de rien devant lui; je le dis à la compagnie, avec ménagement toutefois pour le gendre du duc de Beauvilliers; et je me contentai de les avertir que ce n'étoit pas un homme sûr.

La Rocheguyon et Villeroy qui pourtant en savoit davantage là-dessus que son beau-frère, traitèrent cela de fantaisie, et soutinrent que, tout fou et léger qu'étoit Mortemart, il ne feroit rien de mal à propos dans une affaire où il avoit même intérêt, et dans laquelle il étoit entré de bonne grâce. Là-dessus il entra. Ces messieurs lui firent signer l'opposition, et la lui donnèrent pour la faire signer à Villars, et me la remettre après, le soir même, dans le salon, sans qu'on pût s'en apercevoir, et lui recommandèrent fortement le secret de l'opposition même. Je me défendis de la reprendre en lieu si public. Toutefois cela passa brusquement, et ils renvoyèrent aussitôt le duc de Mortemart, sous prétexte de diligenter la signature dont il s'étoit chargé, et en effet pour me laisser la parole libre. Quand nous eûmes achevé je retournai au salon. Bientôt après j'y aperçus M. de Mortemart au milieu d'un tas de jeunes gens, qui parloit d'un air fort sérieux à M. de Gondrin, fils aîné de d'Antin. Je m'approchai doucement par derrière, j'entendis des compliments et je me retirai. Un peu après le duc de Mortemart vint à moi, son papier à la main, qui tout haut, en plein salon et devant tout le monde, me dit qu'il n'avoit pu trouver le maréchal de Villars, et qu'il me le rendoit. Le trait était complet. Nous ne voulions pas qu'il parût d'autre mesure que de simple raisonnement entre nous, moins encore que d'Antin sût qu'il y avoit des opposants, quels, ni combien que par la signification. Tout cela avoit été bien expliqué au duc de Mortemart, et le secret fort recommandé ; et moi qui plus que nul des autres craignois d'y paroître, je m'y vis affiché dans le salon, et tout auprès du lansquenet. Je me battis en retraite, et le Mortemart après moi, disant : « Tenez, tenez! » son papier à découvert en main, jusque dans le petit salon de la Perspective plein de gens et de valets. Là je le lui pris rudement sans lui dire un seul mot ; je m'en allai chez moi, et j'eus encore la peine de le faire signer à Villars ce même soir.

Une heure après, Gondrin donna au public notre opposition avec les compliments que lui avoit faits le duc de Mortemart. Le duc de Villeroy en fut outré de colère plus que pas un de nous, avec plus de raison qu'aucun, parce qu'il en avoit davantage de se défier de lui après ce qu'il en avoit su de moi. Chacun de nous s'expliqua sur lui sans ménagement; et il fut résolu de se défier de lui comme de d'Antin même, et de l'exclure de toutes nos assemblées, en pas une desquelles aussi il n'osa se présenter depuis, ni même s'informer de l'affaire. D'Antin, de son côté, pouilla son fils d'importance d'avoir compromis leur cousin, comme si la chose se fût passée tête à tête. Il apprit donc par là qu'il y avoit une opposition, et quoiqu'il ne pût savoir que le petit nombre de ceux de Marly qui avoient signé, il ne laissa pas d'être étonné que quelqu'un osât lui résister, et de trouver des charges et du crédit déclarés contre lui. Ce n'étoit pas qu'il n'eût affecté de publier que, s'il avoit un fils honoré de cette dignité, il l'obligeroit à s'opposer à lui; mais le gascon parloit au plus loin de sa pensée. Il jetoit ce propos à tout événement comme un sentiment de douceur et d'équité, pour voir comment il seroit reçu dans le monde, et pour décorer sa cause si la lâcheté se trouvoit telle qu'il espéroit par un silence unanime, ou rompu seulement par un si petit nombre, et de considération si légère, qu'il en pût encore plus triompher.

Ce début si peu attendu lui fit juger à propos de tâcher à ralentir ce premier feu par des marques de partialité du roi, qui effrayassent et qui empêchassent de pousser contre lui les mesures qu'il voyoit prises.

Je fus pressé par mes amis de faire une honnêteté à d'Antin, à l'exemple des autres, en même intérêt; j'eus peine à m'y rendre, mais je le fis. Je n'ai point pénétré quel put être son objet, mais si j'eusse été le favori il ne m'eût pas accablé de plus de respects ni de plus profonds, et de remercîments plus excessifs de l'honnêteté que je lui voulois bien faire; non content de cela, il vint chez moi les redoubler quoique je n'eusse point été chez lui. Il affecta de publier ma politesse à son égard, et la satisfaction qu'il en ressentoit; il s'en vanta au roi, et cela me revint aussitôt : j'en fus extrêmement surpris, et beaucoup de gens aussi le furent.

Cependant notre opposition signifiée avoit eu le temps de lui revenir; les seize noms qu'il y trouva achevèrent de le presser de faire usage de son crédit. Le roi, à la promenade, parla de l'absence de d'Antin, et à ce propos de l'affaire qui le rendoit absent. Il choisit le duc de Villeroy, qu'il compta apparemment embarrasser davantage, et lui demanda d'un air et d'un ton mal satisfait s'il seroit des opposants, ce n'étoit pas sans doute qu'il ignorât ce qui en étoit. Il répondit qu'il y en avoit déjà nombre, que la chose lui importoit trop pour n'en être pas, et qu'il croyoit qu'il y en auroit encore d'autres. Le roi reprit que d'Antin avoit fort consulté son affaire, et qu'il la croyoit indubitable; et sans plus adresser particulièrement la parole, il tâcha en prolongeant le propos d'engager des réponses auxquelles il pût répliquer. Mais Villeroy, content de n'avoir point molli, s'en tint à ce qui avoit été arrêté entre nous, et fut sourd et muet.

Le lendemain le duc de Tresmes essuya la même question et fit la même réponse. Le roi dit qu'au moins ne se falloit-il point fonder en longueurs, et aller de bon pied au jugement. Une troisième fois le roi parla vaguement de l'affaire, et s'adressant encore au duc de Villeroy, lui dit qu'il ne comprenoit pas que personne se pût opposer à d'Antin, que sa prétention ne faisoit rien à personne, hormis quelques anciens devant lesquels il se trouveroit, ce qui seroit imperceptible à tous les autres, et qu'il n'y avoit point d'intérêt à être avancé ou reculé d'un rang. Villeroy répondit que chacun y étoit fort intéressé, puisque ce pas de plus ou de moins étoit ce qui de tout temps étoit le plus cher aux hommes ; qu'il retomboit sur les nouveaux comme sur les anciens ; que d'ailleurs la prétention de d'Antin ouvriroit la porte à quantité d'autres ; que chacun disputoit bien une mouvance, à plus forte raison ce qui appartenoit à la première dignité du royaume. Le roi, qui ne s'attendoit qu'à étourdir son homme, et de là sans doute à étonner et ralentir les opposants, ne répliqua rien à une si digne réponse. Il cessa même de plus rien témoigner sur ce procès, non qu'il pût se tenir d'en parler encore quelquefois, mais vaguement, et sans plus rien témoigner de partial. Nous reconnûmes bien à quel point il l'étoit, et combien salutaire la résolution que nous avions prise à cet égard, puisque, si on eût molli et parlé en vils courtisans qui veulent faire leur cour, nous étions désarmés sans ressource, au lieu que, nous conduisant comme nous l'avions arrêté, le roi rebuté de ses tentatives, et en garde contre la réputation d'être gouverné, n'osa jamais passer outre dans cette crainte, et par le même esprit professa bientôt la neutralité.

Maintenant il est juste de montrer tout de suite quels furent les ducs qui surent se respecter, quels les lâches, quels enfin les déserteurs. Les ducs de Ventadour, Montbazon, Lesdiguières, Brissac, La Rochefoucauld, La Force, Valentinois, Saint-Aignan et Foix, pairs ; La Feuillade et Lorges vérifiés, se joignirent à nous. Notre surprise fut grande d'apprendre que M. de Luxembourg, qui avoit été envoyé en Normandie pour quelque émeute qui le retenoit à Rouen, trouvoit la prétention de d'Antin si étrange, malgré la sienne qui ne l'étoit guère moins, qu'il s'unit à nous contre lui, mais en même temps se mit en état de recommencer son procès de préséance.

La Feuillade, moins uni et plus semblable à lui-même, s'étoit joint à nous, et il avoit paru que c'étoit de bonne foi. Séduit tôt après par l'abbé de Lignerac, détaché par d'Antin, il chercha à se retirer. Il prit pour prétexte que les pairs, moins anciens qu'il n'étoit duc, le précéderoient dans les actes et les énoncés d'un procès de pairie. Cette fantaisie, qui auroit dû guérir, si elle avoit été réelle, l'exemple des autres ducs vérifiés joints à nous, ne put être soutenue. Quelques jours après s'être rendu là-dessus, il allégua au duc de Charost une prétention de pairie et d'ancienneté de Roannais, qu'il inventa parce qu'elle étoit sans apparence. Le bon Charost, qui goba ce leurre, eut la facilité de lui répondre que nous ne prétendions pas lui faire tort en rien, et que c'étoit à lui à voir son intérêt. J'avois su le manége de l'abbé de Lignerac, et que d'Antin s'en vantoit. J'en parlai vivement chez moi à Mme Dreux, et du peu de succès que ce procédé trouvoit dans le monde ; et je me moquai un peu de ce qu'il songeoit, dans l'état où il étoit plongé depuis Turin, à faire valoir ce que son père avoit oublié dans sa longue faveur. J'ajoutai qu'il étoit plaisant de voir un homme de plus de quarante ans, qui dans sa courte prospérité avoit à propos de rien insulté d'Antin à Meudon de la façon la plus cruelle, qui depuis ses infortunes avoit abdiqué la cour avec éclat, n'oublier rien pour s'y raccrocher jusqu'à l'infamie d'agir contre sa signature qui étoit entre nos mains, pour acheter la protection du même d'Antin, qui ne feroit, avec l'ancienne rancune que le mépriser et en rire après en avoir fait ce qu'il auroit voulu. J'étendis ces choses avec peu de ménagement pour La Feuillade et peu de souci, de notre part, de lui de plus ou de moins, mais par amitié pour Chamillart qui seroit très-affligé des suites. Je lui appris en même temps qu'étant informés de l'usage juridique que d'Antin se proposoit de faire de la désertion, la résolution étoit prise et arrêtée entre nous de faire énoncer par nos avocats en plaidant, et la chose étoit vraie, les raisons et les motifs de chacun des déserteurs, sans ménagement aucun pour des gens qui en avoient si peu pour nous et pour eux-mêmes. Deux jours après, La Feuillade se plaignit qu'il avoit été mal entendu et rigoureusement traité. Sans s'expliquer mieux, il protesta qu'il n'avoit jamais eu dessein de se séparer de nous, et nous le fit dire en forme. Peu de jours après, je le trouvai chez Chamillart, que je voyois régulièrement tous les jours que j'étois à Paris. La Feuillade m'y demanda un entretien tête à tête. Il s'entortilla dans un long éclaircissement, dans des protestations inutiles, dans des compliments personnels sans fin.

Je pris tout cela pour bon ; la fin fut que la peur le tint joint à nous, mais le premier payement fait, il n'en voulut plus ouïr parler, et que nous ne le vîmes ni aux assemblées, ni aux sollicitations, ni en aucunes des démarches sur ce procès. Avec cette conduite il s'attira ceux que d'effet il abandonnoit et qui ne s'en contraignirent pas dans le monde, lequel leur fit écho sur un homme peu estimé et aimé pour avoir abusé de sa faveur, et en être tombé par ses fautes avec une grande brèche à l'État. Il n'apaisa pas l'ancienne haine de d'Antin, bien loin de se concilier son secours, pour n'oser prendre son parti, et il n'y eut pas jusqu'à l'entremetteur Lignerac qui fut trouvé fort ridicule.

Les ducs, démis, destitués de qualité pour agir, ne purent que demeurer dans l'inaction ; les pairs ecclésiastiques furent réservés pour être juges, quoique les trois ducs nous eussent offert leur jonction, et M. de Metz n'étoit pas encore en situation de rien faire. Le duc de Noailles ne répondit jamais un mot là-dessus aux maréchaux de Boufflers et d'Harcourt qui lui en écrivirent plus d'une fois. Le cardinal son oncle avoit alors bien d'autres affaires à démêler. Le duc d'Uzès en usa tout autrement, il manda franchement à d'Antin qu'étant son beau-frère et alors en Languedoc, il se tairoit sous prétexte d'ignorance, mais que s'il s'avisoit de le faire assigner comme il prétendoit faire à tous pour les obliger à une déclaration expresse, il feroit la sienne contre lui, sur quoi d'Antin n'osa passer outre avec lui. M. d'Elbœuf, au-dessus ou au-dessous de tous, pro-

cédés, en avoit eu un fort inégal dans l'affaire de M. de
Luxembourg, et fort différent de celui de son père qui
s'étoit porté vivement toujours, et de grand concert dans
cette affaire et dans les pareilles qui s'étoient offertes de son
temps, et qui n'intéressoient pas les prétentions de sa naissance. M. d'Elbœuf, seul de tous les pairs de sa maison, ne
s'étoit point fait recevoir au parlement, et il n'eut point
honte de chercher bassement à faire sa cour en se déclarant
verbalement pour d'Antin. Le duc de Chevreuse, toujours
arrêté par son idée de l'ancien Chevreuse, et par une nouvelle aussi peu fondée pour le moins sur Chaulnes, se tint à
part comme il avoit fait sur l'affaire de M. de Luxembourg,
et en fit user de même au jeune duc de Luynes son petit-
fils. Les ducs de Richelieu et de Rohan, si vifs sur M. de
Luxembourg, ne jugèrent pas à propos d'entrer dans celle-
ci. Véritablement leurs procédés avoient été si pénibles à
supporter en cette affaire, leur crédit présent si peu de
chose, qu'on fut aisément consolé de n'avoir rien de commun avec eux. On les a vus dans le récit de cette affaire.
M. de Rohan prit feu d'abord, et se plaignit de n'avoir pas
été invité comme quelques autres le furent, à signer
d'abord l'opposition, et s'en étoit pris à moi. La vérité
étoit que cela s'étoit proposé à Marly chez le maréchal de
Boufflers, et que ses disparates m'engagèrent à en détourner pour cette première signature. Je sus ses plaintes, je
dis mes raisons qui ne lui plurent pas, il demeura piqué et
spectateur, et nous y gagnâmes plus que nous n'y per-
dîmes. M. de Fronsac suivit M. de Richelieu son père. M. de
Bouillon, qui lors du procès de M. de Luxembourg s'étoit
si bien fait moquer de lui avec sa chimère de l'ancien Albret
et Château-Thierry, qui l'avoit empêché de se joindre à
nous, laissa entendre la même excuse sans pourtant oser
l'énoncer. Nous comprîmes que dans la situation critique
où l'éclat du cardinal de Bouillon l'avoit mis, il comptoit
avoir besoin de tout et n'osoit choquer d'Antin de la faveur

duquel il pouvoit espérer et craindre. Le duc d'Estrées, fidèle au cabaret et au tripot, y attendit paisiblement les événements, si toutefois il sut l'affaire. M. Mazarin absent, et toujours au troisième ciel, ne se détourna point aux choses de la terre. Le duc de La Meilleraye, son fils, de vie et de mœurs si opposées, mais qui ne mettoit jamais le pied à la cour, se rangea du côté de d'Antin sans qu'il sût lui-même pourquoi, et s'attira la risée. Le duc de Duras, qui depuis son mariage ne connoissoit plus que les Noailles, si liés à d'Antin, n'osa se déclarer contre lui. Il s'étoit attaché au comte de Toulouse, et avoit demandé à servir en Catalogne, sous le duc de Noailles, qui l'avoit envoyé peu décemment porter la nouvelle de la prise de Girone. Il étoit avec eux sur le pied de ces sortes d'amis qu'on souffre pour en abuser. Cela m'avoit impatienté souvent d'un homme de sa naissance, de sa dignité et si proche de Mme de Saint-Simon. Cette conduite sur d'Antin acheva de me choquer tellement, qu'il m'échappa qu'il n'en falloit pas attendre une autre du portemanteau de M. le comte de Toulouse, et du courrier de M. le duc de Noailles. Ils le surent, et en furent désolés. Le duc de Châtillon, malgré la démarche du duc de Luxembourg son frère, prétexta son procès contre nous pour ne pas entrer dans celui-ci. Le duc de Noirmoutiers, plus franchement, déclara qu'étant aveugle, sans enfants, ni espérance d'en avoir, il n'avoit aucun intérêt à prendre. On ne laissa pas de tomber fortement de notre part sur ces messieurs, qui cependant se trouvèrent fort embarrassés. MM. de Charost et d'Humières conduisirent l'affaire avec une suite et un concert qui furent extrêmement utiles et qui méritèrent toute la reconnoissance des intéressés.

Ce seroit ici le lieu d'expliquer la prétention de d'Antin, et les raisons contraires; cela seroit long et peut-être ennuyeux. Cela couperoit trop aussi la suite des matières. Cette explication se trouvera plus convenablement parmi les

Pièces, ainsi que celle de la prétention de Matignon au duché d'Estouteville [1]. Il perdit cette terre par un grand procès contre la duchesse de Luynes, héritière de la duchesse de Nemours. Il la racheta ensuite et forma sa prétention à la dignité. Je fis un mémoire sur cela, que je donnai au chancelier; sur le compte qu'il en rendit au roi, la permission de poursuivre fut refusée. On verra aux Pièces l'ineptie de pareilles prétentions. J'y joindrois ce qui regarde celle d'Aiguillon qui n'est pas mieux fondée; mais ayant été, depuis ce règne, portée au parlement, malgré le refus du feu roi et l'édit sur les duchés dont il sera parlé, le procès mal défendu de notre part et sollicité par Mme la princesse de Conti, qui en fit publiquement son affaire, réussit pour Aiguillon, comme fit, vers le même temps, la czarine pour la Courlande, et par les mêmes raisons, que ni l'une ni l'autre ne s'embarrassèrent pas de cacher. Ainsi les factums imprimés, quoique mauvais, font assez connoître de quoi il s'agissoit pour me dispenser d'en grossir les Pièces.

Tout ce qui reste pour le présent à ajouter sur l'affaire de d'Antin, c'est que nos sollicitations faites ensemble et en apparat contre lui l'étonnèrent fort, et qu'il se sentit tout à fait déconcerté sur la partialité du roi qu'il avoit adroitement su persuader au parlement. Les maréchaux de Boufflers et d'Harcourt en parlèrent ensemble au roi en gens de leur sorte, et si bien, que le roi ne fut pas fâché de s'en trouver quitte pour une déclaration d'entière neutralité. Il la déclara tout de suite au premier président, avec ordre de la rendre de sa part à sa compagnie. Nous eûmes soin de nous assurer de son exécution MM. de Charost, d'Humières et moi, en allant chez le premier président qui nous la certifia, et de nous en procurer la dernière certitude par plusieurs juges qui nous certifièrent que le premier président

---

1. Voir les Pièces sur Épernon et sur Estouteville. (*Note de Saint-Simon.*) — Les anciens éditeurs ont supprimé ce passage depuis *Cette explication* jusqu'à *d'en grossir les Pièces*.

l'avoit signifiée à la compagnie de la part du roi, d'une manière nette et positive. Une déclaration si précise et si contraire aux idées et beaucoup au delà que d'Antin avoit données au parlement, et dont il avoit rempli le public, qui fut incontinent informé du vrai, changea fort l'affaire de face. Les noms de faveur, de grandes charges, de généraux d'armée, de gens de privance et de réputation qui se trouvèrent parmi nous emportèrent la balance sur d'Antin, dès que le roi se fut si nettement et si hautement expliqué. Les fins de non-recevoir contre d'Antin ajoutèrent fort au démérite du fond de ses prétentions. Le public revint de l'opinion qu'il avoit prise que la cause du favori étoit celle du roi, et le parlement commença à trouver qu'il avoit au moins la cause à juger, et non plus uniquement les personnes.

Outre toutes les raisons du fond, on verra dans les Pièces que la terre d'Épernon avoit été vendue à Armenonville ; que d'Antin lui avoit fait parler si net par Monseigneur, qu'il la lui revendit ; que ce manége avoit été couvert par toutes sortes d'artifices, jusqu'à avoir retiré des notaires les deux minutes des deux contrats de vente et les avoir brulées, parce qu'une vente éteint de droit un duché, et qu'il ne peut être recueilli que par héritage par celui qui a le droit le plus clair à sa dignité. C'est ce que d'Antin s'étoit voulu ménager. Il fut bien étonné de la découverte des deux ventes, et lui, et plus encore Armenonville, effrayés du parti que nous résolûmes, et dont nous ne nous cachâmes pas de les faire jurer. Il se trouvera encore parmi les Pièces que l'érection d'Épernon portoit une clause par laquelle tout roturier en étoit exclu, c'est-à-dire la femelle en droit de recueillir la dignité épousant un roturier, ce roturier ni sa postérité ne pouvoient succéder à la dignité qui s'éteignoit par cette clause. La prétention de d'Antin venoit de sa grand'mère, Christine Zamet, mère de M. de Montespan, qui étoit fille du fameux Sébastien Zamet, si connu sous Henri IV, qui s'intituloit plaisamment seigneur de un million sept cent mille écus, somme alors prodigieuse pour un particulier. Ce riche partisan avoit épousé une Goth, sœur et tante des Rouillac, dont la mère étoit sœur du célèbre duc d'Épernon, et morte avant qu'il fût fait duc. Or, pour s'en tenir ici à la roture et renvoyer tout le reste aux Pièces, ces Zamet étoient du bas peuple de Lucques, que la banque avoit enrichis et qui ne s'étoient jamais prétendus autre chose. J'écrivis donc au cardinal Gualterio de faire chercher par ses amis, et par l'autorité du grand-duc avec lequel il étoit intimement, tout ce qui pouvoit prouver juridiquement cette roture, de le faire authentiquer par la république de Lucques et de me l'envoyer.

Nous tînmes cela secret entre quatre ou cinq de nous autres, de peur que le dessein transpirât, et que d'Antin ne le fît échouer par Torcy ou par le roi même sans s'y montrer, et pour avoir aussi le plaisir de le servir tout à coup de cette bombe en plein parlement. Les choses n'allèrent pas jusqu'au jugement, comme on le verra ci-après. Il faut maintenant terminer cette matière par une frayeur du duc de Beauvilliers, qui ne fut pas sans fondement.

Il avoit cédé son duché à son frère en le mariant, qui de ce moment avoit joui du rang et des honneurs, sans que personne se fût avisé même d'en parler. Cette année il le fit recevoir pair au parlement le 22 janvier, et il voulut se trouver à la cérémonie avec sa famille dans la lanterne. Comme j'entrois ce matin-là dans la grand'chambre, je fus surpris de trouver le duc de Beauvillers qui m'attendoit derrière la porte, qui, dès que je la débouchai, me prit par la main et me mena en un coin. Là, il me dit qu'il m'attendoit avec impatience, dans l'inquiétude extrême où il étoit sur un avis qui ne lui étoit venu que depuis qu'il étoit arrivé au palais, mais qu'on lui avoit redoublé de plusieurs endroits. On l'avoit averti que plusieurs du parlement étoient résolus à s'opposer à la réception de son frère, mais plusieurs pairs, fondés sur ce que la duchesse de Beauvilliers pouvoit mourir avant lui, lui se remarier et avoir un fils ; que ce fils excluroit son oncle de droit, et pourtant se trouveroit lui-même exclu par la réception de ce même oncle dont la postérité prétendoit succéder. M. de Beauvilliers, fort alarmé d'une difficulté plausible, me demanda ce que je lui conseillois.

Je pensai un moment, je lui dis ensuite que la cérémonie, commencée par l'arrivée des pairs et par celle des princes du sang et du reste des pairs qui alloit suivre, ne se pouvoit remettre ni interrompre ; que je n'avois pas ouï dire un mot de ce qu'il m'apprenoit ; que j'avois grand'peine à croire qu'il y eût là-dessus plus que quelque raisonnement de conversation, et point du tout du dessein ni de résolution prise sur un futur contingent sans apparence, et qui ne blessoit personne ; que, de plus, arrêter la réception en sa présence, étant ce qu'il étoit, et d'un homme jouissant, par le consentement du roi, du rang et des honneurs de sa dignité, me paroissoit une démarche bien forte pour le temps où nous étions, n'étant surtout excité par l'intérêt de personne. » Mais néanmoins que faire si la chose arrive ? interrompit le duc fort peiné. — Le voici, lui dis-je, et je réponds du succès ; mais, encore une fois, je ne croirai point qu'il y ait une seule voix qui s'élève que je ne l'aie entendue ; mais, si le cas arrive, je compterai bien exactement les voix pour et contre, et je crois encore en ce cas que les voix contre seront si rares que ce ne sera pas la peine de les réfuter ; que si à tout reste il le faut faire, j'attendrai mon tour à parler. Alors je dirai que je suis surpris que quelqu'un dans la compagnie puisse faire difficulté de recevoir celui que le roi en a si publiquement jugé capable et digne, en lui permettant, et à vous de céder et d'accepter le duché, en le faisant jouir du rang et des honneurs, et en lui permettant de se faire recevoir ; que le cas possible qui sert de fondement à la difficulté proposée, est un cas chimérique et reconnu tel par le roi, qui auroit dû arrêter sur la démission, s'il en eût fait le moindre cas, sur lequel le parlement ne devoit pas montrer plus de délicatesse, d'exécution que le roi n'en avoit eue pour la permission; qu'enfin, pour lever tout scrupule, la cour avoit dans ses registres un exemple tout semblable, non en sa cause, mais en son effet, qui paroissoit fait exprès pour servir d'exemple et de modèle de ce qui se devroit faire si le cas proposé arrivoit. Que la duchesse d'Halluyn avait épousé le fils aîné du premier duc d'Épernon qui, comme duc et pair d'Halluyn, avoit été reçu au parlement; que huit ans après ces époux s'étant brouillés, et n'ayant point d'enfants, ils s'étoient accordés à faire casser leur mariage; qu'ensuite la duchesse d'Halluyn s'étoit remariée au fils du maréchal de Schomberg, depuis aussi maréchal de France, lequel, au titre de ce mariage, étoit devenu aussi duc d'Halluyn et pair de France, et avoit été reçu au parlement en cette qualité, encore que l'autre mari l'eût conservée en sa totalité, parce que les rangs et les honneurs acquis par titres ne se perdent point; qu'à la cour, aux cérémonies, le premier mari précédoit le second; qu'au parlement, où on ne pouvoit connoître qu'un seul titulaire à la fois, celui des deux qui arrivoit le premier prenoit place, et l'autre venant après trouvoit le premier huissier qui l'abordoit dans la grand'chambre et lui disoit que M. le duc d'Halluyn étoit en place, et aussitôt celui-ci s'en retourneroit; que le cas prévu arrivant, l'âge de l'oncle et du neveu seroient trop différents pour causer aucun embarras; mais qu'enfin leur leçon se trouveroit toute réglée tant à la cour qu'au parlement par l'exemple des deux ducs d'Halluyn; qu'à l'égard de la succession, il n'étoit pas douteux que le fils de l'oncle ne pourroit être duc au préjudice de son cousin et par la teneur de l'érection, et parce qu'on ne peut être duc sans posséder de droit la terre érigée, qui retourneroit de droit à ce fils qu'on imaginoit, dont la naissance feroit tomber et annuleroit seule toutes les donations de père. « Cet exemple ignoré du duc de Beauvilliers, et je crois de bien d'autres, le soulagea extrêmement. Il regagna sa lanterne et je me mis en place.

Peu après que j'y fus, je remarquai quelque chose, des gens qui se parloient bas; et, comme les pairs qui arrivent successivement coupent ceux qui sont placés pour se mettre en leurs rangs, je me trouvai d'abord voisin des ducs de La Meilleraye et de Villeroy, qui en effet, sifflés apparemment par quelques-uns me firent la difficulté. Je la rejetai comme ridicule; je leur fis peur du roi à qui on voudroit apprendre la leçon, enfin j'alléguai MM. d'Halluyn, qui leur firent ouvrir les oreilles. Je ne sais si, en attendant et pendant le rapport, cela courut par les bancs; mais quoi qu'il en soit, nulle voix ne s'éleva. Le duc de Saint-Aignan fut reçu tout à l'ordinaire, et M. de Beauvilliers sortit de là fort aise et fort content.

## CHAPITRE IV.

Prise de Girone. — Brancas en est fait gouverneur. — Estaires et Beaufremont chevaliers de la Toison d'Or, et le duc de Noailles grand d'Espagne de la première classe, qui passe en Espagne, dont l'armée ne peut s'assembler qu'en août. — Dix mille livres de pension du roi d'Espagne à Mme de Rupelmonde, dont le mari avoit été tué à Brihuega. — Mort du duc de Medina-Celi. — Mort du marquis de Legañez — Mort du prince de Médicis, auparavant cardinal. — Bergheyck à Paris, passe en Espagne, d'où il est bientôt renvoyé par la princesse des Ursins. — Premier mariage du duc de Fronsac, peu après mis en correction à la Bastille. — Fortune de Mme de Villefort. — Fortune de Mlle de Pincré, qui épouse le fils de Mme de Villefort. — Mariage d'un cadet de Nassau-Siegen avec la sœur du marquis de Nesle. — Famille et mariage de Saint-Germain-Beaupré avec la fille de Doublet, qui se fourre de tout. — Mot cruel du premier président Harlay aux deux frères Doublet. — Mouvements du procès de la succession de M. le Prince. — M. le

Duc perd en plein son procès contre Mmes ses tantes, et avec des queues fâcheuses. — Mort et court éloge du maréchal de Choiseul. — Chevalier de Luxembourg gouverneur de Valenciennes. — Mort de Boileau-Despréaux. — Mort du fils aîné du maréchal de Boufflers, dont la survivance passe au cadet.

On a vu, dans les derniers jours de l'année précédente, le siége de Girone formé par le duc de Noailles après la bataille de Villaviciosa, et que, les neiges ayant fini la campagne de Savoie, il avoit reçu un grand renfort de l'armée du maréchal de Berwick. Ce siége commençoit à s'avancer lorsqu'un furieux ouragan, suivi d'un grand débordement d'eaux, renversa le camp et les travaux, mit l'armée en état de mourir de faim, et pensa sauver la place. L'activité fut grande à réparer un inconvénient si fâcheux, qui donna une grande inquiétude au roi, et retarda fort le siége. La basse ville fut emportée l'épée à la main; le 23 février la haute ville capitula à condition de se rendre le 30 avec les deux forts, s'ils n'étoient pas secourus. Staremberg n'y songea pas; la garnison sortit avec les honneurs de la guerre. Planque, qui en apporta la première nouvelle, en fut fait brigadier; et le duc de Duras apporta celle de l'évacuation de la place, dont le gouvernement fut donné aussitôt au marquis de Brancas, au grand scandale des Espagnols.

Le comte d'Estaires porta la nouvelle de cette conquête au roi d'Espagne, il en eut la Toison; et en même temps Beaufremont eut celle que la mort de Listenois, son frère, avoit laissée vacante dans Aire où il fut tué. En même temps aussi le duc de Noailles fut fait grand d'Espagne de la première classe. On le sut aussitôt à la cour. La maréchale de Noailles, ravie de cette nouvelle élévation de son fils, en reçut les compliments; mais le roi trouva les compliments et la grandesse fort mauvais. Il étoit convenu avec le roi d'Espagne, depuis que les affaires tournoient mal et qu'on se voyoit forcé de désirer la paix en l'abandonnant, qu'il ne donneroit plus de grandesses ni de Toison à des François; il fut donc fort choqué des trois grâces qui viennent d'être rapportées, et il le témoigna. La maréchale de Noailles et les siens en furent transis, revomirent les compliments reçus, et ne savoient plus où ils en étoient, lorsqu'enfin le roi, apaisé par Mme de Maintenon, sans la participation de qui Mme des Ursins ne l'eût pas hasardé, consentit enfin, et les compliments furent de nouveau faits et reçus.

Le duc de Noailles pourvut Girone, sépara son armée, alla passer un mois à Perpignan, et de là à Saragosse, et à la suite de la cour d'Espagne, où il demeura plusieurs mois. On y envoya bientôt après vingt-six bataillons et trente-six escadrons, que le duc de Noailles y devoit commander à part, mais aux ordres de M. de Vendôme, et le roi d'Espagne se mettre de bonne heure à la tête de l'armée. Mais tout manqua tellement en Espagne, par les désastres et les efforts précédents, que les troupes ne purent être mises en mouvement avant la fin d'août, et que le duc de Noailles, au lieu d'être un peu général en Espagne, n'y fut que courtisan.

Malgré l'étrange détresse des affaires de ce pays-là, Mme de Rupelmonde, dont le triste mari avoit été tué à Brihuega dans les troupes d'Espagne, et lui avoit laissé un fils, sut si bien intriguer dans les deux cours, faire pitié à Mme de Maintenon, et s'aider de Desmarets beau-père de sa sœur, qu'elle obtint du roi d'Espagne une pension de dix mille livres.

Le duc de Médina-Celi mourut prisonnier à Bayonne bientôt après y avoir été transféré; ce fut les premiers jours de février. En lui finit la seconde race de ce titre sortie d'un bâtard de Gaston-Phœbus, comte de Foix, qui épousa l'héritière de Lacerda. Le marquis de Priego, déjà plus d'une fois grand d'Espagne, fils de la sœur aînée du duc de Medina-Celi, en prit le titre et succéda à ses biens et à ses grandesses. Son nom est Figueroa; il y ajoute celui de Cordoue.

Peu de jours après mourut à Paris, dans un honnête exil, après la prison de Vincennes, le marquis de Leganez, à qui Mme des Ursins fit accroire qu'on avoit trouvé un grand amas d'armes au Buen-Retiro, dont il étoit gouverneur, et le fit arrêter et paqueter en France, comme il a été dit en son lieu. Il n'y eut jamais d'informations contre lui, beaucoup moins de preuves, et il fit à Paris, entre les mains du duc d'Albe, ambassadeur d'Espagne, les serments qu'on voulut. Il avoit été vice-roi de Catalogne et gouverneur du Milanois, capitaine général de l'artillerie d'Espagne et conseiller d'État, à la vérité fort autrichien. On fut honteux enfin de le tenir à Vincennes, on y adoucit sa prison, on lui permit enfin de demeurer à Paris, mais on ne voulut pas le voir à la cour, et on n'osa le renvoyer en Espagne. Il étoit veuf et sans enfants. Le comte d'Altamire hérita de ses grandesses et de ses biens. Je ferois ici une digression trop longue sur la naissance et la fortune de ces deux seigneurs; j'aurai lieu de parler d'eux lorsque je m'étendrai sur l'Espagne, à l'occasion de mon ambassade à Madrid.

Le frère du grand-duc de Toscane mourut en ce même temps, celui qui quitta le chapeau pour épouser une Guastalle dont il n'eut point d'enfants, et dont il a été parlé à l'occasion du voyage du roi d'Espagne à Naples. Il avoit l'abbaye de Saint-Amand étant cardinal, et lorsqu'il se maria il se réserva trente mille livres de rentes dessus. Ce fut un deuil de noir de quelques jours.

Bergheyck, qui avoit toujours servi le roi d'Espagne avec tant de fidélité et de capacité à la tête de toutes ses affaires en Flandre, et mandé par lui pour l'aller trouver, passa à Paris et eut plusieurs audiences du roi. On croyoit, et le roi l'auroit fort désiré, qu'il auroit grande part aux affaires en Espagne, mais plus on en étoit capable et moins on en étoit à portée, tant que la princesse des Ursins y gouvernoit, qui sut barrer et renvoyer bientôt Bergheyck, comme elle en avoit chassé, puis exclu tant d'autres.

Le duc de Fronsac épousa la fille unique de feu M. de Noailles, frère du cardinal et de la troisième femme du duc de Richelieu, son père, qui en se mariant avoient arrêté cette affaire entre leurs enfants. Ce petit duc de Fronsac, qui n'avoit guère alors que seize ans, étoit la plus jolie créature de corps et d'esprit qu'on pût voir. Son père l'avoit présenté déjà à la cour, où Mme de Maintenon, ancienne amie de M. de Richelieu, comme je l'ai dit ailleurs, en fit comme de son fils, et par conséquent Mme la duchesse de Bourgogne et tout le monde lui fit merveilles, jusqu'au roi. Il y sut répondre avec tant de grâce, et se démêler avec tant d'esprit, de finesse, de liberté, de politesse, qu'il devint bientôt la coqueluche de la cour. Son père lui laissa la bride sur le cou; sa figure enchanta les dames. Celle de sa femme, qui n'avoit pourtant rien de désagréable, ne le charma pas. Livré au monde avec tout ce qu'il falloit pour plaire et ne rien valoir, il fit force sottises qui firent faire, moins de trois mois après son mariage, celle à son père de le faire mettre à la Bastille. Ce fut un lieu avec lequel il fit si bonne connoissance qu'on l'y verra plus d'une fois.

Il se fit un petit mariage qui sembleroit devoir être omis ici, mais dont les singularités méritent d'y trouver place, c'est celui de Villefort avec Jeannette. Cela ne promet pas, et toutefois cela va rendre. Il faut expliquer les personnages : la mère de Villefort étoit belle, de grand air, de belle taille; elle perdit son mari officier-major de je ne sais plus quelle place; elle n'avoit rien que des enfants, ou fort peu à partager avec eux. Elle avoit de l'esprit et de l'intrigue, mais sans galanterie, et de la vertu. Elle eut quelque recommandation particulière auprès de Mme de Maintenon, à qui par là elle parvint à être présentée. Mme de Maintenon, ainsi que le roi, étoit la personne du monde qui se prenoit le plus par les figures. L'air modeste, affligé, malheureux de celle-ci la toucha. Elle lui fit donner une pension, la prit en protection singulière, lui trouva de l'esprit; la figure la soutint. Son mari étoit bien gentilhomme, et elle demoiselle. Mme de Maintenon ne l'appeloit que sa belle veuve, et la fit une des deux sous-gouvernantes des enfants de France.

Jeannette étoit une demoiselle de Bretagne dont le nom est Pincré; son père mourut et laissa sa femme sans pain avec un tas d'enfants tous petits. Réduite à la mendicité, elle s'en vint avec eux, comme elle put, se jeter à genoux au carrosse dans lequel Mme de Maintenon s'en alloit à Saint-Cyr. Elle étoit charitable, se fit informer de cette malheureuse famille, leur donna quelque chose, plaça les enfants, selon leur âge, où elle put, et prit une petite fille tout enfant chez elle, qu'elle mit avec ses femmes en attendant que ses preuves fussent faites, et elle en âge d'entrer à Saint-Cyr. Cette enfant étoit très-jolie; elle amusa les femmes de Mme de Maintenon par son petit caquet, et bientôt elle l'amusa elle-même. Le roi la trouva quelquefois comme on la renvoyoit, il la caressa, elle ne s'effaroucha point de lui, il fut ravi de trouver une jolie petite enfant à qui il ne faisoit point peur, il s'accoutuma à badiner avec elle, et si bien que lorsqu'il fut question de la mettre à Saint-Cyr, il ne le voulut pas. Devenue plus grandelette, elle devint plus amusante et plus jolie, et montra de l'esprit et de la grâce, avec une familiarité discrète et avisée qui n'importunoit jamais. Elle parloit au roi de tout, lui faisoit des questions et des plaisanteries; le tirailloit quand elle le voyoit de bonne humeur, se jouoit même avec ses papiers quand il travailloit, mais tout cela avec jugement et mesure. Elle en usoit de même avec Mme de Maintenon, et se fit aimer de tous ses gens. Mme la duchesse de Bourgogne à la fin la ménageoit, la craignoit même, et la soupçonnoit d'aller redire au roi. Néanmoins elle n'a jamais fait mal à personne. Mme de Maintenon elle-même commença à lui trouver trop d'esprit et de jugement, et que le roi s'y attachoit trop. La crainte et la jalousie la déterminèrent à s'en défaire honnêtement par un mariage ; elle en proposa au roi qui trouva à tous quelque chose à redire. Cela la pressa encore plus. Enfin elle fit celui du fils de sa belle veuve. Le roi avoit donné des fonds à Jeannette à diverses fois ; il lui en donna encore pour ce mariage, le gouvernement de Guérande en Bretagne pour son mari, qui étoit capitaine de cavalerie, avec assurance du premier régiment d'infanterie. Mme de Maintenon se crut délivrée, elle s'y trompa. Tout conclu, le roi lui déclara bien sérieusement qu'il n'agréoit le mariage qu'à condition que Jeannette demeureroit chez elle, après le mariage, tout comme elle y étoit devant, et il en fallut passer [par] là. Croiroit-on qu'un an après elle devint la seule ressource des moments oisifs de leur particulier, jusqu'à la fin de la vie du roi ! Le mariage se fit la nuit dans la chapelle, Mme Voysin donna le souper, les mariés couchèrent chez Mme de Villefort, où Mme la duchesse de Bourgogne donna la chemise à Mme d'Ossy, c'est le nom que Jeannette porta. Son mari fut dans la suite un des gentilshommes de la manche du roi d'aujourd'hui, et se poussa à la guerre.

Le marquis de Nesle avoit une sœur qui, moyennant la substitution des vieux Mailly, avait fort peu de chose, et montoit en graine sans vouloir tâter du voile. Il trouva un arrière-cadet de Nassau-Siegen, qui n'avoit pas de chausses, et qui servoit en petite charge subalterne en Flandre, dans les gardes du roi d'Espagne. Le nom flatta les Mailly qui firent ce mariage, où la faim épousa la soif, qui fut très-malheureux, et qui donna force scènes au monde.

En même temps Saint-Germain-Beaupré maria son fils à la fille de Doublet de Persan, conseiller au parlement, fort riche, qui avoit un frère conseiller aussi, qui s'appeloit Doublet de Crouy [1]. Ils se firent annoncer un jour au pre-

---

1. Voy. t. V, p. 384, où cette anecdote est racontée. Le second des frères y est appelé à tort Doublet de Croï.

mier président Harlay sous ces noms de seigneurie. Le premier président leur fit d'abord de grandes révérences, les regarda après depuis les pieds jusqu'à la tête, et faisant semblant de ne les avoir pas connus auparavant : « Masques, je vous connois, » leur dit-il, et leur tourna le dos, les laissant confondus devant toute son audience. Cette Doublet, qui étoit riche, et qui aimoit le monde, se mit à jouer gros jeu, s'intrigua chez Mme la Duchesse, et fut plus heureuse que sa belle-grand'mère, fille du président de Bailleul et sœur de la mère du maréchal d'Huxelles. J'ai parlé ailleurs de ces deux sœurs. Jamais la belle-grand'mère ne put parvenir par tous ses amis et amies, dont elle avoit beaucoup, à manger, ni à entrer dans les carrosses. Sa belle-petite-fille l'obtint fort promptement et alla à Marly. Le père étoit gouverneur de la Marche, qui n'avoit jamais rien fait qu'ennuyer le monde, où sa femme, qui étoit aussi de robe, n'avoit jamais paru ni guère vécu. Le roi permit au père de donner son gouvernement à son fils, aussi ennuyeux que lui, mais bien plus obscur et goutteux, qui n'a presque jamais paru nulle part. Le maréchal Foucault étoit frère de son grand-père, c'est-à-dire du mari de la Bailleul. Il porta le nom de du Doignon avant d'être maréchal de France; il fut page du cardinal de Richelieu, qui le mit après, comme un homme de confiance, auprès du duc de Fronsac qu'il avoit fait amiral, et du Doignon vice-amiral. Il étoit auprès de lui lorsqu'il fut tué, en 1646, devant Orbitello. Du Doignon s'en revint tout court s'emparer de Brouage, et comme c'étoit la mode alors de faire la loi à la cour, il s'y maintint et ne s'en démit que moyennant le bâton de maréchal de France qu'il eut en mars 1652, et il mourut à Paris sans alliance, à quarante-trois ans, en octobre 1649, sans avoir figuré depuis.

Le procès de la succession de M. le Prince, suspendu par la mort de M. le Duc, n'avoit pu être accommodé, et tous les soins de Mme la Princesse, peu secourue de lumière et de fermeté, avoient échoué à mettre la paix dans sa famille. Elle eut le déplaisir de voir la seule fille qui lui restoit lui échapper par un mariage qui ne pouvoit être de son goût, et qui, fait par M. et Mme du Maine, la tira de chez elle et de la neutralité pour prendre le parti de Mmes ses sœurs et de son propre intérêt. Mme la Duchesse partagea son temps entre Paris pour y vaquer à cette affaire, et la cour où le soin de se rendre de plus en plus considérable en dominant Monseigneur, la tenoit attentive à tout, et où celui de l'amuser chez elle avoit étrangement mitigé les lois du deuil de sa première année.

On peut juger que les meilleurs avocats furent retenus de part et d'autre, et que de chaque côté ils se firent un point d'honneur de vaincre. Le roi avoit défendu de part et d'autre de se faire accompagner, comme on l'a dit, et de faire solliciter. Le premier fut exécuté, le second écorné par les sollicitations secrètes, qui furent recherchées des deux côtés. La bâtardise me répugnoit; je ne pouvois aussi souhaiter pour Mme la Duchesse après tout ce qui a été rapporté. Je demeurai donc exactement spectateur à l'abri de l'ordre du roi. Mme la Duchesse, en pauvre veuve vexée par ses belles-sœurs, qui vouloient, disoit-elle, ruiner ses enfants, vit chez eux ses juges plusieurs fois, marchant modestement avec Mlles ses filles, sa dame d'honneur et la seule fille de sa dame d'honneur pour suite des siennes, se rangeoit aux heures de trouver Messieurs, les complimentoit, entroit peu dans son affaire, mais s'étendoit fort à exciter leur compassion par l'excès des demandes qui étoient faites, et si elles avoient lieu, par la dissipation des grands biens de M. le Prince, par l'autorité de sa dernière volonté, par le nombre et le bas âge de ses enfants, par la dignité de l'aîné, par les pertes qui la livroient sans appui aux vexations de ses belles-sœurs, au mépris de son contrat de mariage, et du testament et de l'honneur du père commun, qu'elle soutenoit seule contre des attaques si dures. M. le Duc, accompagné de M. le comte de Charolois, son frère, encore enfant et le plus beau du monde, alloit à part rendre les mêmes devoirs à Messieurs, et les toucher moins par ses paroles, qu'ils n'a jamais eues à la main, que par l'état humilié devant eux de cette maison de Condé, qui avoit été si formidable au parlement et à l'État, et dont toute la fortune se trouvoit entre leurs mains. En revanche de tant de modestie, la cour ne retentissoit que du bon droit de Mme la Duchesse, et de son autorité à le faire valoir. On y avoit peine à comprendre d'où pouvoient sortir de si hautes demandes contre la sœur si fort la bien-aimée d'un Dauphin de cinquante ans, si près du trône, et si déclaré pour elle. Mme la princesse de Conti y passoit pour une emportée sans raison, pour une princesse du sang de Paris, à qui personne ne prenoit la peine de parler, et ses enfants pour ne pouvoir vivre qu'à l'ombre de la protection de ceux de Mme la Duchesse, et qui, renfermés dans leur faubourg Saint-Germain, croissoient obscurément sous une mère folle, dont la conduite avec Mme la Duchesse feroit le malheur de leur vie, s'ils n'obtenoient de sa générosité le pardon des fautes dont leur âge les pouvoit excuser en quelque sorte. M. du Maine, plus craint et par là plus ménagé, étoit, disoit-on, le complaisant forcé de Mme sa femme sur cette affaire, comme dans tout le reste, laquelle haïssoit trop Mme la Duchesse pour être capable de raison, et pour la laisser suivre à M. du Maine la vie de Sceaux, l'assemblage bizarre des commensaux, les fêtes, les spectacles, les plaisirs de ce lieu, étoient chamarrés en ridicule, et les brocards tomboient sur la vie à part de Mme de Vendôme, et jusque sur sa figure.

Tel étoit l'air de la cour et de cette partie de la ville qui établit tout son mérite sur l'imitation de la cour. Tout ce qui environnoit Monseigneur et tout ce qui se proposoit de l'environner, même de s'en approcher, le gros du monde qui suivoit le torrent, parloit le même langage ; tous s'empressoient de servir Mme la Duchesse et de se faire un mérite de [leurs] soins. Le formidable triumvirat se remua solidement, et Monseigneur, tout asservi qu'il étoit à suivre les moindres impulsions du roi, ne put refuser Mme la Duchesse à ce coup de parti de laisser nommer son auguste nom tout bas à l'oreille de ses juges.

Mais la robe du parlement est toute différente de celle du conseil. La première est sans commerce avec la cour, comme elle vit sans espérance d'elle. Elle n'a point de part aux intendances, aux places de conseiller d'État, aux emplois brillants qui dévouent celle du conseil à la fortune. La robe du parlement n'est pas insensible à se dédommager d'un état fixe et borné par le mépris de ceux qui distribuent les grâces, et les occasions lui en sont d'autant plus chères qu'elles se rencontrent plus rarement.

Cet esprit parut dans celle-ci, où le parti des princesses ne négligea pas de piquer le courage des juges par les propos et le triomphe anticipé de celui de Mme la Duchesse. Ces princesses, assidues à leur conseil et à leurs sollicitations, les firent avec apparat, mais elles y ajoutèrent le solide en plaidant elles-mêmes leur cause qu'elles possédoient fort bien. Elles demeuroient des heures entières et souvent davantage avec chaque juge, et elles le ravissoient de se montrer si instruites. M. du Maine les voyoit à part et résumoit avec eux ce qui s'étoit dit aux visites des princesses. Lui-même travailloit aux écritures, et procuroit par de sourdes mais fortes sollicitations le fruit à son travail. Son crédit auprès du roi n'étoit pas ignoré au parlement, ni sa partialité effective pour ce fils bien-aimé, qui fit impression sur ceux qui comptèrent le temps présent; et dans la vérité, les dernières années surtout de M. le Prince avoient tellement informé le public de presque toute sa vie qu'on fut moins indigné que persuadé de tout ce qui fut plaidé sur l'état de son esprit, avec une licence fort indécente. Il fut surprenant combien peu de gens demeurèrent neutres. Le roi, qui le voulut paroître, ne put souvent s'empêcher de laisser échapper des demi-mots, et peut-être à dessein, qui ne gardoient pas ce caractère et qui ne purent empêcher Monseigneur de se montrer de plus en plus partial de l'autre côté, à mesure que l'affaire tendoit à sa fin. Elle produisit plusieurs contrastes qui augmentèrent l'aigreur. Mme la Duchesse s'y prétendit lésée, et ne se contraignit pas en propos, tandis que ses parties surent se taire et cheminer à leur but.

La cause solennellement plaidée et tant qu'il plut aux deux parties, Joly de Fleury, avocat général, parla avec grand applaudissement et conclut en faveur des princesses. Une heure après, car les opinions furent longues et à huis clos, son avis fut confirmé; mais l'arrêt alla plus loin encore. M. le Duc perdit tout ce qui lui étoit demandé, de toutes les voix, excepté quatre dont le poids même passa pour fort léger. Il est aisé de comprendre quelle fut la joie des victorieux et la rage de Mme la Duchesse. Elle se jeta au lit à l'instant à l'hôtel de Condé, et ne voulut voir qui que ce fût de toute la journée.

D'Antin, qui, moins en frère commun qu'en courtisan habile, avoit gardé un parfait équilibre, s'étoit tenu au palais pour être plus à portée d'être instruit à l'instant même du jugement. Il avoit secrètement dépêché trois courriers au roi pendant la séance, tellement que le roi fut le premier averti; mais il n'en fit pas semblant, lorsque Chambonnas lui porta la nouvelle de la part du duc du Maine. Le roi se contint tant qu'il put; mais quelque longue habitude qu'il eût contractée d'être le maître de soi et de savoir se posséder et se masquer parfaitement, sa joie le trahit et perça à travers des propos d'amitié commune à tous.

Monseigneur, qui avoit été en des inquiétudes qu'il ne prenoit plus la peine de dissimuler, montra son dépit dans toute l'étendue qu'il put avoir. Il s'émerveilla de l'issue; demanda à tout ce qu'il vit ce qu'il leur en sembloit; se tourmenta des noms des principaux juges, trouva l'arrêt mauvais, s'inquiéta fort du chagrin de Mme la Duchesse et de l'état des affaires de ses enfants, lui dépêcha un message, ne se contraignit pas le soir au cabinet d'en montrer son dépit à M. du Maine, et de le laisser remarquer à tout le monde plusieurs jours de suite.

Mme la duchesse d'Orléans, à qui M. du Maine avoit envoyé un courrier sur-le-champ, me le manda à l'instant même. L'arrêt laissoit des queues cruelles à démêler à Mme la Duchesse, qui eurent de fortes suites.

M. du Maine consulta longtemps à l'hôtel de Conti leurs affaires communes en conséquence de l'arrêt, et alla de là chez Mme la Princesse. Il lui témoigna, avec cette vérité qu'on connoissoit en lui, qu'il ne pouvoit sentir de joie dans un événement qui donnoit du déplaisir à Mme la Duchesse, avec tous les compliments si aisés à faire quand on a vaincu et qu'on nage dans la joie. Mme la Princesse ne lui conseilla pas de voir Mme la Duchesse dans ces premiers instants, et se chargea des compliments. Il vint coucher à Versailles, où il déclara qu'il n'en recevroit aucuns, avec une modestie qui ne trompa personne.

Mme la Duchesse donna plusieurs jours à Paris à sa douleur et à ses affaires. Elle fut longtemps à se remettre d'un revers que le triumvirat et que Monseigneur qualifièrent d'affront. On chercha à renouer un accommodement pour éviter une hydre de procès qui naissoit du jugement de celui-ci; mais le surcroît d'aigreur y fut un obstacle invincible.

Les tenants de Mme la Duchesse se lâchèrent en propos qui ne demeurèrent pas sans repartie, et sa consolation fut de se venger un jour des injures du barreau par Monseigneur. M. du Maine me conta, peu de jours après à Marly, que le parti de Mme la Duchesse s'exhaloit en injures contre lui, et publioit qu'il avoit fait agir maîtresses et confesseurs, qu'il avoit soulevé jusqu'aux jansénistes, en mémoire de l'ancien hôtel de Conti. Le parti victorieux alla remercier les juges, et jusque chez les avocats de son conseil qui triomphèrent de joie.

Je perdis le 15 mars un ami que je regretterai toute ma vie, et de ces amis qui ne se trouvent plus, dont j'ai fait ici mention en diverses occasions. Ce fut le maréchal de Choiseul, doyen des maréchaux de France (et ils étoient encore dix-sept), chevalier de l'ordre et gouverneur de Valenciennes. Quoique de la plus grande naissance, sans bien et sans parents, il ne dut rien qu'à sa vertu et à son mérite, assez grands l'un et l'autre pour s'être soutenus, malgré fort peu d'esprit, contre la persécution de Louvois et de son fils, avec une hauteur qu'il n'eut jamais pour personne, et un courage qu'il montra égal dans toutes les occasions de sa vie. La vérité, l'équité, le désintéressement au milieu des plus grands besoins, la dignité, l'honneur, l'égalité furent les compagnes de toute sa vie, et lui acquirent beaucoup d'amis et la vénération publique. Compté partout, quoique sans crédit; considéré du roi, quoique sans distinctions et sans grâces; accueilli partout, quoique peu amusant, il n'eut d'ennemis et de jaloux que ceux de la vertu même qui n'osoient même le montrer, et des ministres qui haïssoient et redoutoient également la capacité, le courage et la grande naissance. On a vu en plus d'un endroit ci-dessus combien il étoit capitaine, il avoit aussi l'estime et l'affection des armées. Tout pauvre qu'il étoit, il ne demandoit rien. Il n'étoit jaloux de personne, il ne parloit mal de qui que ce soit; et il savoit trouver les deux bouts de l'année sans dettes, avec un équipage et une table simple et modeste, mais qui satisfaisoit les plus honnêtes gens, et où ceux du plus haut parage de la cour s'honoroient d'être conviés et de s'y trouver. Il avoit soixante-dix-sept ans, et ne se prostituoit ni à la cour, où il paroissoit des moments rares par devoir, ni dans le monde, où il se montroit avec la même rareté; mais il avoit chez lui bonne compagnie; et il se peut dire que, au milieu d'un monde corrompu, la vertu triompha en lui de tous les agréments et de la faveur qu'il recherche. Il mourut avec une grande fermeté, la tête entière toute sa vie, et le corps sain, sans être presque malade, et reçut tous les sacrements avec beaucoup de piété. M. le Prince, qu'il avoit suivi en Flandre comme tant d'autres, a toujours fait un cas très-distingué de lui. Il ne laissa point d'enfants de la sœur du marquis de Renti, qu'il avoit perdue, mais dont il était séparé de corps et de biens depuis un grand nombre d'années.

Le chevalier de Luxembourg eut aussitôt après le gouvernement de Valenciennes.

En même temps mourut Boileau-Despréaux si connu par son esprit, ses ouvrages, et surtout par ses satires. Il se peut dire que c'est en ce dernier genre qu'il a excellé, quoique ce fût un des meilleurs hommes du monde. Il avoit été chargé d'écrire l'histoire du roi; il ne se trouva pas qu'il y eût presque travaillé.

Peu de jours après, il arriva un cruel malheur au maréchal de Boufflers. Son fils aîné avoit quatorze ans, joli, bien fait, qui promettoit toutes choses, et qui réussit à merveilles à la cour, lorsque son père l'y présenta au roi pour le remercier de la survivance du gouvernement général de Flandre et particulier de Lille, qu'il lui avoit donnée. Il retourna ensuite au collége des jésuites où il étoit pensionnaire. Je ne sais quelle jeunesse il y fit avec les deux fils d'Argenson. Les jésuites voulurent montrer qu'ils ne craignoient et ne considéroient personne, et fouettèrent le petit garçon, parce qu'en effet ils n'avoient rien à craindre du maréchal de Boufflers; mais ils [se] gardèrent bien d'en faire autant aux deux autres quoique également coupables, si cela se peut appeler ainsi, parce qu'ils avoient à compter tous les jours avec Argenson, lieutenant de police très-accrédité, sur les livres, les jansénistes, et toutes sortes de choses et d'affaires qui leur importoient beaucoup. Le petit Boufflers, plein de courage, et qui n'en avoit pas plus fait que les deux d'Argenson, et avec eux, fut saisi d'un tel désespoir qu'il en tomba malade le jour même. On le porta chez le maréchal où il fut impossible de le sauver. Le cœur étoit saisi, le sang gâté; le pourpre parut, en quatre jours cela fut fini. On peut juger de l'état du père et de la mère. Le roi qui en fut touché ne les laissa ni demander ni attendre. Il leur envoya témoigner la part qu'il prenoit à leur perte par un gentilhomme ordinaire, et leur manda qu'il donnoit la même survivance au cadet qui leur restoit. Pour les jésuites, le cri universel fut prodigieux, mais il n'en fut autre chose.

## CHAPITRE V.

Commencement de l'affaire qui a produit la constitution *Unigenitus*. — Bagatelles d'Espagne. — Maillebois resté otage à Lille, s'en sauve. — Étrange fin de l'abbé de La Bourlie à Londres. — Mariage de Lassai; sa famille. — Enfants de M. du Maine en princes du sang à la chapelle. — Mort de la duchesse douairière d'Aumont; son caractère. — Mort et famille de Mme de Châteauneuf. — Mon embarras à l'égard de Monseigneur et de sa cour intérieure.

Ce même mois de mars vit éclore les premiers commencements de l'affaire qui produisit la constitution *Unigenitus* si fatale à l'Église et à l'État, si honteuse à Rome, si funeste à la religion, si avantageuse aux jésuites, aux sulpiciens, aux ultramontains, aux ignorants, aux gens de néant, et surtout à tout genre de fripons et de scélérats, dont les suites, dirigées autant qu'il leur a été possible sur le modèle de celle de la révocation de l'édit de Nantes, ont mis le désordre, l'ignorance, la tromperie, la confusion partout, avec une violence qui dure encore, sous l'oppression de laquelle tout le royaume tremble et gémit, et qui, après plus de trente ans de la persécution la plus effrénée, en éprouve, en tout genre et en toutes professions, un poids qui s'étend à tout, et qui s'appesantit toujours. Je me garderai bien d'entreprendre une histoire théologique, ni même celle qui seroit bornée aux faits et aux procédés; cette dernière partie seule composeroit plusieurs volumes. Il seroit à désirer qu'il y en eût moins de donnés au public sur la doctrine où bien des répétitions se trouvent multipliées, et qu'il y en eût davantage sur l'historique de la naissance, du cours et des progrès de cette terrible affaire; de ses suites, de ses branches, de la conduite et des procédés des deux côtés; des fortunes, même séculières, qui en sont nées, et qui en ont été ruinées; et des effets si étendus et si prodigieux de l'ouverture de cette boîte de Pandore, si fort au delà des espérances des uns et de l'étonnement des autres, qui ont fait taire les lois, les tribunaux, les règles, pour faire place à une inquisition militaire qui ne cesse point d'inonder la France de lettres de cachet, et d'anéantir toute justice. Je me bornerai à ce peu d'historique qui s'est passé sous mes yeux, et quelquefois par mes mains, pour traiter cette matière comme j'ai tâché de traiter toutes les autres, et laisser ce que je n'ai ni vu ni appris des acteurs à des plumes plus instruites, meilleures et moins paresseuses.

Pour entendre ce peu qui de temps en temps sera rapporté d'une affaire qui a si principalement occupé tout le reste du règne de Louis XIV, la minorité de Louis XV et tout le règne, caché sous M. le Duc, et à decouvert depuis sa chute, du cardinal Fleury, il faut se souvenir de bien des choses qui se trouvent éparses dans ces Mémoires, et qui seroient trop longues et trop ennuyeuses à répéter ici, mais qu'il faut remettre en deux mots sous les yeux, pour en donner le souvenir et le moyen de se les rappeler aisément dans les lieux épars où elles se trouvent rapportées. Il faut d'abord se remettre l'orage du quiétisme, la disgrâce de M. de Cambrai; le danger des ducs de Chevreuse et de Beauvilliers, qui fut extrême et qui n'a fait que resserrer les liens de leur abandon à ce prélat; le triumvirat contre lui; la conduite secrète des jésuites, dont le gros et le ministère public se déclara contre lui, sans nuire, et le sanhédrin ténébreux et mystérieux le servit de toutes ses forces, l'union qui en résulta; ce qui a été dit de Saint-Sulpice, de Bissy, évêque de Toul, puis de Meaux et cardinal; enfin du P. Tellier, conséquemment de l'état de l'épiscopat soigneusement rempli de gens sans nom, sans lumières, de plusieurs sans conscience et sans honneur, et de quelques-uns publiquement vendus à l'ambition la plus déclarée, et à la servitude la plus parfaite du parti qui les pouvoit élever; l'affaire de la Chine, la situation si fâcheuse des jésuites à cet égard, la part si personnelle que le P. Tellier y prenoit; la haine des jésuites et la sienne particulière pour le cardinal de Noailles; l'usage si heureux qu'ils ont toujours su faire du jansénisme; enfin le caractère du cardinal de Noailles, et ce qu'on a vu de ceux du roi et de Mme de Maintenon.

Ces choses rappelées à l'esprit et à la mémoire, on se persuadera aisément de l'extrême désir du P. Tellier de sauver les jésuites de l'opprobre où leur condamnation sur la Chine les livroit, et d'abattre le cardinal de Noailles. Pour frapper deux si puissants coups il falloit une affaire éclatante, qui intéressât Rome en ce qu'elle a de plus sensible, et sur laquelle elle ne pût espérer qu'en la protection du P. Tellier. Il étoit sans cesse occupé d'en trouver les moyens et d'en ménager la conjoncture. L'affaire de la Chine, qui ne lui laissoit plus le temps de différer, précipita son entreprise, dans laquelle il n'eut pour conseil unique, à la totale exclusion de tous autres même jésuites, que les PP. Doucin et Lallemant, aussi fins, aussi faux, aussi profonds que lui, et dont les preuves étoient faites que les crimes ne leur coûtoient rien, jésuites aussi furieux que lui, et aussi emportés contre le cardinal de Noailles qui, pour quelques excès du P. Doucin, lui avoit fait ôter une pension du clergé, qu'il avoit attrapée d'un temps de foiblesse et de disgrâce des dernières années d'Harlay, archevêque de Paris. Ces deux jésuites demeuroient à Paris en leur maison professe, où le P. Tellier demeuroit aussi; et tous trois par leur violence, leur profondeur et leur méchanceté étoient secrètement la terreur de tous les autres jésuites, jusqu'aux plus confits et les plus livrés aux vues, aux sentiments et aux intérêts de la société.

Les conjonctures aussi parurent favorables au P. Tellier. Il avoit par M. de Cambrai les ducs de Chevreuse et de Beauvilliers; il avoit Pontchartrain par opposition à son père; et par basse politique il avoit d'Argenson; par ces deux hommes il étoit maître de faire revenir au roi tout ce qui lui seroit utile sans y paroître. L'alliance et la liaison personnelle du cardinal de Noailles avec Mme de Maintenon ne l'embarrassoit plus. Elle étoit usée dans cet esprit changeant. Trois hommes avoient succédé auprès d'elle à M. de Chartres : l'évêque successeur et neveu à cause de Saint-Cyr, mais qui à vingt-sept ou vingt-huit ans, en étoit pour ainsi dire à recevoir encore du bonbon de sa main; La Chétardie, curé de Saint-Sulpice, son confesseur, dont on a vu ailleurs l'extrême imbécillité, et Bissy, évêque de Meaux, que feu M. de Chartres lui avoit donné comme son Élisée, qu'elle avoit adopté sur le même pied, et qui, sans qu'elle s'en aperçût, étoit à vendre et dépendre corps et âme, pour sa fortune, aux jésuites, et plus particulièrement encore au P. Tellier et à ses deux acolytes. C'étoit une suite de ses menées secrètes à Rome pour la pourpre du temps qu'il étoit à Toul; et il s'étoit d'autant plus attaché à eux, depuis sa translation à Meaux, que la confiance déclarée de Mme de Maintenon en lui le leur rendoit très-considérable, comme eux à lui, en supplément à Rome des moyens d'arriver, qui lui étoient retranchés par sa translation, qui faisoit cesser ses disputes avec M. de Lorraine. Quelque bien qu'il fût avec Mme de Maintenon, le siége et l'alliance du cardinal de Noailles avec elle, un reste de considération et de privance qu'elle ne pouvoit lui refuser, faisoit toujours peur à l'évêque de Meaux, qui par cet intérêt n'étoit pas moins ardent à la ruine du cardinal de Noailles que le P. Tellier même. Tous ces côtés assurés, l'épiscopat ne leur fit point de peur. Il faut se souvenir ici du crédit que feu M. de Chartres avoit emblé sur les nominations pendant les dernières années du P. de La Chaise, et de quels misérables sujets il l'avoit rempli, avec les meilleures intentions du monde, et le P. Tellier avoit renchéri par art et dessein en pernicieux choix. Ainsi, ils meprisèrent le gros, et ne doutèrent pas d'intimider et d'entraîner presque tous les autres.

Il ne faut pas oublier encore qu'avec toute l'aversion et la crainte de ceux de Saint-Sulpice, des jésuites, et la jalousie et la haine de ceux-ci pour ceux-là, ils convenoient entièrement sur tout ce qui regardoit jansénisme en détestation, et Rome en adoration : les uns par le plus puissant intérêt, les autres par la plus grossière ignorance. Ainsi, les jésuites menèrent en cette affaire Saint-Sulpice en laisse tant qu'il leur plut, les yeux bandés, et s'en servirent à tous les usages qu'ils voulurent.

Le plan dressé, et les mesures prises, il fut résolu d'exciter l'orage sans y paroître, et de le faire tomber sur un livre intitulé *Réflexions morales sur le Nouveau Testament*, par le P. Quesnel, et d'en choisir l'édition approuvée par le cardinal de Noailles, lors évêque-comte de Châlons. Quel étoit le P. Quesnel, dont il a été quelquefois mention dans ces Mémoires, et d'ailleurs si universellement connu, ce seroit chose superflue à expliquer. Ce livre avoit été approuvé par un grand nombre de prélats et de théologiens. Le célèbre Vialart, prédécesseur à Châlons du cardinal de Noailles, en avoit été un. Son successeur, avec qui toute l'Église de France avoit une grande vénération pour un prélat d'une si grande réputation de piété et de doctrine, ne balança pas, sur la même approbation, sans autre examen, et à donner la sienne à une nouvelle édition qui s'en fit. Il y avoit plus de quarante ans que ce livre édifioit toute l'Église sans avoir reçu la moindre contradiction. Bissy, évêque de Toul, qu'on a vu faire tant de figure et de fortune à ses dépens, l'avoit proposé à tout son diocèse; et par un mandement publié, imprimé et fait exprès, avoit recommandé à tous ses curés d'en avoir chacun un exemplaire, en les assurant que, dans l'impossibilité où leur peu de moyens les mettoit d'avoir plusieurs livres, celui-là seul leur suffiroit pour y trouver, pour eux et pour l'instruction de leurs peuples, toute la doctrine et toute la piété qui leur étoient nécessaires. Le P. de La Chaise l'avoit toujours sur sa table; et sur ce qu'au nom de l'auteur quelques personnes lui en parlèrent avec surprise, il leur répondit qu'il aimoit le bien et le bon, de quelque part qu'il vînt; que ses occupations lui ôtoient le temps de faire des lectures; que ce livre étoit une mine de doctrine et de piété excellente; que c'étoit pour suppléer à son peu de loisir qu'il le vouloit toujours sous sa main, parce que, dès qu'il avoit quelques moments, il l'ouvroit, et qu'il y trouvoit toujours de quoi s'édifier et s'instruire.

Il sembloit qu'un livre si universellement lu et estimé, depuis un si grand nombre d'années, et dont la bonté et la sûreté étoit annoncée dès les premières pages par un si grand nombre d'approbateurs célèbres, eût dû être à couvert de tout dessein de l'attaquer; mais l'exemple du succès obtenu contre le livre *de la fréquente Communion*, de M. Arnauld, plus illustre encore par le nom de son auteur, le nombre, la dignité, la réputation de ses approbateurs, l'applaudissement avec lequel il fut reçu et lu, avoit rassuré le P. Tellier contre de pareilles craintes, et il ne douta point de le faire attaquer coinjointement avec le cardinal de Noailles, comme l'ayant approuvé.

Pour un coup si hardi, il se servit de deux hommes les

plus inconnus, les plus isolés, les plus infimes, pour qu'ils pussent être moins abordés, et plus dans sa parfaite dépendance. Champflour, évêque de la Rochelle, étoit l'ignorance et la grossièreté même, qui ne savoit qu'être follement ultramontain, qui avoit été exilé pour cela, lors des propositions du clergé de 1682, et que Saint-Sulpice et les jésuites réunis en faveur de ce martyr de leur cause favorite, avoit à la fin bombardé à la Rochelle. L'autre étoit Valderies de Lescure, moins ignorant, mais aussi grossier et aussi ultramontain que l'autre, aussi abandonné aux jésuites qui l'avoient fait évêque de Luçon, ardent, impétueux et boute-feu par sa nature : celui-ci pauvre et petit gentilhomme, l'autre le néant; et tous deux noyés dans la plus parfaite obscurité et sans commerce avec personne.

Pour les dresser à ce qu'on leur voulut faire faire, on leur envoya un prêtre nommé Chalmet, élève de Saint-Sulpice, perfectionné à Cambrai, et bien instruit par le célèbre Fénelon, qui espéroit son retour, et tout ce qui le pouvoit suivre de plus flatteur, de la chute de celui de ses trois vainqueurs qui restoit, et de l'appui du P. Tellier, appuyé lui-même de ses anciens amis, mais qui ne pouvoient ouvrir la bouche en sa faveur. Ce Chalmet avoit de l'esprit et de la véhémence en pédant dur et ferré, livré aux maximes ultramontaines de Saint-Sulpice, dévoué à M. de Cambrai, et abandonné sans réserve aux jésuites, et en particulier au P. Tellier. Il s'en alla donc secrètement en Saintonge, s'établit tantôt à la Rochelle, tantôt à Luçon, et fort caché dans ces commencements, les fit aboucher souvent tous deux en sa présence, les endoctrina, mais si durement et si haut à la main qu'ils firent souvent leurs plaintes d'un précepteur si absolu, et les ont depuis très-souvent renouvelées, avec peu de jugement et de discrétion pour leur honneur.

Il leur fit faire un mandement en commun, portant condamnation du *Nouveau Testament* du P. Quesnel, de l'édition approuvée par le cardinal de Noailles, lors évêque-comte de Châlons, avec une censure si reconnoissable de ce prélat que personne ne l'y put méconnoître, comme fauteur d'hérétiques; et avec les plus vives couleurs, sans aucune sorte de ménagement. Cette pièce, qui étoit proprement un tocsin, n'étoit pas faite pour demeurer ensevelie dans les diocèses de Luçon et de la Rochelle. Elle fut non-seulement envoyée à Paris qu'on en inonda, mais, contre toute règle ecclésiastique et de police, affichée partout, et principalement aux portes de l'église et de l'archevêché de Paris, et ce fut par où le cardinal de Noailles et tout Paris en eurent la première notion.

Ces deux évêques avoient chacun un neveu au séminaire de Saint-Sulpice, fort sots enfants pour leur âge, et aussi peu capables que leurs oncles de quoi que ce fût sans impulsion d'autrui, beaucoup moins d'une publication de ce mandement si nerveuse, si prompte, si hardie, qui marquoit un concert entre plusieurs. Le cardinal de Noailles, si étrangement outragé par deux évêques de campagne, commit la faute capitale d'imiter le chien qui mord la pierre qu'on lui jette, et qui laisse le bras qui l'a ruée. Il manda le supérieur du séminaire de Saint-Sulpice, à qui il ordonna de mettre dehors de sa maison ces deux jeunes gens, sitôt qu'il y seroit retourné. Le supérieur représenta le scandale d'un congé si subit, la vertu des deux ecclésiastiques, le tort que cela feroit à leur réputation. Rien ne fut écouté. Le curé de Saint-Sulpice, averti par le supérieur en arrivant de l'archevêché, espéra mieux de son crédit. Sa piété et sa simplicité n'étoient pas à l'abri de l'enflure que lui donnoit la confiance entière de Mme de Maintenon, et la considération mêlée de crainte qui en résultoit. Il courut à l'archevêché plein de cette confiance; elle fut trompée. Il s'en revint plein d'indignation. Il fallut obéir sur-le-champ. Mais il arriva que Mme de Maintenon fut piquée du peu de considération que le cardinal de Noailles avoit montré pour son cher directeur, dont Bissy, évêque de Meaux, sut bien profiter.

Cette expulsion fit grand vacarme. Le cardinal rendit compte au roi de l'injure qu'il recevoit, et lui en demanda justice. Le roi entra dans sa peine, mais lui fit entendre qu'il avoit commencé par se la faire ; et la chose traîna par la lenteur naturelle du cardinal, et par le délai de ses audiences de huit jours en huit jours, qu'il ne crut pas devoir prévenir.

Pendant ces intervalles on aigrissoit le roi qui différoit toujours, mais qui aimoit et respectoit le cardinal. Le P. Tellier directement, et le Meaux par Mme de Maintenon, retenoient le roi que le cardinal ne pressoit que mollement, et qui ne doutoit pas d'obtenir justice d'une chose si criante ; tandis qu'on envoyoit aux deux évêques une lettre toute faite, pour le roi, à signer, qui la reçut par le P. Tellier, à qui elle fut adressée comme au ministre naturel de tous les évêques, et qui la présenta au roi comme une fonction de sa place qui ne se pouvoit refuser.

La lettre étoit également furieuse et adroite, et en commun des deux évêques. Il ne falloit que jeter les yeux dessus, car elle devint bientôt publique, pour voir que ces deux animaux mitrés n'y avoient eu de part que leur signature, et qu'elle étoit du plus habile et du plus délié courtisan, aussi bien que de l'écrivain le plus malicieusement emporté. Après avoir comblé le roi d'éloges, et l'avoir comparé à Constantin et à Théodose par son amour et sa protection pour l'Église, ils la lui demandoient non pour eux-mêmes prosternés à ses pieds, ni pour leurs neveux, mais pour l'Église, pour l'épiscopat, pour la liberté de la bonne doctrine, et justice de l'attentat par lequel le cardinal de Noailles prétendoit l'opprimer, en montrant par l'exemple fait sur leurs neveux ce que pouvoit attendre tout homme soupçonné de défendre la bonne cause; sans en être même convaincu, comme leurs neveux ne l'étoient pas de la distribution ni de l'affiche de leur mandement. Après une longue et forte prosopopée contre le P. Quesnel et ses *Réflexions morales sur le Nouveau Testament,* approuvées par le cardinal de Noailles, ils le représentèrent, ce cardinal, comme un ennemi de l'Église, du pape et du roi, tel que sous Constantin et ses premiers successeurs furent ces évêques de la ville impériale qui faisoient tout trembler sous leur autorité, et sous qui les évêques orthodoxes gémissoient. La lettre étoit longue et se soutenoit par tout le style, l'art qui perçoit à travers la ruse. Ce portrait si dissemblable au naturel, à la vie, aux mœurs, à la conduite du cardinal de Noailles, l'emportement de toute la pièce dévoiloit à nu le mystère d'iniquité, et découvroit à plein qu'une lettre si hardie, si fine, si forte, n'avoit pas été composée à la Rochelle ni à Luçon, [mais] dans l'embarras de couvrir une attaque faite de gaieté de cœur, avec l'éclat le plus irrégulier et le plus injurieux, dont l'art étoit employé à profiter de l'expulsion des neveux du séminaire de Saint-Sulpice, pour irriter un roi si jaloux de son autorité et pour changer l'état de la question, se rendre agresseurs, et réduire le cardinal à la défensive.

C'est ce qui lui arriva en effet. Il avoit été bien reçu sur les plaintes des injures du mandement; l'expulsion des neveux lui avoit été plutôt remise devant les yeux que reprochée; mais quand il voulut porter ses plaintes de la lettre, le roi, qu'on avoit eu le temps d'aigrir et de préparer, revint sèchement aux neveux, avec un reproche amer de s'être fait justice au lieu de l'attendre de lui. Néanmoins, quoique pris à un hameçon si grossier, il demeura encore plus choqué de l'insolence des deux évêques. Il laissa voir au cardinal qu'il sentoit que la querelle sur le livre étoit aussi peu nécessaire que peu attendue, après un si long espace de la réputation non interrompue de cet ouvrage, et qu'ils lui en vouloient moins qu'à sa personne.

Ce fut une seconde et très-lourde faute du cardinal de n'avoir pas porté le mandement et la lettre à cette audience.

Pour peu qu'il en eût lu au roi quelques endroits principaux en injures et en adresse, qu'il eût su les paraphraser, profiter de la disposition du roi à cet égard, lui faire sentir la cabale, le désir de faire du bruit, et combien deux plats évêques de campagne étoient peu capables d'eux-mêmes d'enfanter ce dessein, et de l'exécuter avec tant d'art, d'éclat et de hauteur, il auroit déterminé le roi à imposer de façon que l'affaire auroit été dès là étouffée. Mais le cardinal lent, doux, peu né pour la cour et pour les affaires, plein de confiance en sa conscience et en ce qu'il étoit en soi et auprès du roi, se tint pour content d'avoir remis les choses, à la fin de son audience, où elles en étoient avant la lettre des deux évêques, et ne douta point de recevoir une satisfaction convenable, telle que le roi la lui avoit promise lorsqu'il lui en avoit parlé la première fois.

A son tour le P. Tellier eut son audience. Il y eut moyen de piquer le roi de nouveau sur son autorité, et sur la protection due à des prélats infimes et abandonnés, qui se trouvoient à la veille d'être persécutés pour la bonne doctrine. L'évêque de Meaux avoit de son côté travaillé auprès de Mme de Maintenon, de manière que, lorsque huit jours après le cardinal de Noailles revint à l'audience, il fut bien étonné que le roi lui fermât la bouche sur cette affaire, et lui déclarât que, puisque sans lui il s'étoit fait justice à lui-même, il n'avoit qu'à s'en tirer tout comme il voudroit sans l'y mêler davantage, et que c'était tout ce qu'il pouvoit de plus en sa faveur. C'étoit bien là où on en vouloit venir pour les deux évêques, qui ne s'étoient plaints que pour se soustraire à ce que méritoit l'injure qu'ils avoient faite, et qui, ainsi mis hors de cour, se trouvoient après une calomnie si publique, et sur la foi, égalés au cardinal de Noailles, malgré tant et de si grandes disproportions.

Dans ce fâcheux état, le cardinal dit au roi que, puisqu'il l'abandonnoit à la calomnie et à l'insulte, sans même avoir pu mériter ni deviner ce qui lui arrivoit, il le supplioit au moins de trouver bon qu'il se défendît; et il se retira avec la sèche permission de faire tout ce qu'il jugeroit à propos.

Deux jours après il publia un mandement court et fort, par lequel il prétendit montrer diverses erreurs dans celui des deux évêques. Il l'y traita de libelles fait sous leur nom, dont il disoit assez peu à propos qu'il les croyoit incapables, s'éleva contre l'inquiétude du temps, sur la doctrine et sur la licence de quelques évêques de s'ingérer dans la moisson d'autrui, défendit sous les peines de droit la lecture de ce mandement qu'il flétrit en plusieurs manières. Il sembloit qu'il eût droit d'en user de la sorte, par l'abandon et par la permission du roi, et que c'étoit encore avec ménagement par rapport à la nature de la chose. Néanmoins ce fût un nouveau crime, qui lui fit envoyer défense d'aller à la cour s'il n'y étoit mandé.

Les deux évêques, c'est-à-dire ceux qui les mettoient en avant, profitant du succès de leur trame, écrivirent de nouveau. Hébert, de la congrégation de la Mission, avoit acquis une grande et juste réputation étant curé de Versailles. Le cardinal de Noailles lui avoit fait donner l'évêché d'Agen, nonobstant les constitutions de cette congrégation qui excluent leurs membres de l'épiscopat. Il faisoit merveilles dans son diocèse, où il étoit conprovincial des deux évêques. Il leur écrivit une excellente lettre, savante, fort pieuse, par laquelle il leur représenta, avec beaucoup de modestie épiscopale, le tort extrême qu'ils avoient de troubler l'Église, et d'attaquer personnellement le cardinal de Noailles.

Cependant ses ennemis ne dormoient pas et travailloient à lui en susciter d'autres. Il parut un mandement de Berger de Malissoles, évêque de Gap, moins grossier, mais aussi mordant, que le cardinal défendit par un autre, comme il avoit fait celui des deux évêques. Ensuite il écrivit une belle lettre à l'évêque d'Agen, contenant l'histoire de tout ce qui s'étoit passé, mais avec une mesure et une modestie qui la relevoit encore, et qui fut comme un manifeste de sa part qui fut distribué partout. L'affaire en elle-même avoit indigné tout ce qui n'étoit pas dévoué aux jésuites ou à la fortune, ou aveuglé de l'abus qui se faisoit du jansénisme pour décrier et perdre qui on vouloit. Ce manifeste acheva d'enlever ce qui restoit de gens neutres, et fit un tel effet que les agresseurs, qui pensoient déjà avoir étourdi le cardinal de Noailles, en furent effrayés, et ne songèrent que plus efficacement aux moyens de profiter de tous leurs avantages, et de le pousser en si beau chemin. J'en demeurerai là pour le présent, il est temps de rentrer en d'autres matières.

L'Espagne, comme je l'ai dit d'avance, produisit peu de choses cette année. Ses incroyables efforts l'avoient trop épuisée pour pouvoir profiter, par de nouveaux succès, de ceux qu'ils avoient produits contre toute espérance ; et les ennemis, battus contre la leur, après un court triomphe, n'étoient pas en état de se relever. Ils abandonnèrent Balaguer, où ils n'avoient que deux ou trois cents hommes, sur le bruit qu'il alloit être assiégé. Bientôt après, Muret, lieutenant général, prit la Seu-d'Urgel ; mais peu après, le gouverneur de Miranda-de-Duero, place importante sur la frontière de Portugal, se laissa corrompre, et vendit pour une grosse somme d'argent aux Portugais la place et mille hommes qu'il avoit dedans. Bientôt après, en Sicile, les Autrichiens se saisirent de Palerme.

Maillebois, fils de Desmarets, à qui sa femme et le cardinal Fleury ont longtemps depuis fait faire un si grand et si triste personnage, étoit toujours à Lille, depuis sa prise, demeuré par la capitulation en otage, avec un commissaire des guerres, de ce qui étoit dû aux magistrats et aux bourgeois de la ville. Ils surent que, pour en presser le payement, on étoit sur le point de les enfermer dans la citadelle, contre la teneur de la capitulation. Ils se sauvèrent, et gagnèrent Arras avec une escorte que le maréchal de Montesquiou envoya à mi-chemin au-devant d'eux. D'Arras, ils écrivirent au comte d'Albemarle, qui commandoit en Flandre pour les ennemis, et lui rendirent raison de leur conduite ; et de là Maillebois vint à la cour, où le roi l'entretint longtemps dans son cabinet, Desmarest seul en tiers. Il avoit rencontré en chemin Surville, en otage aussi à Tournai, d'où il avoit eu permission de faire un tour chez lui, et qui s'en retournoit à Tournai. Maillebois l'avertit de son aventure, lui fit peur d'être mis dans la citadelle de Tournai, tellement que Surville s'en retourna chez lui en Picardie, en attendant les ordres du roi là-dessus.

J'ai parlé ailleurs de l'abbé de La Bourlie, frère de Guiscard, qui, ayant plusieurs bénéfices et nul mécontentement, passa en Hollande et en Angleterre, promit merveilles aux Cévennes qu'il ne tint pas, et publia des libelles très-séditieux par le Languedoc. Traître à sa patrie, il ne fut pas plus fidèle à ceux à qui il s'étoit donné. Je ne sais de quoi il se mêla contre le ministère, mais à la fin de mars il fut arrêté à Londres, dans le parc de Saint-James, par ordre de la reine, pour des commerces suspects. Conduit chez Saint-Jean, secrétaire d'État, il se saisit d'un canif qu'il trouva sur une table de l'antichambre, sans qu'on s'en aperçût ; il entra dans le cabinet où il étoit attendu par les ducs d'Ormond, de Buckingham et d'Argyle, et par les deux secrétaires d'État Harley et Saint-Jean. Le premier l'interrogea. Au lieu de lui répondre, il lui donna deux coups de canif dans le ventre, qui heureusement ne firent que glisser légèrement. On se jeta sur ce galant homme, qui reçut trois coups d'épée ; il fallut le lier pour le panser à la prison de Newgate, où on le mena. Il demanda à parler en particulier au duc d'Ormond, qui y fut. Ce malheureux y mourut peu de jours après, sans avoir voulu prendre de nourriture ni parler, et des blessures qu'il se fit.

Lassai maria, en ce temps-ci, son fils à sa sœur. Leur nom est Madaillan, trop connu dans l'histoire de la vie du fameux duc d'Épernon sur la fin. Lassai avoit fait toutes sortes de métiers, dont Mme la Duchesse a fait une chanson qui les décrit d'une manière très-plaisante et peu flatteuse. Elle ne se doutoit pas alors de ce qui lui est arrivé depuis avec son fils.

Le père avoit été marié plusieurs fois, et mal toutes. Il épousa en secondes noces la fille d'un apothicaire, que le duc Charles IV de Lorraine avoit voulu épouser aussi, et dont il ne put être empêché que par force. Lassai la perdit, et, dans le désespoir de son amour, il se retira dans la plus grande solitude auprès des Incurables, et dans une grande dévotion. Quelques années le consolèrent. L'ennui le prit, il ajusta sa maison et chercha à se remettre dans le monde. Il avoit de l'esprit, de la lecture, de la valeur; il avoit peu servi, et fait après le noble de province, avant sa retraite. Le voyage des princes de Conti en Hongrie lui parut propre pour en sortir tout à fait. Comme ils y allèrent contre le gré du roi, ils étoient fort seuls. Tout leur fut bon; Lassai les suivit. Au retour, l'un étant mort, l'autre exilé à Chantilly, Lassai s'attacha à M. le Duc, se fourra dans ses parties obscures, y fut acteur commode, s'intrigua vainement, mais tant qu'il put. Il épousa une bâtarde de M. le Prince, qui mourut folle quelques années après. Il fréquenta la cour sans avoir jamais pu en être.

Son fils servit et fut brigadier d'infanterie, non sans talent et avec beaucoup d'esprit. Par son père il se trouva attaché à la maison de Condé. Avec un visage de singe, il étoit parfaitement bien fait. Il plut à Mme la Duchesse vers ce temps-ci de son mariage avec sa tante; elle le trouva sous sa main; la liaison entre eux se fit la plus intime, et la plus étrangement publique. Il devint à visage découvert le maître de Mme la Duchesse et le directeur de toutes ses affaires. Il y eut bien quelque voile de gaze là-dessus pendant le reste de la vie du roi, qui ne laissa pas de le voir, mais qui, dans ses fins, laissoit aller bien des choses, de peur de se fâcher et de se donner de la peine; mais après lui il n'y eut plus de mesure. Cela se retrouvera en son temps.

C'est ce qui fit son père chevalier de l'ordre, en la promotion de 1724, si abondante en étranges choix. Lassai père a vécu très-vieux, fade, et abandonné adulateur du cardinal Fleury, qui avaloit ses louanges à longs traits et lui en savoit le meilleur gré du monde. Ce pauvre flatteur se cramponnoit au monde qu'il fatiguoit, et mourut enfin en homme qui avoit quitté Dieu pour le monde. Il avoit eu une fille de son premier mariage, qui épousa le dernier de cette ancienne et illustre race des Coligny, de laquelle il sera parlé dans la suite. De la fille de l'apothicaire il eut son fils, et de la bâtarde de M. le Prince et de la Montalais, dont Mme de Sévigné parle si plaisamment dans ses lettres, il eut une fille qu'il maria au fils de M. d'O. Elle fut galante, et après folle, et mourut à l'hôtel de Condé. Elle ne laissa qu'une fille, belle comme le jour, à qui Lassai, plein de millions et sans enfants ni parents, donna prodigieusement, pour épouser le fils du duc de Villars-Brancas, dont la noce se fit chez Mme la Duchesse, comme de sa petite-nièce bâtarde. C'est peut-être une des moindres infamies où ce duc de Villars-Brancas soit tombé.

Les enfants de M. du Maine triomphèrent toute la semaine sainte en rang de princes du sang. La joie de M. et de Mme du Maine en fut grande, la complaisance que le roi en prit extrême, le scandale encore plus fort.

La duchesse douairière d'Aumont mourut le jour de Pâques, assez brusquement, à soixante et un ans, veuve depuis sept ans, et peu regrettée dans sa famille. Elle étoit sœur aînée des duchesses de Ventadour et de La Ferté, et n'eut d'enfants que le duc d'Humières. C'étoit une grande et grosse femme, qui avoit eu plus de grande mine que de beauté; impérieuse, méchante, difficile à vivre, grande joueuse, grande dévote à directeurs. Elle avoit été fort du grand monde et de la cour, où elle ne paroissoit plus depuis beaucoup d'années; elle étoit riche et fut très-attachée à son bien. Le roi lui donnoit dix mille livres de pension. Il envoya un gentilhomme ordinaire faire compliment aux ducs d'Humières et d'Aumont, et aux duchesses de Ventadour, La Ferté, Aumont et d'Humières. Monseigneur, Mgr [le duc] et Mme la duchesse de Bourgogne, M. [le duc] et Mme la duchesse de Berry, et Madame, allèrent voir la duchesse de Ventadour. J'ai parlé ailleurs de la suppression de la visite aux duchesses et princesses étrangères; celle-ci fut donnée à la place de gouvernante des enfants de France, et de fille de la maréchale de La Mothe qui avoit été la leur. Madame y fut par amitié, et comme ayant été sa dame d'honneur.

Mme de Châteauneuf mourut quelques semaines après, à cinquante-cinq ans, à Versailles où elle n'avoit presque bougé de sa chambre, et y avoit passé sa vie fort seule. Elle étoit d'une prodigieuse grosseur, la meilleure femme du monde, et veuve depuis onze ans du secrétaire d'État, et mère de La Vrillière. Elle étoit fille de Fourcy, conseiller au grand conseil, et d'une sœur d'un premier lit d'Armenonville, depuis garde des sceaux, qui avoit plus de vingt ans plus que lui, et qui se remaria à Pelletier, depuis ministre d'État et contrôleur général des finances, qui fit la fortune d'Armenonville.

Cette année le dimanche de Pâques échut au 5 avril. Le mercredi suivant 8, Monseigneur, au sortir du conseil, alla dîner à Meudon en *parvulo*, et y mena Mme la duchesse de Bourgogne tête à tête. On a expliqué ailleurs ce que c'étoit que ces *parvulo*. Les courtisans avoient demandé pour Meudon, où le voyage devoit être de huit jours, jusqu'à celui de Marly annoncé pour le mercredi suivant. Je m'en étois allé dès le lundi saint, pour me trouver à Marly le même jour que le roi. Les Meudons m'embarrassoient étrangement. Depuis cette rare crédulité de Monseigneur qui a été rapportée, et que Mme la duchesse de Bourgogne l'avoit dépersuadé, jusqu'à lui en avoir fait honte, je n'avois osé me commettre à Meudon : c'étoit pour moi un lieu infesté de démons. Mme la Duchesse, délivrée des bienséances de sa première année, y retournoit régner, et y menoit Mlles ses filles ; d'Antin y gouvernoit ; Mlle de Lislebonne et sa sœur y dominoient à découvert ; c'étoient mes ennemis personnels ; ils gouvernoient Monseigneur ; c'étoit bien certainement à eux à qui je devois cet inepte et hardi *godant* qu'ils avoient donné à Monseigneur, et qui l'avoit mis dans une si grande colère. Capable de prendre à celui-là, et eux capables d'oser l'inventer, et y réussir en plein, à quoi ne pouvois-je point m'attendre ! tout ce qui étoit là à leurs pieds ne songeant qu'à leur plaire, et ne pouvant espérer que par eux ; par conséquent moi tout à en craindre, dès qu'il conviendroit à des ennemis si autorisés de me susciter quelque nouvelle noirceur sur leur terrain ; Mlle Choin, la vraie tenante, en mesures extrêmes et en tous ménagements pour eux, fée invisible dont on n'approchoit point, et moi moins que personne, et qui en étant inconnu ne pouvois rien espérer d'elle, et du Mont pour toute ressource, lequel sans force et sans esprit. Je ne pouvois douter qu'ils ne me voulussent perdre après l'échantillon que j'en avois éprouvé ; et ce qui les excitoit contre moi n'étoit pas de nature à s'émousser, beaucoup moins à pouvoir jamais me raccommoder avec eux. Ce qui s'étoit passé à l'égard de feu M. le Duc et de Mme la Duchesse, les choses de rang à l'égard des deux Lorraines et de leur oncle le Vaudemont ; l'affaire de Rome pour d'Antin, et de nouveau sa prétention d'Épernon ; les choses de Flandre, ma liaison intime avec ce qu'ils ne songeoient qu'à anéantir, Mgr [le duc] et Mme la duchesse de Bourgogne, M. [le duc] et Mme la duchesse d'Orléans, les ducs de Chevreuse et de Beauvilliers ; la part qu'ils me donnoient au mariage de M. le duc de Berry qui avoit comblé leur rage, c'en étoit trop, et sans aucun contre-poids, pour ne me pas faire regarder cette cour comme hérissée pour moi de dangers et d'abîmes.

Je poussois donc le temps avec l'épaule sur les voyages de Meudon, embarrassé de Monseigneur et du monde, en ne m'y présentant jamais, beaucoup plus en peine d'y hasarder des voyages. Si ce continuel présent me causoit ces soucis, combien de réflexions plus fâcheuses : la perspective d'un avenir qui s'avançoit tous les jours, qui mettroit Monseigneur sur le trône, et qui, à travers le chamaillis de ce qui le gouvernoit et le voudroit dominer alors à l'exclusion des autres, porteroit très-certainement sur le trône avec lui les uns ou les autres de ces mêmes ennemis qui ne respiroient que ma perte, et à qui elle ne coûteroit alors que le vouloir! Faute de mieux, je me soutenois de courage. Je me disois qu'on n'éprouvoit jamais ni tout le bien ni tout le mal qu'on avoit, à ce qu'il sembloit, le plus de raison de prévoir. J'espérois ainsi, contre toute espérance, de l'incertitude attachée aux choses de cette vie, et je coulois le temps ainsi à l'égard de l'avenir, mais dans le dernier embarras sur le présent pour Meudon.

J'allai donc rêver et me délasser à mon aise, pendant cette quinzaine de Pâques, loin du monde et de la cour, qui, à celle de Monseigneur près, n'avoit pour moi rien que de riant; mais cette épine, et sans remède, m'étoit cruellement poignante, lorsqu'il plut à Dieu de m'en délivrer au moment le plus inattendu. Je n'avois à la Ferté que M. de Saint-Louis, vieux brigadier de cavalerie fort estimé du roi, de M. de Turenne et de tout ce qui l'avoit vu servir, retiré depuis trente ans dans l'abbatial de la Trappe, où il menoit une vie fort sainte; et un gentilhomme de Normandie qui avoit été capitaine dans mon régiment, et qui m'étoit fort attaché. Je m'étois promené avec eux tout le matin du samedi 11, veille de la Quasimodo, et j'étois entré seul dans mon cabinet un peu avant le dîner, lorsqu'un courrier, que Mme de Saint-Simon m'envoya, m'y rendit une lettre d'elle qui m'apprit la maladie de Monseigneur.

## CHAPITRE VI.

Maladie de Monseigneur. — Le roi à Meudon. — Le roi mal à son aise hors de ses maisons; Mme de Maintenon encore plus. — Contrastes dans Meudon. — Versailles. — Harengères à Meudon bien reçues. — Singulière conversation avec Mme la duchesse d'Orléans chez moi. — Spectacle de Meudon. — Extrémité de Monseigneur. — Mort de Monseigneur. — Le roi va à Marly. — Spectacle de Versailles. — Surprenantes larmes de M. le duc d'Orléans.

Ce prince, allant, comme je l'ai dit, à Meudon le lendemain des fêtes de Pâques, rencontra à Chaville un prêtre qui portoit Notre-Seigneur à un malade, et mit pied à terre pour l'adorer à genoux, avec Mme la duchesse de Bourgogne. Il demanda à quel malade on le portoit; il apprit que ce malade avoit la petite vérole. Il y en avoit partout quantité. Il ne l'avoit eue que légère volante, et enfant; il la craignoit fort. Il en fut frappé, et dit le soir à Boudin, son premier médecin, qu'il ne seroit pas surpris s'il l'avoit. La journée s'étoit cependant passée tout à fait à l'ordinaire.

Il se leva le lendemain jeudi, 9, pour aller courre le loup; mais, en s'habillant, il lui prit une foiblesse qui le fit tomber dans sa chaise. Boudin le fit remettre au lit. Toute la journée fut effrayante par l'état du pouls. Le roi, qui en fut foiblement averti par Fagon, crut que ce n'étoit rien, et s'alla promener à Marly après son dîner, où il eut plusieurs fois des nouvelles de Meudon. Mgr [le duc] et Mme la duchesse de Bourgogne y dînèrent, et ne voulurent pas quitter Monseigneur d'un moment. La princesse ajouta aux devoirs de belle-fille toutes les grâces qui étoient en elle, et présenta tout de sa main à Monseigneur. Le cœur ne pouvoit pas être troublé de ce que l'esprit lui faisoit envisager comme possible; mais les soins et l'empressement n'en furent pas moins marqués, sans air d'affectation ni de comédie. Mgr le duc de Bourgogne, tout simple, tout saint, tout plein de ses devoirs, les remplit outre mesure; et, quoiqu'il y eût déjà un grand soupçon de petite vérole, et que ce prince ne l'eût jamais eue, ils ne voulurent pas s'éloigner un moment de Monseigneur, et ne le quittèrent que pour le souper du roi.

A leur récit, le roi envoya le lendemain vendredi, 10, des ordres si précis à Meudon qu'il apprit à son réveil le grand péril où on trouvoit Monseigneur. Il avoit dit la veille, en revenant de Marly, qu'il iroit le lendemain matin à Meudon, pour y demeurer pendant toute la maladie de Monseigneur, de quelque nature qu'elle pût être; et en effet il s'y en alla au sortir de la messe. En partant, il défendit à ses enfants d'y aller. Il le défendit en général à quiconque n'avoit pas eu la petite vérole, avec une réflexion de bonté, et permit à tous ceux qui l'avoient eue de lui faire leur cour à Meudon, ou de n'y aller pas, suivant le degré de leur peur ou de leur convenance.

Du Mont renvoya plusieurs de ceux qui étoient de ce voyage de Meudon, pour y loger la suite du roi, qu'il borna à son service le plus étroit et à ses ministres, excepté le chancelier, qui n'y coucha pas, pour y travailler avec eux. Mme la Duchesse et Mme la princesse de Conti, chacune uniquement avec sa dame d'honneur; Mlle de Lislebonne, Mme d'Espinoy et Mlle de Melun, comme si particulièrement attachées à Monseigneur, et Mlle de Bouillon, parce qu'elle ne quittoit point son père, qui suivit comme grand chambellan, y avoient devancé le roi, et furent les seules dames qui y demeurèrent, et qui mangèrent les soirs avec le roi, qui dîna seul comme à Marly. Je ne parle point de

Mlle Choin qui y dîna dès le mercredi, ni de Mme de Maintenon, qui vint trouver le roi après dîner avec Mme la duchesse de Bourgogne. Le roi ne voulut point qu'elle approchât de l'appartement de Monseigneur et la renvoya assez promptement. C'est où en étoient les choses lorsque Mme de Saint-Simon m'envoya le courrier, les médecins souhaitant la petite vérole, dont on étoit persuadé, quoiqu'elle ne fût pas encore déclarée.

Je continuerai à parler de moi avec la même vérité dont [je] traite les autres et les choses, avec toute l'exactitude qui m'est possible. A la situation où j'étois à l'égard de Monseigneur et de son intime cour, on sentira aisément quelle impression je reçus de cette nouvelle. Je compris, par ce qui m'étoit mandé de l'état de Monseigneur, que la chose en bien ou en mal seroit promptement décidée; je me trouvois fort à mon aise à la Ferté; je résolus d'y attendre des nouvelles de la journée. Je renvoyai un courrier à Mme de Saint-Simon, et je lui en demandai un pour le lendemain. Je passai la journée dans un mouvement vague et de flux et de reflux qui gagne et qui perd du terrain, tenant l'homme et le chrétien en garde contre l'homme et le courtisan, avec cette foule de choses et d'objets qui se présentoient à moi dans une conjoncture si critique, qui me faisoit entrevoir une délivrance inespérée, subite, sous les plus agréables apparences pour les suites.

Le courrier que j'attendois impatiemment arriva le lendemain, dimanche de Quasimodo, de bonne heure dans l'après-dînée. J'appris par lui que la petite vérole étoit déclarée, et alloit aussi bien qu'on le pouvoit souhaiter; et je le crus d'autant mieux que j'appris que la veille, qui étoit celle du dimanche de Quasimodo, Mme de Maintenon, qui à Meudon ne sortoit point de sa chambre, et qui y avoit Mme de Dangeau pour toute compagnie, avec qui elle mangeoit, étoit allée dès le matin à Versailles, y avoit dîné chez Mme de Caylus où elle avoit vu Mme la duchesse de Bourgogne, et n'étoit pas retournée de fort bonne heure à Meudon.

Je crus Monseigneur sauvé, et voulus demeurer chez moi ; néanmoins je crus conseil, et comme j'ai fait toute ma vie, et m'en suis toujours bien trouvé. Je donnai ordre à regret pour mon départ le lendemain, qui étoit celui de la Quasimodo, 13 avril, et je partis en effet de bon matin. Arrivant à la Queue, à quatorze lieues de la Ferté et à six de Versailles, un financier, qui se nommoit La Fontaine, et que je connoissois fort pour l'avoir vu toute ma vie à la Ferté chargé de Senonches et des autres biens de feu M. le Prince de ce voisinage, aborda ma chaise comme je relayois. Il venoit de Paris et de Versailles où il avoit vu des gens de Mme la Duchesse ; il me dit Monseigneur le mieux du monde, et avec des détails qui le faisoient compter hors de danger. J'arrivai à Versailles rempli de cette opinion, qui me fut confirmée par Mme de Saint-Simon et tout ce que je vis de gens, en sorte qu'on ne craignoit plus que par la nature traîtresse de cette sorte de maladie dans un homme de cinquante ans fort épais.

Le roi tenoit son conseil et travailloit le soir avec ses ministres, comme à l'ordinaire. Il voyoit Monseigneur les matins et les soirs, et plusieurs fois l'après-dînée, et toujours longtemps dans la ruelle de son lit. Ce lundi que j'arrivai, il avoit dîné de bonne heure, et s'étoit allé promener à Marly, où Mme la duchesse de Bourgogne l'alla trouver. Il vit en passant au bord des jardins de Versailles Mgrs ses petits-fils qui étoient venus l'y attendre, mais qu'il ne laissa pas approcher, et leur cria bonjour. Mme la duchesse de Bourgogne avoit eu la petite vérole, mais il n'y paroissoit point.

Le roi ne se plaisoit que dans ses maisons et n'aimoit point être ailleurs. C'est par ce goût que ses voyages à Meudon étoient rares et courts, et de pure complaisance. Mme de Maintenon s'y trouvoit encore plus déplacée. Quoique sa chambre fût partout un sanctuaire où il n'entroit que des femmes de la plus étroite privance, il lui falloit partout une autre retraite entièrement inaccessible, sinon à Mme la duchesse de Bourgogne, encore pour des instants, et seule. Ainsi elle avoit Saint-Cyr pour Versailles et pour Marly, et à Marly encore ce repos dont j'ai parlé ailleurs; à Fontainebleau sa maison à la ville. Voyant donc Monseigneur si bien, et conséquemment un long séjour à Meudon, les tapissiers du roi eurent l'ordre de meubler Chaville, maison du feu chancelier Le Tellier, que Monseigneur avoit achetée et mise dans le parc de Meudon; et ce fut à Chaville où Mme de Maintenon destina ses retraites pendant la journée.

Le roi avoit commandé la revue des gens d'armes et des chevau-légers pour le mercredi, tellement que tout sembloit aller à souhait. J'écrivis en arrivant à Versailles à M. de Beauvilliers, à Meudon, pour le prier de dire au roi que j'étois revenu sur la maladie de Monseigneur; et que je serois allé à Meudon si, n'ayant pas eu la petite vérole, je ne me trouvois dans le cas de la défense. Il s'en acquitta, me manda que mon retour avoit été fort à propos, et me réitéra de la part du roi la défense d'aller à Meudon, tant pour moi que pour Mme de Saint-Simon qui n'avoit point eu non plus la petite vérole. Cette défense particulière ne m'affligea point du tout. Mme la duchesse de Berry, qui l'avoit eue, n'eut point le privilége de voir le roi comme Mme la duchesse de Bourgogne; les deux époux ne l'avoient point eue. La même raison exclut M. le duc d'Orléans de voir le roi; mais Mme la duchesse d'Orléans, qui n'étoit pas dans le même cas, eut permission de l'aller voir, dont elle usa pourtant fort sobrement. Madame ne le vit point, quoiqu'il n'y eût point pour elle des raisons d'exclusion, qui, excepté les deux fils de France, par juste crainte pour eux, ne s'étendit dans la famille royale que selon le goût du roi.

Meudon, pris en soi, avoit aussi ses contrastes. La Choin y étoit dans son grenier; Mme la Duchesse, Mlle de Lislebonne et Mme d'Espinoy, ne bougeoient de la chambre de Monseigneur, et la recluse n'y entroit que lorsque le roi n'y étoit pas, et que Mme la princesse de Conti, qui y étoit aussi fort assidue, étoit retirée. Cette princesse sentit bien qu'elle contraindroit cruellement Monseigneur si elle ne le mettoit en liberté là-dessus, et elle le fit de fort bonne grâce. Dès le matin du jour que le roi arriva (et elle y avoit déjà couché), elle dit à Monseigneur qu'il y avoit longtemps qu'elle n'ignoroit pas ce qui étoit dans Meudon; qu'elle n'avoit pu vivre hors de ce château dans l'inquiétude où elle étoit, mais qu'il n'étoit pas juste que cette amitié fût importune; qu'elle le prioit d'en user très-librement, de la renvoyer toutes les fois que cela lui conviendroit; et qu'elle auroit soin, de son côté, de n'entrer jamais dans sa chambre sans savoir si elle pouvoit le voir sans l'embarrasser. Ce compliment plut infiniment à Monseigneur. La princesse fut en effet fidèle à cette conduite, et docile aux avis de Mme la Duchesse et des deux Lorraines pour sortir quand il étoit à propos, sans air de chagrin ni de contrainte. Elle revenoit après quand cela se pouvoit, sans la plus mauvaise humeur, en quoi elle mérita de vraies louanges.

C'étoit Mlle Choin dont il étoit question, qui figuroit à Meudon, avec le P. Tellier, d'une façon tout à fait étrange. Tous deux incognito, relégués chacun dans leur grenier, servis seuls chacun dans leur chambre, vus des seuls indispensables, et sus pourtant de chacun, avec cette différence que la demoiselle voyoit Monseigneur nuit et jour sans mettre le pied ailleurs, et que le confesseur alloit chez le roi et partout, excepté dans l'appartement de Monseigneur ni dans tout ce qui en approchoit. Mme d'Espinoy portoit et rapportoit les compliments entre Mme de Maintenon et Mlle Choin. Le roi ne la vit point. Il croyoit que Mme de Maintenon l'avoit vue, il le lui demanda un peu sur le tard. Il sut que non, et il ne l'approuva pas. Là-dessus Mme de Maintenon chargea Mme d'Espinoy d'en faire ses excuses à

Mlle Choin, et de lui dire qu'elle espéroit qu'elles se verroient, compliment bizarre d'une chambre à l'autre, sous le même toit. Elles ne se virent jamais depuis.

Versailles présentoit une autre scène : Mgr [le duc] et Mme la duchesse de Bourgogne y tenoient ouvertement la cour, et cette cour ressembloit à la première pointe de l'aurore. Toute la cour étoit là rassemblée, tout Paris y abondoit; et comme la discrétion et la précaution ne furent jamais françoises, tout Meudon y venoit, et on en croyoit les gens sur leur parole de n'être pas entrés chez Monseigneur ce jour-là. Lever et coucher, dîner et souper avec les dames, conversations publiques après les repas, promenades, étoient les heures de faire sa cour, et les appartements ne pouvoient contenir la foule. Courriers à tous quarts d'heure, qui rappeloient l'attention aux nouvelles de Monseigneur, cours de maladie à souhait, et facilité extrême d'espérance et de confiance; désir et empressement de tous de plaire à la nouvelle cour, majesté et gravité gaie dans le jeune prince et la jeune princesse, accueil obligeant à tous, attention continuelle à parler à chacun, et complaisance dans cette foule, satisfaction réciproque, duc et duchesse de Berry à peu près nuls. De cette sorte s'écoulèrent cinq jours, chacun pensant sans cesse aux futurs contingents, tâchant d'avance de s'accommoder à tout événement.

Le mardi 14 avril, lendemain de mon retour de la Ferté à Versailles, le roi, qui, comme j'ai dit, s'ennuyoit à Meudon, donna à l'ordinaire conseil des finances le matin, et contre sa coutume conseil de dépêches l'après-dînée pour en remplir le vide. J'allai voir le chancelier à son retour de ce dernier conseil, et je m'informai beaucoup à lui de l'état de Monseigneur. Il me l'assura bon, et me dit que Fagon lui avoit dit ces mêmes mots : « que les choses alloient selon leurs souhaits, et au delà de leurs espérances. » Le chancelier me parut dans une grande confiance; et j'y ajoutai foi d'autant plus aisément qu'il étoit extrêmement bien avec

Monseigneur, et qu'il ne bannissoit pas toute crainte, mais sans en avoir d'autre que celle de la nature propre à cette sorte de maladie.

Les harengères de Paris, amies fidèles de Monseigneur, qui s'étoient déjà signalées à cette forte indigestion qui fut prise pour apoplexie, donnèrent ici le second tome de leur zèle. Ce même matin, elles arrivèrent en plusieurs carrosses de louage à Meudon. Monseigneur les voulut voir. Elles se jetèrent au pied de son lit qu'elles baisèrent plusieurs fois; et, ravies d'apprendre de si bonnes nouvelles, elles s'écrièrent dans leur joie qu'elles alloient réjouir tout Paris, et faire chanter le *Te Deum*. Monseigneur, qui n'étoit pas insensible à ces marques d'amour du peuple, leur dit qu'il n'étoit pas encore temps; et, après les avoir remerciées, il ordonna qu'on leur fît voir sa maison, qu'on les traitât à dîner, et qu'on les renvoyât avec de l'argent.

Revenant chez moi, de chez le chancelier, par les cours, je vis Mme la duchesse d'Orléans se promenant sur la terrasse de l'aile neuve, qui m'appela, et que je ne fis semblant de voir ni d'entendre, parce que la Montauban étoit avec elle, et je gagnai mon appartement l'esprit fort rempli de ces bonnes nouvelles de Meudon. Ce logement étoit dans la galerie haute de l'aile neuve, qu'il n'y avoit presque qu'à traverser pour être dans l'appartement de M. [le duc] et de Mme la duchesse de Berry, qui ce soir-là devoient donner à souper chez eux à M. [le duc] et à Mme la duchesse d'Orléans et à quelques dames, dont Mme de Saint-Simon se dispensa sur ce qu'elle avoit été un peu incommodée.

Il y avoit peu que j'étois dans mon cabinet seul avec Coettenfao, qu'on m'annonça Mme la duchesse d'Orléans, qui venoit causer en attendant l'heure du souper. J'allai la recevoir dans l'appartement de Mme de Saint-Simon, qui étoit sortie, et qui revint bientôt après se mettre en tiers avec nous. La princesse et moi étions, comme on dit, gros de nous voir et de nous entretenir dans cette conjoncture, sur laquelle elle et moi nous pensions si pareillement. Il n'y avoit guère qu'une heure qu'elle étoit revenue de Meudon, où elle avoit vu le roi, et il en étoit alors huit du soir de ce même mardi 14 avril.

Elle me dit la même expression dont Fagon s'étoit servi, que j'avois apprise du chancelier. Elle me rendit la confiance qui régnoit dans Meudon ; elle me vanta les soins et la capacité des médecins, qui ne négligeoient pas jusqu'aux plus petits remèdes, qu'ils ont coutume de mépriser le plus : elle nous en exagéra le succès ; et, pour en parler franchement et en avouer la honte, elle et moi nous lamentâmes ensemble de voir Monseigneur échapper, à son âge et à sa graisse, d'un mal si dangereux. Elle réfléchissoit tristement, mais avec ce sel et ces tons à la Mortemart, qu'après une dépuration de cette sorte il ne restoit plus la moindre pauvre petite apparence aux apoplexies ; que celle des indigestions étoit ruinée sans ressource depuis la peur que Monseigneur en avoit prise, et l'empire qu'il avoit donné sur sa santé aux médecins ; et nous conclûmes plus que langoureusement qu'il falloit désormais compter que ce prince vivroit et régneroit longtemps. De là, des raisonnements sans fin sur les funestes accompagnements de son règne, sur la vanité des apparences les mieux fondées d'une vie qui promettoit si peu, et qui trouvoit son salut et sa durée au sein du péril et de la mort. En un mot, nous nous lâchâmes, non sans quelque scrupule qui interrompoit de fois à autre cette rare conversation, mais qu'avec un tour languissamment plaisant elle ramenoit toujours à son point. Mme de Saint-Simon, tout dévotement, enrayoit tant qu'elle pouvoit ces propos étranges ; mais l'enrayure cassoit, et entretenoit ainsi un combat très-singulier entre la liberté des sentiments, humainement pour nous très-raisonnables, mais qui ne laissoit pas de nous faire sentir qui n'étoient pas selon la religion.

Deux heures s'écoulèrent de la sorte entre nous trois, qui

nous parurent courtes, mais que l'heure du souper termina. Mme la duchesse d'Orléans s'en alla chez Mme sa fille, et nous passâmes dans ma chambre, où bonne compagnie s'étoit cependant assemblée, qui soupa avec nous.

Tandis qu'on étoit si tranquille à Versailles, et même à Meudon, tout y changeoit de face. Le roi avoit vu Monseigneur plusieurs fois dans la journée, qui étoit sensible à ces marques d'amitié et de considération. Dans la visite de l'après-dînée, avant le conseil des dépêches, le roi fut si frappé de l'enflure extraordinaire du visage et de la tête, qu'il abrégea, et qu'il laissa échapper quelques larmes en sortant de la chambre. On le rassura tant qu'on put; et après le conseil des dépêches, il se promena dans les jardins.

Cependant Monseigneur avoit déjà méconnu Mme la princesse de Conti, et Boudin en avoit été alarmé. Ce prince l'avoit toujours été. Les courtisans le voyoient tous les uns après les autres, les plus familiers n'en bougeoient jour et nuit. Il s'informoit sans cesse à eux si on avoit coutume d'être dans cette maladie dans l'état où il se sentoit. Dans les temps où ce qu'on lui disoit pour le rassurer lui faisoit le plus d'impression, il fondoit sur cette dépuration des espérances de vie et de santé; et en une de ces occasions, il lui échappa d'avouer à Mme la princesse de Conti qu'il y avoit longtemps qu'il se sentoit fort mal sans en avoir voulu rien témoigner, et dans un tel état de foiblesse que, le jeudi saint dernier, il n'avoit pu durant l'office tenir sa *Semaine sainte* dans ses mains.

Il se trouva plus mal vers quatre heures après midi, pendant le conseil des dépêches, tellement que Boudin proposa à Fagon d'envoyer quérir du conseil, lui représenta qu'eux, médecins de la cour qui ne voyoient jamais aucune maladie de venin, n'en pouvoient avoir d'expérience, et le pressa de mander promptement des médecins de Paris; mais Fagon se mit en colère, ne se paya d'aucunes raisons, s'opiniâtra au refus d'appeler personne, à dire qu'il étoit inutile de se commettre à des disputes et à des contrariétés, soutint qu'ils feroient aussi bien et mieux que tout le secours qu'ils pourroient faire venir, voulut enfin tenir secret l'état de Monseigneur, quoiqu'il empirât d'heure en heure, et que sur les sept heures du soir quelques valets et quelques courtisans même commençassent à s'en apercevoir. Mais tout en ce genre trembloit sous Fagon. Il étoit là, et personne n'osoit ouvrir la bouche pour avertir le roi ni Mme de Maintenon. Mme la Duchesse et Mme la princesse de Conti, dans la même impuissance, cherchoient à se rassurer. Le rare fut qu'on voulut laisser mettre le roi à table pour souper avant d'effrayer par de grands remèdes, et laisser achever son souper sans l'interrompre et sans l'avertir de rien, qui sur la foi de Fagon et le silence public croyoit Monseigneur en bon état, quoiqu'il l'eût trouvé enflé et changé dans l'après-dînée, et qu'il en eût été fort peiné.

Pendant que le roi soupoit ainsi tranquillement, la tête commença à tourner à ceux qui étoient dans la chambre de Monseigneur. Fagon et les autres entassèrent remèdes sur remèdes sans en attendre l'effet. Le curé, qui tous les soirs avant de se retirer chez lui alloit savoir des nouvelles, trouva, contre l'ordinaire, toutes les portes ouvertes et les valets éperdus. Il entra dans la chambre, où, voyant de quoi il n'étoit que trop tardivement question, il courut au lit, prit la main de Monseigneur, lui parla de Dieu; et, le voyant plein de connaissance, mais presque hors d'état de parler, il en tira ce qu'il put pour une confession, dont qui que ce soit ne s'étoit avisé, lui suggéra des actes de contrition. Le pauvre prince en répéta distinctement quelques mots, confusément les autres, se frappa la poitrine, serra la main au curé, parut pénétré des meilleurs sentiments, et reçut d'un air contrit et désireux l'absolution du curé.

Cependant le roi sortoit de table, et pensa tomber à la renverse lorsque Fagon se présentant à lui lui cria, tout troublé, que tout étoit perdu. On peut juger quelle horreur saisit tout le monde en ce passage si subit d'une sécurité entière à la plus désespérée extrémité.

Le roi, à peine à lui-même, prit à l'instant le chemin de l'appartement de Monseigneur, et réprima très-sèchement l'indiscret empressement de quelques courtisans à le retenir, disant qu'il vouloit voir encore son fils, et s'il n'y avoit plus de remède. Comme il étoit près d'entrer dans la chambre, Mme la princesse de Conti, qui avoit eu le temps d'accourir chez Monseigneur dans ce court intervalle de la sortie de table, se présenta pour l'empêcher d'entrer. Elle le repoussa même des mains, et lui dit qu'il ne falloit plus désormais penser qu'à lui-même. Alors le roi, presque en foiblesse d'un renversement si subit et si entier, se laissa aller sur un canapé qui se trouva à l'entrée de la porte du cabinet par lequel il étoit entré, qui donnoit dans la chambre. Il demandoit des nouvelles à tout ce qui en sortoit, sans que presque personne osât lui répondre. En descendant chez Monseigneur, car il logeoit au-dessus de lui, il avoit envoyé chercher le P. Tellier, qui venoit de se mettre au lit; il fut bientôt habillé et arrivé dans la chambre; mais il n'étoit plus temps, à ce qu'ont dit depuis tous les domestiques, quoique le jésuite, peut-être pour consoler le roi, lui eût assuré qu'il avoit donné une absolution bien fondée. Mme de Maintenon, accourue auprès du roi, et assise sur le même canapé, tâchoit de pleurer. Elle essayoit d'emmener le roi, dont les carrosses étoient déjà prêts dans la cour, mais il n'y eut pas moyen de l'y faire résoudre que Monseigneur ne fût expiré.

Cette agonie sans connoissance dura près d'une heure depuis que le roi fut dans le cabinet. Mme la Duchesse et Mme la princesse de Conti se partageoient entre les soins du mourant et ceux du roi, près duquel elles revenoient souvent, tandis que la Faculté confondue, les valets éperdus, le courtisan bourdonnant, se poussoient les uns les autres, et cheminoient sans cesse sans presque changer de lieu. Enfin le moment fatal arriva. Fagon sortit qui le laissa entendre.

Le roi, fort affligé, et très-peiné du défaut de confession, maltraita un peu ce premier médecin, puis sortit emmené par Mme de Maintenon et par les deux princesses. L'appartement étoit de plain-pied à la cour; et comme il se présenta pour monter en carrosse, il trouva devant lui la berline de Monseigneur. Il fit signe de la main qu'on lui amenât un autre carrosse, par la peine que lui faisoit celui-là. Il n'en fut pas néanmoins tellement occupé que, voyant Pontchartrain, il ne l'appelât pour lui dire d'avertir son père et les autres ministres de se trouver le lendemain matin un peu tard à Marly pour le conseil d'État ordinaire du mercredi. Sans commenter ce sang-froid, je me contenterai de rapporter la surprise extrême de tous les témoins et de tous ceux qui l'apprirent. Pontchartrain répondit que, ne s'agissant que d'affaires courantes, il vaudroit mieux remettre le conseil d'un jour que de l'en importuner. Le roi y consentit. Il monta avec peine en carrosse appuyé des deux côtés, Mme de Maintenon tout de suite après qui se mit à côté de lui; Mme la Duchesse et Mme la princesse de Conti montèrent après elle, et se mirent sur le devant. Une foule d'officiers de Monseigneur se jetèrent à genoux tout le long de la cour, des deux côtés, sur le passage du roi, lui criant avec des hurlements étranges d'avoir compassion d'eux, qui avoient tout perdu et qui mouroient de faim.

Tandis que Meudon étoit rempli d'horreur, tout étoit tranquille à Versailles, sans en avoir le moindre soupçon. Nous avions soupé. La compagnie quelque temps après s'étoit retirée, et je causois avec Mme de Saint-Simon qui achevoit de se déshabiller pour se mettre au lit, lorsqu'un ancien valet de chambre, à qui elle avoit donné une charge de garçon de la chambre de Mme la duchesse de Berry, et qui y servoit à table, entra tout effarouché. Il nous dit qu'il falloit qu'il y eût de mauvaises nouvelles de Meudon; que Mgr le duc de Bourgogne venoit d'envoyer parler à l'oreille à M. le duc de Berry, à qui les yeux avoient rougi à l'instant; qu'aussitôt il étoit sorti de table, et que, sur un second message fort prompt, la table où la compagnie étoit restée s'étoit levée avec précipitation, et que tout le monde étoit passé dans le cabinet. Un changement si subit rendit ma surprise extrême. Je courus chez Mme la duchesse de Berry aussitôt; il n'y avoit plus personne; ils étoient tous allés chez Mme la duchesse de Bourgogne; j'y poussai tout de suite.

J'y trouvai tout Versailles rassemblé, ou y arrivant; toutes les dames en déshabillé, la plupart prêtes à se mettre au lit, toutes les portes ouvertes, et tout en trouble. J'appris que Monseigneur avoit reçu l'extrême-onction, qu'il étoit sans connoissance et hors de toute espérance, et que le roi avoit mandé à Mme la duchesse de Bourgogne qu'il s'en alloit à Marly, et de le venir attendre dans l'avenue entre les deux écuries, pour le voir en passant.

Le spectacle attira toute l'attention que j'y pus donner parmi les divers mouvements de mon âme, et ce qui tout à la fois se présenta à mon esprit. Les deux princes et les deux princesses étoient dans le petit cabinet derrière la ruelle du lit. La toilette pour le coucher étoit à l'ordinaire dans la chambre de Mme la duchesse de Bourgogne, remplie de toute la cour en confusion. Elle alloit et venoit du cabinet dans la chambre, en attendant le moment d'aller au passage du roi; et son maintien, toujours avec ses mêmes grâces, étoit un maintien de trouble et de compassion que celui de chacun sembloit prendre pour douleur. Elle disoit ou répondoit en passant devant les uns et les autres quelques mots rares. Tous les assistants étoient des personnages vraiment expressifs; il ne falloit qu'avoir des yeux, sans aucune connoissance de la cour, pour distinguer les intérêts peints sur les visages, ou le néant de ceux qui n'étoient de rien : ceux-ci tranquilles à eux-mêmes, les autres pénétrés de douleur ou de gravité et d'attention sur eux-mêmes, pour cacher leur élargissement et leur joie.

Mon premier mouvement fut de m'informer à plus d'une fois, de ne croire qu'à peine au spectacle et aux paroles ; ensuite de craindre trop peu de cause pour tant d'alarme, enfin de retour sur soi-même par la considération de la misère commune à tous les hommes, et que moi-même je me trouverois un jour aux portes de la mort. La joie néanmoins perçoit à travers les réflexions momentanées de religion et d'humanité par lesquelles j'essayois de me rappeler. Ma délivrance particulière me sembloit si grande et si inespérée qu'il me sembloit, avec une évidence encore plus parfaite que la vérité, que l'État gagnoit tout en une telle perte. Parmi ces pensées, je sentois malgré moi un reste de crainte que le malade en réchappât, et j'en avois une extrême honte.

Enfoncé de la sorte en moi-même, je ne laissai pas de mander à Mme de Saint-Simon qu'il étoit à propos qu'elle vînt, et de percer de mes regards clandestins chaque visage, chaque maintien, chaque mouvement, d'y délecter ma curiosité, d'y nourrir les idées que je m'étois formées de chaque personnage, qui ne m'ont jamais guère trompé, et de tirer de justes conjectures de la vérité de ces premiers élans dont on est si rarement maître, et qui par là, à qui connoît la carte et les gens, deviennent des indictions[1] sûres des liaisons et des sentiments les moins visibles en tous autres temps rassis.

Je vis arriver Mme la duchesse d'Orléans dont la contenance majestueuse et compassée ne disoit rien. Elle entra dans le petit cabinet, d'où bientôt après elle sortit avec M. le duc d'Orléans, duquel l'activité et l'air turbulent mar-

---

1. Saint-Simon a écrit *indictions*, probablement pour *indications*. Nous n'avons pas cru devoir remplacer ce mot par celui d'*inductions*, comme l'ont fait les précédents éditeurs.

quoient plus l'émotion du spectacle que tout autre sentiment. Ils s'en allèrent, et je le remarque exprès, par ce qui bientôt après arriva en ma présence.

Quelques moments après, je vis de loin, vers la porte du petit cabinet, Mgr le duc de Bourgogne avec un air fort ému et peiné; mais le coup d'œil que j'assénai vivement sur lui ne m'y rendit rien de tendre, et ne me rendit que l'occupation profonde d'un esprit saisi.

Valets et femmes de chambre crioient déjà indiscrètement, et leur douleur prouva bien tout ce que cette espèce de gens alloit perdre. Vers minuit et demi, on eut des nouvelles du roi; et aussitôt je vis Mme la duchesse de Bourgogne sortir du petit cabinet avec Mgr le duc de Bourgogne, l'air alors plus touché qu'il ne m'avoit paru la première fois, et qui rentra aussitôt dans le cabinet. La princesse prit à sa toilette son écharpe et ses coiffes, debout et d'un air délibéré, traversa la chambre, les yeux à peine mouillés, mais trahie par de curieux regards lancés de part et d'autre à la dérobée, et, suivie seulement de ses dames, gagna son carrosse par le grand escalier.

Comme elle sortit de sa chambre, je pris mon temps pour aller chez Mme la duchesse d'Orléans avec qui je grillois d'être. Entrant chez elle, j'appris qu'ils étoient chez Madame. Je poussai jusque-là à travers leurs appartements. Je trouvai Mme la duchesse d'Orléans qui retournoit chez elle, et qui, d'un air fort sérieux, me dit de revenir avec elle. M. le duc d'Orléans étoit demeuré. Elle s'assit dans sa chambre, et auprès d'elle la duchesse de Villeroy, la maréchale de Rochefort et cinq ou six dames familières. Je petillois cependant de tant de compagnie; Mme la duchesse d'Orléans, qui n'en étoit pas moins importunée, prit une bougie et passa derrière sa chambre. J'allai alors dire un mot à l'oreille à la duchesse de Villeroy; elle et moi pensions de même sur l'événement présent. Elle me poussa et me dit tout bas de me bien contenir. J'étouffois de silence parmi les plaintes et les surprises narratives de ces dames, lorsque M. le duc d'Orléans parut à la porte du cabinet et m'appela.

Je le suivis dans son arrière-cabinet en bas sur la galerie, lui près de se trouver mal, et moi les jambes tremblantes de tout ce qui se passoit sous mes yeux et au dedans de moi. Nous nous assîmes par hasard vis-à-vis l'un de l'autre ; mais quel fut mon étonnement lorsque incontinent après je vis les larmes lui tomber des yeux : « Monsieur ! » m'écriai-je en me levant dans l'excès de ma surprise. Il me comprit aussitôt et me répondit d'une voix coupée et pleurant véritablement : « Vous avez raison d'être surpris, et je le suis moi-même ; mais le spectacle touche. C'est un bon homme avec qui j'ai passé ma vie ; il m'a bien traité et avec amitié tant qu'on l'a laissé faire et qu'il a agi de lui-même. Je sens bien que l'affliction ne peut pas être longue; mais ce sera dans quelques jours que je trouverai tous les motifs de me consoler dans l'état où on m'avoit mis avec lui ; mais présentement le sang, la proximité, l'humanité, tout touche, et les entrailles s'émeuvent. » Je louai ce sentiment, mais j'en avouai mon extrême surprise par la façon dont il étoit avec Monseigneur. Il se leva, se mit la tête dans un coin, le nez dedans, et pleura amèrement et à sanglots, chose que, si je n'avois vue, je n'eusse jamais crue. Après quelque peu de silence, je l'exhortai à se calmer. Je lui représentai qu'incessamment il faudroit retourner chez Mme la duchesse de Bourgogne, et que si on l'y voyoit avec des yeux pleureux, il n'y avoit personne qui ne s'en moquât comme d'une comédie très-déplacée, à la façon dont toute la cour savoit qu'il étoit avec Monseigneur. Il fit donc ce qu'il put pour arrêter ses larmes, et pour bien essuyer et retaper ses yeux. Il y travailloit encore, lorsqu'il fut averti que Mme la duchesse de Bourgogne arrivoit, et que Mme la duchesse d'Orléans alloit retourner chez elle. Il la fut joindre et je les y suivis.

## CHAPITRE VII.

Continuation du spectacle de Versailles. — Plaisante aventure d'un Suisse. — Horreur de Meudon. — Confusion de Marly. — Caractère de Monseigneur— Problème si Monseigneur avoit épousé Mlle Choin. — Monseigneur sans agrément, sans liberté, sans crédit avec le roi. — Monsieur et Monseigneur morts outrés contre le roi — Monseigneur peu à Versailles. — Complaisant aux choses du sacre. — Monseigneur et Mme de Maintenon fort éloignés. — Cour intime de Monseigneur. — Monseigneur, plus que sec avec Mgr [le duc] et Mme la duchesse de Bourgogne, aime M. le duc de Berry et traite bien Mme la duchesse de Berry. — Monseigneur favorable aux ducs contre les princes. — Monseigneur fort vrai; Mlle Choin aussi. — Opposition de Monseigneur à l'alliance du sang bâtard prétendue. — Désintéressement de Mlle Choin. — Monseigneur attaché à la mémoire et à la famille du duc de Montausier. — Amours de Monseigneur. — Ridicule aventure. — Monseigneur n'aime point M. du Maine et traite bien le comte de Toulouse. — Cour plus ou moins particulière de Monseigneur. — Infamies du maréchal d'Huxelles. — Aversions de Monseigneur. — Éloignement de Mgr [le duc] et de Mme la duchesse de Bourgogne. — M. [le duc] et Mme la duchesse de Berry bien avec Monseigneur. — Crayon et projets de Mme la duchesse de Berry. — Affection de Monseigneur pour le roi d'Espagne. — Portrait raccourci de Monseigneur.

Mme la duchesse de Bourgogne, arrêtée dans l'avenue entre les deux écuries, n'avoit attendu le roi que fort peu de temps. Dès qu'il approcha, elle mit pied à terre et alla à sa portière. Mme de Maintenon, qui étoit de ce même côté, lui cria : « Où allez-vous, madame? N'approchez pas; nous sommes pestiférés. » Je n'ai point su quel mouvement fit le roi, qui ne l'embrassa point à cause du mauvais air. La princesse à l'instant regagna son carrosse et s'en revint.

Le beau secret que Fagon avoit imposé sur l'état de Monseigneur avoit si bien trompé tout le monde, que le duc de Beauvilliers étoit revenu à Versailles après le conseil de dépêches, et qu'il y coucha contre son ordinaire depuis la maladie de Monseigneur. Comme il se levoit fort matin, il se couchoit toujours sur les dix heures, et il s'étoit mis au lit sans se défier de rien. Il ne fut pas longtemps sans être réveillé par un message de Mme la duchesse de Bourgogne, qui l'envoya chercher, et il arriva dans son appartement peu avant son retour du passage du roi. Elle retrouva les deux princes et Mme la duchesse de Berry avec le duc de Beauvilliers, dans ce petit cabinet où elle les avoit laissés.

Après les premiers embrassements d'un retour qui signifioit tout, le duc de Beauvilliers, qui les vit étouffant dans ce petit lieu, les fit passer par la chambre dans le salon qui la sépare de la galerie, dont, depuis quelque temps, on avoit fermé ce salon d'une porte pour en faire un grand cabinet. On y ouvrit des fenêtres, et les deux princes, ayant chacun sa princesse à son côté, s'assirent sur un même canapé près des fenêtres, le dos à la galerie; tout le monde épars, assis et debout, et en confusion dans ce salon, et les dames les plus familières par terre aux pieds ou proche du canapé des princes.

Là, dans la chambre et par tout l'appartement, on lisoit apertement sur les visages. Monseigneur n'étoit plus ; on le savoit, on le disoit, nulle contrainte ne retenoit plus à son égard, et ces premiers moments étoient ceux des premiers mouvements peints au naturel et pour lors affranchis de toute politique, quoique avec sagesse, par le trouble, l'agitation, la surprise, la foule, le spectacle confus de cette nuit si rassemblée.

Les premières pièces offroient les mugissements contenus des valets, désespérés de la perte d'un maître si fait exprès pour eux, et pour les consoler d'une autre qu'ils ne prévoyoient qu'avec transissement, et qui par celle-ci devenoit la leur propre. Parmi eux s'en remarquoient d'autres des plus éveillés de gens principaux de la cour, qui étoient accourus aux nouvelles, et qui montroient bien à leur air de quelle boutique ils étoient balayeurs.

Plus avant commençoit la foule des courtisans de toute espèce. Le plus grand nombre, c'est-à-dire les sots, tiroient des soupirs de leurs talons, et, avec des yeux égarés et secs, louoient Monseigneur, mais toujours de la même louange, c'est-à-dire de bonté, et plaignoient le roi de la perte d'un si bon fils. Les plus fins d'entre eux, ou les plus considérables, s'inquiétoient déjà de la santé du roi; ils se savoient bon gré de conserver tant de jugement parmi ce trouble, et n'en laissoient pas douter par la fréquence de leurs répétitions. D'autres, vraiment affligés, et de cabale frappée, pleuroient amèrement, ou se contenoient avec un effort aussi aisé à remarquer que les sanglots. Les plus forts de ceux-là, ou les plus politiques, les yeux fichés à terre, et reclus en des coins, méditoient profondément aux suites d'un événement si peu attendu, et bien davantage sur eux-mêmes. Parmi ces diverses sortes d'affligés, point ou peu de propos, de conversation nulle, quelque exclamation parfois échappée à la douleur et parfois répondue par une douleur voisine, un mot en un quart-d'heure, des yeux sombres ou hagards, des mouvements de mains moins rares qu'involontaires, immobilité du reste presque entière; les simples curieux et peu soucieux presque nuls, hors les sots qui avoient le caquet en partage, les questions, et le redoublement du désespoir des affligés, et l'importunité pour les autres. Ceux qui déjà regardoient cet événement comme favorable avoient beau pousser la gravité jusqu'au maintien chagrin et austère, le tout n'étoit qu'un voile clair, qui n'empêchoit pas de bons yeux de remarquer et de distinguer tous leurs traits. Ceux-ci se tenoient aussi tenaces en place que les plus touchés, en garde contre l'opinion, contre la curiosité, contre leur satisfaction, contre leurs mouvements; mais leurs yeux suppléoient au peu d'agitation de leur corps. Des changements de posture, comme des gens peu assis ou mal debout ; un certain soin de s'éviter les uns les autres, même de se rencontrer des yeux ; les accidents momentanés qui arrivoient de ces rencontres ; un je ne sais quoi de plus libre en toute la personne, à travers le soin de se tenir et de se composer ; un vif, une sorte d'étincelant autour d'eux les distinguoit malgré qu'ils en eussent.

Les deux princes, et les deux princesses assises à leurs côtés, prenant soin d'eux, étoient les plus exposés à la pleine vue. Mgr le duc de Bourgogne pleuroit d'attendrissement et de bonne foi, avec un air de douceur, des larmes de nature, de religion, de patience. M. le duc de Berry tout d'aussi bonne foi en versoit en abondance, mais des larmes pour ainsi dire sanglantes, tant l'amertume en paroissoit grande, et poussoit non des sanglots, mais des cris, mais des hurlements. Il se taisoit parfois, mais de suffocation, puis éclatoit, mais avec un tel bruit, et un bruit si fort la trompette forcée du désespoir, que la plupart éclatoient aussi à ces redoublements si douloureux, ou par un aiguillon d'amertume, ou par un aiguillon de bienséance. Cela fut au point qu'il fallut le déshabiller là même, et se précautionner de remèdes et de gens de la Faculté. Mme la duchesse de Berry étoit hors d'elle, on verra bientôt pourquoi. Le désespoir le plus amer étoit peint avec horreur sur son visage. On y voyoit comme écrite une rage de douleur, non d'amitié mais d'intérêt ; des intervalles secs mais profonds et farouches, puis un torrent de larmes et de gestes involontaires, et cependant retenus, qui montroient une amertume d'âme extrême, fruit de la méditation profonde qui venoit de précéder. Souvent réveillée par les cris de son époux, prompte à le secourir, à le soutenir, à l'embrasser, à lui présenter quelque chose à sentir, on voyoit un soin vif pour lui, mais tôt après une chute profonde en elle-même, puis un torrent de larmes qui lui aidoient à suffoquer ses cris. Mme la duchesse de Bourgogne consoloit aussi son époux, et y avoit moins de peine qu'à acquérir le besoin d'être elle-même consolée, à quoi pourtant, sans rien montrer de faux, on voyoit bien qu'elle faisoit de son mieux pour s'acquitter d'un devoir pressant de bienséance sentie, mais qui se refuse au plus grand besoin. Le fréquent moucher répondoit aux cris du prince son beau-frère. Quelques larmes amenées du spectacle, et souvent entretenues avec soin, fournissoient à l'art du mouchoir pour rougir et grossir les yeux et barbouiller le visage, et cependant le coup d'œil fréquemment dérobé se promenoit sur l'assistance et sur la contenance de chacun.

Le duc de Beauvilliers, debout auprès d'eux, l'air tranquille et froid, comme à chose non avenue ou à spectacle ordinaire, donnoit ses ordres pour le soulagement des princes, pour que peu de gens entrassent, quoique les portes fussent ouvertes à chacun, en un mot pour tout ce qu'il étoit besoin, sans empressement, sans se méprendre en quoi que ce soit ni aux gens ni aux choses; vous l'auriez cru au lever ou au petit couvert servant à l'ordinaire. Ce flegme dura sans la moindre altération, également éloigné d'être aise par la religion, et de cacher aussi le peu d'affliction qu'il ressentoit, pour conserver toujours la vérité.

Madame, rhabillée, en grand habit, arriva hurlante, ne sachant bonnement pourquoi ni l'un ni l'autre, les inonda tous de ses larmes en les embrassant, fit retentir le château d'un renouvellement de cris, et fournit un spectacle bizarre d'une princesse qui se remet en cérémonie, en pleine nuit, pour venir pleurer et crier parmi une foule de femmes en déshabillé de nuit, presque en mascarades.

Mme la duchesse d'Orléans s'étoit éloignée des princes, et s'étoit assise le dos à la galerie, vers la cheminée, avec quelques dames. Tout étant fort silencieux autour d'elle, ces dames peu à peu se retirèrent d'auprès d'elle, et lui firent grand plaisir. Il n'y resta que la duchesse Sforce, la duchesse de Villeroy, Mme de Castries, sa dame d'atours, et Mme de Saint-Simon. Ravies de leur liberté, elles s'approchèrent en un tas, tout le long d'un lit de veille à pavillon et le joignant ; et comme elles étoient toutes affectées de même à l'égard de l'événement qui rassembloit là tant de monde, elles se mirent à en deviser tout bas ensemble dans ce groupe avec liberté.

Dans la galerie et dans ce salon il y avoit plusieurs lits de veille, comme dans tout le grand appartement, pour la sûreté, où couchoient des Suisses de l'appartement et des frotteurs, et ils avoient été mis à l'ordinaire avant les mauvaises nouvelles de Meudon. Au fort de la conversation de ces dames, Mme de Castries qui touchoit au lit le sentit remuer et en fut fort effrayée, car elle l'étoit de tout quoique avec beaucoup d'esprit. Un moment après elles virent un gros bras presque nu relever tout à coup le pavillon, qui leur montra un bon gros Suisse entre deux draps, demi-éveillé et tout ébahi, très-long à reconnoître son monde qu'il regardoit fixement l'un après l'autre, et qui enfin, ne jugeant pas à propos de se lever en si grande compagnie, se renfonça dans son lit et ferma son pavillon. Le bonhomme s'étoit apparemment couché avant que personne eût rien appris, et avoit assez profondément dormi depuis pour ne s'être réveillé qu'alors. Les plus tristes spectacles sont assez souvent sujets aux contrastes les plus ridicules. Celui-ci fit rire quelque dame de là autour, et [fit] quelque peur à Mme la duchesse d'Orléans et à ce qui causoit avec elle d'avoir été entendues. Mais, réflexion faite, le sommeil et la grossièreté du personnage les rassura.

La duchesse de Villeroy, qui ne faisoit presque que les joindre, s'étoit fourrée un peu auparavant dans le petit cabinet avec la comtesse de Roucy et quelques dames du palais, dont Mme de Lévi n'avoit osé approcher, par penser trop conformément à la duchesse de Villeroy. Elles y étoient quand j'arrivai.

Je voulois douter encore, quoique tout me montrât ce qui étoit, mais je ne pus me résoudre à m'abandonner à le

croire que le mot ne m'en fût prononcé par quelqu'un à qui
on pût ajouter foi. Le hasard me fit rencontrer M. d'O, à
qui je le demandai, et qui me le dit nettement. Cela su, je
tâchai de n'en être pas bien aise. Je ne sais pas trop si j'y
réussis bien, mais au moins est-il vrai que ni joie ni douleur n'émoussèrent ma curiosité, et qu'en prenant bien
garde à conserver toute bienséance, je ne me crus pas engagé par rien au personnage douloureux. Je ne craignois
plus les retours du feu de la citadelle de Meudon, ni les
cruelles courses de son implacable garnison, et je me contraignis moins qu'avant le passage du roi pour Marly de
considérer plus librement toute cette nombreuse compagnie,
d'arrêter mes yeux sur les plus touchés et sur ceux qui l'é-
toient moins avec une affection différente, de suivre les uns
et les autres de mes regards et de les en percer tous à la dérobée. Il faut avouer que, pour qui est bien au fait de la
carte intime d'une cour, les premiers spectacles d'événements rares de cette nature, si intéressante à tant de divers
égards, sont d'une satisfaction extrême. Chaque visage vous
rappelle les soins, les intrigues, les sueurs, employés à
l'avancement des fortunes, à la formation, à la force des cabales; les adresses à se maintenir et en écarter d'autres, les
moyens de toute espèce mis en œuvre pour cela; les liaisons
plus ou moins avancées, les éloignements, les froideurs, les
haines, les mauvais offices, les manéges, les avances, les
ménagements, les petitesses, les bassesses de chacun; le
déconcertement des uns au milieu de leur chemin, au milieu
ou au comble de leurs espérances; la stupeur de ceux qui
en jouissoient en plein, le poids donné du même coup à
leurs contraires et à la cabale opposée; la vertu de ressort
qui pousse dans cet instant leurs menées et leurs concerts à
bien, la satisfaction extrême et inespérée de ceux-là, et j'en
étois des plus avant, la rage qu'en conçoivent les autres,
leur embarras et leur dépit à le cacher. La promptitude des
yeux à voler partout en sondant les âmes, à la faveur de ce

premier trouble de surprise et de dérangement subit, la combinaison de tout ce qu'on y remarque, l'étonnement de ne pas trouver ce qu'on avoit cru de quelques-uns faute de cœur et d'assez d'esprit en eux, et plus en d'autres qu'on avoit pensé, tout cet amas d'objets vifs et de choses si importantes forme un plaisir à qui le sait prendre qui, tout peu solide qu'il devient, est un des plus grands dont on puisse jouir dans une cour.

Ce fut donc à celui-là que je me livrai tout entier en moi-même, avec d'autant plus d'abandon que, dans une délivrance bien réelle, je me trouvois étroitement lié et embarqué avec les têtes principales qui n'avoient point de larmes à donner à leurs yeux. Je jouissois de leur avantage sans contre-poids, et de leur satisfaction qui augmentoit la mienne, qui consolidoit mes espérances, qui me les élevoit, qui m'assuroit un repos, auquel sans cet événement je voyois si peu d'apparence que je ne cessois point de m'inquiéter d'un triste avenir, et que, d'autre part, ennemi de liaison, et presque personnel des principaux personnages que cette perte accabloit, je vis, du premier coup d'œil vivement porté, tout ce qui leur échappoit et tout ce qui les accableroit, avec un plaisir qui ne se peut rendre. J'avois si fort imprimé dans ma tête les différentes cabales, leurs subdivisions, leurs replis, leurs divers personnages et leurs degrés, la connoissance de leurs chemins, de leurs ressorts, de leurs divers intérêts, que la méditation de plusieurs jours ne m'auroit pas développé et représenté toutes ces choses plus nettement que ce premier aspect de tous ces visages, qui me rappeloient encore ceux que je ne voyois pas, et qui n'étoient pas les moins friands à s'en repaître.

Je m'arrêtai donc un peu à considérer le spectacle de ces différentes pièces de ce vaste et tumultueux appartement. Cette sorte de désordre dura bien une heure, où la duchesse du Lude ne parut point, retenue au lit par la goutte. A la fin M. de Beauvilliers s'avisa qu'il étoit temps de délivrer les deux princes d'un si fâcheux public. Il leur proposa donc que M. [le duc] et Mme la duchesse de Berry se retirassent dans leur appartement ; et le monde, de celui de Mme la duchesse de Bourgogne. Cet avis fut aussitôt embrassé. M. le duc de Berry s'achemina donc partie seul et quelquefois appuyé sur son épouse, Mme de Saint-Simon avec eux et une poignée de gens. Je les suivis de loin pour ne pas exposer ma curiosité plus longtemps. Ce prince vouloit coucher chez lui, mais Mme la duchesse de Berry ne le voulut pas quitter ; il étoit si suffoqué et elle aussi qu'on fit demeurer auprès d'eux une Faculté complète et munie.

Toute leur nuit se passa en larmes et en cris. De fois à autre M. le duc de Berry demandoit des nouvelles de Meudon, sans vouloir comprendre la cause de la retraite du roi à Marly. Quelquefois il s'informoit s'il n'y avoit plus d'espérance, il vouloit envoyer aux nouvelles ; et ce ne fut qu'assez avant dans la matinée que le funeste rideau fut tiré de devant ses yeux, tant la nature et l'intérêt ont de peine à se persuader des maux extrêmes sans remède. On ne peut rendre l'état où il fut quand il le sentit enfin dans toute son étendue. Celui de Mme la duchesse de Berry ne fut guère meilleur, mais qui ne l'empêcha pas de prendre de lui tous les soins possibles.

La nuit de Mgr [le duc] et de Mme la duchesse de Bourgogne fut plus tranquille ; ils se couchèrent assez paisiblement. Mme de Lévi dit tout bas à la princesse que, n'ayant pas lieu d'être affligée, il seroit horrible de lui voir jouer la comédie. Elle répondit bien naturellement que, sans comédie, la pitié et le spectacle la touchoient, et la bienséance la contenoit, et rien de plus ; et en effet elle se tint dans ces bornes-là avec vérité et avec décence. Ils voulurent que quelques-unes des dames du palais passassent la nuit dans leur chambre dans des fauteuils. Le rideau demeura ouvert, et cette chambre devint aussitôt le palais de Morphée. Le prince et la princesse s'endormirent promptement, s'éveillèrent une fois ou deux un instant; à la vérité ils se levèrent d'assez bonne heure, et assez doucement. Le réservoir d'eau étoit tari chez eux, les larmes ne revinrent plus depuis que rares et foibles à force d'occasion. Les dames qui avoient veillé et dormi dans cette chambre contèrent à leurs amis ce qui s'y étoit passé. Personne n'en fut surpris; et comme il n'y avoit plus de Monseigneur, personne aussi n'en fut scandalisé.

Mme de Saint-Simon et moi, au sortir de chez M. [le duc] et Mme la duchesse de Berry, nous fûmes encore deux heures ensemble. La raison plutôt que le besoin nous fit coucher, mais avec si peu de sommeil qu'à sept heures du matin j'étois debout; mais, il faut l'avouer, de telles insomnies sont douces, et de tels réveils savoureux.

L'horreur régnoit à Meudon. Dès que le roi en fut parti, tout ce qu'il y avoit de gens de la cour le suivirent, et s'entassèrent dans ce qui se trouva de carrosses, et dans ce qu'il en vint aussitôt après. En un instant Meudon se trouva vide. Mlle de Lislebonne et Mlle de Melun montèrent chez Mlle Choin, qui, recluse dans son grenier, ne faisoit que commencer à entrer dans des transes funestes. Elle avoit tout ignoré, personne n'avoit pris soin de lui apprendre de tristes nouvelles. Elle ne fut instruite de son malheur que par les cris. Ces deux amies la jetèrent dans un carrosse de louage qui se trouva encore là par hasard, y montèrent avec elle, et la menèrent à Paris.

Pontchartrain, avant partir, monta chez Voysin. Il trouva ses gens difficiles à ouvrir et lui profondément endormi; il s'étoit couché sans aucun soupçon sinistre, et fut étrangement surpris à ce réveil. Le comte de Brionne le fut bien davantage. Lui et ses gens s'étoient couchés dans la même confiance, personne ne songea à eux. Lorsqu'en se levant il sentit ce grand silence, il voulut aller aux nouvelles et ne trouva personne, jusqu'à ce que, dans cette surprise, il apprit enfin ce qui étoit arrivé.

Cette foule de bas officiers de Monseigneur, et bien d'autres, errèrent toute la nuit dans les jardins. Plusieurs courtisans étoient partis épars à pied. La dissipation fut entière et la dispersion générale. Un ou deux valets au plus demeurèrent auprès du corps ; et, ce qui est très-digne de louange, La Vallière fut le seul des courtisans qui, ne l'ayant point abandonné pendant sa vie, ne l'abandonna point après sa mort. Il eut peine à trouver quelqu'un pour aller chercher des capucins pour venir prier Dieu auprès du corps. L'infection en devint si prompte et si grande que l'ouverture des fenêtres qui donnoient en portes sur la terrasse ne suffit pas, et que La Vallière, les capucins et ce très-peu de bas étage qui étoit demeuré, passèrent la nuit dehors. Du Mont et Casau son neveu, navrés de la plus extrême douleur, y étoient ensevelis dans la capitainerie. Ils perdoient tout après une longue vie toute de petits soins, d'assiduité, de travail, soutenue par les plus flatteuses et les plus raisonnables espérances, et les plus longuement prolongées, qui leur échappoient en un moment. A peine sur le matin du Mont put-il donner quelques ordres. Je plaignis celui-là avec amitié.

On s'étoit reposé sur une telle confiance que personne n'avoit songé que le roi pût aller à Marly. Aussi n'y trouva-t-il rien de prêt; point de clefs des appartements, à peine quelques bouts de bougie, et même de chandelle. Le roi fut plus d'une heure dans cet état avec Mme de Maintenon dans son antichambre à elle, Mme la Duchesse, Mme la princesse de Conti, Mmes de Dangeau et de Caylus, celle-ci accourue de Versailles auprès de sa tante. Mais ces deux dames ne se tinrent que peu, par-ci par-là, dans cette antichambre par discrétion ; ce qui avoit suivi et qui arrivoit à la file étoit dans le salon en même désarroi et sans savoir où gîter. On fut longtemps à tâtons, et toujours sans feu, et toujours les clefs mêlées, égarées par l'égarement des valets. Les plus hardis de ce qui étoit dans le salon montrèrent peu à peu le nez dans l'antichambre, où Mme d'Espinoy ne fut pas des dernières ; et de l'un à l'autre tout ce qui étoit venu s'y présenta, poussés de curiosité et de désir de tâcher que leur empressement fût remarqué. Le roi, reculé en un coin, assis entre Mme de Maintenon et les deux princesses, pleuroit à longues reprises. Enfin la chambre de Mme de Maintenon fut ouverte, qui le délivra de cette importunité. Il y entra seul avec elle, et y demeura encore une heure. Il alla ensuite se coucher qu'il étoit près de quatre heures du matin, et la laissa en liberté de respirer et de se rendre à elle-même. Le roi couché, chacun sut enfin où loger ; et Bloin eut ordre de répandre que les gens qui désireroient des logements à Marly s'adressassent à lui, pour qu'il en rendît compte au roi et qu'il avertît les élus.

Monseigneur étoit plutôt grand que petit, fort gros, mais sans être trop entassé, l'air fort haut et fort noble, sans rien de rude, et il auroit eu le visage fort agréable si M. le prince de Conti, le dernier mort, ne lui avoit pas cassé le nez par malheur en jouant étant tous deux enfants. Il étoit d'un fort beau blond, il avoit le visage fort rouge de hâle partout et fort plein, mais sans aucune physionomie ; les plus belles jambes du monde, les pieds singulièrement petits et maigres. Il tâtonnoit toujours en marchant, et mettoit le pied à deux fois ; il avoit toujours peur de tomber, et il se faisoit aider pour peu que le chemin ne fût pas parfaitement droit et uni. Il étoit fort bien à cheval et y avoit grande mine, mais il n'y étoit pas hardi. Casau couroit devant lui à la chasse ; s'il le perdoit de vue il croyoit tout perdu ; il n'alloit guère qu'au petit galop, et attendoit souvent sous un arbre ce que devenoit la chasse, la cherchoit lentement et s'en revenoit. Il avoit fort aimé la table, mais toujours sans indécence. Depuis cette grande indigestion qui fut prise d'abord pour apoplexie, il ne faisoit guère qu'un vrai repas, et se contenoit fort, quoique grand mangeur comme toute la maison royale. Presque tous ses portraits lui ressemblent bien.

De caractère, il n'en avoit aucun ; du sens assez, sans aucune sorte d'esprit, comme il parut dans l'affaire du testament du roi d'Espagne ; de la hauteur, de la dignité par nature, par prestance, par imitation du roi ; de l'opiniâtreté sans mesure, et un tissu de petitesses arrangées qui formoient tout le tissu de sa vie ; doux par paresse et par une sorte de stupidité ; dur au fond, avec un extérieur de bonté qui ne portoit que sur des subalternes et sur des valets, et qui ne s'exprimoit que par des questions basses. Il étoit avec eux d'une familiarité prodigieuse, d'ailleurs insensible à la misère et à la douleur des autres, en cela peut-être plutôt en proie à l'incurie et à l'imitation qu'à un mauvais naturel ; silencieux à l'incroyable, conséquemment fort secret, jusque-là qu'on a cru qu'il n'avoit jamais parlé d'affaires d'État à la Choin, peut-être parce que tous [deux] n'y entendoient guère. L'épaisseur d'une part, la crainte de l'autre, formoient en ce prince une retenue qui a peu d'exemples ; en même temps glorieux à l'excès, ce qui est plaisant à dire d'un Dauphin jaloux de respect, et presque uniquement attentif et sensible à tout ce qui lui étoit dû, et partout. Il dit une fois à Mlle Choin, sur ce silence dont elle lui parloit, que les paroles de gens comme lui portant un grand poids, et obligeant aussi à de grandes réparations quand elles n'étoient pas mesurées, il aimoit mieux très-souvent garder le silence que de parler. C'étoit aussi plus tôt fait pour sa paresse et sa parfaite incurie ; et cette maxime excellente, mais qu'il outroit, étoit apparemment une des leçons du roi ou du duc de Montausier qu'il avoit le mieux retenue.

Son arrangement étoit extrême pour ses affaires particulières ; il écrivit lui-même toutes ses dépenses prises sur lui. Il savoit ce que lui coûtoient les moindres choses quoiqu'il dépensât infiniment en bâtiments, en meubles, en joyaux de toute espèce, en voyages de Meudon, et à l'équipage du loup dont il s'étoit laissé accroire qu'il aimoit la chasse. Il avoit fort aimé toute sorte de gros jeu, mais depuis qu'il s'étoit mis à bâtir il s'étoit réduit à des jeux médiocres. Du reste avare au delà de toute bienséance, excepté de très-rares occasions qui se bornoient à quelques pensions à des valets, ou à quelques médiocres domestiques; mais assez d'aumônes au curé et aux capucins de Meudon.

Il est inconcevable le peu qu'il donnoit à la Choin, si fort sa bien-aimée. Cela ne passoit point quatre cents louis par quartier, en or, quoi qu'ils valussent, faisant pour tout seize cents louis par an. Il les lui donnoit lui-même, de la main à la main, sans y ajouter ni s'y méprendre jamais d'une pistole, et tout au plus une boîte ou deux par an, encore y regardoit-il de fort près.

Il faut rendre justice à cette fille et convenir aussi qu'il est difficile d'être plus désintéressée qu'elle l'étoit, soit qu'elle en connût la nécessité avec ce prince, soit plutôt que cela lui fût naturel, comme il a paru dans tout le tissu de sa vie. C'est encore un problème si elle étoit mariée. Tout ce qui a été le plus intimement initié dans leurs mystères s'est toujours fortement récrié qu'il n'y a jamais eu de mariage. Ce n'a jamais été qu'une grosse camarde brune, qui, avec toute la physionomie d'esprit et aussi de jeu, n'avoit l'air que d'une servante, et qui longtemps avant cet événement-ci étoit devenue excessivement grasse et encore vieille et puante. Mais de la voir aux *parvulo* de Meudon, dans un fauteuil devant Monseigneur, en présence de tout ce qui y étoit admis, Mme la duchesse de Bourgogne et Mme la duchesse de Berry, qui y fut tôt introduite, chacune sur un tabouret, dire devant Monseigneur et tout cet intérieur « la duchesse de Bourgogne » et « la duchesse de Berry » et « le duc de Berry, » en parlant d'eux, répondre souvent sèchement aux deux filles de la maison, les reprendre, trouver à redire à leur ajustement, et quelquefois à leur air et à leur conduite, et le leur dire, on a peine à tout cela à ne pas reconnoître la belle-mère et la parité avec Mme de Maintenon. A la vérité, elle ne disoit pas *mignonne* en parlant à Mme la duchesse de Bourgogne, qui l'appeloit *mademoiselle*, et non *ma tante;* mais aussi c'étoit toute la différence d'avec Mme de Maintenon. D'ailleurs encore, cela n'avoit jamais pris de même entre elles. Mme la Duchesse, les deux Lislebonne et tout cet intérieur y étoit un obstacle; et Mme la duchesse de Bourgogne, qui le sentoit et qui étoit timide, se trouvoit toujours gênée et en brassière à Meudon, tandis qu'entre le roi et Mme de Maintenon elle jouissoit de toute aisance et de toute liberté. De voir encore Mlle Choin à Meudon, pendant une maladie si périlleuse, voir Monseigneur plusieurs fois le jour, le roi non-seulement le savoir, mais demander à Mme de Maintenon, qui, à Meudon non plus qu'ailleurs, ne voyoit personne, et qui n'entra peut-être pas deux fois chez Monseigneur, lui demander, dis-je, si elle avoit vu la Choin, et trouver mauvais qu'elle ne l'eût pas vue, bien loin de la faire sortir du château, comme on le fait toujours en ces occasions, c'est encore une preuve du mariage d'autant plus grande que Mme de Maintenon, mariée elle-même, et qui affichoit si fort la pruderie et la dévotion, n'avoit, ni le roi non plus, aucun intérêt d'exemple et de ménagement à garder là-dessus, s'il n'y avoit point de sacrement, et on ne voit point qu'en aucun temps, la présence de Mlle Choin ait causé le plus léger embarras. Cet attachement incompréhensible, et si semblable en tout à celui du roi, à la figure près de la personne chérie, est peut-être l'unique endroit par où le fils ait ressemblé au père.

Monseigneur, tel pour l'esprit qu'il vient d'être représenté, n'avoit pu profiter de l'excellente culture qu'il reçut du duc de Montausier, et de Bossuet et de Fléchier, évêques de Meaux et de Nîmes. Son peu de lumières, s'il en eut jamais, s'éteignit au contraire sous la rigueur d'une éducation dure et austère, qui donna le premier poids à sa timidité naturelle, et le dernier degré d'aversion pour toute espèce, non pas de travail et d'étude, mais d'amusement d'esprit, en sorte que, de son aveu, depuis qu'il avoit été affranchi des maîtres, il n'avoit de sa vie lu que l'article de Paris de la *Gazette de France*, pour y voir les morts et les mariages.

Tout contribua donc en lui, timidité naturelle, dur joug d'éducation, ignorance parfaite et défaut de lumière, à le faire trembler devant le roi, qui, de son côté, n'omit rien pour entretenir et prolonger cette terreur toute sa vie. Toujours roi, presque jamais père avec lui, ou, s'il lui en échappa bien rarement quelques traits, ils ne furent jamais purs et sans mélange de royauté, non pas même dans les moments les plus particuliers et les plus intérieurs. Ces moments mêmes étoient rares tête à tête, et n'étoient que des moments presque toujours en présence des bâtards et des valets intérieurs, sans liberté, sans aisance, toujours en contrainte et en respect, sans jamais oser rien hasarder ni usurper, tandis que tous les jours il voyoit faire l'un et l'autre au duc du Maine avec succès, et Mme la duchesse de Bourgogne dans une habitude de tous les temps particuliers, des plus familiers badinages, et des privautés avec le roi quelquefois les plus outrées. Il en sentoit contre eux une secrète jalousie, mais qui ne l'élargissoit pas. L'esprit ne lui fournissoit rien comme à M. du Maine, fils d'ailleurs de la personne et non de la royauté, et en telle disproportion, qu'elle n'étoit point en garde. Il n'étoit plus de l'âge de Mme la duchesse de Bourgogne, à qui on passoit encore les enfances par habitude et par la grâce qu'elle y mettoit. Il ne lui restoit donc que la qualité de fils et de successeur, qui étoit précisément ce qui tenoit le roi en garde, et lui sous le joug. Il n'avoit donc pas l'ombre seulement de crédit auprès du roi. Il suffisoit même que son goût se marquât pour quelqu'un pour que ce quelqu'un en sentît un contre-coup nuisible; et le roi étoit si jaloux de montrer qu'il ne pouvoit rien qu'il n'a rien fait pour aucun de ceux qui se sont attachés à lui faire une cour plus particulière, non pas même pour aucun de ses menins, quoique choisis et nommés par le roi, qui même eût trouvé très-mauvais qu'ils n'eussent pas suivi Monseigneur avec grande assiduité. J'en excepte d'Antin qui a été sans comparaison de personne, et Dangeau qui ne l'a été que de nom, qui tenoit au roi d'ailleurs, et dont la femme étoit dans la parfaite intimité de Mme de Maintenon. Les ministres n'osoient s'approcher de Monseigneur, qui aussi ne se commettoit comme jamais à leur rien demander, et si quelqu'un d'eux ou des courtisans considérables étoient bien avec lui, comme le chancelier, le Premier, Harcourt, le maréchal d'Huxelles, ils s'en cachoient avec un soin extrême, et Monseigneur s'y prêtoit. Si le roi le découvroit, il traitoit cela de cabale. On lui devenoit suspect et on se perdoit. Ce fut la cause de l'éloignement si marqué pour M. de Luxembourg, que ni la privance de sa charge, ni la nécessité de s'en servir à la tête des armées, ni les succès qu'il y eut, ni toutes les flatteries et les bassesses qu'il employa, ne purent jamais rapprocher; aussi Monseigneur, pressé de s'intéresser pour quelqu'un, répondoit franchement que ce seroit le moyen de tout gâter pour lui.

Il lui est quelquefois échappé des monosyllabes de plaintes amères là-dessus, quelquefois après avoir été refusé du roi et toujours avec sécheresse; et la dernière fois de sa vie qu'il alla à Meudon, d'où il ne revint plus, il y arriva si outré d'un refus de fort peu de chose qu'il avoit demandé au roi pour Casau, qui me l'a conté, qu'il lui protesta qu'il ne lui arriveroit jamais plus de s'exposer pour personne, et de dépit le consola par les espérances d'un temps plus favorable, lorsque la nature l'ordonneroit, qui étoit pour lui dire comme par prodige. Ainsi on remarquera en passant, que Monsieur et Monseigneur moururent tous deux dans des moments où ils étoient outrés contre le roi.

La part entière que Monseigneur avoit à tous les secrets de l'État, depuis bien des années, n'avoit jamais eu aucune influence aux affaires, il les savoit et c'étoit tout. Cette sécheresse, peut-être aussi son peu d'intelligence, l'en faisoit retirer tant qu'il pouvoit. Il étoit cependant assidu aux conseils d'État ; mais, quoiqu'il eût la même entrée en ceux de finance et de dépêches, il n'y alloit presque jamais. Pour au travail particulier du roi, il n'en fut pas question pour lui, et hors de grandes nouvelles, pas un ministre n'alloit jamais lui rendre compte de rien; beaucoup moins les généraux d'armée, ni ceux qui revenoient d'être employés au dehors.

Ce peu d'onction et de considération, cette dépendance, jusqu'à la mort, de n'oser faire un pas hors de la cour sans le dire au roi, équivalent de permission, y mettoit Monseigneur en malaise. Il y remplissoit les devoirs de fils et de courtisan avec la régularité la plus exacte, mais toujours la même, sans y rien ajouter, et avec un air plus respectueux et plus mesuré qu'aucun sujet. Tout cela ensemble lui faisoit trouver Meudon et la liberté qu'il y goûtoit délicieuse ; et bien qu'il ne tînt qu'à lui de s'apercevoir souvent que le roi étoit peiné de ces fréquentes séparations et par la séparation même, et par celle de la cour, surtout les étés qu'elle n'étoit pas nombreuse à cause de la guerre, il n'en fit jamais semblant, et ne changea rien en ses voyages, ni pour leur nombre ni pour leur durée. Il étoit fort peu à Versailles, et rompoit souvent par des Meudons de plusieurs jours les Marlys quand ils s'allongeoient trop. De tout cela, on peut juger quelle pouvoit être la tendresse de cœur ; mais le respect, la vénération, l'admiration, l'imitation en tout ce qui étoit de sa portée étoit visible, et ne se démentit jamais, non plus que la crainte, la frayeur, et la conduite.

On a prétendu qu'il avoit une appréhension extrême de perdre le roi. Il n'est pas douteux qu'il n'ait montré ce sentiment ; mais d'en concilier la vérité avec celles qui viennent d'être rapportées, c'est ce qui ne paroît pas aisé. Toujours est-il certain que, quelques mois avant sa mort, Mme la duchesse de Bourgogne l'étant allée voir à Meudon, elle monta dans le sanctuaire de son entre-sol, suivie de Mme de Nogaret, qui par Biron et par elle-même encore en avoit la privance, et qu'elles y trouvèrent Monseigneur avec Mlle Choin, Mme la duchesse et les deux Lislebonne, fort occupés à une table sur laquelle étoit un grand livre d'estampes du sacre, et Monseigneur fort appliqué à les considérer, à les expliquer à la compagnie, et recevant avec complaisance les propos qui le regardoient là-dessus, jusqu'à lui dire : « Voilà donc celui qui vous mettra les éperons, cet autre le manteau royal, les pairs qui vous mettront la couronne sur la tête, » et ainsi du reste, et que cela dura fort longtemps. Je le sus deux jours après de Mme de Nogaret, qui en fut fort étonnée, et que l'arrivée de Mme la duchesse de Bourgogne n'eût pas interrompu cet amusement singulier, qui ne marquoit pas une si grande appréhension de perdre le roi et de le devenir lui-même.

Il n'avoit jamais pu aimer Mme de Maintenon, ni se ployer à obtenir rien par son entremise. Il l'alloit voir un moment au retour du peu de campagnes qu'il a faites, ou aux occasions très-rares ; jamais de particulier ; quelquefois il entroit chez elle un instant avant le souper, pour y suivre le roi. Elle aussi avoit à son égard une conduite fort sèche, et qui lui faisoit sentir qu'elle le comptoit pour rien. La haine commune des deux sultanes contre Chamillart, et le besoin de tout pour le renverser, les rapprocha comme il a été dit, et fit le miracle d'y faire entrer puissamment Monseigneur ; mais qui ne l'eût jamais osé sans l'impulsion toute-puissante de la sienne, la sûreté de l'appui de l'autre, et tout ce qui s'en mêla. Aussi ce rapprochement ne fit depuis que se refroidir et s'éloigner peu à peu.

Avec Mlle Choin, sa vraie confiance étoit en Mlle de Lislebonne, et par l'intime union des deux sœurs, avec Mme d'Espinoy. Presque tous les matins, il alloit prendre du chocolat chez la première. C'étoit l'heure des secrets, qui étoit inaccessible sans réserve, excepté à l'unique Mme d'Espinoy. Par elles plus que par soi-même, tenoit le reste de considération et de commerce avec Mme la princesse de Conti et même l'amitié avec Mme la Duchesse, que soutenoient les amusements qu'il trouvoit chez elle. Par là encore, cette préférence du duc de Vendôme sur le prince de Conti, à la mort duquel il fut si indécemment insensible. Un tel mérite si reconnu dans un prince du sang, joint à la privance de l'éducation presque commune, et à l'habitude de toute la vie, auroit eu trop de poids sur Monseigneur devenu roi, si l'amitié première s'étoit conservée, et les sœurs, qui vouloient gouverner, écartèrent doucement ce prince. Cette même raison fut, comme on l'a dit, le fondement de cette terrible cabale, dont les effets éclatèrent dans la campagne de Lille, et furent soigneusement entretenus depuis dans l'esprit de Monseigneur, naturellement éloigné de la contrainte et de l'austérité des mœurs de Mgr le duc de Bourgogne, [éloignement] que la haine de Mme la Duchesse pour Mme la duchesse de Bourgogne entretenoit pour tous les deux. Par les raisons contraires, il aimoit M. le duc de Berry, que cette cabale protégeoit pour le diviser d'avec Mgr [le duc] et Mme la duchesse de Bourgogne, tellement, qu'après toute leur opposition et leur dépit à tous de son mariage, Mme la duchesse de Berry ne laissa pas d'être admise aussitôt après au *parvulo*, sans même l'avoir demandé, et d'y être fort bien traitée.

Avec tout cet ascendant des deux Lislebonne sur Monseigneur, il est pourtant vrai qu'il n'épousoit pas toutes leurs fantaisies, soit par la Choin, qui, tout en les ménageant, les connoissoit bien et ne s'y fioit point, comme Bignon me l'avoit dit, soit par Mme la Duchesse, qui sûrement ne s'y fioit pas davantage, et qui n'étoit rien moins que coiffée de leurs prétentions. Inquiet à cet égard pour le futur, j'employai l'évêque de Laon pour découvrir par la Choin les sentiments de Monseigneur entre les ducs et les princes. Il étoit frère de Clermont, qui avoit été perdu pour elle, lorsque Mme la princesse de Conti la chassa, et les deux frères étoient demeurés dans la plus intime liaison avec elle. Je sus par lui qu'il étoit échappé quelquefois, quoique rarement, des choses à Monseigneur, qui montroient que tout l'empire que ces deux sœurs avoient sur lui n'alloit pas à le rendre aussi favorable à leur rang qu'elles eussent voulu, et que Mlle Choin l'ayant plus particulièrement sondé là-dessus, à la prière de l'évêque, il s'étoit expliqué fort favorablement pour le rang des ducs, et contre les injustices qu'il étoit persuadé qu'ils avoient souffertes. Il étoit incapable non-seulement de mensonge, mais de déguisement, et la Choin tout aussi peu capable, surtout avec l'évêque, duquel elle ne se cachoit pas non plus qu'à Bignon, de ses secrets sentiments sur Mlle de Lislebonne et Mme d'Espinoy.

Cette réponse de M. de Laon me fit souvenir de celle que Monseigneur fit au roi, qui le trouva, comme je l'ai raconté, dans ses arrière-cabinets, au sortir de cette audience que je lui avois emblée dans son cabinet sur l'affaire de la quête, et le roi en ayant parlé à Monseigneur avec satisfaction, ce prince à qui j'étois au moins très-indifférent, et qu'on n'avoit point instruit de notre part, lui dit qu'il savoit bien que j'avois raison.

Mlle Choin a prétendu et soutenu depuis sa mort (car pendant sa vie il ne sortoit rien d'elle) qu'il avoit autant d'opposition au mariage de Mlle de Bourbon qu'à celui de Mademoiselle, parce qu'il ne pouvoit souffrir le mélange du sang bâtard au sien. Peut-être étoit-il vrai. Il a toujours montré une aversion constante à tous leurs avantages, et il ne lui est rien échappé de marqué en faveur de Mlle de Bourbon pour le mariage de M. le duc de Berry. Mais l'autorité de Mme la Duchesse étoit si entière sur lui, et si solidement appuyée de celle de tout ce qui le gouvernoit, et la réunion de toute la cabale étoit si grande en faveur de Mlle de Bourbon, et se montroit si assurée là-dessus, qu'elle l'y eût sans doute amené s'il ne l'étoit déjà, comme on eut tant de raisons de le croire, opinion qui servit si utilement Mademoiselle. La Choin a même avoué depuis qu'elle-même étoit contraire à tous les deux par cette raison de bâtardise. De celui de Mademoiselle, cela n'est pas douteux. On a vu, par ce qui se passa entre Bignon et moi, à quel point elle étoit éloignée de M. le duc d'Orléans. De l'autre, il se pouvoit bien que les vues de l'avenir lui faisoient craindre d'ajouter ce poids d'union et de crédit à Mme la Duchesse; mais ses liaisons présentes avec elle, par ce qu'elle-même en avoua à Bignon, et qu'il me rendit, étoient si nécessaires, si grandes, si intimes, qu'il y a fort à douter qu'elle eût pu éviter d'y être entraînée, et que, éclairée surtout d'aussi près qu'elle l'étoit par un aussi grand intérêt et de Mme la Duchesse, et des deux Lislebonne qui en prenoient pour les leurs autant que Mme la Duchesse elle-même, et par d'Antin, tout elles là-dessus, Mlle Choin eût osé se laisser apercevoir contraire, et qu'avec un prince aussi foible et aussi puissamment environné, elle eût osé hasarder de soutenir contre ce torrent toujours présent, elle si souvent absente.

Il ne faut pas taire un beau trait de cette fille ou femme si singulière. Monseigneur, sur le point d'aller commander l'armée de Flandre la campagne d'après celle de Lille, où pourtant il n'alla pas, fit un testament, et dans ce testament un bien fort considérable à Mlle Choin. Il le lui dit, et lui montra une lettre cachetée pour elle qui en faisoit mention, pour lui être rendue s'il mésarrivoit de lui. Elle fut extrêmement sensible, comme il est aisé de le juger à une marque d'affection de cette prévoyance, mais elle n'eut point de repos qu'elle ne lui eût fait mettre devant elle le testament et la lettre au feu; et protesta que si elle avoit le malheur de lui survivre, mille écus de rente qu'elle avoit amassés seroient encore trop pour elle. Après cela, il est surprenant qu'il ne se soit trouvé aucune disposition dans les papiers de Monseigneur.

Quelque dure qu'ait été son éducation, il avoit conservé de l'amitié et de la considération pour le célèbre évêque de Meaux, et un vrai respect pour la mémoire du duc de Montausier, tant il est vrai que la vertu se fait honorer des hommes malgré leur goût et leur amour de l'indépendance et de la liberté. Monseigneur n'étoit pas même insensible au plaisir de la marquer à tout ce qui étoit de sa famille, et jusqu'aux anciens domestiques qu'il lui avoit connus. C'est peut-être une des choses qui a le plus soutenu d'Antin auprès de lui dans les diverses aventures de sa vie, dont la femme étoit fille de la duchesse d'Uzès, fille unique du duc de Montausier, et qu'il aimoit passionnément. Il le marqua encore à Sainte-Maure, qui, embarrassé dans ses affaires sur le point de se marier, reçut une pension de Monseigneur sans l'avoir demandée, avec ces obligeantes paroles, mais qui faisoient tant d'honneur au prince : « qu'il ne manqueroit jamais au nom et au neveu de M. de Montausier. » Sainte-Maure se montra digne de cette grâce. Son mariage se rompit, et il ne s'est jamais marié. Il remit la pension qui n'étoit donnée qu'en faveur du mariage. Monseigneur la reprit; je ne dirai pas qu'il eût mieux fait de la lui laisser.

C'étoit peut-être le seul homme de qualité qu'il aida de sa poche. Aussi tenoit-il à lui par des confidences, tandis qu'il eut des maîtresses; que le roi ne lui souffrit guère. En leur place, il eut plutôt des soulagements passagers et obscurs que des galanteries dont il étoit peu capable, et que du Mont et Francine, gendre de Lulli, et qui eurent si longtemps ensemble l'Opéra, lui fournirent.

A ce propos, je ne puis m'empêcher de rapporter un échantillon de sa délicatesse. Il avoit eu envie d'une de ces créatures fort jolie. A jour pris, elle fut introduite à Versailles dans un premier cabinet avec une autre, vilaine, pour l'accompagner. Monseigneur, averti qu'elles étoient là, ouvrit la porte, et prenant celle qui étoit la plus proche, la tira après lui. Elle se défendit ; c'étoit la vilaine qui vit bien qu'il se méprenoit ; lui, au contraire, crut qu'elle faisoit des façons, la poussa dedans et ferma sa porte ; l'autre cependant rioit de la méprise et de l'affront qu'elle s'attendoit qu'alloit avoir sa compagne d'être renvoyée, et elle appelée. Fort peu après, du Mont entra, qui, fort étonné de la voir là et seule, lui demanda ce qu'elle faisoit là, et qu'étoit devenue son amie. Elle lui conta l'aventure. Voilà du Mont à frapper à la porte, et à crier : « Ce n'est pas celle-là ; vous vous méprenez. » Point de réponse. Du Mont redouble encore sans succès. Enfin Monseigneur ouvre sa porte et pousse sa créature dehors. Du Mont s'y présente avec l'autre, en disant : « Tenez donc, la voilà. — L'affaire est faite, dit Monseigneur ; ce sera pour une autre fois, » et referma sa porte. Qui fut honteuse et outrée ? ce fut celle qui avait ri, et plus qu'elle du Mont encore. La laide avoit profité de la méprise, mais elle n'osa se moquer d'eux ; la jolie fut si piquée qu'elle le conta à ses amis, tellement qu'en bref toute la cour en sut l'histoire.

La Raisin, fameuse comédienne et fort belle, fut la seule de celles-là qui dura et figura dans son obscurité. On la ménageoit. Et le maréchal de Noailles, à son âge et avec sa dévotion, n'étoit pas honteux de l'aller voir, et de lui fournir, à Fontainebleau, de sa table tout ce qu'il y avoit de meilleur. Il n'eut d'enfants de toutes ces sortes de créatures qu'une seule fille de celle-ci, assez médiocrement entretenue, à Chaillot, chez les Augustines. Cette fille fut mariée depuis sa mort par Mme la princesse de Conti, qui en prit soin, à un gentilhomme qui la perdit bientôt après. Cette indigestion qu'on prit pour une apoplexie mit fin à tous ces commerces. A son éloignement de la bâtardise, il y a apparence qu'il n'eût jamais reconnu aucun de ces sortes d'enfants. Il n'avoit jamais pu souffrir M. du Maine, qui l'avoit peu ménagé dans les premiers temps, et qui en étoit bien en peine et en transe dans les derniers, il traitoit le comte de Toulouse avec assez d'amitié, qui avoit toute sa vie eu pour lui de grandes attentions à lui plaire et de grands respects.

Ce qui étoit ou le mieux ou le plus familièrement avec lui parmi les courtisans étoient d'Antin et le comte de Mailly, mari de la dame d'atours, mais mort il y avoit longtemps. C'étoient en petit les deux rivaux de faveur, comme en grand M. le prince de Conti et M. de Vendôme. Les ducs de Luxembourg, Villeroy et de La Rocheguyon, et ceux-là sur un pied de considération et de quelque confiance; Sainte-Maure, le comte de Roucy, Biron et Albergotti, voilà les distingués et les marqués. De vieux seigneurs, cela l'étoit moins, et qui le voyoient très-peu chez lui : M. de La Rochefoucauld, les maréchaux de Boufflers, de Duras, de Lorges, Catinat, il les traitoit avec plus d'affabilité et de familiarité; feu M. de Luxembourg et Clermont, frère de M. de Laon, c'étoit l'intimité, j'en ai parlé ailleurs; le maréchal de Choiseul encore avec considération; sur les fins, le maréchal d'Huxelles, mais qui s'en cachoit comme Harcourt, le chancelier et le premier écuyer, qui l'avoit initié auprès de Mlle Choin, qui s'en étoit entêtée et avoit persuadé à Monseigneur que c'étoit le plus capable homme du monde pour tout. Elle avoit une chienne dont elle étoit folle, à qui tous les jours le maréchal d'Huxelles, de la porte Gaillon où il logeoit, envoyoit des têtes de lapin rôties attenant le Petit-Saint-Antoine où elle logeoit, et où le maréchal alloit souvent et étoit reçu et regardé comme un oracle. Le lendemain de la mort de Monseigneur, l'envoi des têtes de lapins cessa, et oncques depuis Mlle Choin ne le revit ni n'en ouït parler. A la fin, lorsqu'elle fut revenue à elle-même, elle s'en aperçut, elle s'en plaignit même comme d'un homme sur qui elle avoit eu lieu de compter, et qu'elle avoit fort avancé dans l'estime et la confiance de Monseigneur. Le maréchal d'Huxelles le sut; il n'en fut point embarrassé, et répondit froidement qu'il ne savoit pas ce qu'elle vouloit dire, qu'il ne l'avoit jamais vue que fort rarement et fort généralement, et que pour Monseigneur à peine en étoit-il connu. C'étoit un homme qui couroit en cachette, mais plus bassement et plus avidement que personne, à tout ce qui le pouvoit conduire, et qui n'aimoit pas à se charger de reconnoissance inutile. Néanmoins cela fut su, et ne lui fit pas honneur.

Monseigneur n'eut que deux hommes d'aversion dans toute la cour, et cette aversion ne lui étoit pas inspirée comme celle de Chamillart et de quelques autres : ces deux hommes étoient le maréchal de Villeroy et M. de Lauzun ; il étoit ravi dès qu'il y avoit quelque bon conte sur eux. Le maréchal étoit plus ménagé, mais pas assez pour que lui-même n'en fût pas souvent embarrassé. Pour l'autre, Monseigneur ne s'en pouvoit contraindre ; et M. de Lauzun, au contraire du maréchal, ne s'en embarrassoit point. Je n'ai point démêlé où il avoit pris son aversion. Il en avoit une fort marquée pour les ducs de Chevreuse et de Beauvilliers, mais c'étoit l'effet de la cabale aidée de l'entière disparité des mœurs.

A ce qui a été rapporté de l'incompréhensible crédulité de Monseigneur sur ce qui me regarde, et de la facilité avec laquelle Mme la duchesse de Bourgogne l'en fit revenir, jusqu'à lui en donner de la honte, on reconnoît aisément de quelle trempe étoit son esprit et son discernement ; aussi ceux qui l'avoient englobé, et qui avoient si beau jeu à l'infatuer de tout ce qu'ils vouloient, n'eurent-ils aucune peine à le tenir éloigné de Mgr le duc de Bourgogne, et de l'en éloigner de plus en plus, par le grand intérêt qui a été mis au net plus d'une fois. On peut juger aussi ce qu'eût été le règne d'un tel prince livré en de telles mains. La division entre les deux princes étoit remarquée de toute la cour. Les mœurs du fils, sa piété, son application à s'instruire, ses talents, son esprit, toutes choses si satisfaisantes pour un père, étoient autant de démérites, parce que c'étoient autant de motifs de craindre qu'il eût part au gouvernement, sous un père qui en eût connu le prix. La réputation qui en naissoit étoit un autre sujet de crainte. La façon dont le roi commençoit à le traiter en fut un de jalousie, et tout cela fut mis en œuvre de plus en plus. Le jeune prince glissoit, avec un respect et une douceur qui auroit ramené tout autre qu'un père qui ne voyoit et ne sentoit que par autrui. Mme la duchesse de Bourgogne partageoit les mauvaises grâces de son époux, et si elle usurpoit plus de liberté et de familiarité que lui, elle essuyoit aussi des sécheresses et quelquefois des duretés dont la circonspection du jeune prince le garantissoit. Il voyoit Monseigneur plus en courtisan qu'en fils, sans particulier, sans entretien tête à tête; et on s'apercevoit aisément que, le devoir rempli, il ne cherchoit pas Monseigneur, et se trouvoit mieux partout ailleurs qu'auprès de lui. Mme la duchesse avoit fort augmenté cette séparation, surtout depuis le mariage de M. le duc de Berry; et quoique dès auparavant Monseigneur commençât à traiter moins bien Mme la duchesse de Bourgogne, plus durement pendant la campagne de Lille, et surtout après l'expulsion du duc de Vendôme de Marly et de Meudon, les mesures s'étoient moins gardées depuis le mariage. Ce n'étoit pas que l'adroite princesse ne ramât contre le fil de l'eau avec une application et des grâces capables de désarmer un ressentiment fondé, et que souvent elle ne réussît à ramener Monseigneur par intervalles; mais les personnes qui l'obsédoient regardoient la fonte de ses glaces comme trop dangereuse pour leurs projets, pour souffrir que la fille de la maison se remît en grâces, tellement que M. le duc de Bourgogne, privé des secours qu'il avoit auparavant de ce côté-là par elle, tous deux se trouvoient de jour en jour plus éloignés, et moins en état de se rapprocher. Les choses se poussèrent même si loin là-dessus peu avant la mort de Monseigneur, sur une partie acceptée par lui à la Ménagerie et qui fut rompue, que Mme la duchesse de Bourgogne voulut enfin essayer d'autres moyens que ceux de la patience et de la complaisance qu'elle avoit seuls employés jusqu'alors, et qu'elle fit sentir aux deux Lislebonne qu'elle se prendroit à elles des contre-temps qui lui arriveroient de la part de Monseigneur. Toute la cabale trembla de la menace, moins pour l'avenir que pour le temps présent, que la santé du roi promettoit encore durable. Ils n'avoient garde de quitter prise, leur avenir si projeté en dépendoit; mais la conduite pour le présent leur devenoit épineuse par ce petit trait d'impatience et de vigueur. Les deux sœurs recherchèrent une explication qui leur fut refusée. Mme la Duchesse s'alarma pour elle-même, et d'Antin en passa de mauvais quarts d'heure. Monseigneur essaya de raccommoder ce qui s'étoit passé par des honnêtetés, qu'on sentit exigées, mais ils tinrent bon sur la partie qui ne s'exécuta point; et après quelque temps de bonace peu naturelle, les choses reprirent leur cours, toutefois avec un peu plus de ménagement, mais qui servit moins à montrer les remèdes qu'à découvrir le danger de plus en plus.

On a vu, à propos des choses de Flandre, que la même cabale qui travailloit avec tant d'ardeur, d'audace et de suite, à perdre Mme la duchesse de Bourgogne auprès de Monseigneur, et à anéantir Mgr le duc de Bourgogne, ne s'étoit pas moins appliquée à augmenter l'amitié que la conformité de mœurs et de goût nourrissoit en Monseigneur pour M. le duc de Berry, duquel rien n'étoit à craindre pour les vues de l'avenir; et on a vu depuis que, quelque rage qu'ils eussent tous de son mariage, ils avoient fait bien traiter Mme la duchesse de Berry par Monseigneur, jusqu'à la faire admettre tout de suite, et sans qu'elle l'eût demandé, dans ce sanctuaire du *parvulo*. Ils vouloient ainsi ôter le soupçon qu'ils eussent dessein d'éloigner tous les enfants de la maison, et tâcher de diviser les deux frères si unis, et semer entre eux la jalousie. La moitié leur réussit par la

voie la plus inattendue, mais le principal leur manqua.
Jamais l'union intime des frères ne put recevoir, de part
ni d'autre, l'altération la plus légère, quelques machines,
même domestiques, qui s'y pussent employer. Mais Mme la
duchesse de Berry se trouva aussi méchante qu'eux, et aussi
pleine de vues. M. le duc d'Orléans appeloit souvent Mme la
duchesse d'Orléans Mme Lucifer; et elle en sourioit avec
complaisance. Il avoit raison, elle eût été un prodige d'orgueil si elle n'eût pas eu une fille; mais cette fille la surpassa de beaucoup. Il n'est pas temps ici de faire le portrait
ni de l'une ni de l'autre; je me contenterai sur Mme la duchesse de Berry de ce qu'il est nécessaire d'expliquer sur ce
dont il s'agit, en deux mots.

C'étoit un prodige d'esprit, d'orgueil, d'ingratitude et de
folie, et c'en fut un aussi de débauche et d'entêtement. A
peine fut-elle huit jours mariée qu'elle commença à se développer sur tous ces points, que la fausseté suprême qui
étoit en elle, et dont même elle se piquoit comme d'un
excellent talent, ne laissa pas d'envelopper un temps, quand
l'humeur la laissoit libre, mais qui la dominoit souvent. On
s'aperçut bientôt de son dépit d'être née d'une mère bâtarde, et d'en avoir été contrainte, quoique avec des ménagements infinis; de son mépris pour la foiblesse de M. le
duc d'Orléans, et de sa confiance en l'empire qu'elle avoit
pris sur lui; de l'aversion qu'elle avoit conçue contre toutes
les personnes qui avoient eu part à son mariage, parce
qu'elle étoit indignée de penser qu'elle pût avoir obligation
à quelqu'un, et elle eut bientôt après la folie non-seulement
de l'avouer, mais de s'en vanter. Ainsi elle ne tarda pas
d'agir en conséquence. Et voilà comme on travaille en
ce monde la tête dans un sac, et que la prudence et la
sagesse humaine sont confondues jusque dans les succès le
plus raisonnablement désirés, et qui se trouvent après les
plus détestables! Toutes les machines de ce mariage avoient
porté sur deux points d'objets principaux : l'un d'empêcher

celui de Mlle de Bourbon, par tant de raisons et si essentielles qu'on en a vues; l'autre d'assurer cette union si heureuse, si désirable, si bien cimentée, entre les deux frères et Mme la duchesse de Bourgogne, qui faisoit le bonheur solide et la grandeur de l'État, la paix et la félicité de la famille royale, la joie et la tranquillité de la cour, et qui mettoit, autant qu'il étoit possible, un frein à tout ce qu'on avoit à craindre du règne de Monseigneur. Il se trouve, par ce qui a été remarqué de Mlle Choin, que peut-être le mariage de Mlle de Bourbon ne se seroit point fait, et qu'on lui substitue une furie qui ne songe qu'à perdre tout ce qui l'a établie, à brouiller les frères, à perdre sa bienfaitrice parce qu'elle l'est, à se livrer à ses ennemis parce qu'ils sont ceux de Mgr [le duc] et de Mme la duchesse de Bourgogne, et à se promettre de gouverner Monseigneur Dauphin et roi par des personnes outrées contre son mariage, et pleines de haine contre M. [le duc] et Mme la duchesse d'Orléans, qui ont attenté et attentoient sans cesse à l'anéantissement de Mgr [le duc] et de Mme la duchesse de Bourgogne, pour gouverner seuls Monseigneur et l'État quand il en seroit devenu le maître, et qui n'étoient pas sûrement pour abandonner à Mme la duchesse de Berry le fruit de leurs sueurs, de leurs travaux si longs et si suivis, et de tant de ce qui se peut appeler crimes, pour arriver au timon et le gouverner sans concurrence. Tel fut pourtant le sage, le facile, l'honnête projet que Mme la duchesse de Berry se mit dans la tête aussitôt après qu'elle fut mariée.

On a vu que, pendant tout le cours des menées de son mariage, M. le duc d'Orléans ne lui en avoit rien caché. Elle connut ainsi le tableau intérieur de la cour, la cabale qui gouvernoit Monseigneur, et la triste situation de Mgr le [duc] et de Mme la duchesse de Bourgogne avec lui. La différence si marquée de celle de M. le duc de Berry qu'elle aperçut dès qu'elle fut mariée, et incontinent après de la sienne même, les caresses qu'elle reçut de toute la cabale, les agréments qu'elle éprouvoit aux *parvulo* où elle étoit témoin de l'embarras, des sécheresses et des duretés qu'y essuyoit Mme la duchesse de Bourgogne, la persuadèrent du beau dessein qu'elle se mit dans l'esprit, et d'y travailler sans perdre un moment.

A ce qui vient d'être dit, on peut juger qu'elle n'étoit ni douce ni docile aux premiers avis que Mme la duchesse d'Orléans lui voulut donner; elle se rebéqua avec aigreur; et, sûre de faire de M. le duc d'Orléans tout ce qu'elle voudroit, elle ne balança pas de faire l'étrangère et la fille de France avec Mme sa mère. La brouillerie ne tarda pas, et ne fit qu'augmenter sans cesse. Elle en usa d'une autre façon, mais pour le fond de même, avec Mme la duchesse de Bourgogne, qui avoit compté la conduire et en faire comme de sa fille, et qui sagement retira promptement ses troupes et ne voulut plus s'en mêler pour éviter noise et qu'elle ne lui fît des affaires avec M. le duc de Berry qu'elle avoit toujours aimé et traité comme son frère, lequel y avoit répondu par toute la confiance la plus entière et le respect le plus véritable. Cette crainte ne fut que trop bien fondée, quoique toute occasion en fût évitée.

Le projet de Mme la duchesse de Berry demandoit la discorde entre les deux frères. Pour y parvenir il falloit commencer par la mettre entre le beau-frère et la belle-sœur. Cela fut extrêmement difficile. Tout s'y opposoit en M. le duc de Berry : raison, amitié, complaisance, habitude, amusements, plaisirs, conseils et appui auprès du roi et de Mme de Maintenon, intimité avec Mgr le duc de Bourgogne. Mais M. le duc de Berry avoit de la droiture, de la bonté, de la vérité; il ne se doutoit seulement pas ni de fausseté ni d'artifice; il avoit peu d'esprit, et, au milieu de tout, peu d'usage du monde; enfin il étoit amoureux fou de Mme la duchesse de Berry, et en admiration perpétuelle de son esprit et de son bien-dire. Elle réussit donc peu à peu à l'éloigner de Mme la duchesse de Bourgogne, et cela mit le

comble entre elles. C'étoient là des sacrifices bien agréables
à la cabale à qui elle vouloit plaire, et à qui elle se dévoua.
C'est où elle en étoit lorsque Monseigneur mourut; et c'est
ce qui la jeta dans cette rage de douleur que personne de ce
qui n'étoit pas instruit ne pouvoit comprendre. Tout à coup
elle vit ses projets en fumée, elle réduite sous une princesse
qu'elle avoit payée de l'ingratitude la plus noire, la plus
suivie, la plus gratuite, qui faisoit les délices du roi et de
Mme de Maintenon, et qui sans contre-poids alloit régner
d'avance en attendant l'effet. Elle ne voyoit plus d'égalité
entre les frères par la disproportion du rang de Dauphin.
Cette cabale à qui elle avoit sacrifié son âme étoit perdue
pour l'avenir, et pour le présent lui devenoit plus qu'inutile; sans secours de la part d'une mère offensée, ni du côté
d'un père foible et léger, mal raffermi auprès du roi, et
foncièrement mal avec Mme de Maintenon, réduite à dépendre du Dauphin et de la Dauphine, et pour le grand, et
pour l'agréable, et pour l'utile, et pour le futile, et à n'avoir
de considération et de consistance qu'autant qu'ils lui en
voudroient bien communiquer; et nulle ressource auprès
d'eux que M. le duc de Berry qu'elle avoit comme brouillé
avec celle qui influoit d'une manière si principale sur le roi,
sur Mme de Maintenon, et sur Mgr le duc de Bourgogne,
dans tout ce qui n'étoit point affaires. Elle sentoit encore
que M. le duc de Berry seroit très-aisément distingué d'elle,
et de plus elle se pouvoit dire bien des choses qui la mettoient en de grands dangers à son égard, pour peu qu'on fût
tenté de lui rendre quelque change, ce qui étoit très-pos-
sible et très-impunément ; voilà aussi pourquoi elle lui
marqua tant de soins et tant de tendresse, et qu'au milieu de son désespoir elle sut mettre à profit à son égard
leur commune douleur. Celle de M. le duc de Berry fut toute
d'amitié, de tendresse, de reconnoissance de celle qu'il avoit
toujours éprouvée de Monseigneur, peut-être de sa situation
présente avec Mme la duchesse de Bourgogne, et d'avoir

assez pris de Mme la duchesse de Berry pour sentir toute la différence de fils à frère de Dauphin et de roi, et dans la suite le vide de Meudon et des parties avec Monseigneur aux plaisirs et à l'amusement de sa vie.

Le roi d'Espagne subsistoit dans le cœur de Monseigneur par le sentiment ordinaire d'aimer davantage ceux pour qui on a grandement fait, et dont on n'est pas à portée d'éprouver l'ingratitude ou la reconnoissance. La cabale qui n'avoit rien à craindre de si loin, et de plus liée, comme on l'a vu, avec la princesse des Ursins au point où elle l'étoit, entretenoit avec soin l'amitié de Monseigneur pour ce prince, et lui ôtoit tout soupçon, en la fomentant pour deux de ses fils, d'aucun mauvais dessein par leur conduite à l'égard de l'aîné, dont Monseigneur ne voyoit que ce qui se passoit auprès de lui là-dessus.

De ce long et curieux détail il résulte que Monseigneur étoit sans vice ni vertu, sans lumières ni connoissances quelconques, radicalement incapable d'en acquérir, très-paresseux, sans imagination ni production, sans goût, sans choix, sans discernement, né pour l'ennui qu'il communiquoit aux autres, et pour être une boule roulante au hasard par l'impulsion d'autrui, opiniâtre et petit en tout à l'excès, de l'incroyable facilité à se prévenir et à tout croire qu'on a vue; livré aux plus pernicieuses mains, incapable d'en sortir ni de s'en apercevoir, absorbé dans sa graisse et dans ses ténèbres, et que, sans avoir aucune volonté de mal faire, il eût été un roi pernicieux.

## CHAPITRE VIII.

Obsèques [de Monseigneur]. — Mme de Maintenon à l'égard de Monseigneur et de Mgr [le duc] et de Mme la duchesse de Bourgogne. — Genre de la douleur du roi. — Ses ordres sur les suites de la mort de Monseigneur. — Ses occupations des premiers jours. — Douze mille livres de pension à Mlle Choin, bien traitée du nouveau Dauphin et de la Dauphine. — Gêne de sa vie. — Sagesse de sa conduite après la mort de Monseigneur; n'est point abandonnée. — Princesse de Conti veut inutilement se raccommoder avec Mlle Choin. — Du Mont justement bien traité et Casau. — Princesse d'Angleterre cède à Mme la Dauphine en lieu tierce. — Deuil drapé de Monseigneur. — Situation de M. [le duc] et de Mme la duchesse de Berry. — Les deux battants des portes, chez les fils et filles de France, ne s'ouvrent que pour les fils et les filles de France. — Colère de Mme la duchesse de Berry. — Orage tombé sur Mme la duchesse de Berry. — Elle avoue à Mme de Saint-Simon ses étranges projets, avortés par la mort de Monseigneur, laquelle l'exhorte à n'oublier rien pour se raccommoder avec Mme la Dauphine. — Mme la duchesse de Berry se raccommode avec Mme la Dauphine. — Service de M. [le duc] et Mme la duchesse de Berry à Mgr le Dauphin et à Mme la Dauphine. — Singulier avis de Mme de Maintenon à Mme la Dauphine. — Duc de La Rochefoucauld prétend la garde-robe du nouveau Dauphin, et la perd contre le duc de Beauvilliers. — Soumission et modération de Mgr le Dauphin; veut être nommé et appelé Monsieur, et non Monseigneur. — Marly repeuplé. — Châtillon et Beauvau obtiennent de draper. — Deuil singulier pour Monseigneur. — Bâtards obtiennent d'être visités en fils de France sur la mort de Monseigneur. — Manteaux et mantes à Marly. — Indécence et confusion parfaite. — Burlesque ruse de Mme la Princesse. — Mgr [le Dauphin] et Mme la Dauphine en mante et en manteau à Saint-Germain. — Ministres étrangers à Versailles, où les compagnies haranguent Mgr le Dauphin, traité par le parlement de Monseigneur par ordre du roi.

Le pourpre, mêlé à la petite vérole dont Monseigneur mourut, et la prompte infection qui en fut la suite, firent juger également inutile et dangereuse l'ouverture de son corps. Il fut enseveli, les uns ont dit par des sœurs grises, les autres par des frotteurs du château, d'autres par les plombiers mêmes qui apportèrent le cercueil. On jeta dessus un vieux poêle de la paroisse; et, sans aucun accompagnement que des mêmes qui y étoient restés, c'est-à-dire du seul La Vallière, de quelques subalternes et des capucins de Meudon qui se relevèrent à prier Dieu auprès du corps, sans aucune tenture, ni luminaire que quelques cierges.

Il étoit mort vers minuit du mardi au mercredi; le jeudi il fut porté à Saint-Denis dans un carrosse du roi, qui n'avoit rien de deuil, et dont on ôta la glace de devant pour laisser passer le bout du cercueil. Le curé de Meudon et le chapelain en quartier chez Monseigneur y montèrent. Un autre carrosse du roi suivit aussi sans aucun deuil, au derrière duquel montèrent le duc de La Trémoille, premier gentilhomme de la chambre, point en année, et M. de Metz, premier aumônier; sur le devant, Dreux, grand maître des cérémonies, et l'abbé de Brancas, aumônier de quartier chez Monseigneur, depuis évêque de Lisieux, et frère du maréchal de Brancas, des gardes du corps, des valets de pied et vingt-quatre pages du roi portant des flambeaux. Ce très-simple convoi partit de Meudon sur les six ou sept heures du soir, passa sur le pont de Sèvres, traversa le bois de Boulogne, et par la plaine de Saint-Ouen gagna Saint-Denis, où tout de suite le corps fut descendu dans le caveau royal, sans aucune sorte de cérémonie.

Telle fut la fin d'un prince qui passa près de cinquante ans à faire faire des plans aux autres, tandis que sur le bord du trône il mena toujours une vie privée, pour ne pas dire obscure, jusque-là qu'il ne s'y trouve rien de marqué que la propriété de Meudon, et ce qu'il y a fait d'embellissement. Chasseur sans plaisir, presque voluptueux mais sans goût, gros joueur autrefois pour gagner, mais depuis qu'il bâtissoit sifflant dans un coin du salon de Marly, et frappant des doigts sur sa tabatière, ouvrant de grands yeux sur les uns et les autres sans presque regarder, sans conversation, sans amusement, je dirai volontiers sans sentiment et sans pensée, et toutefois, par la grandeur de son être, le point aboutissant, l'âme, la vie de la cabale la plus étrange, la plus terrible, la plus profonde, la plus unie, nonobstant ses subdivisions, qui ait existé depuis la paix des Pyrénées qui a scellé la dernière fin des troubles nés de la minorité du roi. Je me suis un peu longuement arrêté sur ce prince presque indéfinissable, parce qu'on ne le peut faire connoître que par des détails. On seroit infini à les rapporter tous. Cette matière d'ailleurs est assez curieuse pour permettre de s'étendre sur un Dauphin si peu connu, qui n'a jamais été rien ni de rien en une si longue et si vaine attente de la couronne, et sur qui enfin la corde a cassé de tant d'espérances, de craintes et de projets.

Après ce qui a été éparsement expliqué sur Monseigneur, on a vu par avance quelle sorte de sensation fit sur les personnes royales et les personnages, sur la cour et sur le public, la perte d'un prince dont tout le mérite étoit dans sa naissance, et tout le poids dans son corps. Je n'ai jamais su qui lui avoit captivé les halles et le bas peuple de Paris, si ce n'est cette gratuite réputation de bonté que j'ai touchée.

Si Mme de Maintenon se sentit délivrée par la mort de Monsieur, elle se la trouva bien plus par celle de Monseigneur, dont toute la cour intérieure lui fut toujours très-suspecte. Jamais ils n'eurent l'un pour l'autre que beaucoup d'éloignement réciproque, lui en presse avec elle, elle en mesure avec lui, et en attention continuelle à l'observer et à s'instruire de ses plus secrètes pensées, ou pour mieux dire de celles qui lui étoient inspirées, en quoi Mme d'Espinoy lui servoit d'espion, comme il parut dans la suite et comme j'en ai touché ailleurs un étrange trait d'original, et peut-être d'espion double à tous les deux. Fort rapprochée de

Mgr le duc de Bourgogne personnellement, depuis la campagne de Lille, et devenue en effet à l'égard de Mme la duchesse de Bourgogne, et elle au sien, comme une bonne et tendre mère, et la meilleure et la plus reconnoissante fille et la plus attachée, elle regardoit leur rehaussement comme la sûreté de sa grandeur, et comme le calme et le rempart de sa vie et de sa fortune, quelque événement qui pût arriver.

Pour le roi, jamais homme si tendre aux larmes, si difficile à s'affliger, ni si promptement rétabli en sa situation parfaitement naturelle. Il devoit être bien touché de la perte d'un fils qui, à cinquante ans, n'en avoit jamais eu six à son égard. Fatigué d'une si triste nuit, il demeura fort tard au lit. Mme la duchesse de Bourgogne, arrivée de Versailles, attendoit son réveil chez Mme de Maintenon, et toutes deux l'allèrent voir dans son lit dès qu'il fut éveillé. Il se leva ensuite à son ordinaire. Dès qu'il fut dans son cabinet, il prit le duc de Beauvilliers et le chancelier dans une fenêtre, y versa encore quelques larmes, et convint avec eux que le nom, le rang, et les honneurs de Dauphin devoient dès ce moment passer à Mgr [le duc] et à Mme la duchesse de Bourgogne, que désormais je ne nommerai plus autrement. Il décida ensuite ce qui regardoit le corps de Monseigneur, en la manière qui a été racontée, reçut sa cassette et ses clefs que du Mont lui apporta, régla ce qui concernoit le petit nombre des domestiques personnels du feu prince, commit le chancelier au partage de la légère succession entre les trois princes ses petits-fils, et descendit après jusqu'à la réduction de l'équipage du loup au pied de son premier établissement. Il remit au dimanche suivant l'admission dans Marly de ce qui avoit accoutumé de l'y suivre, et des autres qu'il choisiroit sur la liste des demandeurs. Il ne voulut jusque-là que qui que ce soit y entrât, excepté ceux qui y étoient arrivés avec lui; Mme la Dauphine eut seule la permission de l'y venir voir très-peu accompagnée, et sans y manger ni coucher, pour laisser aérer ce qu'il avoit amené, et changer d'habits à ce même monde. En même temps il envoya le duc de Bouillon, grand chambellan, à Saint-Germain, donner part au roi, à la reine et à la princesse d'Angleterre de la perte qu'il venoit de faire. Il se promena dans ses jardins, et Mme la Dauphine revint passer une partie du soir avec lui chez Mme de Maintenon. Cette princesse s'y trouva tous les soirs les jours suivants, et même à sa promenade. Le jeudi il s'amusa aux listes pour Marly. Il attacha au Dauphin les mêmes menins qu'avoit Monseigneur, et permit à d'Antin d'en donner à son fils la place qu'il avoit.

Il le chargea d'aller assurer de sa part Mlle Choin de sa protection, et de lui porter une pension de douze mille livres. Elle n'avoit ni demandé ni fait nommer son nom. Mgr et Mme la Dauphine lui envoyèrent faire toutes sortes d'amitiés, et toutes deux lui firent l'honneur de lui écrire. Sa douleur fut de beaucoup moins longue et moins vive qu'on auroit cru. Cela surprit fort, et persuada qu'elle entroit en bien moins de choses qu'on ne pensoit. Sa vie étoit infiniment gênée. Il lui falloit compter de presque tous les gens qu'elle voyoit; jamais elle n'eut d'équipage, cinq ou six domestiques composoient tout son train; elle ne paroissoit en aucun lieu public, et si elle alloit quelque part, c'étoit en cinq ou six maisons au plus de gens de sa liaison, où elle étoit sûre de n'en point trouver d'autres; toujours le pied à l'étrier, non-seulement pour tous les voyages de Meudon, mais pour tous les dîners sans coucher que Monseigneur y alloit faire. Elle alloit toujours la veille seule avec une femme de chambre dans un carrosse de louage, le premier venu, tout au soir, pour arriver de nuit la veille que Monseigneur venoit, et s'en retournoit de même à la nuit, après qu'il étoit parti. Dans Meudon, elle logeoit d'abord dans les entre-sols de Monseigneur, après dans le grand appartement d'en haut, qu'occupoit Mme la duchesse de Bourgogne quand le roi faisoit des voyages à Meudon. Mais où qu'elle logeât, elle ne sortoit jamais de son appartement que le matin de bonne heure pour entendre la messe à la chapelle, et quelquefois sur le minuit l'été pour prendre l'air. Dans les premiers temps, elle n'y voyoit que trois ou quatre personnes du secret. Cela s'étendit peu à peu assez loin ; mais, quoique cela fût devenu le secret de la comédie, la même enfermerie, la même cacherie, la même séparation furent toujours de même. A cette gêne extérieure étoit jointe celle de l'esprit, et de la conduite par rapport à la famille royale à cette cour intérieure de Monseigneur, dont il a été tant parlé, et à Monseigneur lui-même, qui n'étoit ni sans épines ni sans ennui. J'en ai ouï parler à de ses amis comme d'une personne d'esprit, sans ambition ni intérêt quelconque, ni désir d'être ni de se mêler, fort décente, mais gaie, naturellement libre, et qui aimoit la table et à causer. Une telle contrainte, et de toute la vie, est bien pesante à qui est de ce caractère, et qui ne s'en propose rien ; et la rupture de la chaîne apporte assez tôt consolation.

Elle étoit amie intime, de tout temps, de La Croix, riche receveur général de Paris et fort honnête homme, et modeste pour un publicain qui a de tels accès. Elle logeoit, comme avec lui, dans une portion de maison attenant le Petit-Saint-Antoine. Elle continua d'y demeurer le reste de sa vie, avec le même domestique qu'elle avoit, sans se répandre davantage dans le monde. Il ne tint pas à Mme la Dauphine que sa pension ne fût de vingt mille livres. Mme la Duchesse, Mlle de Lislebonne, Mme d'Espinoy, les intrinsèques de l'entre-sol de Meudon, les Noailles et quelques autres amis se sont constamment piqués de la voir souvent depuis la mort de Monseigneur jusqu'à la sienne, qui n'arriva que dix ou douze ans après, et qu'elle mena toujours extrêmement unie et fort réservée sur tout le passé. Malgré tout ce qu'elle avoit fait essuyer à Mme la princesse de Conti, qu'on a vu en son lieu, cette princesse avoit fait tout ce qu'elle avoit pu quelques années après pour se raccommoder avec elle et pour la voir, sans que jamais la Choin y eût voulu entendre, tant l'extrême faveur, et les idées qu'en tous états on s'en forme, enfantent d'étranges effets.

Le gouvernement de Meudon fut en même temps confirmé à du Mont avec une pension qui, avec celles qu'il avoit déjà et ses appointements, alloit à plus de trente mille livres de rente, tristes débris de tant et de si plausibles espérances. Casaü eut pour rien la charge de premier maréchal des logis de M. le duc de Berry, qui par bonheur pour lui n'étoit pas encore vendue. Du Mont, en honnête homme qu'il étoit, souffroit impatiemment les glaces de Monseigneur pour Mgr le duc de Bourgogne, et s'étoit hasardé plus d'une fois de les rapprocher; ce prince ne l'avoit pas oublié. Il ne dédaigna pas de l'en remercier avec les paroles les plus obligeantes, à quoi le duc de Beauvilliers le porta fort, et y ajouta le présent d'une bague de deux mille pistoles que Monseigneur portoit ordinairement. Il en donna une autre fort belle à La Croix, en attendant qu'il fût payé d'avances considérables qu'il avoit faites à Monseigneur, dont le Dauphin voulut être le solliciteur.

Ce même jeudi, jour de l'enterrement de Monseigneur, le roi reçut sans cérémonie la visite de la reine d'Angleterre. Elle vint de Versailles, où elle avoit été de même voir les enfants de Monseigneur, avec la princesse d'Angleterre, qu'elle fit mettre au salut, qu'elle entendit avec eux, au-dessous de la Dauphine, parce qu'elle n'étoit héritière que possible et non présomptive comme le Dauphin. Elle demeura dans le carrosse de la reine à Marly, à cause du mauvais air, qui fit rester le roi d'Angleterre à Saint-Germain.

Le vendredi le roi fut tirer dans son parc. Le samedi il tint le conseil de finance, et fit sur les hauteurs de Marly la revue des gens d'armes et des chevau-légers. Il travailla le soir avec Voysin chez Mme de Maintenon. Le même jour il fit une décision singulière. Il régla que, encore qu'il ne prît point le deuil, il seroit d'un an; et que les princes du sang, les ducs, les princes étrangers, les officiers de la couronne, et les grands officiers de sa maison draperoient comme ils font lorsqu'il drape lui-même, et qui, parce qu'il ne prit point le deuil de Mme la Dauphine de Bavière, ne drapèrent point. J'ai conduit le roi dans sa solitude jusqu'au dimanche que Marly se repeupla à l'ordinaire. Il ne sera pas moins curieux de voir Versailles pendant ces mêmes jours.

On peut juger qu'on n'y dormit guère cette première nuit. M. [le Dauphin] et Mme la Dauphine ouïrent la messe ensemble de fort bonne heure. J'y arrivai sur la fin, et les suivis chez eux. Leur cour étoit fort courte, parce qu'on ne s'étoit pas attendu à cette diligence. La princesse vouloit être à Marly au réveil du roi. Leurs yeux étoient secs à merveilles, mais très-compassés, et leur maintien les montroit moins occupés de la mort de Monseigneur que de leur nouvelle situation. Un sourire, qui leur échappa en se parlant bas et de fort près, acheva de me le déclarer. En gardant scrupuleusement, comme ils firent, toutes sortes de bienséances, il n'étoit pas possible de le trouver mauvais, ni que cela fût autrement, à tout ce qu'on a vu. Leur premier soin fut de resserrer de plus en plus l'union avec M. le duc de Berry, de le ramener sur l'ancienne confiance et intimité avec Mme la Dauphine, et d'essayer, par tout ce qui se peut d'engageant, de faire oublier à Mme la duchesse de Berry ses fautes à leur égard, et lui adoucir l'inégalité nouvelle que la mort de Monseigneur mettoit entre ses enfants. Dans cet aimable esprit rien ne coûta à M. [le Dauphin] et à Mme la Dauphine, et dès ce même jour ils allèrent voir M. le duc et Mme la duchesse de Berry dans leur lit, dès qu'ils les surent éveillés, ce qui fut de très-bonne heure, et l'après-dînée Mme la Dauphine y retourna encore. M. le duc de Berry, qui n'avoit pu être ébranlé sur l'attachement à Mgr son frère, fut au milieu de sa douleur extrêmement sensible à ces prévenances d'amitié si promptement marquées et si éloignées de la différence qui alloit être entre eux, et il fut surtout comblé des procédés de Mme la Dauphine, qu'il sentoit avec bon sens, et meilleur cœur encore, qu'il avoit depuis un temps cessé de les mériter aussi parfaits.

Mme la duchesse de Berry paya d'esprit, de larmes et de langage. Son cœur de princesse même, si elle en avoit un, navré de tout ce qui ne sera point répété ici, et qu'on a développé plus haut, frémissoit au fond de lui-même de recevoir des avances de pure générosité. Un courage déplacé qui alloit à la violence et que la religion ne retenoit pas, ne lui laissoit de sentiments que pour la rage. Bercée, pour la contenir, qu'il se falloit contraindre surtout pour arriver à un aussi grand mariage, après lequel elle seroit affranchie et maîtresse de faire tout ce qui lui plairoit, elle avoit pris ces documents au pied de la lettre. Entièrement maîtresse de M. le duc d'Orléans et d'un mari dans la première ivresse de sa passion, elle n'eut pas peine à secouer une mère trop sage pour s'exposer à ce qui ne lui étoit que trop connu. Madame étoit nulle de tout temps à la cour et dans sa famille : excepté les devoirs extérieurs, point de belle-mère, et un beau-père, tant qu'il vécut, nul ou favorable. Une dame d'honneur très-affligée de l'être, qui, pour avoir été forcée d'en accepter l'emploi, n'en faisoit que ce qu'elle en vouloit bien faire, au cérémonial près, et qui avoit déclaré bien formellement qu'elle n'en seroit pas la gouvernante. L'emploi en roula donc en entier sur Mme la duchesse de Bourgogne, par son amitié pour Mme la duchesse d'Orléans, et son intimité avec Mme de Maintenon, ravie à son âge de se trouver le chaperon d'une autre ; elle compta d'autant mieux d'en faire sa poupée, qu'elle l'avoit mise dans la grandeur où elle étoit.

Elle s'y mécompta bientôt. Mille détails là-dessus, quoique curieux dans leur temps, perdent leur mérite dans d'autres qui s'éloignent, et gâteroient le sérieux de ce qui s'expose ici. Il suffit de dire que l'une, quoique douce et bonne, fut peut-être trop enfant pour tenir une lisière, et que l'autre, rien moins que tout cela, ne put souffrir d'en avoir une, quelque lâche et légère qu'elle fût. Le dépit de ne se trouver que de la cour d'une autre, l'impatience des déférences, la contrainte des heures, le poids des obligations, des difficultés, surtout de la reconnoissance, s'accordoient mal avec l'impression de la pleine liberté de son éducation, de ses goûts irréguliers, de ses humeurs dans un naturel tel qu'il a été crayonné et gâté encore par de pernicieuses lectures. L'idée de n'avoir rien à perdre et celle de figurer aux dépens de Mgr [le duc] et de Mme la duchesse de Bourgogne, en se livrant aux personnages de Meudon, achevèrent de tout perdre et brouillèrent les deux belles-sœurs, jusqu'à ne pouvoir plus se souffrir, à force d'échappées de l'humeur et des traits les plus méchants de Mme la duchesse de Berry; ainsi toutes deux regardèrent comme une délivrance de n'avoir plus à dîner ensemble, par la formation qui se fit des deux maisons, et les domestiques du roi [comme] un grand soulagement de n'avoir plus à servir la nouvelle mariée.

Un trait entre mille en donnera un échantillon. Un nouvel huissier de la chambre du roi servoit chez elle un matin que Mme la duchesse d'Orléans arriva à la fin de sa toilette pour quelque ajustement. L'huissier, étourdi et neuf, ouvrit les deux battants de la porte. Mme la duchesse de Berry devint cramoisie et tremblante de colère : elle reçut Mme sa mère fort médiocrement. Quand elle fut sortie, elle appela Mme de Saint-Simon, lui demanda si elle avoit remarqué l'impertinence de l'huissier, et lui dit qu'elle vouloit qu'elle l'interdît sur-le-champ. Mme de Saint-Simon convint de la faute, assura qu'elle y donneroit ordre de façon qu'on ne s'y méprendroit plus et que les deux battants ne seroient ouverts que pour les fils et les filles de France, comme c'étoit la règle, et comme nuls autres ne prétendoient à cet honneur qu'ils n'avoient pas en effet, mais que d'interdire un huissier du roi qui n'étoit point à elle et qui ne la servoit que par prêt, et encore pour avoir fait un trop grand honneur à Mme sa mère et pour l'unique fois que cela étoit arrivé, elle trouveroit bon de se contenter de la réprimande qu'elle alloit lui en faire. Mme la duchesse de Berry insista, pleura, ragea; Mme de Saint-Simon la laissa dire, gronda doucement l'huissier, et lui apprit son cérémonial.

Les maisons faites, la cour, qui trouvoit en Mme la duchesse de Bourgogne les jeux, les ris, les distinctions, les espérances, ne se partagea point, et laissa fort solitaire Mme la duchesse de Berry, où rien de tout cela ne s'offroit, qui s'en prit à Mme la duchesse de Bourgogne, et fit si bien qu'elle mit M. le duc de Berry de son côté, et le brouilla avec elle. De l'aveu de Mme la duchesse de Bourgogne, rien de si sensible ne lui est jamais arrivé que cet éloignement et cette aigreur sans cause ni raison d'un prince avec qui elle avoit toujours vécu dans l'intelligence la plus intime et la plus entière. Quelques contre-temps forts et trop publics, arrivés à Mme la duchesse de Berry, dont Mme la duchesse de Bourgogne avoit doucement abandonné toute conduite dès avant ce dernier trait, allèrent jusqu'au roi et à Mme de Maintenon, qui leur ouvrirent les yeux. Celle-ci, outrée de s'être si lourdement trompée, ne put se taire, et Mme la duchesse de Bourgogne, poussée à bout d'être brouillée avec M. le duc de Berry par la seule malignité de Mme la duchesse de Berry, après tout ce qu'elle avoit d'ailleurs essuyé d'elle, rompit enfin le silence qu'elle avoit gardé jusqu'alors. Les choses tendoient à un éclat; mais le roi, qui vouloit vivre doucement dans sa famille et s'y faire aimer, espéra que la frayeur corrigeroit Mme la duchesse de Berry, et voulut se contenter qu'elle sût qu'il n'ignoroit rien, et que, pour cette fois, il vouloit bien n'en rien témoigner. Ce ménagement persuada Mme la duchesse de Berry, ou qu'on n'osoit lui imposer, ou qu'on ne savoit comment s'y prendre. Au lieu de s'arrêter, elle continua avec plus de licence, et se mit au point que les matières combustibles qu'elle s'étoit pré-

parées s'embrasèrent tout à coup et firent un grand éclat
à Marly.

J'étois allé faire seul un tour à la Ferté. Mme de Saint-
Simon, avertie de l'orage prêt à crever, craignit d'y être en-
veloppée pour s'être tenue dans le silence. Monseigneur étoit
alors plein de vie et de santé. Elle s'adressa à Mme la duchesse de Bourgogne, et, par son avis, elle eut un entretien
avec Mme de Maintenon, où elle apprit avec surprise qu'elle
ignoroit peu de choses, et d'avec qui elle sortit fort contente.
Elle crut ensuite devoir dire un mot à Mme la duchesse de
Berry. La princesse, d'autant plus outrée qu'elle ne voyoit
pas moyen d'échapper, s'en prit à ce qu'elle put, et dans la
pensée que Mme de Saint-Simon y avoit part, elle voulut lui
répondre sèchement. Je dis exprès qu'elle voulut, parce
que Mme de Saint-Simon ne lui en laissa pas le temps.
Elle l'interrompit, l'assura d'abord qu'elle n'avoit part ni
étoit entrée en rien, qu'elle n'avoit même rien appris que du
monde, mais qu'en peine d'elle-même pour s'être toujours
tenue dans le silence, elle avoit parlé à Mme la duchesse de
Bourgogne et à Mme de Maintenon, puis ajouta qu'elle ignoroit peut-être la manière dont elle avoit été mise auprès
d'elle, combien cela convenoit peu à notre naissance, à notre dignité, à nos biens, à notre union; qu'il étoit bon
qu'elle l'apprît une fois pour toutes; que, pour peu qu'elle
le désirât, elle se retireroit d'auprès d'elle avec autant de
satisfaction qu'elle y étoit entrée avec répugnance après un
grand nombre de refus, dont elle lui cita Mme la duchesse
de Bourgogne et M. [le duc] et Mme la duchesse d'Orléans
pour témoins. Elle lui dit encore, comme il étoit vrai, que,
sa conduite n'étant pas telle qu'elle l'avoit espérée, elle avoit
pris l'occasion d'un éclat fait sans sa participation pour tenter de se retirer; que Mme la duchesse de Bourgogne et
Mme de Maintenon l'avoient conjurée de n'y pas penser;
et que, cela s'étant passé depuis vingt-quatre heures, le souvenir leur en étoit assez présent pour qu'elle pût leur en

demander la vérité. M. le duc d'Orléans, qui survint, apaisa la chose le mieux qu'il put.

Mme la duchesse de Berry n'avoit point interrompu Mme de Saint-Simon, mais elle crevoit de dépit de se voir sur le point d'une sévère réprimande, et son orgueil souffroit impatiemment ce qu'elle entendoit. Elle répondit néanmoins, avec une honnêteté forcée, qu'elle vouloit demeurer persuadée que Mme de Saint-Simon n'étoit entrée en rien puisqu'elle le disoit. Mme de Saint-Simon la laissa là-dessus avec M. le duc d'Orléans, outrée de mon absence, dans l'ardeur de quitter malgré eux tous, quelque dignement et flatteusement qu'elle en fût traitée. Elle parla aussi à Madame, avec qui en tout temps elle avoit toujours été très-bien, et à Mme la duchesse d'Orléans qu'elle voyoit sans cesse, après quoi elle attendit ce que deviendroit l'orage.

Il fondit le lendemain. Le roi, avant dîner, manda Mme la duchesse de Berry dans son cabinet. La romancine fut longue, et de l'espèce de celles qu'on ne veut pas avoir la peine de recommencer. L'après-dînée il fallut aller chez Mme de Maintenon, qui, sans parler si haut, ne parla pas moins ferme. Il est aisé de concevoir quelle impression cela acheva de faire en Mme la duchesse de Berry à l'égard de Mme la duchesse de Bourgogne, sur qui tout le ressentiment en tomba. Elle ne tarda guère à voir que Mme de Saint-Simon n'y avoit eu aucune part, et à lui en parler en personne qui le veut et le sait témoigner en réparation du soupçon.

Cet éclat fit une nouvelle publique, qui mit de plus en plus au désespoir la princesse qui l'éprouvoit. La solitude augmenta chez elle, les dégoûts lui furent peu ménagés. Elle faisoit quelquefois des efforts pour regagner quelque terrain; mais la répugnance qui les accompagnoit leur donnoit si mauvaise grâce, et ils étoient d'ailleurs si froidement reçus, qu'ils en devenoient de tous les côtés de nouveaux sujets d'éloignement.

Telle étoit la situation de Mme la duchesse de Berry lorsque Monseigneur mourut, et telles les causes du désespoir extrême où cette perte la plongea. Dans l'excès de sa douleur elle eut la légèreté, pour en parler sobrement, d'avouer à Mme de Saint-Simon les desseins qu'elle avoit imaginés et sur lesquels elle cheminoit, et que j'ai ci-devant expliqués, avec la terrible cabale qui gouvernoit Monseigneur. Dans l'étonnement d'entendre de si étranges projets, Mme de Saint-Simon tâcha de lui en faire comprendre le peu de fondement, pour ne pas dire l'absurdité, l'horreur et la folie, et de la porter à saisir une conjoncture touchante pour se rapprocher d'une belle-sœur, bonne, douce, commode à vivre, qui l'avoit mariée, et qui, nonobstant tout ce qui s'étoit passé depuis, étoit faite de manière, par sa facilité, à revenir si on savoit s'y prendre; mais c'étoit la nécessité même de le faire, et de le bien faire, qui aigrissoit le courage de celle qui se sentoit également chargée de torts à son égard, et de besoins pour le solide et l'agrément de la vie. Cette force de nécessité révoltoit ce courage altier et l'extrême répugnance à ployer même en apparence. Accoutumée à un rang égal, ce nom et ce rang de Dauphine, qui alloit mettre tant de différence entre elles, combloit son désespoir et son éloignement, pour user d'un terme trop doux. Incapable de regarder derrière elle, et d'où elle étoit partie pour monter où elle se voyoit; aussi peu de se faire une raison que ce qui venoit d'arriver devoit arriver tôt ou tard, beaucoup moins encore que cette supériorité qui la désoloit n'étoit qu'un degré pour monter sur le trône et la voir reine, de qui même elle n'auroit pas l'honneur d'être la première sujette, elle ne pouvoit supporter l'état nouveau où elle se trouvoit. Après bien des plaintes, des larmes et des élans, pressée par les raisons sans nombre et sans réplique, plus encore par ses besoins qu'elle sentoit malgré elle dans toute leur étendue, elle promit à Mme de Saint-Simon d'aller le lendemain jeudi chez la nouvelle Dauphine, de lui demander une audience dans son cabinet, et d'y faire tout son possible pour se raccommoder avec elle.

Ce jeudi étoit le jour que Monseigneur fut porté à Saint-Denis, et avec lui tous les beaux projets de Mme la duchesse de Berry. Elle tint parole et l'exécuta en effet très-bien. Son aimable belle-sœur lui en aplanit tout le chemin, et entra en propos la première. Par ce que toutes deux ont redit séparément de ce tête-à-tête, Mme la Dauphine agit et parla comme si elle-même eût offensé Mme la duchesse de Berry, comme si elle lui eût tout dû, comme si elle eût tout attendu d'elle ; et Mme la duchesse de Berry aussi se surpassa. L'entretien dura plus d'une heure. Elles sortirent du cabinet avec un air naturel de satisfaction réciproque qui réjouit autant les honnêtes gens qu'il déplut à ceux qui n'espèrent qu'en la division et au désordre. M. [le duc] et Mme la duchesse d'Orléans eurent une joie extrême de cette réconciliation, et M. le duc de Berry en fut si content que sa douleur en fut fort adoucie. Il aimoit tendrement Mgr le Dauphin, il aimoit encore beaucoup Mme la Dauphine ; ce lui étoit une contrainte mortelle de se conduire avec elle comme Mme la duchesse de Berry l'exigeoit. Il embrassa cette occasion de tout son cœur et en vrai bon homme ; et Mme la Dauphine les étant venue voir l'après-dînée du même jour que cette réconciliation s'étoit faite le matin, elle prit M. le duc de Berry en particulier et ils pleurèrent ensemble de tendresse. Ce qui s'étoit passé le matin y fut confirmé de sa part avec toutes les grâces qui lui étoient si naturelles ; mais de celle de Mme la duchesse de Berry il se trouva bientôt une pierre d'achoppement : ce fut de présenter le service à Mgr et à Mme la Dauphine.

On s'attendoit chez eux que ce devoir ne seroit pas différé. La bonne grâce y étoit même, à la suite d'une réconciliation si prompte, et des visites si peu ménagées et si redoublées de l'aîné au cadet. Néanmoins, lorsque Mme de Saint-Simon leur voulut insinuer, ce même jeudi, après que

Mme la Dauphine fut sortie de chez eux, d'aller le lendemain donner la chemise, l'un à Mgr le Dauphin, l'autre à Mme la Dauphine, Mme la duchesse de Berry s'éleva avec fureur, et prétendit qu'entre frères ce service n'étoit point dû, que l'exemple de Monsieur, oncle de feu Monseigneur, n'en étoit pas un pour eux; et s'emporta fort contre ce devoir, qu'elle appeloit un valetage. M. le duc de Berry, qui savoit que cela se devoit, et que son cœur portoit en tout vers Mgr et Mme la Dauphine, fit tout ce qu'il put pour la ramener par raisons et par caresses. Elle se fâcha contre lui, le maltraita, lui dit qu'elle auroit le dernier mépris pour lui s'il se soumettoit à une chose si servile, et de là aux pleurs, aux sanglots, aux hauts cris, de façon que M. le duc de Berry, qui avoit compté d'aller le lendemain au lever de Mgr le Dauphin, ne l'osa de peur de se brouiller avec elle.

Le bruit avec lequel cette dispute s'étoit passée éveilla la curiosité, qui eut bientôt éventé le fait, parce que Mme la duchesse de Berry en étoit si pleine qu'elle se répandit. Tout aussitôt voilà les dames de Mme la Dauphine en l'air comme sur chose qui alloit presque à leur déshonneur, et cette affaire devint publique.

M. le duc d'Orléans accourut au secours de M. le duc de Berry, qui n'osoit presque rien dire dans cette impétuosité. Tous deux ne mettoient pas le devoir et la règle en doute; tous deux, si aises du raccommodement, sentoient le danger d'une rechute, l'affront certain auquel la princesse s'exposoit d'en recevoir du roi l'ordre et la réprimande, et l'effet intérieur et au dehors que produiroit un entêtement si mal fondé, et dans des circonstances pareilles. Tout le lendemain vendredi fut employé à la persuader. Enfin, la peur de l'ordre, de la romancine et de l'affront, arracha d'elle la permission à M. le duc de Berry de dire qu'ils donneroient la chemise et le service, mais à condition de délai pour se résoudre à l'exécution.

Elle le vouloit aussi pour M. le duc de Berry, mais ce prince fut si aise d'être affranchi là-dessus qu'il voulut servir M. le Dauphin le samedi matin. M. le Dauphin et Mme la Dauphine n'avoient pas ouvert la bouche là-dessus. Mais ce prince, pour faire une honnêteté à M. son frère, refusa d'en être servi jusqu'à ce qu'ils eussent vu le roi. Ils le virent le dimanche suivant, et le lendemain lundi M. le duc de Berry alla exprès au coucher de Mgr le Dauphin et lui donna sa chemise, qui, dans le moment qu'il l'eut reçue, embrassa tendrement M. son frère.

Il fallut encore quelques jours à Mme la duchesse de Berry pour se résoudre. A la fin il fallut bien finir. Elle fut à la toilette de Mme la Dauphine, à qui elle donna la chemise, et à la fin de la toilette lui présenta la sale[1]. Mme la Dauphine, qui n'avoit jamais fait semblant de se douter de rien de ce qui s'étoit passé là-dessus, ni de prendre garde à un délai si déplacé, reçut ces services avec toutes les grâces imaginables, et toutes les marques d'amitié les plus naturelles. Le désir extrême de la douceur de l'union fit passer Mme la Dauphine généreusement sur cette nouvelle frasque, comme si, au lieu de Mme la duchesse de Berry, c'eût été elle qui eût eu tout à y gagner ou à y perdre.

J'ai remarqué que Mme la Dauphine alloit voir le roi tous les jours à Marly. Elle y reçut un avis de Mme de Maintenon qui mérita sans doute quelque surprise, d'autant plus que ce fut dès sa seconde visite, c'est-à-dire dès le lendemain de la mort de Monseigneur qu'elle fut voir le roi à son réveil, et le soir encore chez Mme de Maintenon : ce fut de se parer avec quelque soin, parce que la négligence de son ajustement déplaisoit au roi. La princesse ne croyoit pas devoir songer à des ajustements alors ; et quand elle en auroit eu la pensée, elle auroit cru avec grande raison commettre une grande

---

1. La sale était une soucoupe de Vermeil, sur laquelle on présentait à la reine et aux princesses les boîtes, étuis, montres, éventail, etc., couverts d'un taffetas brodé, qu'on levait en leur offrant ces objets.

faute contre la bienséance, et qui lui auroit été d'autant moins pardonnée qu'elle gagnoit trop en toutes façons à ce qui venoit d'arriver pour n'être pas en garde là-dessus contre elle-même. Le lendemain donc elle prit plus de soin d'elle; mais cela n'ayant pas encore suffi, elle porta le jour suivant de quoi s'ajuster en cachette chez Mme de Maintenon, où elle le quitta de même avant d'en revenir à Versailles, pour, sans choquer le goût du roi, ne pas blesser le goût du monde, qui auroit été difficilement persuadé qu'il n'entroit que de la complaisance dans une recherche de soi-même si à contre-temps. La comtesse de Mailly, qui trouva cette invention de porter la parure pour la prendre et la quitter chez Mme de Maintenon, et Mme de Nogaret, qui toutes deux aimoient Monseigneur, me le contèrent et en étoient piquées. On peut juger de là, et par les occupations et les amusements ordinaires qui reprirent tout aussitôt, comme on l'a vu, leurs places dans les journées du roi, sans qu'il parût en lui aucune contrainte, que si sa douleur avoit été amère, elle avoit aussi le sort de celles dont la violence fait augurer qu'elles ne seront pas de durée.

Il y eut une assez ridicule dispute élevée tout aussitôt sur la garde-robe du nouveau Dauphin, dont M. de la Rochefoucauld prétendit disposer, comme il faisoit de celle du roi, par sa charge de grand-maître de la garde-robe. Il aimoit encore, tout vieux et aveugle qu'il étoit, à tenir et à conserver, et il alléguoit qu'il ne demandoit, à l'égard du nouveau Dauphin, que ce qu'il avoit eu, et sans difficulté exercé, pendant la vie de Monseigneur. Il avoit oublié sans doute qu'il ne se mêla de la garde-robe de ce prince qu'après la mort de M. de Montausier qui s'en faisoit soulager par la duchesse d'Uzès sa fille, et de la colère où, sur les fins de la vie du duc de Montausier, le roi se mit contre elle, fort au delà de ce que la chose valoit, pour un habit de Monseigneur, dans le temps que le roi avoit entrepris de bannir les draps étrangers, et de donner vogue à une manufacture de France dont les draps étoient rayés partout. Je me souviens d'en avoir porté comme tout le monde, et que cela étoit fort vilain. Les raies de l'habit de Monseigneur ne parurent pas tout à fait comme les autres, et le roi avoit le coup d'œil fort juste; vérification faite, il se trouva que le drap étoit étranger et contrefait, et que Mme d'Uzès y avoit été attrapée. Le duc de Beauvilliers allégua sa charge, et ses provisions de premier gentilhomme de la chambre, et de maître de la garde-robe du prince dont il avoit été gouverneur, et l'exemple dernier du duc de Montausier. Il n'en fallut pas davantage, et le duc de La Rochefoucauld fut tondu.

Le roi, dès les premiers jours de sa solitude, se laissa entendre au duc de Beauvilliers, qui alloit tous les jours à Marly, qu'il ne verroit pas volontiers le nouveau Dauphin faire des voyages à Meudon. C'en fut assez pour que ce prince déclarât qu'il n'y mettroit pas le pied, et qu'il ne sortiroit point des lieux où le roi se trouveroit; et, en effet, il n'y fit jamais depuis une seule promenade. Le roi lui voulut donner cinquante mille livres par mois comme Monseigneur les avoit; M. le Dauphin en remercia. Il n'avoit que six mille livres par mois, il se contenta de les doubler et n'en voulut pas davantage. C'étoit le chancelier qui étant contrôleur général avoit fait pousser le traitement de Monseigneur jusqu'à cette somme. Ce désintéressement plut fort au public. M. le Dauphin ne voulut quoi que ce soit de particulier pour lui, et persista à demeurer à cet égard comme il étoit pendant la vie de Monseigneur. Ces augures d'un règne sage et mesuré firent concevoir de grandes espérances.

J'ai expliqué ailleurs la très-moderne et fine introduction de l'art des princes du sang, et de leurs valets principaux, de les appeler *Monseigneur*, qui, comme tous leurs autres honneurs, rangs, et distinctions, devinrent bientôt communs avec les bâtards. Rien n'avoit tant choqué Mgr le duc de Bourgogne, qui jusque-là n'avoit jamais été appelé que

*Monsieur*, et qui ne le fut *Monseigneur* que par la manie de les y appeler tous. Aussi, dès qu'il fut Dauphin, il en fit parler au roi par Mme la Dauphine; puis, avant d'aller à Marly, déclara qu'il ne vouloit point être ni nommé Monseigneur, comme Monseigneur son père, mais M. le Dauphin, ni, quand on lui parleroit, autrement que Monsieur. Il y fut même attentif, et reprenoit ceux qui dans les commencements n'y étoient pas accoutumés. Cela embarrassa un peu les princes du sang; mais, à l'abri de M. le duc de Berry et de M. le duc d'Orléans, ils retinrent le *Monseigneur* que Mgr le Dauphin ne leur auroit pas laissé s'il fût devenu le maître.

Le dimanche 18 avril finit la clôture du roi à Marly. La famille royale et les personnes élues parmi les demandeurs, repeuplèrent ce lieu qui avoit été quatre jours entiers si solitaire. Les deux fils de France et leurs épouses y arrivèrent ensemble après le salut ouï à Versailles; ils entrèrent tous quatre chez Mme de Maintenon où le roi étoit, qui les embrassa. L'entrevue ne dura qu'un moment; les princes allèrent prendre l'air dans les jardins; le roi soupa avec les dames, et la vie ordinaire recommença à l'exception du jeu. La cour prit le deuil ce même jour, qui fut réglé pour un an comme de père.

Les différences de rang à porter les deuils sur sa personne s'étoient peu à peu réduites à rien depuis dix ou douze ans. Je les avois vues auparavant observées; tout s'étoit réduit à celle de draper, qui jusqu'à ce deuil s'étoit maintenue dans les règles. Plusieurs petits officiers de la maison du roi, comme capitaines des chasses et autres, l'usurpèrent en celui-ci; et, comme on aimoit la confusion pour anéantir les distinctions, on les laissa faire. Le comte de Châtillon en profita pour s'en forger une toute nouvelle à laquelle ses pères étoient bien loin de penser. Voysin, son beau-père, étala au roi la grandeur de la maison de Châtillon, le duché de Bretagne qu'elle avoit prétendu et possédé quelques années, ses douze ou treize alliances directes avec la maison royale, même avec des fils et des filles de France; le nombre des plus grands offices de la couronne qu'elle avoit eus, et les prodigieux fiefs qu'elle avoit possédés : il se garda bien d'ajouter que de toute cette splendeur il n'en rejaillissoit rien ou comme rien sur son gendre, dont la mère et la grand'mère paternelle étoient de la lie du peuple; que toutes les branches illustres de Châtillon étoient éteintes depuis longtemps, que celle de son gendre n'avoit participé à aucune des grandeurs des autres, et que, s'il sortoit de deux filles de la branche de Dreux, dont même la seconde étoit fille du chef de la branche de Beu, et par l'injustice des temps n'étoit pas sur le pied des autres du sang royal, c'étoit avant la séparation de sa branche; qu'il en étoit de même des deux charges de souverain maître d'hôtel et de grand maître des eaux et forêts; il se garda encore mieux de faire mention du sieur de Boisrogues, père du père de son gendre, qui étoit gentilhomme servant de M. Gaston avec du Rivau qui fut depuis dans ses Suisses, et que le crédit de Mlle de Saujon sur Gaston en fit enfin capitaine, par le mariage de sa nièce, mais qui laissa Boisrogues gentilhomme servant. Voysin sans doute ne parla pas de la dispute sur la légitimité ou la bâtardise que M. le duc d'Orléans m'a plus d'une fois assurée, et que les Châtillon étoient éteints depuis longtemps. Voysin étoit ministre et favori, il l'étoit aussi de Mme de Maintenon : il parloit tête à tête, elle en tiers, il demanda que son gendre drapât comme ayant l'honneur d'appartenir au roi, et il ne lui appartenoit en aucun degré, mais il n'avoit point de contradicteur, et son gendre drapa.

Cette nouveauté réveilla La Vallière et Mme la princesse de Conti, pour les Beauvau, dont avec trop de raison ils s'honoroient fort de l'alliance. La grand'mère de Mme de La Vallière, mère de Mme la princesse de Conti, et sœur du père de La Vallière étoit Beauvau par un cas fort étrange.

La sixième aïeule paternelle du roi étoit Beauvau, et il étoit au huitième degré de tous les Beauvau. La parenté étoit bien éloignée, mais au moins étoit-elle, et à cela il n'y avoit point de parité avec M. de Châtillon qui n'en eut jamais l'apparence, et à qui il fut permis de draper. Sur cet exemple et cette sixième grand'mère, Mme la princesse de Conti obtint aussi de faire draper les Beauvau, qui non plus que les Châtillon n'y avoient jamais songé jusqu'alors.

Le roi avoit déclaré que de trois mois il ne quitteroit Marly à cause du mauvais air répandu à Versailles, et qu'il recevroit à Marly, le lundi 20 avril, les compliments muets de tout le monde, en manteaux et en mantes, soit des gens qui étoient à Marly, soit de ceux qui étoient à Paris. M. du Maine qui, comme on a vu, n'avoit pas perdu de temps à mettre à profit pour le rang de prince du sang de ses enfants la mort des seuls princes du sang en âge et en état de l'empêcher se trouva bien autrement à son aise de la mort de Monseigneur, qui avoit si mal reçu ce rang nouveau de ses enfants, après avoir été si peu content du sien même. Il avoit plus que raison d'appréhender d'en tomber sous son règne, et on a vu que Monseigneur ne se contraignit pas là-dessus avec lui, et quel fut son silence, et celui de Mgr le duc de Bourgogne, lorsque le roi s'humilia, pour ainsi dire, devant eux pour leur faire agréer et en obtenir quelque parole si constamment refusée, en leur présentant M. du Maine pour les toucher. Monseigneur mort, le duc du Maine n'eut plus affaire qu'à Mgr le duc de Bourgogne. C'étoit beaucoup trop. Mais pourquoi ne pas espérer d'en voir la fin comme il voyoit celle du père et en attendant pousser son bidet? Il connoissoit la foiblesse et l'incurie de M. le duc d'Orléans, dont le fils étoit enfant, il voyoit quel étoit M. le duc de Berry. Il sentit qu'avec Mme de Maintenon il n'avoit plus rien à craindre pour s'élever aussi haut qu'il pourroit dans le présent, et remit le futur à son industrie et à sa bonne fortune.

Le duc de Tresmes étoit en année, c'en étoit déjà une, et il en sut profiter. Avec beaucoup d'honneur et de probité, Tresmes étoit sans le moindre rayon d'esprit que l'usage de la cour et du grand monde, et de l'ignorance la plus universelle. Avec cela plus valet que nul valet d'extraction, et plus avide de faire sa cour et de plaire que le plus plat provincial. Avec ces qualités ce fut l'homme de M. du Maine.

C'étoit à lui à recevoir et à donner les ordres pour ces révérences de deuil. Il mit au roi en question si on iroit les faire à ses enfants naturels, comme étant frères et sœurs de Monseigneur. Le roi, toujours éloigné de ces gradations par lesquelles il a été peu à peu mené à tout pour eux contre son sens, comme on l'a vu sans cesse, trouva d'abord la proposition du duc de Tresmes ridicule. Il ne répondit pourtant pas une négative absolue, mais il marqua seulement que cela ne lui plaisoit pas. M. du Maine, qui s'y étoit attendu par toutes ses expériences pareilles, n'avoit lâché le duc de Tresmes que le dimanche, pour ne laisser pas de temps, mais pour donner lieu au roi d'en parler le soir à Mme de Maintenon. Nonobstant cette ruse, il n'y fut rien décidé, mais c'étoit beaucoup que ce ne fût pas une négative, et que Mme de Maintenon en eût assez fait pour le laisser dans la balance. Il y étoit encore le lundi matin, jour de ces révérences. Mais entre le conseil et le petit couvert, M. du Maine secondé de son fidèle second l'emporta, et le duc de Tresmes, en ayant pris l'ordre du roi, le publia aussitôt. La surprise en fut si grande que presque chacun se le fit répéter.

Le moment de la déclaration fut pris avec justesse. Le roi se mettoit à table, tout le monde y étoit déjà ou s'y alloit mettre, et la cérémonie commençoit à deux heures, c'est-à-dire tout au sortir de dîner; ainsi point de temps à raisonner, encore moins à faire; et on obéit, avec la soumission aveugle et douloureuse à laquelle on étoit si fort accoutumé.

Par cette adresse les bâtards furent pleinement égalés aux fils et aux filles de France, et mis en plein parallèle avec eux : pierre d'attente pour laquelle le roi n'a pas tout à fait assez vécu.

Ce même jour lundi, 20 avril, le roi fit ouvrir les portes de ses cabinets devant et derrière à deux heures et demie. On entroit par sa chambre. Il étoit en habit ordinaire, mais avec son chapeau sous le bras, debout et appuyé de la main droite sur la table de son cabinet la plus proche de la porte de sa chambre. M. [le Dauphin] et Mme la Dauphine, M. [le duc] et Mme la duchesse de Berry, Madame, M. [le duc] et Mme la duchesse d'Orléans, Mme la Grande-Duchesse, Mme la Princesse, Mme la Duchesse, ses deux fils et ses deux filles, M. du Maine et le comte de Toulouse se rangèrent en grand demi-cercle au-dessous du roi à mesure qu'ils entrèrent, tous en grands manteaux et en mantes, hors les veuves qui n'en portent point et n'ont que le petit voile. Mme la princesse de Conti douairière étoit malade dans son lit, l'autre princesse de Conti avec ses enfants restée à Paris à cause de l'air de la petite vérole, et Mme du Maine avec les siens à Sceaux pour la même raison. Tout Paris, vêtu d'enterrement ainsi que tout Marly, remplissoit les salons et la chambre du roi. Douze ou quinze duchesses entrèrent à la file les premières, puis dames titrées et non titrées comme elles se trouvèrent, et les princesses étrangères, arrivées tard contre leur vigilance ordinaire, y furent mêlées; après les dames, l'archevêque de Reims, suivi d'une quinzaine de ducs, et ces deux têtes en rang d'ancienneté, entrèrent; puis tous les hommes titrés et non titrés, princes étrangers, prélats, mêlés au hasard. Quatre ou cinq pères ou fils de la maison de Rohan se mirent ensemble à la file en rang d'aînesse vers le milieu de la marche; quelques gens de qualité qui s'aperçurent de cette affectation les coupèrent, en sorte qu'ils furent tous mêlés, et entrèrent ainsi dans le cabinet. On alloit droit au roi l'un après l'autre; et, à distance de lui, on lui faisoit une profonde révérence qu'il rendoit fort marquée à chaque personne titrée, homme et femme, et point du tout aux autres. Cette révérence unique faite, on alloit lentement à l'autre cabinet, d'où on sortoit par le petit salon de la chapelle. La mante et le grand manteau étoit une distinction réservée aux gens d'une certaine qualité, mais elle avoit disparu avec tant d'autres, jusque-là qu'il en passa devant le roi que ni lui ni pas un du demi-cercle ne connut, et personne même de la cour qui pût dire qui c'étoit, et il y en eut plusieurs de la sorte. Il s'y mêla aussi des gens de robe, ce qui parut tout aussi singulier.

Il est difficile que la variété des visages, et la bigarrure de l'accoutrement de bien des gens peu faits pour le porter, ne fournissent quelque objet ridicule qui ne démonte la gravité la plus concertée. Cela arriva en cette occasion, où le roi eut quelquefois peine à se retenir, et où même il succomba une fois avec toute l'assistance au passage de je ne sais plus quel pied plat à demi abandonné de son équipage.

Quand tout fut fini chez le roi, et cela fut long, tout ce qui devoit être visité se sépara, pour aller chacun chez soi recevoir les visites. Les visités ne furent autres que les fils et filles de France, et les bâtards et bâtardes, et M. le duc d'Orléans comme mari de Mme la duchesse d'Orléans, et celui-là parut comique. Les moindres d'aînesse ou de rang allèrent chez leurs plus grands, qui ne leur rendirent point la visite, excepté Madame, qui, comme veuve du grand-père de Mme la Dauphine et grand'mère de Mme la duchesse de Berry, fut visitée des fils et filles de France, mais non M. [le duc] et Mme la duchesse d'Orléans. On alla donc comme on put faire cette tournée. On entroit et sortoit pêle-mêle, et on ne faisoit que passer entrant par une porte et sortant par une autre, où il y avoit des dégagements.

C'est ce qui se rencontra chez Mme la Duchesse, et à la faveur de cette commodité, une subtilité de Mme la Princesse, fort prompte à saisir ses avantages tout dévotement.

Sortant de chez Mme la Duchesse par le dégagement de son cabinet, on y trouva Mme la Princesse qui se présentoit à la compagnie pour recevoir les révérences, qui ne lui étoient ni dues ni ordonnées. On en fut si surpris que beaucoup de gens passèrent sans la voir, beaucoup plus sans faire semblant de s'apercevoir d'elle. Les deux petits princes du sang ne s'y présentèrent point.

Le duc du Maine et le comte de Toulouse reçurent les visites ensemble dans la chambre de M. du Maine, où on entroit de plain-pied et directement du jardin. Ils avoient leur compte, et voulurent faire les modestes et les attentifs pour ne pas donner la peine d'aller séparément chez tous les deux. M. du Maine se dépeça en excuses embarrassées de la peine qu'on prenoit, et se tuoit à conduire les gens titrés, et à en manquer tout le moins qu'il pouvoit. M. le comte de Toulouse conduisoit aussi avec soin, mais sans affectation.

J'oubliois Mme de Vendôme, qui parut aussi chez le roi en rang d'oignon, mais qui ne fut point visitée, parce que la bâtardise de son mari venoit de plus loin. Elle ne s'embusqua point avec Mme sa mère pour enlever les révérences aux passants.

Ni le roi, ni princes, ni princesses visités ne s'assirent ni n'eurent de siége derrière eux. Si on se fût assis chez ceux où on le doit être, cela n'eût point fini de la journée chez chacun; et des siéges sans s'asseoir auroient culbuté le monde dans l'excès de la foule et des petits lieux.

Le lendemain, mardi 21 avril, M. [le Dauphin] et Mme la Dauphine, M. [le duc] et Mme la duchesse de Berry, Madame, M. [le duc] et Mme la duchesse d'Orléans allèrent, l'après-dînée, en même carrosse, à Saint-Germain, tous en mante et en grand manteau. Ils allèrent droit chez le roi d'Angleterre, où ils ne s'assirent point, ensuite chez la reine, où ils s'assirent dans six fauteuils; M. [le duc] et Mme la duchesse d'Orléans et M. du Maine sur un ployant chacun. Il étoit allé les y attendre pour jouir de cet honneur, et s'y égaler à un petit-fils de France. La reine fit des excuses de n'être pas en mante pour les recevoir, c'est-à-dire en petit voile, parce que, au moins en France, les veuves ne portent de mante en nulle occasion; elle ajouta que le roi le lui avoit défendu. Cette excuse fut le comble de la politesse. Le roi, très-attentif à ne faire sentir à la reine d'Angleterre rien de sa triste situation, n'avoit garde de souffrir qu'elle prît une mante, ni le roi d'Angleterre un grand manteau, pour recevoir le grand deuil de cérémonie d'un Dauphin et qui n'étoit pas roi. En se levant ils voulurent aller chez la princesse d'Angleterre; mais la reine les arrêta et l'envoya chercher. Elle se contenta que la visite fût marquée. On ne se rassit point. La princesse, qui à cause de la reine étoit sans mante, ne pouvoit avoir de fauteuil devant elle, ni les fils et filles de France [être] sans fauteuil devant la reine dans le sien, ni garder le leur en présence de la princesse d'Angleterre sur un ployant. La visite finit de la sorte. De toute la cour de Saint-Germain aucune dame ne parut en mante, ni aucun homme en manteau long que le seul duc de Berwick, à cause de ses dignités françoises.

Le lundi suivant, 29 avril, le roi s'en alla, sur les onze heures du matin, à Versailles, où il reçut les compliments de tous les ministres étrangers; après eux de beaucoup d'ordres religieux; et après son dîner au petit couvert, les harangues du parlement, de la chambre des comptes, de la cour des aides, de celle des monnoies, et de la ville de Paris. La compétence du grand conseil et du parlement mit une heure d'intervalle, après laquelle il vint aussi faire sa harangue, suivi de l'Université et de l'Académie françoise, pour laquelle Saint-Aulaire porta fort bien la parole. Le parlement alla aussi haranguer Mgr le Dauphin; le premier président ne voulut pas lui laisser ignorer que c'étoit par ordre du roi qu'il le haranguoit et qu'il le traitoit de Monseigneur. Cette insolente bagatelle mériteroit des réflexions.

Tout ce qui avoit complimenté ou harangué le roi rendit aussi les mêmes devoirs à Mgr et à Mme la Dauphine. Le roi revint sur le soir à Marly.

## CHAPITRE IX.

Mort et caractère de la duchesse de Villeroy. — Mort de l'empereur Joseph. — Prince Eugène mal avec son successeur. — Mort de Mmes de Vaubourg et Turgot. — Mort de Caravas. — Mariage des deux filles de Beauvau avec Beauvau et Choiseul. — Reprise de l'affaire d'Épernon. — Force prétentions semblables prêtes à éclore. — Leur impression sur les parties du procès d'Épernon. — Ancien projet de règlement sur les duchés-pairies en 1694; son sort alors. — Perversité du premier président d'Harlay, qui le dressa. — Duc de Chevreuse, de concert avec d'Antin, gagne le chancelier pour un règlement sur ce modèle. — Le chancelier m'en confie l'idée et l'ancien projet. — Raisons qui m'y font entrer sans en prévoir le funeste, et j'y travaille seul avec le chancelier. — Ancien projet et mes notes dessus. — Grâce de substitution accordée au duc d'Harcourt enfourne ce règlement. — Sagesse et franchise d'Harcourt avec moi sur les bâtards. — Je joins le maréchal de Boufflers au secret, qui est restreint d'une part entre nous deux et Harcourt en général, de l'autre entre Chevreuse et d'Antin en général, et sans nous rien communiquer. — Harcourt parle au roi, et la chose s'enfourne. — Chimères de Chevreuse et de Chaulnes. — Duc de Beauvilliers n'approuve pas les chimères; ne peut pourtant être admis au secret du règlement par moi. — Secret de tout ce qui se fit sur le règlement uniquement entre le chancelier et moi. — Trait hardi et raffiné du plus délié courtisan de d'Antin, qui parle au roi. — Le roi suspend la plaidoirie sur le point de commencer sur la prétention d'Épernon.

Je perdis en même temps une amie que je regrettai fort; ce fut la duchesse de Villeroy, dont j'ai parlé plus d'une fois. C'étoit une personne droite, naturelle, franche, sûre,

secrète, qui sans esprit étoit parvenue à faire une figure à la
cour, et à maîtriser mari et beau-père. Elle étoit haute en
tous points, surtout pour la dignité, en même temps qu'elle
se faisoit une justice si exacte et si publique sur sa naissance, même sur celle de son mari, qu'elle en embarrassoit
souvent. Elle étoit fort inégale, sans que, pour ce qui me
regarde, je m'en sois jamais aperçu. Elle avoit de l'humeur,
son commerce étoit rude et dur. Elle tenoit fort là-dessus
de sa famille. Elle étoit depuis longtemps dans la plus
grande intimité de Mme la duchesse d'Orléans, et dans une
grande confidence de Mme la Dauphine, qui toutes deux
l'aimoient et la craignoient aussi. Elle avoit des amis et des
amies; elle en méritoit. Elle étoit bonne, vive et sûre amie,
et les glaces ne coûtoient rien à rompre. Elle devenoit
personnage, et on commençoit à compter avec elle. Son
visage très-singulier étoit vilain d'en bas, surtout pour le
rire, étoit charmant de tout le haut. Sérieuse et parée,
grande comme elle étoit, quoique avec les hanches et les
épaules trop hautes, personne n'avoit si grand air et ne
paroit tant les fêtes et les bals, où il n'étoit aucune beauté
et bien plus qu'elle qu'elle n'effaçât. Quelques mois avant sa
mort et toujours dans une santé parfaite, elle disoit à
Mme de Saint-Simon qu'elle étoit trop heureuse ; que, de
quelque côté qu'elle se tournât, son bonheur étoit parfait ;
que cela lui faisoit une peur extrême, et que sûrement un
état si fort à souhait ne pouvoit durer; qu'il lui arriveroit
quelque catastrophe impossible à prévoir, ou qu'elle mourroit bientôt. Le dernier arriva. Son mari servoit de capitaine
des gardes pour le maréchal de Boufflers, demeuré à Paris
pour la mort de son fils. Elle craignoit extrêmement la
petite vérole, qu'elle n'avoit point eue. Malgré cela, elle voulut que Mme la Dauphine la menât à Marly dans ces premiers jours de la solitude du roi, sous prétexte d'aller voir
son mari. Rien de tout ce qu'on put lui dire ne put l'en détourner, tant les petites distinctions de cour tournent les

têtes. Elle y eut une frayeur mortelle, tomba incontinent après malade de la petite vérole, et en mourut à Versailles. L'abbé de Louvois et le duc de Villeroy s'enfermèrent avec elle. Le premier en fut inconsolable, l'autre ne le fut pas longtemps, et bientôt jouit du plaisir de se croire hors de page. Il n'étoit pas né pour y être ; son père trop tôt après le remit sous son joug.

L'empereur mourut en même temps à Vienne de la même maladie, et laissa peu de regrets. C'étoit un prince emporté, violent, d'esprit et de talents au-dessous du médiocre, qui vivoit avec fort peu d'égards pour l'impératrice sa mère, qu'il fit pourtant régente, peu de tendresse pour l'impératrice sa femme, et peu d'amitié et de considération pour l'archiduc son frère. Sa cour étoit orageuse, et les plus grands y étoient mal assurés de leur état. Le prince Eugène fut peut-être le seul qui y perdit. Il avoit toute sa confiance, et il étoit fort mal avec l'archiduc, qui se prenoit à lui du peu de secours qu'il recevoit de Vienne, et qui ne lui pardonnoit pas d'avoir refusé d'aller en Espagne. Ce mécontentement ne fut que replâtré par le besoin et les conjonctures ; mais jamais le prince Eugène ne se remit bien avec lui. Il n'y eut que du dehors sans amitié et sans confiance, et, quant à la considération et au crédit, ce qui seulement ne s'en pouvoit refuser, quoi que le prince Eugène pût faire, sans se lasser de ramer inutilement là-dessus jusqu'à la mort. Celle de l'empereur fut un grand coup, et de ces fortunes inespérables, pour conduire à la paix et conserver la monarchie d'Espagne. Je ne m'arrêterai pas à ces grandes suites, parce qu'elles font partie de ce qui se passa en Angleterre, pour préparer au traité de paix signé à Utrecht, et ensuite avec l'empereur nouveau[1], et que ces choses se trouveront mieux dans les Pièces que je ne pourrois les

---

1. Charles VI avait été couronné empereur à Francfort, le 22 décembre 1711. On a déjà parlé des pièces auxquelles renvoie ici Saint-Simon et qui se trouvent dans les Mémoires de Torcy.

raconter, comme y étant de main de maître ; je dirai seulement ici que Torcy alla, incontinent après, trouver l'électeur de Bavière à Compiègne, où il demeura un jour avec lui.

Voysin perdit Mme de Vaubourg, sa sœur, femme de mérite, dont le mari, conseiller d'État, capable et d'une grande vertu, étoit frère de Desmarets. Ce lien les entretenoit ensemble, et sa rupture eut des suites entre eux. Pelletier de Sousy perdit aussi Mme Turgot, sa fille, qu'il aimoit avec passion, et avec grande raison. Son gendre étoit un butor qu'il ne put jamais sentir dans les intendances, ni faire conseiller d'État. Le fils de celui-là l'est devenu avec beaucoup de réputation, après s'en être acquis une grande d'intégrité et de capacité dans la place de prévôt des marchands, et dans des temps fort difficiles.

Le vieux Caravas mourut aussi, qui alloit mentir partout à gorge déployée. Il étoit Gouffier, et avoit, par je ne sais quelle aventure, épousé autrefois en Hollande la tante paternelle de ce Riperda, dont la subite élévation au premier ministère d'Espagne, la rapide chute et la fin, ont tant fait de bruit dans le monde.

Beauvau, qui avoit été capitaine des gardes de Monsieur, et qui s'étoit retiré de la cour, et presque du monde, depuis longtemps d'une manière fort obscure, n'avoit que deux filles fort riches. Il les maria toutes deux en ce temps-ci : l'une au comte de Beauvau, mort bien longtemps depuis lieutenant général, gouverneur de Douai, et chevalier de l'ordre de 1724 ; l'autre au marquis de Choiseul, le seul de cette grande maison qui fût à son aise.

Ce seroit ici le lieu de présenter un nouveau tableau de la cour, après un changement de théâtre qui dérangea si parfaitement toute la scène ; mais cette nouvelle qui succéda a tant de liaison avec toutes les suites qu'il est à propos de la rejeter après le récit d'une affaire trop importante pour être omise, quelque longue et ennuyeuse qu'elle puisse être, et qui eut tant de trait à d'autres temps, d'autant plus que, commencée avant la mort de Monseigneur, elle a été différée jusqu'au temps de sa conclusion pour ne la pas interrompre. Il faut donc retourner sur nos pas. Outre l'importance, il ne laissera pas de s'y trouver quelques traits curieux.

C'est l'affaire de d'Antin, qu'il s'agit de reprendre jusqu'à sa conclusion. Ce n'étoit pas la seule dont il pût être question. Une quinzaine de chimères, plus absurdes les unes que les autres, étoient prêtes à éclore. Les visions attendoient l'événement de celle de d'Antin, pour différer à un autre temps, ou pour entrer en lice si la sienne réussissoit, avec la confiance que le roi et les juges les protégeoient volontiers, pour montrer que, sans être favori, on gagnoit des causes contre toutes sortes de règles. Les procès existants étoient celui de M. de Luxembourg, qu'il venoit de remettre en train judiciaire, en même temps qu'il s'étoit joint aux opposants à la prétention de d'Antin; et j'agissois déjà pour tâcher d'annuler l'arrêt sans force et sans mesure qu'il avoit obtenu, et le réduire à l'ancien détroit d'option entre son érection nouvelle ou n'être point pair. Je passe légèrement sur cette affaire si bien expliquée au commencement de ces Mémoires, et par les factums imprimés de part et d'autre qui sont entre les mains de tout le monde, et celui d'entre M. de La Rochefoucauld et moi. Ceux qui n'étoient pas encore formés, mais tout prêts à l'être, celui d'Aiguillon et celui d'Estouteville.

Les chimères encore recluses, mais qui n'attendoient pas moins impatiemment la conjoncture de paroître en prétentions, étoient celle de l'ancienneté de Chevreuse, de l'érection en faveur des Lorrains, et celle de Chaulnes, toutes deux dans la tête et dans la volonté du duc de Chevreuse; celle de l'ancienneté de Rohan, du grand-père maternel du duc de Rohan-Chabot; celle des premières érections d'Albret et de Château-Thierry, dont M. de Bouillon ne pouvoit se départir, et dont on a vu ailleurs que le premier président Harlay s'étoit moqué si cruellement en parlant à sa personne. Il n'y avoit pas jusqu'aux Bissy à qui l'ivresse de la faveur de leur évêque de Meaux ne tournât la tête, jusqu'à prétendre la dignité de Pont-de-Vaux, et cinq ou six autres de même espèce [qui], par les tortures prétendues applicables aux duchés femelles, eussent eu lieu, et tombées dans la boue par des alliances et des arrière-alliances déjà contractées.

C'est ce qui nous faisoit peur pour le renversement entier de tout ordre et de toute règle parmi nous, par l'achèvement de toute ignominie dans la transmission de ces dignités sans mesure; et même en réussissant contre elles, par une vie misérable de chicanes, de procès et de procédés, chacun ne manquant point de chicanes et de subterfuges pour détourner de dessus soi la condamnation de son voisin et même de son semblable, et se présenter hardiment sous des apparences d'espèces différentes. C'étoit néanmoins ce qui nous pouvoit arriver de mieux que de gagner en luttant, et de nous consumer en luttes.

Nous ne cessions de nous plaindre de ces amas de prétentions et de procès, que nous nous voyions pendre sur la tête par le fait de d'Antin, que son exemple avoit ranimés; et nous nous servions de ce débordement pour aggraver l'importance de laisser les choses dans les règles de tout temps suivies et reconnues. D'Antin, qui s'en aperçut, et que ce que nous alléguions là-dessus ne nous étoit pas inutile, sut tourner court, et prendre au bond cette balle avec finesse pour s'en servir lui-même avec avantage.

Outre tout le mauvais de sa cause en soi, dont il fut toujours très-persuadé comme il nous l'a avoué depuis, il sentoit l'extrême embarras où il alloit tomber par nos fins de recevoir qu'il ne pouvoit assez s'étonner que nous eussions découvertes, ce qui étoit l'ouvrage de Vesins, l'un de nos meilleurs avocats. La cause dirimante par la mésalliance de

Zamet, de laquelle seule il tiroit son prétendu droit, étoit sans réponse; et il n'avoit garde d'être tranquille sur son acquisition d'Épernon, autre fait dirimant. Monseigneur qui y étoit mêlé eût pu le lui reprocher durement, et donner lieu à ses ennemis de Meudon, qui commençoient à prévaloir, de lui faire un crime auprès de ce prince d'avoir abusé de sa faveur pour une acquisition dont il ne lui avoit pas montré l'objet, et lui faire faire ainsi bien du chemin dans la descente. Il s'y joignoit un malaise du roi importuné de ses absences, qui pouvoit aisément se tourner en dégoût, ou en habitude de se passer de lui pour les bagatelles dont il savoit faire un si habile usage.

Un contraste assez ferme qu'il eut à la porte de Dongois, greffier du parlement, avec les ducs de Charost et de Berwick sur des procédés, et qui furent poussés assez loin de la part des nôtres sur quelques longueurs dont il voulut se plaindre, tandis qu'il nous y avoit forcés par un piége, et la hauteur dont la chose fut prise de notre part à tous; enfin le changement de l'air du monde et même de celui de la cour, le bruit sourd du palais qui ne lui étoit pas favorable, toutes ces choses ensemble l'avoient effrayé dès le carême, jusqu'à le désespérer intérieurement du succès, et lui faire craindre de perdre encore autre chose que son procès.

Ces mêmes choses firent une impression pareille au duc de Chevreuse pour ce qui le regardoit, qui, né timide et chancelant, crut voir sa condamnation écrite par les épines que le favori éprouvoit. Ennemis de cabale, et sur toute autre chose, mais liés tous deux sur ces matières, tant l'intérêt a de pouvoir jusque sur les plus honnêtes gens tels que l'étoit Chevreuse, il tourna ses pensées au souvenir d'un règlement général projeté lors du procès de feu M. de Luxembourg, et il espéra du crédit de d'Antin de remettre ce règlement sus, et de faire passer son second fils duc de Chaulnes avec lui, en abandonnant leurs prétentions de l'ancienneté d'Épernon et de celle de Chevreuse. Ce point si funestement capital mérite d'être un peu plus expliqué dès son origine.

Lors du plus grand mouvement, en 1694, du procès entrepris par M. de Luxembourg contre ses anciens, il fut fait un projet, que j'ignorai longtemps depuis, qui régloit en forme de déclaration du roi les transmissions contestées de la dignité de duc et pair, laquelle excluoit presque entièrement les femelles, mais qui, avec cet appât aux ducs, les assommoit par l'établissement du grand rang des enfants naturels du roi. Harlay, premier président, qui papegeoit[1] pour la place de chancelier que le cadavre de Boucherat remplissoit encore ; qui, procureur général, avoit ouvert la voie en faisant légitimer le chevalier de Longueville, tué depuis, sans nommer la mère ; qui avoit eu pour cet exécrable service, parole réitérée des sceaux, voulut, vil et détestable esclave du crime et de la faveur, cueillir les fruits de son ouvrage par ce couronnement inouï de ces enfants, qui, sans lui et son invention cauteleuse et hardie, eussent forcément été ceux de M. de Montespan, peut-être des enfants trouvés dans l'impuissance d'énoncer père ni mère. C'étoit donc bien moins en faveur de la paix que cette déclaration avoit été conçue, et pour mettre des bornes fixes et précises aux transmissions des duchés femelles que pour la grandeur des bâtards. Harlay y avoit fait consentir M. de Luxembourg et son fils. Mais ce projet fut tant tourné, rebattu, rajusté, que le roi, du goût duquel ces choses ne furent jamais, l'abandonna, sitôt que par une voie plus militaire, et telle qu'elle a été racontée, il eut trouvé plus court de donner à ses fils naturels, et bientôt après à leur postérité, en la personne du duc de Vendôme, une préséance énorme, qui, lui ayant paru alors le comble de leur grandeur et de

---

1. *Papegeait pour la place* signifie *visait à la place*. Le verbe qu'emploie Saint-Simon vient du mot *papegai*, qui désignait un oiseau de carton ou de bois peint que l'on plaçait au bout d'une perche ou d'un poteau pour exercer à tirer de l'arc, de l'arbalète ou de l'arquebuse.

sa toute-puissance, ne devint pourtant que le piédestal des horribles prodiges qu'on a vus depuis en ce genre.

Le duc de Chevreuse d'accord avec d'Antin parla au chancelier. Il lui donna envie de la gloire d'un ouvrage qui finiroit toutes ces fâcheuses contestations ; et toucha peut-être en lui la partie foible du courtisan, désireux d'aplanir à son maître la voie d'élever de plus en plus ses enfants naturels, et d'achever la fortune de son favori, en se conciliant ces grands personnages du temps présent. Le chancelier gagné m'en parla d'abord avec une entière ouverture, mais une imposition étroite du secret. Nous agitâmes la matière, et j'avouerai à ma honte, ou à celle d'autrui que, n'imaginant pas qu'il fût dans la possibilité de trouver pour les bâtards rien au delà de ce qu'ils avoient, il ne m'entra pas dans l'esprit qu'ils profitassent du règlement qui se pouvoit mettre sur le tapis, autrement que par une confirmation de tout ce dont ils étoient en possession, qui n'ajoutoit rien à leur droit ni à leur jouissance. Ce fut par où nous commençâmes.

Le chancelier me fit bien entendre, et sans peine, que le chausse-pied de la déclaration (ce fut son terme) seroit inévitablement l'intérêt des bâtards, *causa sine qua non* du roi en toutes ces matières ; mais avec ma sotte présupposition qu'il appuya, et je crois de bonne foi alors, je conclus qu'il valoit mieux à ce prix sortir tout d'un coup, par une bonne déclaration, de tant d'affaires que de nous y laisser consumer. Je pensois que couper à jamais toutes racines de questions de préséance entre nous nous mettroit à couvert des schismes qui se mettoient si souvent parmi nous, et que nous délivrer une bonne fois des ambitions femelles nous délivreroit des désordres et des successions indignes qui achevoient la confusion. Je considérois une barrière aux favoris présents et futurs d'autant plus à désirer que l'âge du roi en faisoit craindre de capables de s'en prévaloir avec hardiesse ; et il est vrai encore que mon repos particulier acheva de me déterminer, parce que le poids de toutes ces sortes d'affaires tomboit toujours sur moi, en tout ou en la plus grande partie, pour le travail dont je ne me pouvois défendre, et pour la haine qui en résultoit, avec peu ou point de secours ni d'appui.

Ce parti bien pris en moi-même, et justement fondé sur nos misères intérieures dont je n'avois qu'une trop continuelle expérience, il fut question d'y travailler. Pour le faire utilement, le chancelier me montra le projet du premier président d'Harlay. Nous l'examinâmes ensemble; et pour mieux faire, il me le confia pour en tirer une copie, et pour, sur cette copie, faire mes notes, afin de les discuter après avec lui, et arrêter ensemble un nouveau projet sur cet ancien, qui nous fît trouver notre compte par des lois sages et justes, et par des avantages qui, autant que le temps le pouvoit comporter, nous dédommageassent de la confirmation de la grandeur des bâtards, qu'il falloit bien s'attendre devoir être énoncée dans ce règlement.

Pour mieux entendre ce qu'il en arriva, il ne sera pas peu à propos ni peu curieux d'insérer ici, plutôt que le renvoyer aux Pièces, cet ancien projet du premier président d'Harlay, avec les notes que je mis à chaque article de ce que je crus qui y devoit être changé, retranché ou ajouté; l'ancien projet d'un côté à mi-marge, mes notes de l'autre, vis-à-vis chaque article, tel que je le donnai au chancelier. Cet ancien projet avoit été concerté entre le chancelier, lors contrôleur général et secrétaire d'État de la maison du roi et ministre, le premier président d'Harlay, et d'Aguesseau, lors avocat général, aujourd'hui chancelier, communiqué par ordre du roi, et revu par le duc de Chevreuse, qui en avoit, disoit-il, perdu la copie qu'il en avoit eue, et convenu pour lui-même, et par MM. de Luxembourg père et fils pour eux, et resté en 1696 fixé entre eux tel qu'il suit :

## ANCIEN PROJET.

### I.

Les princes du sang seront honorés en tous lieux, suivant le respect qui est dû à leur naissance; et, en conséquence, auront droit d'entrée, séance et voix délibérative au parlement de Paris à l'âge de...., tant aux audiences qu'au conseil, sans aucune formalité.

### II.

Les enfants naturels des rois qui auront été légitimés, et leurs enfants et descendants mâles qui posséderont des duchés-pairies, auront droit d'entrée, séance et voix délibérative en ladite cour, à l'âge de.... ans, en prêtant le serment ordinaire des pairs, avec séance immédiatement après et au-dessous des princes du sang, et y précéderont, ainsi qu'en tous autres lieux, tous les ducs et pairs, quand leurs duchés-pairies seroient moins anciennes que celles des ducs et pairs.

### III.

Les ducs et pairs auront rang et séance entre eux du jour de l'arrêt de l'enregistrement, qui sera fait au parlement de Paris, des lettres portant érection du duché-pairie qu'ils possèdent, et

## NOTES.

Ce premier article pourroit être omis comme tout à fait inutile.

Ce second article pourroit être omis comme tout à fait inutile. Il y en a une déclaration expresse, qui n'étoit pas lors, et qui est enregistrée et confirmée par un usage constant depuis.

Le duché de Brancas n'est point vérifié au parlement de Paris, et c'est le seul existant. Il est du feu roi, et perdroit beaucoup à prendre rang de l'enregistrement qu'il en faudroit faire présente-

seront reçus audit parlement à l'âge de vingt-cinq ans, en la manière accoutumée.

ment au parlement de Paris, aux termes de ce troisième article. On n'oseroit proposer d'y ajouter la pairie pour dédommagement, en prenant la queue de tout par un enregistrement de duché-pairie au parlement de Paris, laissant caduc celui du parlement d'Aix. Il y a de grandes raisons pour fixer le rang des pairs au jour de la réception de l'impétrant au parlement, celui de l'enregistrement fixeroit le rang des ducs vérifiés qui ne sont pas pairs.

Quant à l'âge, on ne peut contester l'indécence et l'inconvénient d'un trop jeune âge, mais on ne peut contester aussi qu'il n'y en a non plus de réglé pour les pairs que pour les princes du sang, témoin le feu duc de Luynes, reçu à quinze ans, et bien d'autres. Puis donc qu'un âge ne peut être fixé sans faire une nouveauté intéressante, et que les pairs les plus avancés en âge ne savent pas plus de jurisprudence que les plus jeunes, dont l'étude est la raison principale qui a fixé l'âge pour la magistrature, à laquelle étude les pairs ne sont en rien assujettis, il paroît qu'un tempérament convenable seroit de fixer l'âge de la réception des pairs à vingt ans, pour différence d'avec les magistrats.

Si on omet les deux premiers articles, il seroit utile d'ajouter en celui-ci que les pairs auront entrée, séance et voix délibérative, tant aux audiences qu'au conseil, pour éviter équivoque par une expression différente ou tacite.

Il seroit nécessaire, pour couper court à mille nouvelles et insoutenables difficultés, d'ajouter que les pairs garderont, dans tous les parlements du royaume, la même forme d'entrer dans le lieu de la séance et d'en sortir qu'ils ont accoutumé de garder en celui de Paris, cour ordinaire des pairs et le premier de tous les parlements, dont l'exemple ne peut et ne doit être refusé d'aucun autre.

IV.

Les termes d'*ayant cause* n'auront aucun effet dans les lettres d'érection des duchés-pairies qui auront été accordées jusqu'à cette heure où ils auroient été mis, et ne seront plus insérés dans aucunes lettres à l'avenir.

Il ne faut point supprimer un terme consacré par un long usage, et qui, en effet, est essentiel, mais lui donner seulement une interprétation générale pour toutes les lettres, tant expédiées qu'à expédier, qui soit fixe et certaine. Il faut donc exprimer que, par *ayant cause*, le concesseur entend les mâles issus de l'impétrant, étant de son nom et maison, en quelque degré et ligne collatérale que ce puisse être, en gardant entre eux l'ordre et le rang de branche et d'aînesse, afin que la dignité se conserve et perpétue dans les issus mâles de l'impétrant de son nom et maison, tant et si longtemps qu'il restera un seul mâle issu de l'impétrant de son nom et maison.

V.

Les clauses générales insérées ci-devant en quelques lettres d'érection de duchés-pairies en faveur des femelles, n'auront aucun effet qu'à l'égard de celles

Ajouter à cet article, où aucun mot n'est à changer, que du mariage d'une fille, qui, aux termes dudit article, fera son mari duc et pair, sortira une race ducale qui descendront et seront du nom et maison de l'impétrant[1], et à la charge qu'elles épouseront des personnes que le roi jugera dignes de posséder cet honneur, et dont Sa Majesté aura agréé le mariage par des lettres patentes qui seront adressées au parlement.

masculine, c'est-à-dire qu'en la personne du fils de cette fille la duché-pairie femelle deviendra masculine, dont la succession à la dignité sera semblable en tout à la succession de tout autre dignité de duc et pair qui n'a jamais été femelle, et qui n'a été érigée qu'en faveur des seuls mâles.

Exprimer si le gendre aura le même rang que le beau-père, ou de la date des lettres patentes adressées au parlement pour son mariage, et alors conséquemment de sa réception s'il est pair, ce qui fixe le rang de ce duché, devenu alors masculin. Il semble que, avec cette restriction apportée aux duchés femelles, on pourroit laisser au gendre le rang de son beau-père ; bien entendu que cet édit ait un effet rétroactif en tous ses points et articles. Pour ce qui est des filles des filles, c'est une chose à bannir et à proscrire à jamais, comme une porte funestement ouverte aux inconvénients contre lesquels cet édit est principalement salutaire.

## VI.

Permettre à ceux qui ont des duchés d'en substituer à perpétuité, ou pour un certain nombre de personnes plus grand que celui de deux, outre l'institué, prescrit par l'ordonnance de Moulins, art. 59, le chef-lieu avec une cer-

Il seroit beaucoup plus à propos qu'à l'exemple des majorasques d'Espagne, cet édit marquât que toute érection de duché porte substitution perpétuelle de la terre érigée, c'est-à-dire du chef-lieu et d'un certain nombre de

---

1. On peut ajouter : si ce n'est qu'il plaise au roi d'étendre sa grâce aux filles des filles par une clause expresse. (*Note de l'auteur du projet.*)

taine partie de leur revenu, montant jusqu'à.... de rente, auquel le titre et dignité des duchés-pairies demeurera annexé, sans pouvoir être sujet à aucunes dettes ni détractions, de quelque nature qu'elles puissent être, après qu'on aura observé les formalités prescrites par les ordonnances pour la publication des substitutions.

paroisses aux environs, faisant un revenu de quinze mille livres de rente, avec privilége, outre ceux contenus en ce sixième article; que ce revenu ne pourra être saisi pour aucune cause que ce puisse être; que s'il y a des duchés entiers qui ne les valent pas, tant pis pour leurs titulaires possesseurs, qui néanmoins les pourront accroître par des acquisitions; que s'il se trouve des ducs trop obérés pour que cette concession ne préjudiciât pas à leurs créanciers, donner pouvoir aux petits commissaires de la grand'chambre du parlement de Paris de changer l'hypothèque des créanciers sur les biens libres de la femme du duc, et de faire en sorte de rendre le duché capable de jouir du bénéfice de cette disposition, qui, une fois connue, ne peut plus préjudicier à l'avenir, et assure une subsistance modique aux plus grands dissipateurs pour soutenir leur dignité, et délivre les maisons de la négligence de plusieurs ducs à se servir de cette grâce, si elle n'étoit qu'offerte et ouverte à volonté, comme elle l'est dans cet article sixième. On sait que les fiefs de dignité sont à peu près revêtus de tous ces avantages par toute l'Allemagne; que ceux d'Italie ne se peuvent, à proprement parler, réputer tels, hors les vraies souverainetés, et que ceux d'Angleterre ne sont que des noms et des titres vains, jamais possédés par ceux qui les portent.

### VII.

Permettre aux mâles descendants en ligne directe de l'impétrant de retirer le duché-pairie des filles qui se trouveront en être propriétaires, en leur en remboursant le prix dans...., sur le pied du denier.... du revenu actuel.

Le remboursement du prix doit être reçu forcément par les femelles, et réduit à un denier fort au-dessous du revenu de la terre, payable par un contrat de constitution[1]. La pratique très-embarrassante de cet article seroit supprimée par la substitution de droit perpétuelle, proposée sur l'article précédent.

### VIII.

Ordonner que ceux qui voudront former quelque contestation sur le sujet des duchés-pairies, et des rangs, honneurs et préséances accordés par le roi aux ducs et pairs, princes et seigneurs de son royaume, seront tenus de représenter, chacun en particulier, à Sa Majesté l'intérêt qu'ils prétendent y avoir, afin d'en obtenir la permission de le poursuivre, et qu'elle puisse y prononcer elle-même, si elle le trouve à propos, ou renvoyer par un arrêt de son conseil d'État les parties pour procéder et être jugées en son parlement; et en cas qu'après y avoir renvoyé une demande, les parties veulent en former d'autres incidemment qui soient différentes de la première, elles soient tenues d'en obtenir de nouvelles permissions de Sa Majesté.

Bon. Pourvu qu'il n'émane aucun arrêt qui, dès là que ce seroit un arrêt, attaqueroit le droit et la dignité de la cour des pairs, mais bien un ordre verbal du roi, ou une lettre de cachet au parlement, ou du secrétaire d'État de la maison du roi au premier président, au procureur général, et au premier avocat général du parlement de Paris, marquant la volonté du roi par son ordre.

Il paroît équitable de donner aux ducs vérifiés non pairs, et aux duchés vérifiés sans pairie, les mêmes avantages qu'aux ducs et pairs et aux duchés-pairies, en les comprenant en cet édit, si ce n'est que le revenu perpétuellement substitué des duchés vérifiés non pairies pourroit être modéré à dix mille livres de rente.

---

1. Contrat de constitution de rente.

### IX.

Ordonner enfin que M. de Luxembourg[1] aura son rang de 1662.

A la bonne heure, mais en disant : *et voulant traiter favorablement*, etc., parce que ce rang même aujourd'hui n'est pas invulnérable, et qu'il ne faut pas révoquer en doute ce qui le peut et doit attaquer, chose en soi très-indifférente à M. de Luxembourg par quels termes qu'il conserve ce rang, dès là qu'il le conserve, et que c'est par des termes honnêtes pour lui.

Tel étoit l'ancien projet et telles les notes que j'y mis ; ce qui fut bientôt fait de ma part, mais non pas sitôt convenu entre le chancelier et moi. Avant de rapporter cette dispute, qu'interrompit mon voyage de Pâques à la Ferté, et la mort de Monseigneur ensuite, il est à propos d'expliquer comment la chose s'enfourna parmi nous.

Le duc d'Harcourt, toujours attentif à ses affaires, demandoit en ce temps-là une grâce qui donna le branle à tout. C'étoit une déclaration du roi qui donnât une préférence à tous ses issus mâles, exclusive de tout issu par femelles, à la succession de son duché-pairie, pour éviter l'inconvénient des héritières des branches aînées qui, emportant la terre à titre de plus proches, mettoient, par là, ou par un prix trop fort, les cadets mâles hors d'état de recueillir une glèbe, sans la possession de laquelle ils ne peuvent recueillir

---

1. M. de Luxembourg et ceux dont il prend conseil ont paru avoir beaucoup de soumission pour tout ce qu'ils pourroient connoître qu'il seroit agréable au roi ; et quand Sa Majesté trouveroit bon qu'on les avertît de la disposition de l'article V de cet édit, son intérêt joint à son inclination lui feroient aisément accepter un parti auquel il a paru d'ailleurs très-disposé.

Les ducs et pairs, plus anciens, gagnent leur cause, et les nouveaux ne sont plus parties. (*Note de l'auteur du projet.*)

la dignité, qui s'éteint ainsi sur eux forcément, comme il avoit pensé arriver tout récemment aux ducs de Brissac et de Duras. Le roi y consentit ; mais la forme n'étoit pas aisée, parce que Harcourt, qui vouloit travailler solidement, cherchoit à la rendre telle que la coutume de Normandie, où son duché étoit situé, ne pût en d'autres temps donner atteinte à son ouvrage.

Quand donc j'eus consenti, le chancelier me permit d'en parler à Harcourt qui, pour une saignée au pied qui avoit peine à se fermer, gardoit la chambre dans l'appartement des capitaines des gardes en quartier, qu'il servoit pour le maréchal de Boufflers navré de douleur de la mort de son fils, et que le duc de Villeroy servit bientôt après, pour laisser Harcourt se préparer à son départ pour Bourbonne et pour le Rhin.

Harcourt trouvoit doublement son compte dans la proposition que je lui fis, puisque la grâce qu'il demandoit devenoit bien plus sûre par un article exprès d'un édit général, et par se voir délivré d'être la partie du favori. Mais ma surprise fut extrême lorsque j'entendis ce courtisan intime de Mme de Maintenon, et de M. du Maine, auquel je savois qu'il s'étoit prostitué par des traits de la dernière bassesse, me dire sans détour que, dès qu'on ne pouvoit espérer de déclaration du roi qu'en y confirmant les avantages bes bâtards (car ce fut son propre terme, et avec un ton de dépit), rien n'en pouvoit être bon. Je répondis que cette confirmation n'ajoutoit rien à ce qu'ils avoient, et partant ne nous nuiroit pas davantage : « Voyez-vous, monsieur, me répliqua-t-il avec feu, je vis très-bien avec eux et suis leur serviteur ; mais je vous avoue que leur rang m'est insupportable. Il n'y a de parti présent que de se taire, mais dans d'autres temps il faut culbuter tout cela, comme on renverse toujours les choses violentes et odieuses, comme le rang de Joyeuse et d'Épernon a fini avec Henri III, et comme dans eux-mêmes le rang du bonhomme Vendôme finit avec

Henri IV. C'est ce que nous devons toujours avoir devant les yeux comme ce qu'il y a de plus important, car c'est là ce qui nous blesse le plus essentiellement. Ainsi, avec ce dessein-là, que nous ne devons jamais perdre de vue, je ne puis être d'avis de passer une déclaration qui fortifie ce qui ne l'est déjà que trop, et ce que nous devons détruire. Je vous parle à cœur ouvert, ajouta-t-il avec un air plus serein, sentant peut-être ma surprise ; je sais qu'on peut vous parler ainsi, tous ceux qui ont un reste de sentiment ne peuvent penser autrement. »

Quelque étourdi que je fusse d'une franchise si peu attendue, je lui avouai que je sentois la même peine que lui sur les bâtards, ravi de le trouver sur ce chapitre tout autre que j'avois lieu de le croire. Nous nous y étendîmes un peu avec ouverture et une secrète admiration en moi-même de tout ce que cachent les replis du cœur d'un véritable courtisan. Ensuite je lui dis qu'étant entièrement de son avis sur le futur, je croyois pouvoir n'en être pas sur le présent, parce que, ce qui étoit fait ne subsistant pas, il ne falloit pas compter qu'une confirmation de plus ou de moins fût le salut ou la ruine de rangs de cette nature ; que si dans la suite ils se pouvoient renverser, l'article de l'édit dont je lui parlois ne seroit pas plus considérable que les déclarations enregistrées qui les regardoient expressément, ni que leur possession ; que cet article, regardé alors du même œil, et d'un œil sain, seroit détaché de l'édit sans en altérer le corps, dont la disposition en soi juste conserveroit toute sa force et ne blessoit personne ; et que nous pouvions aisément compter sur ce crédit ; si nous en avions assez pour réussir dans une chose aussi considérable que de remettre les bâtards à raison, et au rang de leur ancienneté parmi nous ; que si, au contraire, ils demeuroient ce qu'ils ont été faits, ce seroit un assez grand malheur pour nous, pour ne pas y vouloir joindre celui de nous priver d'un édit aussi avantageux pour tout le reste, dont je lui fis sentir toute l'importance. Ce raisonnement l'ébranla, et il s'y rendit le lendemain.

Je ne voulus point passer outre sans obtenir du chancelier la liberté de m'ouvrir au maréchal de Boufflers, que je regardois avec une tendresse et un respect de fils à père, et qui vivoit avec moi, depuis bien des années, dans la plus entière confiance. Le chancelier y consentit, et je persuadai ce maréchal par le même raisonnement qui avoit emporté l'autre. Après cela, il fut question d'entamer l'affaire. Le comment fut résolu d'un côté entre Boufflers, Harcourt et moi, qui seuls des opposants à d'Antin en avions le secret; de l'autre, entre Chevreuse et d'Antin, et le chancelier au milieu de nous, qui nous servoit là-dessus de lien, sans nous rien communiquer d'un côté à l'autre. Ce comment fut : qu'il falloit s'y prendre par la demande qu'Harcourt avoit faite pour son duché, et à ce propos remettre l'ancien projet sus. Harcourt guéri vit le chancelier, et parla au roi comme pour fortifier sa demande de cet ancien projet dont il avoit ouï parler confusément. Le roi lui dit qu'en effet il y en avoit eu un, et d'en parler au chancelier et au duc de Chevreuse qui tous deux s'en devoient souvenir. Le roi, aussitôt après, parla au chancelier de cet ancien projet, avec surprise et chagrin de ce que quelques ducs en avoient eu connoissance, puisque Harcourt lui en avoit parlé. Le chancelier le fit souvenir que par son ordre le duc de Chevreuse et feu M. de Luxembourg en avoient eu part, d'où cela avoit pu se répandre à quelques autres. Le roi, contenté là-dessus, demanda au chancelier s'il en avoit encore quelque chose; et sur ce qu'il lui dit en avoir conservé soigneusement tous les papiers, il en reçut ordre de les revoir pour lui en pouvoir rendre compte. On en étoit là lorsque la semaine sainte sépara la compagnie, qui fut suivie de celle de Pâques, et tout de suite de la maladie et de la mort de Monseigneur, sur laquelle il nous parut indécent de commencer nos plaidoiries, que nous remîmes à un peu d'éloignement, de concert avec d'Antin et le premier président. Je prendrai cet intervalle pour exposer courtement l'intérêt du duc de Chevreuse qui prétendoit en avoir deux, l'un et l'autre parfaitement pitoyables.

Sans s'étendre sur la prodigieuse fortune des Luynes ni sur leur généalogie, tout le monde sait que MM. de Luyne Brantes et Cadenet[1] étoient frères, que l'aîné fut duc et pair de Luynes et connétable; que Brantes fut duc et pair de Piney-Luxembourg par son mariage, dont il a été amplement parlé en son lieu sur le procès de préséance prétendue par le maréchal-duc de Luxembourg; et que Cadenet, ayant épousé l'héritière d'Ailly, fut fait duc et pair de Chaulnes, étant déjà maréchal de France. Il résulte de là qu'il étoit oncle du duc de Luynes, et grand-oncle du duc de Chevreuse. Cette érection est de mars 1621, huit mois avant la mort du connétable. M. de Chaulnes laissa deux fils. L'aîné, gendre du premier maréchal de Villeroy, mourut sans enfants. Son frère cadet devint ainsi duc de Chaulnes. Il fut célèbre par sa capacité dans ses diverses ambassades, gouverneur de Bretagne, puis de Guyenne, et il a été souvent fait mention de lui ici en divers endroits. Il étoit donc cousin germain du duc de Luynes, père du duc de Chevreuse. Lorsque ce dernier épousa la fille aînée de M. Colbert, au commencement de 1667, M. de Chaulnes fit donation de tous ses biens au second mâle qui naîtroit de ce mariage, au cas qu'il n'eût point d'enfants. Le cas arriva en 1698, et le vidame d'Amiens, second fils du duc de Chevreuse, hérita des biens de M. de Chaulnes fort chargé de dettes, dont il ne s'étoit pas soucié de débarrasser son héritier, et le duché de Chaulnes fut éteint. M. de Chevreuse étoit petit-fils du connétable, et ne venoit point du premier duc de Chaulnes,

---

1. Les trois frères dont parle Saint-Simon étaient : Charles d'Albert, duc de Luynes, Honoré d'Albert, seigneur de Cadenet, et Léon d'Albert, seigneur de Brantes au comtat Venaissin et non de Brancas, comme on l'a imprimé dans les précédentes éditions.

le duché de Chaulnes n'étoit que pour l'impétrant et les mâles issus de lui, aucun autre n'y étoit appelé, rien donc de plus manifeste que son extinction à faute d'hoirs mâles issus par mâles de l'impétrant. M. de Chevreuse de plus étoit personnellement exclu des biens du dernier duc de Chaulnes par son propre contrat de mariage, qui étoient donnés au second fils qu'il auroit, tellement que, à toute sorte de titres on ne peut concevoir quel pouvoit être le fondement de M. de Chevreuse de prétendre pour lui-même, et aussi pour son second fils, la dignité de Chaulnes, dont lui ne pouvoit posséder le duché, et auquel lui et ses enfants n'étoient point appelés, ni sortis du premier duc de Chaulnes. A force d'esprit et de désir, d'interprétations sans bornes des termes de *successeurs et ayants cause* employés dans l'érection de Chaulnes, comme en toutes les autres; par des raisonnements subtils, forcés, faux; à force d'inductions multipliées et de sophismes entortillés, M. de Chevreuse, dupe de son cœur et de son trop d'esprit et d'habileté, se persuada premièrement à lui-même qu'il avoit droit, et son second fils après lui, et voulut après en persuader les autres.

Sur Chevreuse, voici le fait : cette terre fut érigée en faveur du dernier fils de M. de Guise, tué aux derniers états de Blois en décembre 1588. Ce dernier fils, si connu sous le nom de duc de Chevreuse, le fut, comme on dit improprement, à brevet, depuis 1612, que l'érection fut faite pour lui et ses descendants mâles, jusqu'en 1627, que ce duché-pairie fut enregistré. Ce duc de Chevreuse épousa Marie de Rohan, veuve du connétable de Luynes, et mère du duc de Luynes père du duc de Chevreuse dont il s'agit; et c'est cette Mme de Chevreuse qui a fait tant de figure et de bruit, surtout dans les troubles de la minorité de Louis XIV. Elle n'eut que deux filles du Lorrain, dont aucune ne fut mariée. Elle survécut à ce second mari, et eut le duché de Chevreuse pour ses reprises, et elle le donna au duc de

Luynes, son fils du premier lit. Le duc de Luynes le donna en mariage à son fils, qui, par le crédit de Colbert, son beau-père, obtint une nouvelle érection, en sa faveur, de Chevreuse en duché sans pairie, qui fut vérifiée tout de suite. De prétendre de là la pairie et l'ancienneté de M. de Chevreuse-Lorraine, mieux encore l'ancienneté de l'érection en duché sans pairie enregistrée en 1555 pour le cardinal Charles de Lorraine, qui fut éteint par sa mort, c'est ce qui est inconcevable.

On feroit un volume des absurdités de ces chimères. Cependant ce furent ces chimères qui portèrent toujours M. de Chevreuse du côté de toutes celles qui se présentèrent, et sinon à prendre parti pour elles à découvert et en jonction, à demeurer au moins neutre en apparence, et leur fauteur et défenseur en effet.

J'avois vécu avec lui dans la confiance et l'amitié la plus intime et la plus réciproque. Il n'ignoroit donc pas que l'intérêt de la dignité en général, et celui de mon rang en particulier, ne l'emportassent à cet égard sur tout autre sentiment et sur toute autre considération; ainsi il voulut essayer de me persuader, et n'oublia rien, en plusieurs différents temps, pour m'emporter par toute la séduction de l'amitié et celle du raisonnement joints ensemble.

Il me trouva inébranlable. Sur l'amitié, je lui dis que je serois très-aise qu'il fit obtenir des lettres nouvelles à son second fils, mais que je ne pouvois trahir ma dignité en connivant à un abus si préjudiciable que seroit celui d'une si vaste et si large succession de dignité, telle qu'il la prétendoit. Sur le raisonnement, je démêlai ses sophismes, que je ne rendrai point ici, pour n'allonger point ce récit d'absurdités si arides et si subtilisées, et inutiles puisque la prétention n'osa se présenter en forme. Je dirai seulement, pour en donner une idée, que je le poussai un jour entre autres d'absurdités en absurdités, auxquelles son raisonnement le jetoit nécessairement, jusqu'au point de me soutenir qu'un duc et pair dont le duché seroit situé dans la même coutume où Chaulnes est situé, et qui auroit deux fils, pourroit, de droit et sans aucune difficulté, ajuster les deux partages, en sorte que l'aîné ayant pour la quantité de biens tous les avantages de l'aînesse, le cadet seroit néanmoins duc et pair à son préjudice, en faisant tomber le duché-pairie dans son lot, sans que l'aîné eût démérité ni qu'il pût l'empêcher. Quelquefois des conséquences si grossières, dont il ne se pouvoit tirer, lui donnoient quelque sorte de honte; mais sa manière de raisonner, subtile au dernier point, le réconfortoit à son propre égard, l'empêchoit de se laisser aller à la droite et vraie raison, et le laissoit en liberté de poursuivre avec candeur la plus déplorable de toutes les thèses. Je finis avec lui par lui dire qu'il étoit inutile de disputer davantage là-dessus; que, s'il entreprenoit ce procès, il devoit compter de me trouver contre lui de toutes mes forces, sans pour cela l'aimer moins; et que la plus grande preuve que je lui en pusse donner étoit mon souhait sincère qu'il réussît pour son second fils par des lettres nouvelles. Cette marque d'amitié étoit en effet grande pour moi; et il en sentit le prix, parce qu'il connoissoit parfaitement mon éloignement extrême de notre multiplication, et l'extrême raison de cet éloignement.

Nous demeurâmes donc de la sorte muets sur Chaulnes, qu'il avoit bien plus à cœur que son ancienneté de Chevreuse qu'il ne regardoit qu'en éloignement, moi en garde avec lui sur Épernon, et lui refusant quelquefois nettement toute réponse à ses questions là-dessus, mais, du reste, aussi étroitement unis, et en confiance aussi entière, sur tout ce qui ne touchoit pas ces matières, que nous étions auparavant.

Quelque uns, car c'est trop peu de dire unis, que fussent en tout M. de Chevreuse et M. de Beauvilliers, ce dernier étoit bien éloigné d'approuver les chimères de son beau-frère; on l'a vu par le conseil qu'il me donna, sans que je le lui demandasse, de m'opposer sagement, mais fermement à la prétention d'Épernon, et par le même qu'il me dit avoir donné à son frère, qui fut fidèlement des nôtres. Mais, par son unité d'ailleurs avec M. de Chevreuse, il ne vouloit pas le blâmer, et se tenoit là-dessus tellement à l'écart que, avec le plus qu'éloignement qui étoit entre lui et le chancelier, il ne put être question que, quoique sans aucun secret mien pour lui, je pusse lui parler du règlement de ce dont il s'agissoit. C'est où nous en étions lorsque, après la mort de Monseigneur, il fut enfin temps de commencer nos plaidoiries sur la prétention d'Épernon, ou de finir tout par le règlement en forme de déclaration ou d'édit dont j'ai parlé.

Le duc de Chevreuse et M. d'Antin le désiroient passionnément par les raisons que j'ai racontées, et je ne le désirois pas moins par celles que j'ai rapportées. Ce secret, comme je l'ai dit, étoit renfermé entre eux deux d'une part, les maréchaux de Boufflers et d'Harcourt et moi d'autre part, et le chancelier; point milieu des deux côtés qui ne se communiquoient que par lui; et à la fin se renferma uniquement entre le chancelier et moi seul pour tout ce qu'il s'y fit. Le maréchal de Boufflers s'en alla malade à Paris, dès que la revue des gardes du corps fut faite; Harcourt partit assez tard pour Bourbonne, et de là pour le Rhin, et on verra pourquoi je ne fus pas pressé de lui parler; d'Antin et moi n'étions pas en mesure de nous entretenir d'affaires; le duc de Chevreuse demeura le seul à qui je pusse parler, mais tellement en général que je n'eus pas la liberté de lui avouer que j'eusse connoissance du projet du premier président d'Harlay, moins encore de tout ce qui se passoit sur cette base. Tel étoit le secret que le chancelier m'avoit imposé, ne me laissant que la simple liberté de parler en général à M. de Chevreuse, comme sachant bien qu'on pensoit à un règlement, comme le désirant, mais rien du tout au delà.

Nous étions à Marly. Ce séjour rendoit tout lent et incommode, et me faisoit un contre-temps continuel. Le chancelier, passionné pour sa maison de Pontchartrain, n'alloit presque plus à Marly, et n'y venoit que pour les conseils. Du mercredi au samedi, il étoit à sa chère campagne, l'autre partie à Versailles, pour être les matins au conseil à Marly et s'en retourner dîner à Versailles. Le lundi, qui lui étoit libre, il tenoit le matin conseil des parties, et le sceau [1] l'après-dînée, de sorte qu'il n'y avoit presque que l'après-dînée du mardi d'accessible chez lui à Versailles. Nous avions, lui et moi beaucoup à conférer, ainsi tout étoit coupé et retardé, et nous jetoit sans cesse dans les lettres de l'un à l'autre. Les ducs de Charost et d'Humières étoient à Paris; cela me sauvoit du juste embarras d'avoir la bouche fermée pour des amis intimes, dans un intérêt commun, et qui avoient le timon de l'affaire d'Épernon, auxquels néanmoins il fallut bien tenir rigueur jusqu'au bout.

D'Antin à la fin, informé par le chancelier de l'ordre qu'il avoit reçu du roi sur le projet ancien, après qu'Harcourt en eut parlé au roi, seconda la chose par un trait hardi de raffiné courtisan. Il avoit embarqué son affaire par des protestations au roi qu'il ne lui demandoit pour toute grâce que la permission, qu'il ne refusoit à personne, de pousser son procès. Cela ne l'embarrassa point quand il lui convint de changer de langage. Il dit au roi que son procès étoit indubitable, mais cependant qu'il croyoit que son crédit soutiendroit difficilement le nôtre; que deux autres choses lui faisoient aussi beaucoup de peine : la longueur qui le priveroit d'une assiduité auprès de sa personne, qui faisoit tout son

---

1. Il a été question du conseil des parties, t. I$^{er}$, p. 445. Le chancelier tenait le sceau avec des conseillers d'État et des maîtres des requêtes, et scellait après leur rapport les édits et déclarations, lettres d'anoblissement, de légitimation, etc. Il pouvait rejeter les ordonnances présentées au sceau, si elles étaient déclarées contraires aux lois du royaume. Voy. notes à la fin du volume.

devoir et tout son bonheur; et une aigreur qui lui attireroit tous les ducs, lui qui ne cherchoit qu'à être bien avec tout le monde; que, quelque bonne que fût son affaire, il avouoit qu'il auroit toujours à contre-cœur de devoir son élévation à la justice de sa cause, au lieu de la recevoir de sa grâce et de sa libéralité, qui seroit la seule chose qui lui feroit plaisir; que ce plaisir même le toucheroit de telle sorte qu'il lui sacrifieroit de tout son cœur toute l'ancienneté qu'il avoit lieu d'attendre, et qu'il se verroit avec cent fois plus de joie le dernier pair par la bonté du roi, avec les bonnes grâces des autres, que le second par l'heureuse issue de son procès; que ce n'étoit pas, encore une fois, qu'il ne le crût indubitable; qu'il arrivoit encore de Paris, où il avoit vu les meilleures têtes du parlement, qui l'en avoient assuré (il mentoit bien à son escient, comme il l'a avoué depuis); mais qu'il se déplaisoit tellement en cette vie de courses et d'éloignement d'auprès de lui; qu'il étoit si accoutumé à ne rien tenir que de lui, [qu'] il osoit le conjurer d'abréger toutes ses peines, en lui donnant comme une grâce la dernière place parmi les ducs et pairs, où il étoit persuadé que la seconde lui étoit due. Cela dit en distance de plusieurs mois qu'il avoit dit tout le contraire pour enfourner son affaire, et dit dans un moment d'ébranlement sur l'ancien projet de règlement, mit le roi au large de contenter tout le monde, et en chemin d'être conduit où on vouloit. Il ne répondit rien de précis à d'Antin; mais il ne le fit point souvenir non plus qu'il l'avoit assuré d'abord qu'il ne lui demanderoit point de grâce; ensuite il lui parla de lui-même de cet ancien projet, à quoi d'Antin, tout préparé, prit, de façon qu'il se fit ordonner de voir là-dessus le duc de Chevreuse et le chancelier.

L'amorce prise, le chancelier représenta au roi qu'il étoit à propos de suspendre les plaidoiries qui alloient commencer sur la prétention d'Épernon, en cas qu'il voulût reprendre les anciens errements du règlement; et, quoique le roi n'y fût pas encore résolu, il consentit à la suspension. Le chancelier la fit aussitôt savoir au premier président, aux gens du roi et aux parties. La surprise en fut grande parmi les opposants à d'Antin et parmi leurs avocats. Ils ne savoient à quoi attribuer ce coup d'autorité; ils ne doutèrent même pas que ce ne fût un trait de favori inquiet de la face que son affaire avoit prise. Tout ce que je pus faire pour les rassurer, fut de dire aux ducs de Charost et d'Humières de ne s'inquiéter point, et à nos avocats d'avoir bon courage.

## CHAPITRE X.

Discussion du projet de règlement entre le chancelier et moi. — Friponnerie insigne et ambitieuse du premier président d'Harlay. — Apophthegme du premier maréchal de Villeroy. — Je fais comprendre les ducs vérifiés en l'édit. — L'amitié m'intéresse aux lettres nouvelles de Chaulnes, et le chancelier s'y porte de bonne grâce. — Je l'y soutiens avec peine, dépité qu'il devient des sophismes du duc de Chevreuse. — Le chancelier travaille seul avec le roi sur le règlement. — Son aversion des ducs et sa cause. — Scélératesse du premier président d'Harlay sur le sacre et la propagation des bâtards. — Je propose le très-foible dédommagement de la double séance de pairs démis. — Le roi, uniquement pour son autorité, favorable à M. de La Rochefoucauld contre moi. — Chaulnes enfourné. — Mémoire uniquement portant sur l'autorité du roi, qui me vaut la préséance sur M. de La Rochefoucauld. — Défaut de foi et hommage; explication et nécessité de cet acte. — Alternative ordonnée en attendant jugement, et commencée par la tirer au sort. — Préjugés célèbres du roi en faveur de M. de Saint-Simon. — Singulier procédé entre les ducs de Saint-Simon et de La Rochefoucauld lors et à la suite de la réception au parlement du premier. — Autre préjugé du roi tout récent en faveur de M. de Saint-Simon. — L'autorité du roi favorable à M. de Saint-Simon. — Enregistrement sauvage des lettres d'érection de La Rochefoucauld. — Lettres de M. le duc de Saint-Simon à M. le chancelier; de M. le chancelier à M. le duc de Saint-Simon; de M. le duc de Saint-Simon à M. le chancelier. — Éclaircissement de quelques endroits de mes lettres. — Anecdote curieuse de l'enregistrement de La Rochefoucauld.

Alors il fut question, entre le chancelier et moi, d'en venir à un sérieux examen de cet ancien projet du premier président d'Harlay, que j'avois copié et noté, qui devoit servir de base au règlement qu'on vouloit faire. Le premier article devint la première matière de contestation : c'étoit celui des princes du sang, qui étoit vague, hors d'œuvre, et qui ne disoit rien. Par cela même, j'en craignois une approbation implicite des usurpations à notre égard, dont M. le prince de Conti convenoit de si bonne foi du nombre et de l'injustice; et sans m'expliquer là-dessus avec le chancelier, j'insistai sur l'inutilité, et dès là sur l'indécence d'un article qui ne régloit rien, parce qu'il n'y avoit rien alors à décider à cet égard. Le chancelier me répondit qu'ayant nécessairement à parler des légitimés, on ne pouvoit passer sous silence les légitimes. Je ne voyois point cette nécessité. Il ne s'agissoit de rien sur les princes du sang : il n'y avoit point de concessions à confirmer pour eux comme pour les bâtards, puisqu'on vouloit prendre cette occasion de le faire; mais cette bienséance de ne pas parler de ceux-ci sans avoir d'abord fait mention de ceux-là parut au chancelier une raison péremptoire. Comme, dans le fait, ce premier article n'énonçoit rien, je ne m'opiniâtrai pas trop; mais j'essayai de faire supprimer le second, qui portoit la confirmation dont je viens de parler, et avec lequel le premier tomboit de soi-même. Mais le chancelier, ferme sur son principe que cet article seul seroit le chausse-pied du règlement, m'ôta toute espérance qu'il pût être supprimé, et je me tournai à le faire dresser, en sorte qu'il ne donnât pas au moins une force nouvelle à ce qui avoit été fait pour les bâtards, et que la confirmation, puisqu'il en falloit passer par là, fût la plus simple et la plus exténuée qu'il seroit possible. Le troisième article fut une ample matière. Harlay, par ce projet, ne songeoit qu'à son ambition. Il avoit parole réitérée d'être chancelier pour ses bons services aux bâtards. Le brillant de M. de Luxembourg, soutenu de la faveur pleine de M. de Chevreuse, l'avoit ébloui jusqu'à lui faire tenir la partiale conduite qui le fit récuser dans cette affaire de préséance, et qui nous fit rompre tous ouvertement avec lui. Il étoit lors au fort de cette brouillerie, dans laquelle le duc de La Rochefoucauld se montra des plus animés. Harlay le redouta pour les sceaux, et le voulut ramener à soi par la même voie qui l'en avoit aliéné. Il étoit bien au fait de la question de préséance qui étoit entre lui et moi, et, sans faire semblant d'y penser, il dressa ce troisième article pour m'étrangler, sans que je m'en défiasse, et pour se raccommoder par là avec M. de La Rochefoucauld. Comme cet article fut la matière de divers mouvements auxquels il faudra revenir plus d'une fois, je passerai aux autres sans m'arrêter maintenant à celui-ci, sinon sur ce qui ne me regarde pas en particulier.

Je trouvois juste que les duchés ne fussent vérifiés qu'à Paris, cour des pairs et le premier de tous les parlements ; ce fut pour cela que, sans la plus légère liaison avec les Brancas, je proposai ce qui se voit dans la note sur cet article. Mais comme les choses se régloient avec le roi bien plus par goût que par principes, cela fut laissé à côté dès qu'il ne fut plus question d'enregistrement, comme on verra dans la suite. L'âge compris dans cet article forma une grande dispute entre le chancelier et moi. La réception des pairs n'y avoit jamais été assujettie ; je ne pouvois souffrir qu'elle la fût, et uniquement pour servir de degré à la distinction sur eux des bâtards et des princes du sang, qui tous ne peuvent nier, malgré toutes leurs usurpations, qu'ils n'entrent au parlement que comme pairs, et, malgré toutes leurs distinctions, comme pairs tels que tous les autres. La raison de l'âge pour les gens de loi, et qui n'a rien de commun avec les pairs, fut par moi déployée dans toute sa force.

Le malheur étoit que celui contre qui je disputois étoit juge et partie. L'homme de loi, le magistrat blessé en lui de cette différence, se sentit en situation de l'anéantir ; il se garda bien d'en manquer l'occasion si favorable, et, à faute de mieux, de ne pas mettre pour l'âge les pairs à l'unisson des magistrats.

Le vieux maréchal de Villeroy disoit avec un admirable sens qu'il aimeroit mieux pour soi un premier ministre son ennemi, mais homme de qualité, qu'un bourgeois son ami. Je me trouvai ici dans le cas.

Le chancelier, qui m'en vouloit détourner l'esprit, s'appuya tant qu'il put de l'indécence et de l'inconvénient même quelquefois du pouvoir d'opiner dans les plus grandes affaires avant l'âge sagement prescrit pour pouvoir disposer des siennes particulières. J'opposai l'extrême rareté de ces occasions de juger pour les pairs, et le continuel usage des dispenses d'âge des magistrats qui jugent tous les jours de leur vie. J'eus beau me récrier sur l'iniquité de la disparité d'avec les princes du sang et les bâtards, et la parité entière avec les magistrats, jusqu'alors inouïe ; je parlois à un sourd enveloppé de sa robe, qui lui étoit plus chère que justice, raison ni amitié, et il fallut passer aux autres articles.

J'eus bon marché du quatrième et cinquième, qui regardoient les ayants cause et les duchés femelles. Ce dédommagement était bien mince des trois premiers, mais le contraire auroit été fort nuisible dans un temps si malheureux ; et si nous n'y gagnâmes rien, au moins fûmes-nous à l'abri d'y perdre. Il n'y avoit que les audiences du parlement de Paris d'exprimées ; je craignis les suites d'une omission de cette nature, sur l'exemple de celle qui, par la faute des pairs de ces temps-là, nous a par la suite exclus du conseil des parties. Je fis donc ajouter, et sans peine, le conseil, c'est-à-dire les procès par écrit, et les autres parlements à celui de Paris.

J'essayai après d'y faire cesser les ineptes difficultés que font quelques autres parlements sur la manière d'entrer et de sortir de séance, et de faire ajouter un mot qui les fixât tous à celles dont les pairs entrent et sortent de séance au parlement de Paris, le plus ancien et le modèle de tous les autres. Mais le magistrat se trouva encore ici avec sa précieuse robe, qui me répondit que c'étoit des choses étrangères à la matière dont il s'agissoit dans ce règlement, et que le roi ne pouvoit entrer dans ces vétilles, terme très-familier à ceux qui n'ont rien de fâcheux à essuyer. Ainsi, en choses de parlement, un homme de robe, en celles qui regardoient les princes du sang ou les bâtards, un courtisan, étoit ce que j'avois en tête, et avec qui lutter trop inégalement. Ces deux articles et les deux suivants n'avoient rien qui touchât aux princes du sang, aux bâtards, ni à la robe. C'étoient néanmoins les importants pour finir tous les procès de préséance, et nous garantir des pluies de la faveur et des prétentions de toute espèce qui renversent tout droit et tout ordre dans la dignité ; aussi le chancelier m'en fit-il bon marché. Nous les tournâmes tout aussi avantageusement que je voulus, et mieux encore, non-seulement sur l'ayant cause, mais sur les femelles, où le gendre fut exclu de l'ancienneté du beau-père. Ce furent deux grands points. Le sixième fut extrêmement discuté, non par la fantaisie du chancelier, mais par la difficulté de sa nature. Ma pensée étoit que la faculté de substituer étoit insuffisante à des ducs indifférents, mal entendus ou mal dans leurs affaires, et mon dessein étoit de conserver la dignité et sa glèbe perpétuellement à tous les appelés, de les dérober à l'incurie de leurs auteurs jusqu'à extinction de race, et tout à la fois de procurer aux ducs de quoi vivre au moins dans la plus grande décadence de leurs affaires, avec un lustre à leur dignité, de la solidité duquel ils tireroient leur subsistance. Il faut dire, à l'honneur du chancelier, qu'il entra parfaitement dans ces vues, et qu'il n'y eut que les obstacles insurmontables de l'exécution, par les difficultés de la chose en elle-même, et qui ne se purent résoudre, et qui empêchèrent la substitution de droit par l'érection, et qui la réduisirent à la simple faculté aux ducs de la faire, à laquelle nous donnâmes toute l'étendue possible, pour remplir toutes les vues que je viens d'expliquer.

Le septième article fut encore extrêmement discuté. Je voulois un denier plus foible ; l'équité en exigea un plus fort, et je m'y rendis. Le chancelier alla plus loin que moi, il ne faut pas lui en dérober l'honneur. Je ne pensois qu'au premier mâle en ordre de succéder, le chancelier étendit de lui-même la faculté du remboursement forcé de la femelle à tout mâle appelé à la dignité, chacun en son ordre, au refus par incurie ou par impossibilité des mâles avant appelés, ce qui fut une extension très-avantageuse pour la conservation des dignités dans la descendance de l'impétrant. Le huitième article passa sans difficulté entre nous deux, sinon que je m'opposai tellement à la forme d'un arrêt du conseil pour le renvoi des causes de prétentions ducales au parlement, que j'obtins que cette forme d'arrêt du conseil seroit omise. Ma raison fut que les magistrats du conseil ne sont pas juges compétents de ces matières. L'article neuvième alloit tout seul. La prétention de l'ancienne érection de Piney étoit éteinte par les articles précédents. Le rang de sa réérection de 1662, faite pour le feu maréchal de Luxembourg, fut établi par celui-ci ; et en même temps l'érection nouvelle et le rang nouveau de d'Antin y fut compris. Le premier avoit été le motif de l'ancien projet, le second de le remettre sur le tapis. Il finissoit ces deux affaires, et il étoit devenu épineux de faire juridiquement déclarer Piney éteint de la première et de la seconde érection, depuis le monstrueux arrêt de l'inique Maisons, qui a été expliqué en son temps, chose néanmoins à laquelle nous allions donner tous nos soins, si ceci ne nous en eût ôté la peine.

Jusqu'ici il ne s'agissoit du tout que des pairs, et l'ancien projet ne faisoit aucune mention des ducs simplement vérifiés ou héréditaires, comme on les appelle mal à propos, puisque les pairs le sont aussi. L'équité, aiguisée de l'intérêt de la maison de Mme de Saint-Simon, me fit penser à eux, par celui de l'aîné de sa maison et son cousin germain, de son frère et de son beau-frère, tous trois ducs vérifiés. Je proposai donc au chancelier d'ajouter à la fin de l'édit un article qui y comprît les ducs simplement vérifiés, autant qu'ils en étoient susceptibles. Il ne m'en fit aucune difficulté.

Tout cela convenu entre lui et moi, je vins à mon fait particulier de l'ancienneté à régler par la date de l'enregistrement des lettres, comme M. de La Rochefoucauld le prétendoit contre moi, et comme le portoit l'ancien projet du premier président d'Harlay, pour lui complaire et se le rapprocher, ou, comme je le prétendois, par la date de la réception de l'impétrant au parlement. Je diffère à expliquer plus bas les raisons de part et d'autre, pour ne pas interrompre la suite du récit du règlement. Il suffit ici de dire que je convainquis le chancelier de mon droit. Je mis ensuite sur le tapis ce qui regardoit M. de Chevreuse.

C'étoit un des grands épisodes. De l'ancienneté de Chevreuse-Lorraine, ce n'étoit pas le plus pressé ; Luynes étoit plus ancien. Le point pressant étoit Chaulnes. Il n'existoit plus depuis 1698, que le dernier duc de Chaulnes étoit mort ; et le vidame d'Amiens, second fils de M. de Chevreuse, se morfondoit cependant, et, suivant M. son père, souffroit, et lui aussi, une grande injustice, sans toutefois que ni l'un ni l'autre eussent osé encore se présenter juridiquement à recueillir cette dignité. Le chancelier et moi convînmes bientôt que cette prétention ne pouvoit se soutenir. Alors je lui dis que c'étoit là une occasion essentielle de se souvenir de l'amitié personnelle qui avoit toujours été entre M. de Chevreuse et lui, et je l'exhortai à le servir en cette occasion si importante, pour obtenir à son second fils des lettres nouvelles avec un nouveau rang. Le chancelier ne se fit point prier, et me répondit d'un air ouvert qu'il étoit ravi de me voir dans ce sentiment, et que cela même le mettoit là-dessus à son aise. Nous discourûmes de la manière de s'y prendre ; nous convînmes que l'unique étoit de ne pas faire au roi la prétention si mauvaise, afin d'y laisser une queue d'équité, de la terminer par une nouvelle érection, à quoi le chancelier me promit de faire tout son possible.

Mme de Saint-Simon avoit quitté Marly avec la fièvre ; elle étoit demeurée depuis à Paris assez incommodée, et je l'y allois voir le plus souvent que je pouvois. Le duc de Chevreuse y étoit aussi, qui, fort mal à propos pour ses vues de Chaulnes, avoit esquivé ce Marly, dont le roi n'étoit pas trop content ; car à lui qui était réellement ministre, bien qu'incognito, il lui falloit des permissions pour ces absences, que le roi ne lui donnoit pas volontiers. L'inquiétude le prit ; il me vint trouver à Paris : il se mit à me haranguer avec ses longueurs ordinaires ; moi à lui couper court que sa prétention de Chaulnes étoit insoutenable, et n'auroit pas un plus ardent adversaire que moi, s'il se mettoit à la plaider. J'ajoutai tout de suite que, pour lui montrer la vérité de mon amitié, je lui promettois tous bons offices s'il en avoit besoin pour des lettres nouvelles ; et je lui dis ce qui s'étoit passé là-dessus entre le chancelier et moi, mais sans un seul mot qui approchât du règlement. Cette franchise le charma ; il me fit mille remercîments, et me pria de soutenir le chancelier dans ce bon dessein. Dès qu'il m'eut quitté, il se mit à travailler à un mémoire, qui ne valut rien, parce que sa prétention étoit sans aucune sorte de fondement. Il l'envoya au chancelier. Les raisonnements en étoient tellement tirés à l'alambic qu'ils l'impatientèrent, et plus encore une conversation qu'il eut avec lui à Versailles, où il l'alla trouver, tellement qu'il fut grand besoin que je remisse le chancelier de cette mauvaise humeur qu'il avoit prise. Je n'en voulus pas donner l'inquiétude à M. de Chevreuse, quoiqu'il s'en fût un peu aperçu.

Le chancelier cependant travailla avec le roi. Ce tête-à-tête non accoutumé réveilla tout le monde, qui, joignant à cette singularité la surséance arrivée à notre affaire de d'Antin, ne douta pas qu'il n'y en fût question. Le chancelier proposa au roi de communiquer le projet de règlement à quelques ducs, et de travailler là-dessus, avec eux, puisqu'il s'agissoit de faire une loi à eux si importante. Le roi, hérissé de la proposition, répondit avec un mépris assez juste sur leur capacité en affaires, et la difficulté d'en trouver quelques-uns qui entendissent celles-là assez bien. Le chancelier lui en nomma quelques-uns, moi entre autres, et en prit occasion de faire valoir son amitié sans la montrer trop. Il insista même assez ferme; mais le roi demeura inébranlable en ses usages, ses préjugés, et ses ombrages *mazarins* d'autorité qui l'animoient contre les ducs, dont la dignité lui étoit odieuse par sa grandeur intrinsèque, indépendante par sa nature des accidents étrangers. Elle lui faisoit toujours peur et peine par les impressions que ce premier ministre italien lui en avoit données pour son intérêt particulier, et lui avoit sans cesse fait inspirer par la reine mère, ce qui le rendit si constamment contraire, jusqu'à franchir les injustices les plus senties, et même avouées en bien des occasions.

Le projet, tel que le chancelier et moi [en] étions convenus fut par lui communiqué au premier président et au procureur général. Pelletier, qui n'étoit pas grand clerc, ne fit que le voir à sa campagne où il étoit allé, et le renvoya aussitôt. D'Aguesseau écrivit un long verbiage qui, pour en dire le vrai, ne signifioit rien. Le chancelier, content de sa communication de bienséance, poussa sa pointe.

M. de Chevreuse, en éveil sur ce travail du roi avec le chancelier seul, redoubla d'un mémoire à celui-ci. Ce mémoire n'étoit point correct dans ses principes, peu droit dans ses raisonnements qui tous conduisoient à ses fins, comme le chancelier me le manda avec dégoût et même avec amertume. Il ajouta qu'en le lui donnant M. de Chevreuse lui avoit dit, pour le faire valoir, qu'il m'avoit fait presque convenir de tout. Il n'en étoit rien, et je le sus bien dire à l'un et à l'autre. Quelque étrange qu'un semblable allégué doive paroître à qui n'a pas connu le duc de Chevreuse, je suis convaincu qu'il se trompoit soi-même, et qu'à force de désirer, de se figurer, de se persuader, il croyoit tout ce qu'il souhaitoit et tout ce dont il se persuadoit de la chose, de lui-même et des autres. Toutefois je ne pus m'empêcher de lui en parler avec force, mais en même temps je soutins le chancelier dépité, et avec travail, qui vouloit laisser faire M. de Chevreuse, l'abandonner à ses sophismes et à tout ce qu'il en pourroit tirer sans autre secours pour son affaire.

Ce qui le gâtoit encore avec le chancelier, c'est que, se doutant bien qu'il étoit question d'un règlement, puisqu'il en avoit parlé lui-même, il le tracassoit pour pénétrer ses sentiments, et encore pour avoir communication de l'ancien projet qu'il avoit vu dans le temps que le premier président d'Harlay le fit, qu'il jugeoit bien devoir servir de base à ce qu'on alloit faire, mais dont il ne lui restoit rien qu'en gros et imparfaitement dans la mémoire. Or le chancelier s'en trouvoit d'autant plus importuné qu'il ne voulut ni lui communiquer l'ancien projet, ni moins encore lui laisser rien entrevoir de ce qui entreroit, ni de ce qu'il pensoit devoir entrer dans ce qu'on vouloit faire.

Je n'étois pas moi-même moins circonvenu toutes les fois que je venois à Paris, et je n'avois pas peu à me défendre d'un ami si intime, si supérieur en âge et en situation, et si adroit à pomper, dans la pensée que le chancelier me communiquoit tout, et ne me cachoit rien. Il eut beau faire, jamais il ne put rien tirer de moi que des avis sur son fait, et des services très-empressés et très-constants auprès du chancelier, qui ne furent pas inutiles.

Le chancelier avoit travaillé avec le roi trois fois tête à tête. J'appris de lui, après ce troisième travail, que le roi s'étoit souvenu de deux articles de l'ancien projet du premier président d'Harlay, que je n'avois point vus dans la copie que le chancelier m'avoit communiquée : c'étoient les deux derniers coups de foudre. Le premier étoit la représentation de six anciens pairs au sacre, attribuée, exclusivement aux pairs[1], à tous les princes du sang, à leur défaut aux légitimés pairs, sans que les autres pairs y pussent être admis qu'à faute de nombre des uns et des autres. L'autre étoit l'attribution, aux légitimés qui auroient plusieurs duchés-pairies, de les partager entre leurs enfants mâles qui deviendroient ainsi ducs et pairs et feroient autant de souches de ducs et pairs, avec les rangs, honneurs et priviléges maintenant accordés aux légitimés, au-dessus de tous autres pairs plus anciens qu'eux.

Ce que je sentis à deux nouveautés tout à la fois si inimaginables et si destructives seroit difficile à rendre. Je disputai contre le chancelier qui me montra l'article du sacre dans la minute de cet exécrable Harlay, qu'il n'avoit, disoit-il, recouvrée que depuis peu. Je lui remontrai l'antiquité de la fonction des pairs égale à celle du sacre même, et non interrompue jusqu'à présent; qu'il n'y en avoit jamais eu où les pairs, quand il s'en trouvoit, n'eussent servi, lors même qu'il y avoit plus de princes du sang qu'il n'en falloit pour cet auguste service. Je le fis souvenir de la préférence des pairs par ancienneté sur les princes du sang, aux sacres d'Henri II et de ses fils. Je lui démontrai que cette loi si juste par laquelle Henri III fait tous les princes du sang pairs à titre de naissance, et leur donne la préséance sur tous les autres pairs, n'avoit fait aucune altération à leurs fonctions du sacre. Je lui expliquai le fond, la raison, l'esprit de cette grande cérémonie, par l'histoire, et tout ce qu'elle a de figuratif, dont il n'est pas possible de convenir[2].

---

1. A l'exclusion des pairs.
2. Le manuscrit porte *convenir* et non *disconvenir*, comme on l'a imprimé dans les précédentes éditions.

Je lui rendis évident le peu de solidité d'un couronnement fait par tous les parents masculins d'un roi héréditaire, et d'une monarchie qui est l'unique soumise à la loi salique. Je lui fis honte de l'infamie d'une représentation si éminente par des bâtards, et à titre de bâtards. Enfin je n'oubliai rien de ce que la douleur la plus pathétique et l'instruction la plus puissamment réveillée me purent suggérer.

Mais ce fut là où je trouvai tout à la fois le magistrat et le courtisan, contre lequel j'eus enfin peine à me retenir. Il me protesta que ce souvenir étoit venu du roi tout seul, et qu'il n'avoit pu le détourner de cet article non plus que de l'autre, à quoi je pense bien qu'il n'épuisa pas ses efforts. J'essayai de le frapper par le nombre et le poids de nos pertes. Voyant enfin que je ne gagnois rien, je me tournai à le prier de faire arrêter le projet de règlement. Ce fut là que les grands coups se ruèrent de part et d'autre. Il ne put souffrir cette proposition, ni moi de m'en désister. Je lui soutins que cette plaie portoit droit au cœur, et qu'en attaquant jusqu'à cet excès tout ce que la dignité avoit de plus ancien, de plus auguste, de plus inhérent, rien ne pouvoit être bon. Il étala les avantages de tous les procès retranchés par les articles des ayant cause et des femelles, et de ceux des substitutions et du rachat forcé des héritières femelles. Je convins de l'avantage de ces articles; mais j'ajoutai que non-seulement ceux-là, mais qu'un règlement composé par moi-même en pleine liberté, et tout à mon gré, mais à condition de cet article du sacre, ne nous pourroit être que parfaitement odieux. Je le pressai de reparler au roi là-dessus, qui avoit souvent dit lui-même que, outre des princes du sang, il falloit des pairs pour représenter les anciens au sacre, qui pouvoit être ramené sur une chose qu'il ne pouvoit jamais voir. Le chancelier fut ébranlé; il me promit même toute assistance; mais j'eus lieu de croire, par une réponse que j'en reçus le lendemain à une lettre dont j'avois redoublé mon instance, que l'homme de robe, bien tranquille sur une énormité qui ne la touchoit pas, avoit laissé faire le roi en courtisan qui veut plaire, et qui sent bien que ce n'est pas à ses dépens.

Cet article, plutôt contraint par l'heure qu'épuisé, nous vînmes au second. Il est si étrange, si monstrueux et si surprenant, qu'il est inutile de s'y étendre après l'avoir expliqué. Il avoit été suggéré par le duc du Maine, à qui le roi parla d'abord de ce dont il étoit question, et qui ne s'épargna pas à en profiter. Je m'étendis avec le chancelier sur un pouvoir donné à des bâtards comme tels, à exercer indépendamment du roi sur un privilége, à raison de dignité multipliée dont ils sauroient bien ne pas manquer, qui revenoit pour l'effet au même que l'édit d'Henri III qui avoit fait les princes du sang pairs nés, en un mot sur un rang monstrueux qui en nombre comme en choses n'auroit plus de bornes. Finalement je me tus, voyant bien que ce qui étoit imaginé, demandé et accordé pour le duc du Maine, en faveur de sa bâtardise, ne pouvoit plus être abandonné par le roi, qui en faisoit son idole d'amour et d'orgueil. Je me rabattis donc à quelque sorte de dédommagement. Tous étoient bien difficiles à tirer du roi si jaloux d'une dignité qu'il avoit continuellement mutilée, et qui s'effaroucheroit de toute restitution, surtout si elle touchoit autrui. Cette considération me porta à en proposer un très-médiocre, et qui ne portoit sur personne : ce fut la double séance au parlement des pairs démis, avec leurs fils pairs par leur démission.

Je fis remarquer au chancelier que cette nouveauté n'étoit aux dépens de personne, que les pairs démis ne se privoient par leur démission que de la séance au parlement; que cela ne changeoit donc rien pour eux, ni pour leur rang, ancienneté, préséance et honneurs en pas un autre lieu, puisque leur démission ne les excluoit d'aucune cérémonie, ni de la jouissance partout de ce qu'ils avoient avant leur démission; que les ducs vérifiés ne perdoient rien à la leur, parce qu'il n'y avoit à y perdre que l'entrée au parlement, qu'ils n'ont pas ; que ce ne seroit même rien de nouveau en soi dans le parlement, puisque les présidents à mortier qui cèdent leurs charges à leurs fils n'y sont privés de rien, sinon de pouvoir présider en chef, mais jouissent d'ailleurs de leur séance et de leur ancienneté, et de leur voix délibérative ; que la même chose se pouvoit faire en faveur des pairs si on vouloit conserver un air d'apparence, sinon de justice, lorsqu'on s'en éloignoit à leur égard d'une manière si violente et si inouïe. Le chancelier contesta peu là-dessus. Il ne laissa pas d'alléguer que le père et le fils ne pouvoient siéger ensemble. Je lui demandai pourquoi cette exclusion, tandis qu'elle n'étoit pas pour la robe ; qu'en cela seulement il étoit juste qu'il en fût des pairs père et fils comme des magistrats père et fils ; qu'étant de même avis, leurs voix ne seroient comptées que pour une ; et que d'avis différent, elle seroit caduque. J'ajoutai que ce n'étoit qu'une extension à tous d'un droit qui appartenoit à quelques-uns ; que MM. de Richelieu, Bouillon et Mazarin avoient chacun deux duchés-pairies ; que les deux derniers s'étoient démis de l'une des deux ; que par conséquent c'étoient deux pères et deux fils siégeant ensemble au parlement, toutes fois et quantes bon leur sembloit et sembleroit, sans moyen aucun de l'empêcher, et sans qu'on se fût avisé jusqu'à cette heure d'y trouver le moindre inconvénient. Le chancelier n'eut point de réplique à me faire ; il avoua la proposition très-raisonnable, et me promit de faire tout de son mieux pour la faire passer.

Ce point achevé, il me dit que le roi n'avoit pu goûter mes raisons contre M. de La Rochefoucauld, quoi qu'il eût pu lui dire ; que la réplique du roi avoit été que son autorité y seroit intéressée, et qu'il étoit demeuré fermé là-dessus.

Un homme moins sensible que je ne l'étois en auroit eu sa suffisance de ces trois points dans une même conversation. Ce dernier néanmoins, qui étant seul m'eût extrêmement touché, ne me fit pas grande impression tant celle des deux autres me fut douloureuse. Elles attaquoient tant, et mon affaire ne touchoit presque pas la dignité. Je ne laissai pas de disputer ma cause avec le chancelier, qui pour toute réponse convint et haussa les épaules, m'avoua qu'il étoit pour moi, qu'il avoit combattu le roi tant qu'il lui avoit été possible, que les réponses du roi sur le fond et sur le droit avoient été nulles, et qu'il n'avoit répliqué que par le seul intérêt de son autorité. Je priai le chancelier de ne me pas tenir pour battu, ni lui non plus, en portant ma cause; je lui dis que, dès qu'il la trouvoit bonne par le mérite du fond, du droit, des règles et de la justice, qui ne touchoient point celles du roi, affranchi d'avoir à le persuader lui, puisque de son aveu il l'étoit, j'allois me tourner à persuader le roi sur son autorité comme je pourrois, par un autre mémoire que je prévoyois bien qu'il ne trouveroit pas bon, mais qu'il se souvînt du premier qu'il avoit trouvé tel, et qu'il se servît de celui que j'allois faire en faveur de l'autre, puisque ce n'étoit que par là que je pouvois réussir.

Nous finîmes par l'article de Chaulnes qu'il me dit avoir enfourné assez heureusement. Après cet entretien dans son cabinet à Versailles, qui dura plus de trois heures, je m'en allai dans la situation de cœur et d'esprit qu'il est aisé d'imaginer. En arrivant chez moi, je me mis à travailler au mémoire dont il vient d'être parlé. J'étois fâché; je le brusquai en deux heures pour l'envoyer au chancelier aussitôt, qui devoit travailler incessamment avec le roi, et essayer avec ce nouveau secours de remettre ma prétention à flot. L'adresse réussit; elle est telle que je l'insère ici plutôt que dans les Pièces. C'est un mémoire curieux pour bien connoître Louis XIV qui, uniquement sur cette pièce, me donna partout la préséance sur M. de La Rochefoucauld. La voici :

« On n'a pas dessein d'entrer dans le fond de la question par ce mémoire. On s'y propose seulement de faire trèssuccinctement l'histoire de ce qui s'est passé entre les titulaires de ces deux duchés-pairies, depuis leur érection jusqu'à présent, et d'y ajouter dans les endroits nécessaires de courtes réflexions, d'où on espère qu'il résultera avec évidence que cette question n'en fut jamais une, et que, si la considération de M. de La Rochefoucauld l'a tenue jusqu'à présent sans être jugée, tous les préjugés même du roi lui ont été manifestement et uniformément contraires. Il est seulement bon de représenter en un mot que, s'il arrivoit qu'il fût besoin d'une plus ample instruction, et d'entrer dans le fond de l'affaire, on est prêt d'y satisfaire par un mémoire tout fait il y a sept ou huit ans, et de suppléer encore à ce mémoire s'il n'étoit pas trouvé suffisant sans demander une heure de délai.

« L'érection de La Rochefoucauld est de 1622. L'enregistrement est de 1631. On supprime ici, avec un religieux silence, les causes d'un si long délai, et la manière dont cet enregistrement fut fait. Ni l'un ni l'autre ne seroient pas favorables à la cause de M. de La Rochefoucauld; et si cette remarque, toute monosyllabe qu'elle est, n'étoit indispensable pour faire voir que ce n'est pas se prévaloir de la négligence de M. de La Rochefoucauld, on n'en auroit fait aucune mention.

« On souhaiteroit encore pouvoir taire un autre inconvénient qui a même jeté M. le duc de Saint-Simon dans un grand embarras, lorsqu'il a été obligé de faire travailler à cette affaire pour n'en pas tirer un avantage trop ruineux à M. de La Rochefoucauld. C'est le défaut d'hommage rendu au roi. Une érection en duché, marquisat ou comté, plus essentiellement en duché-pairie, est constamment la remise d'un fief que le vassal possède entre les mains du roi; que le roi, après l'avoir repris, lui rend avec une dignité dont il l'investit par l'érection aux conditions portées par icelle qui sont respectives, savoir d'honneur et d'avantage pour le sujet, d'hommage et de service envers le seigneur, dont la principale, qui donne l'être aux autres, est constamment l'hommage. Par l'érection le roi investit son sujet, par l'hommage le sujet accepte et se soumet aux conditions sans lesquelles le roi n'entend lui rien donner, et le sujet n'entend rien recevoir. Cela n'est pas douteux. Dans l'hommage du sujet nouvellement investi consiste donc toute la forme; la force et la réalité de l'effet de l'érection et de l'investiture, sans quoi les choses demeureroient nulles et comme non avenues, puisque le sujet ne fait point de sa part ce qui est requis pour recevoir la grâce que son souverain lui fait, qui est de l'accepter de sa main et de le reconnoître pour son seigneur singulier en ce genre. Cette action d'hommage ne se peut faire qu'en trois façons, ou au roi même en personne, ce qui est devenu très-rare, ou, en la place de Sa Majesté, à son chancelier qui la tient pour ce, ou encore en la chambre des comptes. Il en demeure un acte solennel au souverain et au nouveau vassal, qui est le titre du changement de son fief en dignité plus éminente, et en mouvance plus auguste, puisque alors ce fief érigé ne relève plus que de la couronne, et c'est l'instrument qui déclare au public le changement arrivé dans le fief et dans son possesseur, puisque l'érection sans cela n'est qu'un témoignage de la volonté du roi demeurée imparfaite, dès là que par l'omission de l'hommage, condition si essentielle, le sujet n'accepte pas la grâce de son seigneur, et ne se lie pas à son joug par un nouveau serment, et acte d'obéissance, de service et de fidélité.

« C'est néanmoins ce qui ne se trouvera pas que feu M. le duc de La Rochefoucauld, ait fait, en aucun temps, au roi, à son chancelier, ni à la chambre des comptes, chose pourtant si essentielle qu'on ne craint point d'avancer que la dignité de duc et pair pourroit être justement contestée à M. de La Rochefoucauld; rien ne peut couvrir ce défaut que la bonté du roi, en lui accordant un rang nouveau, en faisant présentement son hommage, et c'est cet étrange inconvénient que M. de Saint-Simon a cherché par tous moyens de pallier, pour n'émouvoir pas une question si fâcheuse à un seigneur qu'il respecte, et qu'il a toujours constamment honoré. Pour en venir à bout, M. de Saint-Simon s'est trouvé réduit à dire que lorsque feu M. de La Rochefaucauld prêta serment en la manière accoutumée lorsqu'il fut reçu au parlement, ce serment emporta hommage, qui donc au moins ne fut rendu qu'en cet instant; et pareillement que la chambre des comptes établie si spécialement sur les foi et hommage, aveux et dénombrements[1] de la couronne, ne le put reconnoître, à faute d'hommage, qu'alors et deux mois après, lorsque son érection y fut vérifiée, c'est-à-dire en 1637.

« Deux ans auparavant, c'est-à-dire en 1635, le 2 février, l'érection de Saint-Simon avoit été faite et fut enregistrée. Feu M. le duc de Saint-Simon avoit rendu sa foi et hommage ; il avoit été reçu duc et pair au parlement, et feu M. le duc de La Rochefoucauld n'y avoit formé nulle opposition pour son rang. Il est vrai qu'étant reçu deux ans après il prétendit la préséance, et il ne l'est pas moins qu'il ne la put jamais obtenir, chose qui s'accorde si aisément par provision à ceux dont le droit est jugé le meilleur, en attendant un jugement définitif; comme il est arrivé en

---

1. Il a été question de l'hommage et des cérémonies qui l'accompagnaient, t. II, p. 449. L'*aveu* était encore une espèce d'hommage, par lequel on se reconnaissait l'homme du seigneur. Voici une formule d'aveu extraite du *Grand coutumier* (t. II, p. 31) : « Tu me jures que d'ici en avant tu me porteras foi et loyauté comme à ton seigneur, et que tu te maintiendras comme homme de telle condition comme tu es : que tu me payeras mes dettes (ce qui m'est dû) et devoirs bien et loyaûment, toutefois que payer les devras, ni ne pourchasseras choses pourquoi je perds l'obéissance de toi et de tes hoirs (héritiers), ni ne te partiras de ma cour, si ce n'est par défaut de droit et de mauvais jugement. En tout cas tu *advoues* ma cour pour toi et pour tes hoirs. » Le *dénombrement* était une déclaration que chaque vassal était tenu de faire à son seigneur quarante jours après l'hommage. Elle devait contenir l'énumération de toutes les terres et droits qui dépendaient du seigneur. Ce dernier avait aussi quarante jours pour constater l'exactitude du dénombrement.

pairie en tant d'occasions, et comme il en subsiste encore un exemple dans l'affaire de M. de Luxembourg. M. le duc de Retz se trouvoit dans le même cas à l'égard de M. le duc de La Rochefoucauld, et ils s'accommodèrent ensemble, sans qu'on ait pu en démêler la raison, à se précéder alternativement. Ces accords se peuvent pour les cérémonies de la cour quand le roi le trouve bon, mais au parlement il faut un titre. C'est ce qui fut cause d'un brevet du roi, du 6 septembre 1645, qui, en attendant le jugement, ordonna cette alternative dont le commencement solennel fut au lit de justice du lendemain, et comme il importoit aux parties par laquelle la préséance commenceroit, le sort en décida contre M. de La Rochefoucauld. Il ne se peut une balance plus exacte; depuis, l'alternative a toujours subsisté. Retz s'est éteint; Saint-Simon seul est resté dans cet intérêt, qui quant à présent ne regarde aucun autre duc que MM. de La Rochefoucauld et Saint-Simon.

« Cette question a toujours paru au roi sinon si sûre [du moins] en faveur de M. de Saint-Simon, c'est-à-dire de la première réception, qu'il en est émané de Sa Majesté deux grands préjugés célèbres dans une de ses plus augustes fonctions. Le roi ayant élevé à la fin de 1663 quatorze seigneurs à la dignité de pairs de France, Sa Majesté tint son lit de justice, et en sa présence fit enregistrer les érections et recevoir les nouveaux pairs l'un après l'autre dans le rang qu'elle avoit déterminé de leur donner. M. le duc de Bouillon avoit été fait duc et pair quelques années auparavant avec une clause d'ancienneté première de Château-Thierry et d'Albret, que le parlement modifia en enregistrant le contrat d'échange de Sedan, au jour de la date de ce contrat, pour, en modérant une ancienneté qui l'eût mis à la tête de tous les ducs et pairs, lui en donner une insolite en manière de dédommagement, et la fixer avant l'enregistrement de ses lettres, et avant sa première réception, ce que le roi trouva si juste, attendu le jeune âge de M. de

Bouillon, depuis grand chambellan de France, et sentit en
même temps si bien qu'il perdroit son ancienneté, s'il n'y
étoit autrement pourvu, qu'il fit prononcer par M. le chancelier un arrêt exprès pour la conservation de son rang au
jour de la date susdite, en ce même lit de justice. Il y a
plus : M. le maréchal de La Meilleraye, l'un des quatorze
nouveaux pairs, étoit lors absent et en Bretagne pour le
service du roi. Il ne parut pas juste à Sa Majesté que son
absence préjudiciât au rang qu'elle lui avoit destiné le quatrième parmi les autres, et il fut encore rendu un autre
arrêt pour la conservation de son rang. Il faut convenir que
rien n'est plus formel en faveur de M. de Saint-Simon que
ces deux arrêts si solennels sur cette même et précise question, émanés du roi même, séant en son lit de justice, uniquement tenu pour les pairs.

« Lorsqu'en 1702, M. de Saint-Simon d'aujourd'hui
songea, avec la permission du roi, à se faire recevoir au
parlement, il supplia M. le duc de La Rochefoucauld de s'y
trouver et de l'y précéder sans rechercher qui avoit eu la
dernière alternative, dont l'âge avancé de feu M. de Saint-
Simon et la jeunesse de celui-ci avoient ôté les occasions
depuis longtemps. M. de La Rochefoucauld fut sensible à
l'honnêteté qui certainement étoit grande, mais embarrassé. On étoit à Marly. M. le duc de Saint-Simon fut à
Paris voir M. le premier président d'Harlay, qui lui demanda comme il feroit avec M. le duc de La Rochefoucauld. M. de Saint-Simon lui dit l'honnêteté qu'il lui avoit
faite qui levoit tout embarras ; mais il ne fut pas peu surpris
de la réponse de ce magistrat, qui se piquoit de n'ignorer
rien. Cette réponse fut que les rangs des pairs entre eux ne
dépendoient pas d'eux au parlement, et que cela ne levoit
aucune difficulté. M. de Saint-Simon étoit jeune : il craignoit les exemples des réponses fâcheuses de ce premier
président. Il s'y vouloit d'autant moins exposer qu'il savoit
par l'expérience de ses affaires que, depuis le procès de

M. de Luxembourg, il étoit fort mal avec lui, et que d'ailleurs il avoit cherché à se raccommoder par feu Mme de La Trémoille avec M. de La Rochefoucauld, que ce même procès avoit brouillé avec lui. Ainsi M. de Saint-Simon se tut et ne jugea pas à propos de l'irriter en lui parlant du brevet de 1645, que le parlement avoit enregistré, que ce magistrat ignoroit ou vouloit ignorer, et se retira sans lui rien répondre là-dessus. De retour qu'il fut le soir même à Marly, il apprit par feu M. le duc de La Trémoille que M. de La Rochefoucauld désiroit que le procès se jugeât entre eux. M. de Saint-Simon pria M. de La Rochefoucauld de s'expliquer franchement avec lui, lequel lui dit que Retz étant éteint, l'âge et l'état de la famille de feu M. de Saint-Simon avoit toujours fait juger que sa dignité s'éteindroit de même, que cette considération avoit toujours arrêté toute pensée de jugement, mais que présentement l'état des choses qui avoit changé faisoit aussi changer de sentiment, et qu'il désiroit que l'affaire fût jugée. Ils parlèrent ensuite de la manière d'en user réciproquement, et M. de La Rochefoucauld voulut des arbitres pairs. M. de Saint-Simon lui représenta que le roi seul ou le parlement étoient les juges uniquement compétents, et que jamais un autre jugement ne pourroit être solide; mais il n'y eut pas moyen de le persuader, et tous deux convinrent de sept juges, qui furent MM. de Laon, Sully, Chevreuse, Beauvilliers, Noailles, Coislin et Charost. M. de Saint-Simon insista pour qu'il y eût au moins un magistrat rapporteur. Cela fut également rejeté par M. de La Rochefoucauld, tellement qu'il fut convenu que M. de Laon présideroit et rapporteroit en même temps, et que, pour tenir lieu de significations, les copies des pièces et des mémoires dont on voudroit se servir seroient remises à M. de Laon par les parties signées d'eux, et communiquées de l'une à l'autre par M. de Laon, qui auroit pouvoir de limiter le temps qu'on seroit obligé de les lui rendre.

« Les choses en cet état agréées par le roi, M. de Saint-Simon demanda du temps pour revoir une affaire si vieillie, et qu'il comptoit laisser en alternative tant qu'il plairoit à M. de La Rochefoucauld, et que cela lui plairoit toujours. Ce fut alors que M. de Saint-Simon fut arrêté et fort embarrassé de l'omission de foi et hommage par feu M. de La Rochefoucauld, qu'il suppléa, comme il a été dit ci-dessus, pour ne se pas donner la douleur de faire perdre à M. de La Rochefoucauld un rang si ancien, et le réduire à prendre la queue de tous les ducs, en lui contestant, comme il seroit trop bien fondé à le faire, la validité de sa dignité.

« Lorsque M. de Saint-Simon fut prêt, il le déclara à M. de Laon pour le dire à M. de La Rochefoucauld, lequel fut longtemps à prétendre que M. de Saint-Simon communiquât ses papiers le premier. M. de Saint-Simon répondit que c'étoit à M. La Rochefoucauld à commencer, puisque c'étoit lui qui ne vouloit plus l'alternative et qui désiroit le jugement; que, ne donnât-il que six lignes contenant sa prétention toute nue avec ses lettres d'érection et ses autres pièces conséquentes, M. de Saint-Simon s'en contenteroit et répondroit. Après un assez long temps, on ne sait quel en fut le motif, M. de La Rochefoucauld déclara à M. de Laon, en lui donnant sa prétention toute sèche en douze lignes, qu'il n'avoit pièces ni raisons quelconques à présenter, et qu'il n'en vouloit plus ouïr parler; on n'oseroit dire qu'il paya d'humeur, mais on ne peut taire qu'il ne paya d'aucune raison. Il y a sept ou huit ans que les choses en sont là, sans que M. de La Rochefoucauld se soit présenté en aucune occasion d'alternative, ne s'étant pas même trouvé à la réception de M. le duc de Saint-Simon, qui avant tout a songé à se conserver l'honneur de l'amitié de M. le duc de La Rochefoucauld, et n'a pas parlé depuis de leur affaire qui est demeurée là.

« Deux courtes observations finiront ce mémoire.

« La première : Qu'on ne peut pas dire qu'il n'y ait pas

un procès certainement existant et très-ancien entre MM. de Saint-Simon et de La Rochefoucould, repris et laissé en divers temps entre leurs pères, et depuis par eux-mêmes;

« Que le roi en a eu en tous les temps une connoissance si effective qu'il est émané de Sa Majesté un brevet pour l'établissement d'une alternative au parlement, qui exclut toute provision de préséance, et deux arrêts en plein lit de justice, qui sont un préjugé formel et le plus précis qui puisse être en faveur de M. de Saint-Simon;

« Que tout nouvellement, le roi, sur la représentation de M. le maréchal de Villars de lui accorder un arrêt semblable à ceux de Bouillon et de La Meilleraye, ou d'empêcher que M. le maréchal d'Harcourt fût reçu pair au parlement avant que sa blessure lui eût permis de l'être lui-même, Sa Majesté a pris ce dernier parti, ce qui n'est pas un moindre préjugé en faveur de M. de Saint-Simon que les deux autres.

« Conséquemment que le roi a dans tous les temps regardé cette question comme une vraie et très-importante question, et par plusieurs actes solennels émanés de Sa Majesté jusque tout récemment, comme une question très-favorable pour M. le duc de Saint-Simon. Voilà pour ce qui est de la chose en soi.

« L'autre observation regarde l'autorité du roi.

« Rien ne seroit plus contraire au devoir de vassal à son seigneur, bien pis encore d'un sujet à son souverain, que de jouir de l'effet d'une grâce, qui est ce que le prince donne, sans rendre foi et hommage, qui est un lien prescrit par sa grâce même, et un échange pour la grâce que le sujet en la recevant rend au prince qui l'honore d'un nouveau titre, en conséquence duquel il lui est par la foi et hommage, pour raison de ce, plus nouvellement et plus étroitement soumis, attaché et fidèle. C'est néanmoins ce qui manque à M. de La Rochefoucauld, et ce qui n'a pu être suppléé que par son serment de pair prêté en 1637, deux ans après l'hommage de feu M. le duc de Saint-Simon et sa réception au parlement postérieure à cet hommage.

« Rien ne marqueroit moins l'autorité du roi que la fixation du rang des pairs à la date de l'enregistrement de leurs lettres, et rien en particulier n'y seroit plus spécialement opposé que la fixation du rang de M. de La Rochefoucauld à la date de l'enregistrement des siennes. Sur le premier point, il est constant que ce seroit prendre rang par l'autorité du parlement qui a toujours prétendu pouvoir admettre, retarder, avancer ou rejeter les enregistrements des lettres, et qui souvent l'a osé faire ; sur le second point, c'est l'espèce présente, puisque les lettres de La Rochefoucauld furent enregistrées pendant la disgrâce de feu M. de La Rochefoucauld et contre la volonté du roi connue, et lors absent de Paris. Ce fait est certain, et M. de La Rochefoucauld, qui se souvient bien de la manière dont cela se passa, pour l'avoir ouï souvent raconter chez lui, n'en disconviendra pas.

« Reste donc, pour faire chose séante à l'autorité royale, de fixer le rang à la date des lettres ou à la réception de l'impétrant au parlement, puisqu'on vient de montrer l'indécence de la fixer à la date de l'enregistrement des lettres. De le faire à la date de leur expédition est impossible, puisque des lettres non enregistrées n'opèrent qu'une volonté du roi non effective ni effectuée, qui ne produit que ce qu'on appelle improprement duc à brevet, comme l'est encore M. de Roquelaure, c'est-à-dire un homme que le parlement ne reconnoît point duc et pair, qui n'a nul rang, qui ne jouit que de quelques honneurs qui ne peuvent passer à son fils sans grâce nouvelle, et dont les lettres sont incapables de lui fixer un rang parmi ceux du nombre desquels il ne peut être tant que ses lettres demeurent sans vérification.

« On ne peut donc fixer le rang d'ancienneté qu'à la réception de l'impétrant pour deux grandes raisons : la première parce qu'alors seulement la dignité se trouve complète et parachevée sans que rien de ce qui est d'elle y puisse plus être ajouté, comme on le montreroit évidemment si on entroit dans le fond. L'autre, c'est qu'alors seulement la volonté du roi, non suffisante par l'expédition des lettres d'érection, non toujours suivie par leur enregistrement, et spécialement en celle de La Rochefoucauld, est la règle unique de cette réception dont on ne trouvera aucun exemple contre la volonté des rois. C'est donc alors seulement qu'opère indépendamment de tout le reste la puissance de cette volonté souveraine, qui vainement a érigé, qui pour l'enregistrement n'est pas toujours obéie, et qui, quand elle la seroit, feroit donner par le parlement ce qu'elle-même n'a pu donner sans son concours; mais qui seule suspend ou presse à son gré la réception au parlement de celui qu'elle a fait pair de France, et par cet acte elle le tient suspendu en ses mains tant que bon lui semble, et tient ainsi sa fortune en l'air quoique achevée, et ce semble déterminée par la puissance étrangère de l'enregistrement, et permet seulement que tout acte de pairie s'achève en effet et s'accomplisse en l'impétrant, quand elle veut, par cette grâce dernière de sa première réception au parlement, couronner toutes les autres qui n'y sont qu'accessoires, et manifeste seulement alors à l'État un assesseur et un conseiller nouveau qu'elle s'est choisi, aux grands vassaux de la couronne un compagnon qu'ils ont reçu de sa main toute-puissante, et à tous ses sujets un juge né qu'elle a élevé sur eux. Alors la dignité complète est seulement proposée telle, et le rang d'ancienneté fixé pour jamais dans cette famille par un dernier coup de volonté pleine qui ne dépend que du roi tout seul, sans concours du parlement, et sans qu'autre que la majesté royale mette la main à l'ouvrage alors entier et en sa perfection.

« C'est ce que plus de loisir et de licence d'entrer dans un fond plus détaillé de la matière du procès pendant entre

MM. de Saint-Simon et de La Rochefoucauld, et pour le droit en soi, et pour le fait en exemples, démontreroit encore plus invinciblement. En voilà assez au moins sinon pour déterminer le roi en faveur de son autorité et de son incommunicable puissance, des préjugés émanés de Sa Majesté même, en tous les temps et avec grande solennité, et de la bonté en soi de la cause de M. de Saint-Simon, pour détourner au moins sa bonté, et on ose ajouter son équité, de décider rien là-dessus sans lui avoir fait la grâce de l'entendre, sinon par elle-même, au moins par ceux sur qui elle s'en voudra décharger, dont M. de Saint-Simon n'aura aucun possible pour suspect, par sa confiance en la bonté et en la justice de son droit. »

Deux lettres que nous nous écrivîmes le chancelier et moi donneront maintenant toute la lumière dont la suite de cette affaire a besoin. La première est du lendemain que j'eus appris de lui à Versailles les articles du sacre et de l'extension des bâtards en autant de pairs qu'ils auroient de pairies ; l'autre, aussitôt que j'eus achevé le mémoire ci-dessus. Ce fut le 3 mai, à Paris où j'étois venu coucher.

« Je vous avoue, monsieur, que je revins hier plus affligé que je ne puis vous le dire, et qu'après avoir pensé à la nouvelle et horrible plaie générale, je songeai à la mienne particulière. Ce matin, j'ai fait un mémoire sur mon affaire, le plus court et précis que j'ai pu, et je viens de vous écrire une lettre ostensible, compassée au mieux que j'ai pu pour y joindre. D'Antin a dit le fait à M. de Chevreuse ; puisqu'il l'a su sans vous, et ce dernier me l'a dit à moi, comme je vous en rendis hier compte; j'espérois que mon mémoire seroit assez tôt mis au net pour pouvoir vous le porter ce soir, mais mon lambin de secrétaire ne finit point. Il me seroit néanmoins très-important d'avoir l'honneur de vous entretenir, et je vois vos journées si prises, que je ne sais pas quand. D'aller à Pontchartrain ne me semble pas trop à propos dans cette conjoncture, et je ne vois que samedi pro-

chain comme hier à Versailles, ce qui est long et étranglé ;
en attendant je vous enverrai mon mémoire que j'aurai
grand regret de vous laisser lire tout seul. Cependant commandez à votre serviteur muet comme un poisson, et qui va
être en général et en particulier brisé comme vile argile.
Qu'il y auroit un beau gémissement à faire là-dessus, qui
me feroit encore dérouiller du latin et des passages, mais
vous diriez que ce seroit les profaner ! Permettez-moi du
moins, un *heū!* profondément redoublé, en vous assurant
d'un attachement et d'une reconnaissance parfaite. »

Le chancelier, qui en magistrat et en courtisan comptoit
pour rien les deux nouveaux articles du sacre et des bâtards ;
qui espéroit, en quelque dédommagement du second, faire
passer la double séance des pairs démis, piqué de n'avoir pu
emporter ma préséance sur M. de La Rochefoucauld, de la
justice de laquelle il étoit convaincu, et se voulant persuader, et plus encore à nous, que nous devions être gorgés
et nous tenir comblés des autres articles, me renvoya sur-
le-champ ma lettre dont il déploya l'autre feuille, sur laquelle il m'écrivit cette réponse :

« Permettez-moi, monsieur, cette manière de vous répondre pour une fois seulement et pour abréger, et permettez-moi aussi de vous gronder en peu de mots, en
attendant plus. N'avez-vous point de honte de n'être jamais
content de ce que pensent les autres ? serez-vous toujours
partial en toute affaire ? ramperez-vous toujours dans le
rang des parties sans entrer jamais dans l'esprit de législateur ? La besogne est bonne, je la soutiens telle, et si
bonne que c'est pour l'être trop qu'elle ne passera peut-être
pas ; et cette bonne besogne, c'est pour vous une horrible
plaie générale et une plaie particulière qui vous afflige au
delà de l'expression. Qu'entendez-vous par cette lettre ostensible ? à qui la voudrois-je ou pourrois-je montrer ? Non,
monsieur, il n'y a que samedi prochain de praticable ; un
siècle entier de conversation vous paroîtroit un moment

étranglé si on ne finissoit pas par être de votre avis. Envoyez-moi toujours votre mémoire, monsieur ; cela en facilitera une seconde lecture avec vous et la rendra plus intelligible. Soyez toujours très-muet, mais exaltez-vous dans l'esprit de vérité, et ne vous abaissez pas au-dessous de l'argile pour perdre un cheveu de votre perruque quand vous en gagnez une entière. Permettez-moi, à mon tour, un *heu!* profondément redoublé sur les torts d'un ami aussi estimable que vous l'êtes pour moi, et aussi aimable en toute autre chose. »

Ces deux lettres caractérisent merveilleusement ceux qui les ont écrites, et pour le moins aussi bien celui à qui ils avoient affaire : les deux suivantes le feront encore mieux. Voici celle du chancelier du 5 mai.

« J'ai lu, monsieur, et relu avec toute l'attention et le plaisir qu'une telle lecture donne à un homme comme moi, et avec toutes les pauses et les réflexions réitérées qu'une pareille matière exige, et votre lettre et votre mémoire, et votre abrégé de mémoire. Je vous renvoie la lettre. Les raisons de ce renvoi sont dans ma réponse d'hier. Je garde le reste ; il est pour moi, s'il vous plaît ; vous en avez la source dans votre esprit, les minutes dans vos papiers. Ce que je garde me tiendra lieu de tout cela, c'est beaucoup pour moi. A l'égard de la question, je suis pour vous, monsieur ; je vous l'ai déjà dit, mon suffrage sera toujours à votre avantage. Ce qui vous surprendra, c'est que ce ne seroit pas par vos raisons. Votre première et grande raison, que vous tirez des foi et hommage, n'est pas vraie dans le principe des fiefs, et votre dernière grande raison, que vous tirez de l'intérêt des rois mêmes, n'est en bonne vérité qu'un jeu d'esprit, et qu'un sophisme aussi dangereux qu'il est aussi bien tourné qu'il puisse l'être, et aussi noblement et artistement conçu qu'on puisse l'imaginer. Mais après mille et mille ans de discussion, où, sans en rien dire davantage, trouvez-vous, suivant votre terme d'hier, que cette discussion soit étranglée, puisque je me déclare pour vous, et que je ne me départirai jamais de cet avis tant que ce sera mon avis qu'on me demandera? Mais quand, après avoir tout représenté, je n'ai plus qu'à écrire ce que l'on me dicte et qu'à obéir, puis-je faire autrement? D'ailleurs, en bonne foi, quand tout l'ouvrage en lui-même est si bon et si désirable, que vous consentez vous-même que l'on juge deux procès existants sans entendre les parties, et que l'on en prévienne douze prêts à éclore sans y appeler aucune des parties, pouvez-vous en justice, en honneur, en conscience désirer que l'on fasse renaître le vôtre oublié du parlement comme du roi même, et que l'on renverse un projet d'édit de cette importance, bon de votre propre aveu en tout ce qui est de votre goût, et qui ne regarde point votre petit intérêt à qui vous voulez que tout cède? J'en appelle à la noblesse de votre cœur et à votre droite raison, monsieur; vous êtes citoyen avant d'être duc, vous êtes sujet avant d'être duc, vous êtes fait par vous-même pour être homme d'État, et vous n'êtes duc que par d'autres. Pour me confirmer davantage dans mon avis, donnez-moi, je vous conjure, une copie du brevet de 1645; expliquez-moi bien 1622, 1631 et la réception de 1637. Je vois que par un excès de charité vous en faites une réticence éloquente dans votre mémoire. Moi, qui ne suis ni éloquent ni charitable, que j'en sache, je vous prie, l'anecdote dans tous ses points et dans tous ses détails. Vous savez comme moi tout ce que je vous suis, monsieur. »

Voici ma réponse à cette lettre, de Marly, 6 mai.

« J'ai reçu ce matin, monsieur, l'honneur de vos deux dernières lettres, l'une revenue de Paris, l'autre droit ici; j'en respecte la gronderie, j'en aime l'esprit, permettez-moi la liberté du terme. Je reçois avec action de grâces le rendez-vous de samedi à Versailles. Je suis ravi de la peine que vous avez bien voulu prendre de tout lire, et je ne puis différer de vous remercier très-humblement des éclaircissements que vous me demandez. J'aurai l'honneur de vous les porter samedi avec votre lettre même pour que, sans rappeler votre mémoire, vous voyiez si je satisfais à tout. J'aurois trop à m'étendre sur ce qu'il vous plaît de me dire de flatteur; en m'y arrêtant je m'enflerois trop. J'aime mieux m'arrêter au blâme, et vous rendre courtement et sincèrement compte de mes sentiments, comme on rend raison de sa foi.

« Pour mes sentiments, pardonnez-moi si, avec tout respect, je demeure navré de ce qui regarde le sacre, et si je suis trop partie, ne soyez vous-même législateur qu'en vous mettant en la place de [ceux] sur qui portent les lois. C'est notre fonction la plus propre, la plus ancienne, la plus auguste, dont rien ne peut consoler et à laquelle d'ailleurs je ne me flatterois pas personnellement de pouvoir prétendre. Ainsi ce n'est pas moi que je pleure, mais la plaie de la dignité. Du reste, tout est si excellemment bon que, si on venoit à mon avis que tout le reste passât tel qu'il est maintenant, ou que tout ce reste demeurât comme non avenu, je le ferois plutôt signer, sceller et enregistrer ce soir que demain matin, encore que le second article soit fâcheux en général, et que par un autre article je perde une cause personnelle que je tiens sans question, de bonne foi, et que vous-même trouvez bonne et juste. Voyez, monsieur, si c'est là être attaché à ses intérêts particuliers, et je vous parle en toute vérité.

« A l'égard de mon mémoire, oserois-je vous dire que je ne me crois pas tout à fait battu sur le défaut et la nécessité de l'hommage, et que, s'il en étoit question, et que vous me voulussiez traiter comme Corneille faisoit sa grossière servante, je crois que vous ne trouveriez pas mon opinion si déraisonnable. Je sais que la grande et indisputable raison est celle des offices et des officiers, mais comme elle n'est pas entrée lorsqu'elle a été mieux représentée que je ne pourrois faire en cent ans, je l'ai omise. Pour ce qui est de ce que vous appelez sophisme sur l'autorité des rois, trouvez bon que je vous suggère un terme plus fort et plus vrai, c'est une fausse raison ; non que le raisonnement n'en soit juste et certain, mais c'est que ce n'est pas par là que la question doit se décider ; cependant c'est uniquement par rapport à l'autorité qu'on se détermine contre moi. Puisque je l'ai pour moi, n'ai-je pas raison de l'expliquer, et puisque ma cause est bonne et juste, ne dois-je pas lever la difficulté qui me la fait perdre, et prendre mon juge par l'endroit dont il est uniquement susceptible, et appuyer dessus en disant ce qui est, puisque sur cela seul je serai jugé, sans aucune considération pour nulle autre raison.

« De m'opposer qu'il est injuste à moi de prétendre être ouï, tandis que j'approuve que tant d'autres soient jugés sans être entendus, un mot vous fera voir, monsieur, que cela ne doit pas m'être objecté.

« De tout ce nombre de prétendants prêts à éclore, aucun jamais n'a intenté de procès, un seul en a eu la permission, et il en est encore à en faire le premier usage, par quoi il est encore dans la condition des autres qui ont des prétentions, mais n'ont jamais eu de procès. Ceux-là, qu'on les juge par un règlement sans les entendre, que peuvent-ils opposer? leurs prétentions sont dans leurs têtes ; est-on tenu de les supposer, et de discuter des êtres de raison qui n'ont pas la première existence, et n'est-ce pas au contraire très-bien fait d'ôter aux chimères, aux êtres de raison toute possibilité d'exister? Mais pour ceux dont les prétentions sont par l'aveu du roi juridiquement au jour, expliquées à des juges ou naturels ou pour ce permis, qu'un tribunal est saisi, que les parties sont en pouvoir de faire juger entre elles, il ne paroît pas juste de former un article entre elles sans y avoir égard, et c'est en effet ce qui a été trouvé si peu juste par le roi et par vous-même, que le consentement de feu M. de Luxembourg fût demandé et intervînt sur le point qui le regarde dans le règlement projeté de son temps, ce qui fait que le consentement de son fils n'est plus aujourd'hui nécessaire, puisqu'il n'y a rien de changé là-dessus d'alors. M. d'Antin forme un procès qui même est encore dans tout son entier; on veut son consentement, on le satisfait, il acquiesce, à la bonne heure. Ne serois-je pas malheureux si, n'y ayant que ces deux hommes et moi en procès, je me trouve seul traité comme ceux qui n'en ont point, eux consultés et contentés, moi condamnés et pendu, pour ainsi dire avec ma grâce au cou, moi avec un procès pendant au parlement, avec une compétence ordonnée par le roi, enregistrée au parlement, deux préjugés du roi en plein lit de justice, renouvelés tout à l'heure à l'occasion de MM. de Villars et d'Harcourt, tandis que M. de Luxembourg, avec un préjugé contraire à lui par la provision de préséance sur lui, M. d'Antin pas seulement duc, et des plaidoyers seulement préparés et non commencés, sont ménagés; en sorte que l'un reste pair, chose autrement à lui très-mal sûre, et pair précédant plus de la moitié des autres ; et l'autre le devient, l'autre, dis-je, qui avec toute sa faveur voit son procès perdu, s'il se juge.

« Encore une fois, monsieur, au point du sacre près, j'aime mieux perdre mon affaire, et que le règlement passe; mais quelle impossibilité que le règlement passe, et que je ne la perde pas, votre cœur et votre esprit m'honorant, l'un de son amitié, l'autre de son suffrage et de sa persuasion que mon droit est bon ? Que si malgré raison on veut que je perde, n'en pourrois-je point être récompensé, et pour n'avoir ni charge ni gouvernement de province, ni barbe grise comme M. de Chevreuse, mettez la main à la conscience, n'ai-je pas plus de droit que lui, par voie d'échange, d'obtenir une grâce pour l'un de mes fils, en abandonnant le droit de mon rang ? Permettez-moi de vous supplier de ne pas regarder comme une extravagance cette pensée qui se peut tourner de plus d'une manière, et de considérer que, dans toutes les circonstances présentes, il seroit dur d'être regardé à trente-six ans comme un enfant.

« Outre ce que m'a dit M. de Chevreuse, instruit par d'Antin du règlement, M. le duc d'Orléans m'a dit savoir de d'Antin même qu'il alloit être fait duc et pair. N'en est-ce pas assez pour qu'un homme qui est sur les lieux puisse être en peine de son autre cause, et s'adresser pour cela à vous, qu'on sait avoir travaillé insolitement avec le roi, en le faisant avec toutes les mesures possibles?

« Mais en voilà trop pour une lettre et assez pour un supplément de mémoire. Trouvez bon que je vous supplie de le peser avec bonté et réflexion réitérée. Pour le secret, je le garde tel que, encore que vous m'ayez permis dans tout le cours de ceci de tout dire à M. d'Harcourt, je l'ai néanmoins traité en dernier lieu comme les autres, c'est-à-dire comme MM. de Chevreuse et de Charost, à qui j'ai constamment dit que je n'ai pu rien tirer de vous sur votre travail avec le roi, et que Sa Majesté vous avoit défendu d'en dire une parole. Ce qui m'a obligé d'en user ainsi avec M. d'Harcourt a été le point sensible du sacre, et que je me suis cru plus sûr d'arrêter M. d'Harcourt, tout mesuré qu'il est, en le lui taisant, et pour le lui taire en lui taisant tout détail, qu'après le lui avoir dit. Comptez donc, monsieur, quoi qu'il arrive, sur ma fidélité, sur une inexprimable reconnoissance et sur un attachement sans mesure. »

Il faut maintenant expliquer deux choses : ma citation de M. le duc d'Orléans sur d'Antin et ma pensée pour un de mes fils.

Le roi, comme on l'a vu, avoit rejeté toute communication du projet de règlement à quelques ducs, que le chancelier lui avoit proposée, [à] moi entre autres, et comptoit que nous ignorions ce qui se passoit là-dessus. Ainsi le chancelier m'avoit renvoyé cette lettre ostensible au roi, que je lui avois écrite. La vivacité de son style montre combien il trouvoit impraticable de la lui montrer, parce que c'étoit lui montrer en même temps que j'étois dans la bouteille. Tant qu'il l'ignoroit, je ne pouvois me présenter, et il m'importoit extrêmement de le faire pour le contenir entre son penchant pour M. de La Rochefoucauld, et sur la prévention de son autorité contre ma cause; parce que, tel qu'il étoit, il ne laissoit pas de vouloir garder des mesures, et d'en être contraint, ce qui fut sa vraie raison de rejeter la communication à quelques-uns de nous. Or, dès que l'affaire transpiroit, et que je pouvois citer ce que M. le duc d'Orléans m'en avoit dit, je pouvois paroître m'adresser au chancelier, et lui, en rendre compte au roi sans rien craindre de personnel, puisque c'étoit d'Antin qui avoit parlé à M. le duc d'Orléans, et ce prince qui me l'avoit rendu. Je mettois donc le chancelier à son aise là-dessus, et en état de dire au roi sans embarras ce qu'il auroit jugé à propos.

A l'égard de mes enfants, surpris au dernier point de la manière dont le roi avoit répondu au chancelier sur ma question de préséance, je craignis que cette idée de son autorité ne se pût détruire; parce qu'elle lui étoit entrée si avant dans la tête. Il me vint donc en pensée, lorsque le chancelier me le conta, d'essayer à faire démordre le roi par un équivalent plus difficile, ou d'obtenir cet équivalent que j'eusse sans comparaison préféré : c'étoit de faire mon second fils duc et pair, puisque, sans raison, il étoit bien question de faire celui de M. de Chevreuse, et d'Antin, et, moyennant cela, ne contester plus avec le roi, et lui laisser le plaisir et le repos de faire gagner le procès à son ami M. de La Rochefoucauld, et à ce qu'il croyoit être non de la justice, à quoi il n'eut jamais que répondre, ni ne s'en mit en fait, mais de son autorité qu'il mit toujours en avant. Le chancelier ne répudia pas cette pensée, et je la croyois d'autant meilleure que je voyois le roi en une veine présente de telles facilités à multiplier ces dignités, qu'il n'étoit question que d'en fabriquer le chausse-pied. D'autre part, je craignois encore le crédit mourant de M. de La Rochefoucauld. Ses infirmités l'avoient dépris des chasses et des voyages depuis quelque temps, mais non pas de faire de fois à autre des incursions dans le cabinet du roi, où il se faisoit mener pour l'intérêt de quelque valet ou de quelque autre rapsodie, où très-souvent il arrachoit, à force d'impétuosité, ce qu'il vouloit du roi, et que souvent aussi le roi ne vouloit pas, qui haussoit les épaules à l'abri de son aveuglement, et qui lâchoit enfin partie de compassion et d'ancienne amitié, partie pour s'en défaire. Je redoutois donc la crainte du roi des clabauderies de ce vieil aveugle, qui ne manqueroit pas de lui venir faire une sortie dès qu'il se sauroit condamné, et qui, à force de gémir, de gronder et de crier, me donneroit peut-être encore à courre. Tout cela me fit donc juger que ma proposition n'étoit point inepte, en soutenant d'ailleurs mon droit, mais dans le génie du roi, c'est-à-dire en me restreignant à mettre son autorité de mon côté. Mais, comme cette façon de combattre ne pouvoit être de mise que pour lui seul, ni même imaginée, quoique l'expérience de tous les jours apprît l'inutilité de toute autre avec lui, en quelque occasion que ce fût, où il se figurât que son autorité pouvoit être le moins du monde intéressée, j'estime qu'il est à propos de présenter ici l'état de la question qui étoit entre M. de La Rochefoucauld et moi, et les véritables raisons de part et d'autre sur lesquelles tout juge éclairé et équitable avoit uniquement son jugement à fonder. Outre que l'affaire est déjà ici nécessairement entamée, le récit n'en sera pas assez long pour le séparer de ce qui en a déjà été dit en le renvoyant aux Pièces, d'autant qu'il est dans l'ordre des temps de le commencer par celui de l'anecdote dont le chancelier me demanda, comme on a vu, l'éclaircissement entier, qui doit par cette raison avoir ici sa place.

En 1622 le comté de La Rochefoucauld fut érigé en duché-pairie par Louis XIII. Par cette grâce, M. de La Rochefoucauld devint ce qu'on appelle improprement duc à brevet[1].

---

1. Voy., sur les *ducs à brevet*, t. I<sup>er</sup>, p. 129, 130, note.

Les brouilleries d'État, où les seigneurs de La Rochefoucauld, aînés et cadets, se sont très-particulièrement signalés contre les rois, depuis Henri II jusqu'à Louis XIV, et jusqu'à son favori, M. le duc de La Rochefoucauld inclusivement, avec qui j'avois ce procès à faire décider ; les brouilleries, dis-je, qui survinrent dans l'État entraînèrent celui en faveur de qui l'érection s'étoit faite contre celui qui l'en avoit honoré, et le mirent hors d'état de la faire vérifier au parlement. Il étoit encore dans la même situation, c'est-à-dire en Poitou, exilé, après s'être engagé contre le roi, lorsque le cardinal de Richelieu, premier ministre alors, fut fait duc et pair, et voulut être reçu au parlement en cette qualité le même jour et tout de suite de l'enregistrement de ses lettres.

Tandis qu'on y procédoit, le parlement assemblé et les pairs en place, le cardinal de Richelieu étoit à la cheminée de la grand'chambre, comme on s'y tient d'ordinaire jusqu'à ce que le premier huissier vienne avertir d'aller prêter le serment. On peut juger qu'il étoit environné d'une grande suite et nombreuse compagnie.

M. le Prince cependant étoit avec les autres pairs en place, avec double intention. Son dessein étoit de payer d'un trait aussi hardi qu'important les services que lui et les siens avoient reçus de M. de La Rochefoucauld et de ses pères, et s'il eut le don de prophétie, ceux que MM. ses enfants devoient recevoir du fils et du petit-fils de M. de La Rochefoucauld. Il y avoit non-seulement défaut de permission d'enregistrer ses lettres, mais une défense expresse du roi, et réitérée, au parlement de le faire. M. le Prince, de concert avec le premier président Le Jay et avec Lamoignon, conseiller en la grand'chambre, père du premier président Lamoignon, complota de saisir le moment le plus confus et le plus inattendu avec hardiesse pour faire passer l'enregistrement des lettres de La Rochefoucauld, et choisirent comme vraiment tel l'instant entre l'enregistrement de celles de Richelieu et le rapport de la vie et mœurs du cardinal pour sa réception, comptant bien que, parmi le bruit et la foule qui accompagne toujours tels actes, on ne se douteroit et on ne s'apercevroit même pas du coup qu'ils vouloient faire réussir.

Tout convenu avec un petit nombre de ce qui devoit être et se trouva en séance pour donner branle au reste, M. le Prince, sans attendre que le second rapporteur, pour l'information de vie et mœurs, eût la bouche ouverte pour parvenir à la réception du cardinal de Richelieu, et qu'on montât aux hauts siéges pour ouïr l'avocat et l'avocat général, et y recevoir le cardinal comme on faisoit alors ; M. le Prince, dis-je, regarda le premier président, qui, sachant ce qui s'alloit faire, ne se hâtoit pas de donner la parole à ce rapporteur, et demanda s'il n'y avoit pas quelque autre enregistrement à faire, parce qu'il lui sembloit qu'il y en avoit. Le Jay, effrayé au moment de l'exécution, répondit fort bas qu'il y avoit celui des lettres de La Rochefoucauld, déjà anciennes, mais qui avoient toujours été arrêtées par le roi. « Bon, reprit M. le Prince, cela est vieux et usé, je vous réponds que le roi n'y pense plus ; » et ajouta tout de suite, en se tournant vers Lamoignon : « Quelqu'un ne les a-t-il point là ? » Lamoignon se découvre et les montre. A l'instant M. le Prince, fortifiant Le Jay de ses regards : « Rapportez-les-nous, dit-il à Lamoignon, M. le premier président le veut. » Lamoignon ne se le fit pas dire deux fois. Il enfile la lecture des lettres, la dépêche le plus vite qu'il peut, et opine après en deux mots à leur enregistrement. Les magistrats dont les trois quarts ignoroient la défense du roi de les enregistrer, et dont presque aucun, parmi ce brouhaha de la foule qui remplissoient la grand'chambre, n'avoit pu entendre le dialogue si court de M. le Prince avec le premier président, opinèrent du bonnet avec le reste de la séance, comme c'est l'ordinaire en ces enregistrements, et attribuèrent la précipitation dont on usoit à l'égard d'abréger, tant qu'on pouvoit, l'attente du premier ministre d'être mandé pour être reçu. Ils n'eurent ni le temps ni l'avisement de faire réflexion que s'il n'y eût pas eu là quelque chose d'extraordinaire, il eût été de la bienséance de procéder à la réception du cardinal de Richelieu avant de faire ce second enregistrement, pour ne pas le faire attendre si longtemps, et pour que, étant reçu et en place, il en eût aussi été juge. L'arrêt de vérification des lettres de La Rochefoucauld fut prononcé d'abord après les opinions prises, et cette grande affaire fut ainsi emportée, pour ne pas dire dérobée, à la barbe du premier ministre présent dans la grand'chambre, qui ne pensoit à rien moins, et qui, parmi tout ce monde et ce bruit dont il étoit environné à cette cheminée, croyoit toujours que c'étoit son affaire qui se faisoit. Aussitôt après l'arrêt de l'enregistrement de La Rochefoucauld prononcé, on procéda à ce qui regardoit la réception du cardinal, qui prêta son serment, et toute la cérémonie s'acheva.

Au sortir du palais il apprit ce qu'il s'y étoit passé, et ne put le croire. Il manda le premier président qui s'excusa sur M. le Prince, mais qui n'en essuya pas moins une rude réprimande. M. le Prince en fut brouillé quelque temps, et la disgrâce de M. de La Rochefoucauld approfondie, mais l'enregistrement n'en demeura pas moins fait et consommé. C'est ce qui attacha de plus en plus M. de La Rochefoucaud à M. le Prince, et ses enfants aux siens; c'est ce qui forma l'intimité héréditaire de MM. de La Rochefoucauld avec les Lamoignon; c'est ce qui fit durer l'exil de M. de La Rochefoucauld bien au delà de la fin de tous les troubles, et de la réconciliation de tous ceux qui y avoient eu part. Cet exil duroit encore lorsqu'en 1634 il y eut de nouvelles lettres d'érection de Retz en faveur du gendre après le beau-père, avec rang nouveau, et qu'au commencement de 1635 mon père fut fait duc et pair, et tous deux vérifiés et reçus au parlement sans la moindre opposition de la part de M. de La Rochefoucauld, qui apparemment n'imaginoit pas encore de les précéder, et se tenoit bien heureux d'avoir sa dignité assurée. Revenu après en grâce, il se fit recevoir en 1637, et prétendit la préséance sur M. de Retz et mon père. C'est ce qui forma la question entre la priorité d'enregistrement d'une part, et la priorité de première réception au parlement de l'autre. Il est temps de l'expliquer dans tout son jour après avoir raconté les faits, tant anciens que nouveaux, depuis la naissance de cette dispute. On ne s'arrêtera point aux écrits trop prolixes de part et d'autre, on se renfermera dans le pur nécessaire à l'éclaircissement de la question.

## CHAPITRE XI.

Courte et foncière explication de la question de préséance entre la première réception du pair au parlement, et la date de l'enregistrement de la pairie. — Nature de la dignité. — Ce qui de tout temps fixoit l'ancienneté du rang des pairs, l'a fixée toujours et la fixe encore aujourd'hui. — Fausse et indécente difficulté tombée de la date de chaque réception successive. — Dignité de duc et pair mixte de fief et d'office, et unique de ce genre. — L'impétrant, et sa postérité appelée et installée avec lui en la dignité de pair, à la différence de tout autre officier. — Reprise de l'édit. — Lettre de M. le duc de Saint-Simon à M. le chancelier. — Lettre de M. le chancelier à M. le duc de Saint-Simon. — J'apprends du chancelier les articles de l'édit résolus. — Je confie au duc de Beauvilliers, et au duc et à la duchesse de Chevreuse, que Chaulnes va être réérigé pour leur second fils. — L'édit en gros s'évente. — Mouvements de Matignon et des Rohan; leur intérêt. — Lettres de M. le duc de Saint-Simon à M. le chancelier, de M. le chancelier à M. le duc de Saint-Simon. — L'édit passé, dont j'apprends par le chancelier tous les articles tels qu'ils y sont. — Double séance rejetée et Chaulnes différé, après avoir été accordés. — D'Antin, reçu duc et pair au parlement, m'invite seul d'étranger au repas. — Le roi se montre content que j'y aie été. — Adresse et impudence de d'Antin. — Sagesse et dignité de Boufflers. — Douleur de Matignon et son affaire avec le duc de Chevreuse. — Duc de La Rocheguyon fait au chancelier des plaintes de l'édit; prétend en revenir contre ma préséance, qui le refroidit, et le duc de Villeroy, entièrement et pour toujours avec moi. — Fâcheux personnage du duc de Luxembourg sur l'édit; est à Rouen, et pourquoi.

On ne répétera point ce qui a été expliqué dans le précédent mémoire sur la foi et hommage, qui, n'en déplaise à la première vue de M. le chancelier, est un moyen sans réplique; on ne s'arrêtera pas non plus aux trois préjugés du roi que chaque partie peut tirer à son avantage, encore qu'il soit évident que celui qu'en tire M. de Saint-Simon ait bien plus de force et soit bien plus naturel. On ne s'arrêtera qu'aux moyens véritables des deux côtés, qui, sans sortir du fond de la question, doivent être la matière unique du jugement, entre la priorité d'enregistrement des lettres d'érection soutenue par M. de La Rochefoucauld, comme règle et fixation de l'ancienneté; et la priorité de la première réception du nouveau pair, érigé en cette qualité de pair de France au parlement, que M. de Saint-Simon prétend fixer le rang d'ancienneté parmi les pairs de France.

M. de La Rochefoucauld pose en fait que l'enregistrement des lettres d'érection forme, constate, opère la dignité qui jusqu'alors n'est que voulue par le roi, et si peu exécutée que celui qui a des lettres d'érection non enregistrées n'a que des honneurs sans être, sans rang, sans succession aux siens, toutes choses qui ne s'acquièrent que par l'enregistrement des lettres d'érection, qui par la conséquence qu'il en tire, réalisant la dignité, en fixent en même temps le rang d'ancienneté.

Il ajoute, pour confirmer cette maxime, que, si on admettoit celle de la fixation du rang d'ancienneté par la première prestation de serment et réception au parlement du pair nouvellement érigé, les rangs des pairs entre eux changeroient à chaque réception de pair, d'où il arriveroit que le fils du plus ancien se trouveroit le dernier de tous, et un changement continuel de rang suivant les dates des réceptions dont on n'a jamais ouï parler parmi les pairs, et qui en cela les égaleroit avec les charges les plus communes et les plus petits offices. Toutes ces preuves ne sont que des raisonnements diffus et peu concluants, des déclamations, force sophismes, qui n'ajoutent rien à l'exposition simple de ces deux propositions telles qu'on vient de les présenter. Le spécieux en est éblouissant à qui n'approfondit pas; moi-même j'en ai été un temps pris. Je dois à l'abbé Le Vasseur, qui a longtemps et utilement pris soin des affaires de mon père et des miennes jusqu'à sa mort, arrivée comme je l'ai dit ailleurs, en 1709, de m'en avoir fait honte. Je ne voulois point disputer parce que je ne croyois pas avoir raison, et après avoir étudié la matière je fus honteux de m'être si lourdement abusé.

Pour réfuter les deux propositions de M. de La Rochefoucauld, il faut remonter à la nature de la dignité dont il s'agit de fixer l'ancienneté pour ceux que le roi en honore, et voir ce qui la fixoit anciennement. Qu'on ne s'étonne point d'un principe qui doit être posé, parce qu'il est de la première certitude. La dignité de pair est une, et la même qu'elle a été dans tous les temps de la monarchie; les possesseurs ne se ressemblent plus. Sur cette dissemblance on consent d'aller aussi loin qu'on voudra, sur la mutilation des droits de la pairie, encore. C'est l'ouvrage des temps et des rois; mais les rois ni les temps n'ont pu l'anéantir, ce qui en reste est toujours la dignité ancienne, la même qui fut toujours, jusque dans son dépouillement cette vérité brille. Il faut une injustice connue par une loi nouvelle pour préférer les princes du sang et les bâtards aux autres pairs dans la fonction du sacre, sans oser les en exclure, et ces princes du sang et ces bâtards comme pairs, les uns à titre de naissance par l'édit d'Henri III, les autres comme ayant des pairies dont ils sont titulaires et revêtus. Jusque dans sa dernière décadence, sous le plus jaloux et le plus autorisé des rois, il a fallu, de son aveu même, l'intervention des pairs invités de sa part chacun chez lui par le grand maître des cérémonies, au grand regret et dépit de ce bourgeois qui n'oublia rien pour en être dispensé ; invités, dis-je, à se trouver au parlement pour les renonciations respectives aux couronnes de France et d'Espagne des princes en droit de les recueillir, par l'indispensable nécessité de la pairie aux grandes sanctions de l'État. On ne parle pour abréger que de ce qui est si moderne et dans la plus grande décadence de cette dignité ; plus on remonteroit, plus trouveroit-on des preuves augustes de la vérité que j'avance. Les lettres d'érection y sont en tout formelles jusque par leurs exceptions, et les évêques-pairs [1] sont encore aujourd'hui exactement et précisément les mêmes qu'ils ont été en tout temps pour les possessions et pour la naissance, et pour le fond et l'essence de la dignité, en sorte que ce ne sont pas des images parlantes de ce qu'ils furent autrefois, mais des vérités, des réalités, et la propre existence même ; égaux en dignités aux six anciens pairs laïques quoique si disproportionnés d'ailleurs. Cette vérité admise sur la question présente, et qui se trouvera peut-être ailleurs démontrée avec plus d'étendue, il faut voir comment l'ancienneté se régloit parmi ces anciens pairs.

Les douze premiers n'ont point d'érection ; elle ne fixoit donc pas leur rang. Depuis qu'il y a eu des érections, il n'y avoit point de cour telle qu'est aujourd'hui celle connue sous le nom de parlement, où ces érections puissent être enregistrées ; ainsi l'enregistrement, qui n'existoit point, ne fixoit point le rang des pairs. Il résulte donc que ce rang ne se régloit ni par la date de l'érection ni par celle de l'enregistrement. Il faut donc chercher ailleurs ce qui fixoit leur

---

1. Voyez, sur les évêques-pairs et en général sur les pairies, les notes à la fin du volume.

rang puisqu'il l'a toujours été entre eux; et, de ce qui vient d'être exposé, M. de La Rochefoucauld conclura que ce n'est pas la première réception du nouveau pair au parlement, puisque le parlement tel qu'il est maintenant, et qu'il reçoit et enregistre, n'existoit pas dans les temps dont on parle, et cela est aussi très-certain. Mais il est également certain aussi qu'il y a eu dans tous les temps une formalité par laquelle tous ont passé et passent encore, dont les accessoires et l'extérieur a changé avec les temps, mais dont la substance et la réalité est toujours demeurée la même, et cette formalité est la manifestation. Avant qu'on écrivît des patentes qui est l'érection, avant qu'on les présentât à un tribunal certain pour y être admises qui est l'enregistrement, il falloit bien qu'il y eût une manière ou une forme de faire des pairs, puisqu'il y a eu dès lors des pairs. Il falloit encore que ces pairs eussent entre eux un rang fixé puisqu'il l'a été dès lors parmi eux, et cette manière ou cette forme n'a pu être que l'action de manifester un seigneur dans l'assemblée des autres de pareil degré, d'y déclarer l'élévation de celui-ci aux mêmes droits, fonctions, rangs, honneurs, distinctions, priviléges, etc., que ces autres; de l'y faire seoir parmi eux, c'est-à-dire au-dessous du dernier, mais en même ligne et niveau; de l'y associer aux mêmes conseils et aux mêmes jugements qui faisoient la matière de leur assemblée. Ce ne pouvoit être que par là, avant les usages postérieurs des érections et des enregistrements, que les rois pouvoient déclarer l'élévation d'un de leurs sujets et vassaux à la première dignité de leur couronne, en manifestant de fait un conseiller né et un assesseur à la couronne, et à eux un compagnon, et comme on parloit alors, un compair aux autres pairs, un juge aux grands vassaux, etc., pour être dès lors et de là en avant reconnu pour tel. Que dans la suite il y ait eu ce qu'on appelle érection, et postérieurement encore ce qu'on appelle enregistrement, cela n'a point changé l'ancien usage. Il a toujours fallu manifester le pair nouvellement érigé et l'installer dans son office. Qu'on y ait joint ensuite des formalités nouvelles, un serment, puis le même serment varié, remis après en son premier état, après cela une information de vie et mœurs préalable, puis un changement dans cette information sur la religion catholique, etc. ; tout cela sont les accessoires, les choses ajoutées, jointes, concomitantes, mais non pas la chose même, la manifestation, l'installation qui subsiste toujours la même, et qui n'est autre que ce que l'on connoît maintenant sous le nom de première réception au parlement. C'est donc à cette première réception qu'il faut recourir, comme à la suite, jusqu'ici non interrompue et non contestée, de l'antiquité la plus reculée jusqu'à nous, de ce qui a perpétuellement et constamment fixé l'ancienneté des pairs de tous les âges, et non pas à des usages modernes qu'une sage police peut avoir introduits, mais qu'elle n'a pu substituer à ce qui est de toute antiquité la règle connue, et l'unique qui la pût être, jusqu'à ces établissements nouveaux qui ont ajouté simplement des choses extérieures, mais sans aucun changement, bien moins de destruction, de la nature essentielle des choses. En voilà assez pour faire entendre combien la prétention de M. de La Rochefoucauld sur la priorité de vérification ou d'enregistrement, qui est la même chose, est destituée de fondement. Il faut montrer ensuite combien l'est, s'il se peut, moins [1] encore son objection du changement inconnu du rang des pairs par date de chaque réception, en même pairie, si la fixation du rang d'ancienneté avoit lieu de la première réception au parlement. C'est ce que M. de La Rochefoucauld prévit qui lui seroit répondu là-dessus, qui lui donna tant d'éloignement de procéder au parlement, et qui par autorité d'âge et de faveur lui fit emporter une manière de juger qui auroit pu

---

1. Saint-Simon veut dire que l'objection dont il *va* parler est encore *moins fondée* que la prétention dont il a été question dans la phrase précédente.

être bonne en soi, mais qui n'avoit point d'exemple, et que l'intérêt du parlement de juger ces causes majeures auroit certainement rendue caduque.

On ne peut s'empêcher de remarquer l'indécence, dans la bouche d'un pair de France, de cette proposition que M. de La Rochefoucauld avance en conséquence du faux principe qu'il avoit posé et dont on vient de démontrer la foiblesse, que, si l'ancienneté parmi les pairs se tiroit de la première réception au parlement, elle changeroit à chaque mutation dans la même pairie par les diverses dates des diverses réceptions. Son principe de la date de l'enregistrement tombé pour la fixation de l'ancienneté, la conséquence tombe aussi. On vient de voir que c'est la manifestation du nouveau pair qui, dès la première antiquité, a toujours fixé l'ancienneté parmi eux. Cette manifestation n'est qu'une pour chaque race et filiation de pair, puisque la dignité est héréditaire, conséquemment les réceptions subséquentes de chaque filiation ne sont plus la manifestation, mais seulement la succession annoncée et manifestée dans le premier de la race; laquelle ne peut intervertir le rang établi de la même pairie, qui demeure dans le rang qu'a tenu le premier de cette filiation. Cela est évident en soi, cela l'est par l'exécution constante depuis la première antiquité jusqu'à présent; cela l'est encore, parce que, dans ce grand nombre de chimères et de prétentions mises en avant de temps en temps sur les rangs entre eux des pairs et la succession à cette dignité, M. de La Rochefoucauld est le premier et l'unique qui ait imaginé cette intervention des rangs par chaque réception dans la même pairie, conséquence insoutenable et monstrueuse d'un principe destitué de tout fondement, de laquelle on va démontrer l'ineptie encore plus singulièrement, c'est-à-dire par les principes et par la nature de la dignité de duc et pair de France.

On ne peut lui contester qu'elle ne soit, par sa nature singulière et unique, une dignité mixte de fief et d'office. Le duc est grand vassal, le pair est grand officier. L'un a toute la réalité de mouvance nue de la couronne, de justice directe, etc.; l'autre toute la personnalité, ou les fonctions au sacre, au parlement, etc.; tous deux ont un rang, des honneurs, etc. C'est ce mixte qui constitue une dignité unique, qui sans l'office ne pourroit être distincte des ducs vérifiés; sans le fief, des officiers de la couronne; et qui pour le fief et pour l'office a ses lois communes avec les autres grands fiefs et grands offices, et ses lois aussi particulières à elle-même; fief et office également parties intégrantes et constituantes, sans lesquelles la dignité ne pourroit exister, ni même être conçue, conséquemment de même essence, qui opèrent en l'un plénitude nécessaire de mouvance, en l'autre plénitude nécessaire de fonctions. A tous les deux rangs et honneurs qui en font parties décentes, non intégrantes, suites et accompagnements qui ont été de tout temps attachés à la dignité, mais qui ne la constituent pas, si bien que sans cela elle pourroit exister, et être conçue. Telles sont les lois de la dignité en elle-même, avec plusieurs autres qui ne font rien à la question dont il s'agit. Ces lois communes avec les autres grands fiefs sont l'enregistrement depuis qu'il est établi pour constater la dignité, et en assurer la possession à l'impétrant et à sa postérité au désir des lettres avec les autres grands offices, d'être reçu publiquement au serment de l'office, et d'en prendre une actuelle possession avec les formalités établies. La dignité de duc et pair, quelque immense qu'elle soit dans l'État par sa nature, n'a point de dispense là-dessus pour le fief ni pour l'office, et M. de La Rochefoucauld, qui le prétendroit en vain, ne peut disconvenir, à l'égard de l'office, de ce qu'il soutient à l'égard du fief. De là il résulte qu'ayant accompli la loi quant au fief, il s'est assuré et à sa postérité la dignité du fief en entier et la faculté de l'office; mais, quant à celui-ci, il est demeuré à la simple faculté jusqu'à l'accomplissement par lui de la loi, imposée de tout temps à tout officier pour tout office, d'y être reçu par le serment, et la prise de possession personnelle, essentiellement requis, qui l'en investit, qui le déclare et le manifeste officier. Les formalités plus ou moins anciennes ou variées qui accompagnent la réception n'en sont que les concomitances, et n'en changent point la nature; et c'est cette réception qui dans tous les âges a fixé le rang des pairs entre eux, qui sans interruption s'y sont accordés depuis les premiers temps jusqu'aux nôtres. De cette explication il résulte qu'avoir accompli la loi des fiefs par l'enregistrement; et non celle des offices par la réception, ce n'est point être en possession, ni avoir rendu en soi entière et complète une dignité mixte de fief et d'office qui tient de l'un et de l'autre son existence en toute égalité, conséquemment que le rang de cette dignité, quoique assurée, ne peut être fixé en cet état, et ne l'est point; d'où il se démontre que celui qui, postérieurement à l'accomplissement de l'une de ces lois, et antérieurement à l'accomplissement de l'autre, les a, lui, accomplies toutes les deux, que celui-là, dis-je, a rendu sa dignité entière et complète en lui, qu'il est grand officier avant l'autre, grand vassal même avant l'autre, puisque tous deux n'ayant point été faits séparément ducs, séparément pairs, par deux érections différentes et distinctes, mais ducs et pairs chacun par une seule et même érection, cet autre tout enregistré qu'il est, ne peut être valablement et réellement grand vassal qu'il n'ait fait ce qu'il faut pour être aussi grand officier, puisqu'il est fait l'un et l'autre ensemble par une seule et même dignité mixte de grand fief et de grand office, dont le fief et l'office ensemble et par indivis forment ensemblement l'existence, en sont également, conjointement, concurremment parties intégrantes, tellement que, sans ces deux choses achevées également et accomplies suivant leurs lois, il ne se peut dire qu'aucune d'elles le soit véritablement et par effet.

Venons maintenant à la prétendue difficulté, proposée par M. de La Rochefoucauld, du changement de rang d'ancienneté des pairs de même pairie, suivant la date des réceptions successives de ces pairs au parlement; et traitons-la expressément, quoique idée toute neuve qui doit tomber de soi-même par ce qui vient d'être expliqué, et répudiée par M. de La Rochefoucauld, même avant de l'avoir imaginée, par tout ce qu'il a énoncé avec nous, contre les duchés-pairies femelles, sur la manière de succéder à la dignité de duc et pair. Un seul mot tranche la difficulté. C'est qu'à l'office de pair est appelé non-seulement l'impétrant, mais avec lui, par une seule et même vocation, tous ses descendants masculins à l'infini, tant et si longtemps que la race en subsiste, au lieu qu'à tous autres offices, quels qu'ils soient, une seule personne est appelée, et nulle autre avec elle; et c'est la distinction essentielle et par nature de l'office de pair de tous les autres offices de la couronne, et autres tous tels qu'ils soient en France sans aucune exception. De la suit invinciblement, par droit tiré de la nature de la chose et confirmé par l'usage de tous les temps jusqu'à aujourd'hui, que c'est cette première réception qui fixe le rang d'ancienneté pour tous ceux qui, par la vocation, y sont successivement appelés, auquel la réception subséquente de chacun d'eux ne peut apporter d'interversion. Pour s'en convaincre, il n'est besoin que de se souvenir de ce qui a été expliqué. La manifestation ou installation des pairs dans leur office est ce qui a fixé leur ancienneté avant qu'il y eût érection, enregistrement, tribunal enregistrant. C'est donc, comme on l'a vu, pour ne rien répéter, ce qui l'a dû fixer depuis, et ce qui l'a aussi toujours fixée sans aucun exemple ni prétention contraire. La fixant pour l'impétrant, il la fixe dans lui et par lui à toute sa postérité appelée avec lui, installée, reconnue, manifestée avec lui d'une manière également invariable et unique à cet office, à la différence de tous autres, en sorte que tout est consommé pour tous les héritiers successifs de la même pairie. Cet essentiel accompli, il reste des formalités à faire à chaque héritier de la même pairie, mais formalités simples, qui ne sont rien moins que l'essence de la dignité, mais des choses uniquement personnelles, ajoutées, changées, variées en divers temps pour s'assurer si l'héritier, pair de droit et de fait indépendamment de tout cela, est personnellement capable d'en exercer les fonctions. Ainsi le serment, l'information de vie et mœurs, et les autres formalités qui lui sont personnellement imposées, ne peuvent changer son rang d'ancienneté, puisque aucunes ne lui confèrent rien de nouveau, que toutes en sont incapables, et qu'elles ne sont ajoutées que pour s'assurer d'un exercice digne en sa personne de ce qu'il ne reçoit pas de nouveau, mais de ce qu'il a en lui essentiellement, et d'une manière inhérente. Telle est donc la nature singulière et unique de la dignité de pair de France, dont l'office est un et le même dans toute une postérité appelée, et qui par conséquent ne peut changer de rang d'ancienneté première de l'impétrant de qui elle sort, à la différence de tous ceux de la couronne et de tous autres offices et officiers quels qu'ils soient en France, qui, n'étant appelés qu'un seul à la fois à un office, changent de rang d'ancienneté à chaque mutation de personne, par une conséquence nécessaire. Je pense avoir expliqué la question avec une évidence qui dispense de s'y arrêter davantage. Suivons-en maintenant la décision en reprenant l'édit.

Quelques jours d'un temps si vif se passèrent en langueur par l'interruption du travail du roi avec le chancelier. Je tâchai de profiter de ce loisir auprès de lui; et comme la séparation de lieu, et ses occupations, que j'ai remarquées ailleurs, rendoient le commerce incommode, je lui écrivis de Marly, le 11 mai, la lettre suivante. Pour l'entendre, il faut dire que l'anniversaire de Louis XIII se faisoit tous les ans à Saint-Denis, comme il se fait encore, et qu'à l'exemple de mon père je n'y ai jamais manqué. Il fut avancé au 13 mai cette année, parce que l'Ascension tomboit au 14, son jour naturel.

« Jamais, monsieur, l'anniversaire du feu roi ne me vint si mal à propos, encore qu'il m'ait fait forcer une fois la fièvre actuelle, une autre le commencement d'une rougeole, et une troisième un bras tout ouvert. A cette fois, il faut encore que le bienfaiteur l'emporte sur le bienfait, et je porterai à Saint-Denis un cœur incisé et palpitant. Cette dernière violence ne me sera pas la moins sensible, mais c'est un hommage trop justement dû. Si je m'en croyois, je partirois tard demain et passerois à Versailles; mais je me défie de ces hasards qui découvrent tout, et, en attendant jeudi, j'ose vous demander quatre lignes de mort ou de vie, demain au soir, pour remercier Dieu ou pour demander justice à mon maître de son fils. Sauvez-nous le sacre, nos plus sensibles entrailles, de préférence à tout; puis souvenez-vous de faire passer le projet avec le plus de mes notes qu'il se pourra; *deinde*, du point de la séance des pères et des fils conjointement, et en l'absence l'un de l'autre; enfin de mon fait particulier, pour lequel vous avez une lettre ostensible, une analyse de ce mémoire ostensible, enfin des éclaircissements de l'un et de l'autre encore ostensibles; car le mémoire même seroit trop long pour être montré, et une seconde lettre en supplément de mémoire. Souvenez-vous encore avec bonté que ma cause dépend de l'autorité royale que j'ai mise de mon côté par un raisonnement en soi véritable, et que le juge ne considérera pas comme étranger au fait, bien qu'il le soit, mais comme le seul motif de décision; et n'oubliez pas que vous croyez que, si on s'obstine contre moi, un dédommagement pour moi dans mon second fils peut ne pas être regardé comme bien solide à espérer, mais ne doit pas aussi être regardé comme une chimère à n'oser proposer. Après tout cela, ne seroit-ce point outrecuidance de vous remémorer Chaulnes en nouvelle érection, par amitié vôtre, non par votre propre persuasion? Pardonnez-moi, monsieur, toutes ces redites, vous qui savez et possédez trop mieux tous les points que je range ici, selon mon désir, les uns de préférence aux autres, suivant que je les ai mis. L'assignation à demain (du travail décisif avec le roi) me donne le frisson et la sueur. J'en dis pour mon âme, avec toute la résignation que je puis, mon *In manus* à Dieu, et je vous le dis à vous, monsieur, pour cette dignité, squelette le plus chéri et le plus précieux de tous biens que je tienne des libéralités royales. Après tout, il n'y a qu'à s'abandonner à la volonté de Dieu, à vos nerveux et vifs raisonnements, aux effets de la grâce ou de la nature, et, quoi qu'il en arrive, à une reconnoissance et un dévouement pour vous, monsieur, que ces occasions uniques me font sentir qui peuvent s'enfoncer, s'il se pouvoit, plus avant que le cœur. Pour le secret, il est, monsieur, et sera entier. »

Au sortir d'avec le roi, le lendemain 12, le chancelier m'écrivit ce billet :

« Je ne puis encore vous tirer des limbes aujourd'hui, monsieur. Supportez vos ténèbres encore quelques jours; mais supportez-les avec espérance d'en sortir bientôt avec avantage; et, si le soleil ne vous paroît pas aussi favorable que vous le voudriez, vous aurez tort, si je ne me trompe, et très-grand tort. Je suis à vous, monsieur, mais à condition que vous n'aurez aucun tort. »

Deux jours après, je retournai à Marly par Versailles, c'est-à-dire le samedi, où je vis le chancelier à mon aise. Là j'appris que mon mémoire sur l'autorité du roi l'avoit ramené à mon point, et que la fixation du rang seroit réglée à la réception de l'impétrant et non plus à l'enregistrement des lettres; ainsi, après avoir perdu ma cause sur des raisons invincibles pour moi, qui ne purent ni faire d'impression ni trouver de réponse, je la gagnai sur d'autres tout à fait ineptes à ce dont il s'agissoit, mais qui remuèrent le premier mobile du juge, et voilà ce que sert d'être bien averti et servi. Je rendis mille grâces au chancelier, qui ouvrit la conversation par là, apparemment pour me calmer sur le reste, et ce ne fut pas sans réflexions sur les motifs des jugements. Il me dit ensuite que la double séance du père et du fils, même ensemble, avoit enfin passé après de grands débats, en considération de la nouvelle faveur à la postérité légitimée. Ce point me fit encore plaisir. Le venin fut à la queue, je veux dire le point du sacre, sur lequel le chancelier m'assura avoir insisté de toutes ses forces, mais vainement; la considération des bâtards seule ayant fait tenir ferme au roi. Alors je sentis bien que c'étoit une affaire conclue et sans nulle espérance de retour, et, après les premiers élans que je ne pus arrêter, je contraignis le reste pour éviter des remontrances là-dessus insupportables. Les articles des femelles, des ayants cause, etc., ceux de la substitution et du rachat par les mâles tels que nous les avions projetés, et Chaulnes favorablement résolus, je m'informai après des raisons pour lesquelles le règlement demeuroit encore secret. Le chancelier m'avoua qu'il n'en devinoit aucune, ayant vu la chose dix fois prête à éclore, sinon que le roi avoit peut-être dessein de faire voir ce projet au duc du Maine, avant qu'il fût déclaré, pour être en état d'y changer, si ce cher fils y trouvoit quelque chose encore à désirer. Cela même me fit grand'peine pour ce peu qui s'y trouvoit de bon. Je pressai le chancelier de finir cette affaire dès qu'il y verroit le moindre jour; et je regagnai Marly, pénétré du sacre et en grand soupçon de la double séance, et en repos sur mon affaire particulière par la raison qui me la faisoit gagner après l'avoir perdue.

Arrivé à Marly, je ne pus me contenir de confier au duc de Beauvilliers, dont je connoissois le profond secret, celui qui lui causeroit tant de joie. Il étoit déjà couché. J'ouvris son rideau et lui dis, sous le secret dont j'étois si sûr avec lui, que son neveu alloit être fait duc et pair. Il en tressaillit de joie. Il me parut comblé de la mienne et de la part que j'avois eue en une affaire qu'il désiroit si fort, mais

dont aussi il ne connoissoit pas moins que moi le peu de
fondement, comme il me l'a souvent avoué devant et après.
Je ne voulus lui confier rien du reste qui ne le touchoit pas
si précisément, et j'allai écrire à Mme de Saint-Simon, qui
étoit encore à Paris. Dès le lendemain matin, elle envoya
prier la duchesse de Chevreuse, notre très-proche voisine,
de venir chez elle. Elle la transporta de la plus sensible joie
et de la plus vive reconnoissance pour moi, en lui appre-
nant le comble de ses désirs, sous un secret entier, excepté
pour le duc de Chevreuse, qui ne tarda pas à venir lui en
témoigner autant.

Cependant la mine commença à s'éventer sur le règlement. J'en fus en peine pour la chose en elle-même, et plus
encore sur mon compte particulier avec le chancelier ; mais
le roi avoit parlé à d'Antin, et celui-ci à d'autres, comme
nous le vérifiâmes presque aussitôt. Là-dessus grands mouvements de Matignon et de toute sa séquelle. Le mariage de
son fils unique, infiniment riche, étoit arrêté avec une fille
du prince de Rohan, moyennant qu'il fut duc d'Estouville,
et les Rohan ne s'y épargnèrent pas. Je craignis d'autant
plus ce contre-temps que, le 17 mai, rien ne se déclara,
quoique le chancelier eut encore travaillé avec le roi, et à ce
qu'il m'avoit dit pour la dernière fois. L'inquiétude me fit
lui écrire ce mot de Marly à Versailles :

« Vous êtes demeuré seul, monsieur, un quart d'heure
avec le roi après le conseil, et vous n'êtes pas demeuré pour
un autre, cette après-dînée, qui a duré une heure et demie,
et qui a rompu chasse, chiens et vêpres. Les affaires d'État,
je les respecte et m'en distrais; les autres qui se devoient
déclarer aujourd'hui me poignent par leur silence. Mme de
Ventadour auroit-elle tout tout troublé hier avec son inepte
Estouteville, ou le roi veut-il que l'enregistrement soit fait
pour le général avant de rien déclarer? enfin, monsieur,
a-t-on changé en tout ou en partie, et ces limbes perpé-
tuelles s'invoqueront-elles toujours successivement? Par-

donnez-moi, s'il vous plaît, toutes ces questions; mais, sachez, s'il vous plaît, que M. de La Rocheguyon et MM. de Cheverny et de Gamaches m'ont parlé aujourd'hui d'un règlement prêt à éclore pour couper court à toute prétention, et d'Antin à la queue, à quoi j'ai répondu avec une ignorance naturelle. Cependant il faut bien que quelqu'un ait parlé, et je me flatte que vous croyez bien que ce n'est pas moi. Personne ne parle du détail, mais seulement en gros. Je vais demain après dîner à Paris, et je serai à la torture si vous n'avez pitié de moi par quatre lignes. Je me prépare à tout, et suis à vous, monsieur, avec tout dévouement possible. »

Ce billet me fut renvoyé sur-le-champ avec cette réponse sur la feuille à côté.

« Demeurez en repos, monsieur, tout est remis à mardi. Ce qu'on a changé aujourd'hui est peu de chose. Les grands principes subsistent toujours : rien de tout ce que vous faites entrer dans le délai n'y entre. Il faut se déterminer. On veut et on ne veut pas, et voilà tout. J'ignore le sujet, le détail et le résultat du conseil dont vous me parlez, monsieur. Je ne m'étonne point que ces messieurs vous aient dit ce qu'ils vous ont dit. Cela n'est que trop public. L'essentiel est que le détail s'ignore, car il blesseroit sans doute autant que le gros est indifférent. Je suis tout à vous, monsieur. »

» Soit dit en parenthèse qu'un courrier d'Angleterre, arrivé pendant le dîner du roi et après le départ du chancelier, fit rassembler le conseil sans lui, auquel le roi fit lire au conseil suivant la dépêche et la réponse. Telle étoit l'incommodité de Marly.

Ce 17 susdit étoit un dimanche, jour de conseil d'État. Le lundi se passa en inquiétude de ma part sur ce peu de chose que le chancelier m'avoit mandé avoir été changé. Son langage m'avoit appris que peu de chose en cette matière étoit beaucoup. Le mardi 19, jour de conseil de finances, et le premier après celui du dimanche, un quart d'heure de tête-à-tête du chancelier avec le roi mit la dernière main à l'édit. Le chancelier le fit mettre en forme aussitôt après, à Versailles, l'y scella et l'envoya au parlement, où il fut enregistré le surlendemain, jeudi 21 mai. J'allai trouver le chancelier à Versailles, de qui j'appris que ce peu de chose qu'il m'avoit mandé avoir été retranché étoit : la double séance des pairs démis et Chaulnes; que le roi, après avoir accordé l'un et l'autre, n'avoit pu enfin se résoudre à la double séance, et que, prêt à lâcher le mot sur Chaulnes, comme il l'avoit résolu avec le chancelier, il avoit payé de propos, d'espérance certaine, mais sans avoir pu être persuadé de passer outre actuellement. Le dernier billet du chancelier m'avoit fait douter de la double séance; j'y étois préparé. Je ne l'étois point au délai en l'air de Chaulnes, et j'en fus d'autant plus fâché que j'y avois plus compté, et que j'en avois donné la joie à M. de Beauvilliers, et fait donner par Mme de Saint-Simon à M. et Mme de Chevreuse. Les arrangements de M. de Chevreuse lui ont coûté cher plus d'une fois. S'il avoit été à Marly, son affaire y seroit sûrement finie, comme je sus bien le lui reprocher vivement. Je ne repondrois pas que la pique du roi sur ses absences ne lui ait valu ce tire-laisse[1]. Il est certain que, depuis que la chose fut accordée en travaillant avec le chancelier, elle ne balança plus, mais le roi se plut à faire durer cette inquiétude, et à la pousser quelques mois. L'édit fit, à l'ordinaire, le bruit et la matière des conversations que font les choses nouvelles; nous y perdions trop pour être contents, nous y gagnions trop pour montrer du chagrin, et sur chose qui touchoit si personnellement le roi, et qui étoit faite, notre parti fut une sagesse sobre, modeste et peu répandue en propos, ni même en réponse. Le chancelier content au dernier point de son édit, trouvoit que je le devois être, parce que j'y gagnois deux procès en commun, et un en par-

---

1. Désappointement.

ticulier ; mais aucun gain ne pouvoit me compenser les deux premiers articles. L'édit est entre les mains de tout le monde[1], ainsi je l'ai omis parmi les Pièces.

J'allai faire mon compliment à d'Antin. Je ne sais si le changement de la face de la cour, par la mort de Monseigneur, lui fit quelque impression à mon égard, quoique, dès l'introduction de l'affaire, il m'eût parlé avec des politesses qui allèrent aux respects, il me les prodigua en cette visite. Il ne tarda pas à profiter de la grâce qu'il avoit su si habilement se procurer. Il fut enregistré et reçu au parlement le même jour 5 juin suivant. Il donna ensuite un grand dîner chez lui, où il n'y eut qu'une quainzaine de personnes d'invitées, hommes et femmes de sa famille ou de ses plus particuliers amis. Charost et moi y fûmes les deux seuls étrangers, encore Charost avoit-il toujours vécu avec lui à l'armée. Il s'en falloit tout, comme on l'a vu, que j'en fusse là avec lui. Non content de m'envoyer prier chez moi, de m'en prier lui-même dans le salon à Marly, il m'en pressa encore tellement au parlement; pendant la buvette, qu'il n'y eut pas moyen de l'éviter. Il me fit les honneurs du repas et de sa maison avec une attention singulière; et, de retour à Marly, je m'aperçus aisément, aux gracieusetés que le roi chercha à me faire, que je lui avois fait ma cour d'avoir été de ce dîner. Le favori mit son duché-pairie sur sa terre d'Antin. En courtisan leste et délié, il dit que ce nom lui étoit trop heureux pour le changer. Il pouvoit ajouter, quoique de bien autre naissance que le favori d'Henri III, que ce nom d'Épernon qu'il avoit rendu si grand et si célèbre, lui seroit et aux siens trop difficile à soutenir. Il fit un trait d'imprudence au delà de tous les Gascons : il osa prier le maréchal de Boufflers d'être l'un de ses témoins. Le maréchal en fut piqué, sans oser refuser une chose qui ne se refuse point, mais il ne voulut point

1. Voy. cet édit dans la collection des *Anciennes lois françaises*, par Isambert, t. XX, p. 565-569.

signer le témoignage banal qu'on lui apporta. Il en fit un qu'il me montra pour lui en dire mon avis. J'y admirai comment la vertu supplée à tout. Sans rien de grossier, il ne s'y rendit coupable d'aucun mensonge ; et j'ai toujours eu envie d'en avoir une copie, tant il m'avoit plu.

Matignon fut au désespoir. Il s'étoit mis la chimère d'Estouteville dans la tête, qu'il espéroit faire réussir par le mariage de son fils avec une fille du prince de Rohan ; il n'y en avoit point de si folle, je me contente de ce mot parce qu'il n'en fut question que dans leur projet. Cela seul lui avoit fait entreprendre un grand succès contre la duchesse de Luynes. Il le perdit sans perdre son dessein de vue ; et il étoit entré en accommodement pour faire en sorte que la terre d'Estouteville lui demeurât, en payant cher la connivence. C'étoit cette affaire prête à conclure qui avoit empêché M. de Chevreuse d'aller à Marly. Il nous donnoit un procès par cet accommodement auquel l'édit coupa pied, mais il étoit ami des chimères de cette sorte, et il trouvoit un grand profit dans cet accommodement. Sa lenteur ordinaire, et ses demandes énormes au gré de Matignon, avoient traîné l'affaire qu'aucun des deux ne vouloit rompre : l'un par intérêt pécuniaire, l'autre par intérêt d'ambition ; tous deux espéroient de se faire venir l'un et l'autre à son point. Avec ces pourparlers l'affaire languit jusqu'au temps de l'édit, et ne fut conclue et signée que la surveille de sa déclaration. M. de Chevreuse instruit par d'Antin, vit bien alors qu'il n'y avoit plus de temps à perdre ; et Matignon, ravi d'avoir enfin d'Estouteville, et à meilleur marché qu'il n'avoit espéré, se hâta de finir. Trois jours après la signature, il apprit l'édit et son contenu, qui lui ôtoit toute espérance du seul usage d'Estouteville, pour lequel il s'en étoit si chèrement accommodé. Le voilà donc aux hauts cris. Il prétendit que le duc de Chevreuse ne s'étoit pressé tout à coup de conclure que de peur de n'y être plus à temps après l'édit, et qu'il étoit cruellement lésé dans une affaire qu'il n'avoit terminée que pour un objet connu à M. de Chevreuse, et connu lors de la conclusion pour ne pouvoir plus être rempli. M. de Chevreuse, à son ordinaire tranquille, sage et froid, laissa crier et prétendit de son côté que Matignon y gagnoit encore pécuniairement ce qu'il avoit bien voulu donner à la paix et à son repos. Les Rohan, déçus de leurs espérances, retirèrent leur parole, qui n'étoit donnée qu'au cas de succès de la chimère; et, honteux d'avoir porté si publiquement l'intérêt de Matignon contre M. de Chevreuse, dont ils étoient si proches, dans le procès que Matignon avoit perdu, ne se voulurent pas mêler de ses plaintes. La réputation si bien établie de M. de Chevreuse énerva tout ce que Matignon voulut dire, et les immenses richesses que ce dernier avoit tirées de l'abandon d'amitié de Chamillart pour lui rendirent le monde fort dur sur sa mésaventure.

Un mois après l'enregistrement de l'édit, le chancelier me manda qu'il seroit bien aise de m'entretenir sur une visite qu'il avoit reçue du duc de La Rocheguyon. Il s'étoit plaint à lui amèrement, au nom de M. de La Rochefoucauld et au sien, de la décision que l'édit faisoit en ma faveur sur notre question de préséance, et lui dit leur dessein d'en parler au roi. Le chancelier lui objecta les arrêts de Bouillon et de La Meilleraye en lit de justice, un édit récent, et le dessein du roi d'y décider ce procès avec tous les autres. La Rocheguyon insista. Le chancelier se tint couvert, mais sans lui dissimuler qu'il savoit l'état de la question. L'autre, dans le dessein d'en tirer au moins quelque parti, glissa quelque chose tendant au même règlement qui subsiste entre les ducs d'Uzès et de La Trémoille, chose inepte parce que nos pères n'ont pas été séparément faits ducs et après pairs, comme ceux de MM. d'Uzès et de La Trémoille. Il finit en soutenant sa pointe, et proposant des écrits qu'il alloit faire préparer. Le chancelier lui dit qu'il étoit le maître, et l'éconduisit honnêtement. La chose en demeura là pour lors. On en verra les suites en leur temps, qui ne réussirent pas à

M. de La Rocheguyon. Mais cette affaire, venue à la suite de la mort de la duchesse de Villeroy, refroidit tout à fait l'amitié et le commerce étroit qui avoit été jusqu'alors entre les ducs de Villeroy, de La Rocheguyon et moi. Il se réduisit peu à peu aux bienséances communes, et en est toujours demeuré là depuis, jusqu'à leur mort longues années après.

M. de Luxembourg fit, à l'occasion de l'édit, un personnage dont un peu d'esprit ou de mémoire lui auroit épargné la façon. On a vu que le projet qui servit de base à l'édit avoit été fait par le premier président d'Harlay, de concert avec d'Aguesseau, depuis chancelier, et avec le chancelier lors secrétaire d'État et contrôleur général; que Harlay étoit le conseil, l'ami, pour ne pas dire l'âme damnée du maréchal de Luxembourg, jusqu'à s'être déshonoré par la partialité criante et publique dont les injustices les plus inconsidérées nous forcèrent à sa récusation; enfin, que ce projet communiqué, par la permission du roi, au maréchal de Luxembourg pour ce qui le regardoit, et à M. de Chevreuse, il y avoit pleinement consenti, et ne l'avoit pas fait sans avoir bien sondé sa cause, et sans le conseil du premier président d'Harlay. Le maréchal de Luxembourg vivoit avec son fils dans une union et une confiance peu commune, à laquelle ce fils répondoit pleinement, et cette intimité n'étoit ignorée de personne. Il avoit donc eu connoissance du projet en même temps que son père et que le duc de Chevreuse son beau-père, dont la liaison avec eux étoit au plus intime, et qui étoit leur conseil. Le fils avoit le même intérêt que le père en ce qui les regardoit dans le projet, et son consentement avoit été donné avec le sien. Il étoit à Rouen lorsque l'édit fut résolu. Il y avoit eu du désordre pour les blés. Courson, intendant de Rouen, fils de Bâville, en avoit toute la hauteur et toute la dureté, mais il n'en avoit pas pris davantage. C'étoit un butor, brutal, ignorant, paresseux, glorieux, insolent du crédit et de l'appui de son père, et surtout étrangement intéressé. Ces qualités, dont il n'avoit pas le sens de voiler aucune, lui avoient révolté la province. La disette de blé, qui se trouva factice et qui fut découverte, révolta la ville, qui se persuada que Courson faisoit l'extrême cherté pour en profiter, et qui, poussée à bout par ses manières autant que par ses faits, et ayant manqué tout à fait de pain plus d'une fois, s'en prit enfin à lui, et l'eût accablé à coups de pierres s'il ne se fût sauvé de chez lui, et, toujours poursuivi dans les rues, se sauva enfin chez le premier président. Voysin et sa femme, amis de M. de Luxembourg dès la Flandre, saisirent cette occasion de lui procurer l'agrément, devenu si rare à un gouverneur de province, d'y aller faire sa charge. Voysin, dans la première fleur de sa place et de sa faveur, l'obtint aisément. M. de Luxembourg apparemment s'y trouva bien, ou voulut accoutumer le roi à le voir en Normandie sans nécessité; il y demeura donc après que tout fut apaisé, ce qui ne se put qu'en pourvoyant effectivement aux blés, et en ôtant à Rouen et à la province un intendant aussi odieux. Un autre auroit été chassé du moins, depuis que la robe met à couvert de toute autre punition, mais le fils de Bâville eut un privilége spécial pour désoler et piller de province en province. On l'envoya à Bordeaux, où il se retrouvera.

Il faut encore se souvenir que, lorsque d'Antin commença son affaire, M. de Luxembourg se joignit à nous contre lui, et qu'en même temps il reprit contre nous la sienne qu'il avoit laissée dormir depuis longtemps, qui fut tout à la fois une bigarrure singulière. L'édit résolu, le chancelier qui, amoureux de son ouvrage, le vouloit rendre autant qu'il étoit possible agréable à tout le monde, fit souvenir le roi du consentement donné par feu M. de Luxembourg au projet, qui, par rapport à lui, ne contenoit que la même disposition de l'édit, et sur ce principe lui proposa de lui permettre d'en écrire à celui-ci. Il ne se rebuta point du refus qu'il reçut, et revint quelques jours après à la charge, et l'emporta. Il écrivit donc à M. de Luxembourg, le plus poliment du monde, pour lui faire bien recevoir la décision que son père et lui avoient approuvée autrefois. Il fut huit ou dix jours sans réponse. Le roi, impatient de savoir comment M. de Luxembourg avoit pris la chose, et qui n'avoit permis cette communication qu'à regret, se piqua du délai de réponse, et commanda au chancelier de récrire, et sèchement. Celui-ci, fâché du reproche que cela lui attiroit du roi, obéit fort ponctuellement. M. de Luxembourg, que la première lettre avoit fort surpris, et embarrassé sur la réponse au point d'un si long délai sans la faire, le fut bien plus de la recharge et du style dont il la trouva. Il fallut pourtant répondre, mais il fut encore cinq ou six jours à composer une lettre pleine de propos confus et de raisons frivoles. Le chancelier en fut piqué au vif. Son honnêteté prodiguée, un succès tout contraire à celui dont il n'avoit pas douté, le reproche du roi qui se fâcha à lui d'une communication inutile et qui tournoit si mal, mirent le maître et le ministre de mauvaise humeur. Le roi voulut que le chancelier répliquât durement, qui n'eut aucune peine à exécuter cet ordre. M. de Luxembourg qui, sans aucun esprit, étoit fort glorieux, et sensible au dernier point, fut outré ; il n'osa répondre du même style. Son dépit redoubla à la vue de l'édit avec son nom dedans, et sa cause à son gré perdue. Le monde n'en jugea pas de même ; le consentement de son père, avec qui sa considération étoit tombée, excita un parallèle peu agréable, et on le trouva heureux de sortir de la sorte d'un méchant procès qui pouvoit lui coûter sa dignité de duc et pair de Piney, et le réduire à la sienne de duc vérifié. La mort de Monseigneur avoit achevé de lui ôter sa considération. On a vu ailleurs à l'occasion de l'éclat avec lequel Mlle Choin fut renvoyée par Mme la princesse de Conti, à quel point de liaison intime de cabale le père et le fils étoient avec elle, et avec Clermont son amant qui en fut perdu. Cette liaison, qui avoit toujours subsisté, avoit initié M. de Luxembourg dans tout auprès de Monseigneur, sous le règne duquel il avoit lieu de se promettre beaucoup; il étoit encore dans la première douleur de la perte de toutes ses espérances, lorsque cet édit acheva de l'affliger.

## CHAPITRE XII.

Grand changement à la cour par la mort de Monseigneur, et ses impressions différentes. — Duc du Maine. — Duc du Maine fort mal à Marly. — Princesse de Conti. — Cabale. — Duc de Vendôme. — Vaudemont et ses nièces. — Mlle de Lislebonne abbesse de Remiremont. — Mme la Duchesse. — Prince de Rohan. — Princes étrangers. — D'Antin. — Huxelles, Beringhen, Harcourt, Boufflers, Sainte-Maure, Biron, Roucy, La Vallière. — Ducs de Luxembourg, La Rocheguyon, Villeroy. — La Feuillade. — Ministres et financiers. — Le chancelier et son fils. — La Vrillière. — Voysin. — Torcy. — Desmarets. — Duc de Beauvilliers. — Fénelon archevêque de Cambrai. — Union de M. de Cambrai et de tout le petit troupeau. — Duc de Charost et sa mère. — Duc et duchesse de Saint-Simon. — Conduite des ducs de Chevreuse et de Beauvilliers. — Duc de Chevreuse. — Mgr le Dauphin. — Mme de Maintenon point aux ministres, tout au Dauphin. — Ministres travaillent chez le Dauphin.

Jamais changement ne fut plus grand ni plus marqué que celui que fit la mort de ce prince. Éloigné encore du trône par la ferme santé du roi, sans aucun crédit, et par soi de nulle espérance, il étoit devenu le centre de toutes les espérances et de la crainte par tous les personnages, par le loisir qu'une formidable cabale avoit eu de se former, de s'affermir, de s'emparer totalement de lui, sans que la jalousie du roi, devant qui tout trembloit, s'en mît en peine, parce que son souci ne daignoit pas s'étendre par delà sa vie, pendant laquelle il ne craignoit rien avec raison.

On a déjà vu les impressions si différentes qu'elle fit dans l'état et dans le cœur du nouveau Dauphin et de son épouse, dans le cœur de M. le duc de Berry et dans l'esprit de la sienne, dans la situation de M. [le duc] et de Mme la duchesse d'Orléans, et dans l'âme de Mme de Maintenon, délivrée pour le présent de toute mesure et de toute épine pour l'avenir.

M. du Maine partagea de bon cœur ces mêmes affections avec son ancienne gouvernante, devenue la plus tendre et sa plus abandonnée protectrice. Foncièrement mal, de tout temps, comme on l'a dit, avec Monseigneur, il avoit violemment tremblé de la manière dont on a vu que ce prince avoit reçu les divers degrés de son élévation, et en dernier lieu surtout celle de ses enfants. Il étoit loin d'être rassuré là-dessus du côté du nouveau Dauphin et de Mme la Dauphine, mais un et un sont deux. Délivré de tous les princes du sang en âge et en maintien, dont il avoit su sitôt et si grandement profiter, Monseigneur de moins, et possédé par Mme la Duchesse, lui fut un soulagement dont il ne prit pas même la peine de cacher l'extrême contentement. Il avoit de trop bons yeux pour ne s'être pas aperçu que Mme la Dauphine n'ignoroit rien de la protection qu'il avoit prodiguée au duc de Vendôme sur tout ce qui s'étoit passé en Flandre, pour ne pas sentir que les maximes du nouveau Dauphin lui faisoient penser sur la grandeur qu'il s'étoit formée, et qu'il ne captiveroit pas aisément par ses souplesses ceux qui pouvoient, et qui, selon toute apparence, pourroient le plus sur lui, mais la santé du roi lui faisoit espérer encore un long terme de son aveuglement pour lui, pendant lequel il pourroit arriver de ces heureux hasards qui mettent le comble à la fortune. L'esprit léger de M. le duc d'Orléans lui parut moins un obstacle qu'une facilité à en tirer parti d'une façon ou d'une autre. Celui de M. le duc de Berry n'étoit pas pour l'inquiéter, mais il résolut de n'oublier rien pour ne trouver pas une ennemie dans Mme la duchesse de Berry, et il la cultiva avec adresse.

Il commençoit à goûter un si doux repos, lorsque, surpris peu de jours après, à Marly, d'un mal étrange, dans la nuit, son valet de chambre l'entendit râler et le trouva sans connoissance. Il cria au secours. Mme la duchesse d'Orléans accourut en larmes ; Mme la Duchesse et Mlles ses filles par bienséance, et beaucoup de gens pour faire leur cour, dans l'espérance que le roi sauroit leur empressement. M. du Maine fut saigné, et accablé de remèdes parce qu'aucun ne réussissoit. Fagon, à qui deux heures à peine suffisoient pour s'habiller par degrés, n'y vint qu'au bout de quatre, à cause de sa sueur toutes les nuits. Il étoit celui de tous le plus nécessaire en cette occasion, parce qu'il connoissoit ce mal par sa propre expérience, quoique jamais si rudement attaqué. Il gronda fort de la saignée et de la plupart des remèdes.

On tint conseil si on éveilleroit le roi, et il passa que non, à la pluralité des voix. Il apprit à son petit lever toutes les alarmes de la nuit, qui étoient déjà bien calmées ; il alla voir ce cher fils dès qu'il fut habillé, et y fut deux fois le jour pendant les deux ou trois premiers, et une ensuite tous les jours, jusqu'à ce qu'il fût tout à fait bien.

Mme du Maine était cependant à Sceaux, au milieu des fêtes qu'elle se donnoit. Elle s'écria qu'elle mourroit, si elle voyoit M. du Maine en cet état, et ne sortit point de son palais enchanté. M. du Maine, accoutumé à en approuver tout servilement, approuva fort cette conduite et l'alla voir à Sceaux dès qu'il put marcher.

Mme la princesse de Conti fut celle qui regretta le plus Monseigneur, et qui y perdit le moins. Elle l'avoit possédé seule et avec empire fort longtemps. Mlles de Lislebonne, qui ne bougeoient de chez elle, l'avoient peu à peu partagé, mais avec de grandes mesures de déférence. Le règne de Mlle Choin avoit tout absorbé ce qui étoit resté à sa maîtresse, pour qui Monseigneur ne conserva que de la bienséance accompagnée d'ennui et souvent de dégoût, que l'amusement qu'il trouva chez Mme la Duchesse ne fit qu'accroître. Mme la princesse de Conti n'étoit donc de rien depuis bien des années, avec l'amertume de savoir Mlle de Lislebonne, sa protégée et son amie, en possession des matinées libres de Monseigneur, chez elle dans un sanctuaire scellé pour tout autre que Mme d'Espinoy, où se traitoient les choses de confiance; Mlle Choin, son infidèle domestique, devenue la reine du cœur et de l'âme de Monseigneur, et Mme la Duchesse intimement liée à elles, en tiers de tout avec elles et Monseigneur qu'elle possédoit chez elle en cour publique. Il falloit fléchir avec toutes ces personnes, ne rien voir, leur plaire; et malgré ses humeurs, sa hauteur, son aigreur, elle s'y étoit ployée, et fut assez bonne pour être si touchée, qu'elle pensa suffoquer deux ou trois nuits après la mort de Monseigneur, en sorte qu'elle se confessa au curé de Marly.

Elle logeoit en haut au château. Le roi l'alla voir. Le degré étoit incommode; il le fit rompre pendant Fontainebleau, et en fit un grand et commode. Il y avoit plus de dix ans qu'il n'avoit eu occasion de monter à Marly, et il falloit de ces occasions uniques pour lui faire faire l'essai de ce nouveau degré.

Mme la princesse de Conti guérit à nos dépens. Nous avions le second pavillon du côté de Marly fixe, le bas pour nous, le haut pour M. et Mme de Lauzun. Il est aussi près du château que le premier et n'en a pas le bruit; on nous y mit pour donner le second à Mme la princesse de Conti seule avec sa dame d'honneur. Quoique ennemie de l'air et de l'humidité, elle le préféra à son logement du château pour s'attirer plus de monde par la commodité de l'abord, et y tint depuis ses grands jours avec la vieillesse de la cour qu'elle y rassembla, et qui, faute de mieux, et par la commodité d'un réduit toujours ouvert, s'y adonna toute.

On jugera aisément du désespoir et de la consternation de cette puissante cabale, si bien organisée, que l'audace avoit conduite aux attentats qu'on a rapportés. Quoique l'héritier de la couronne qu'elle avoit porté par terre se fût enfin relevé, et que son épouse, unie à Mme de Maintenon, se fût vengée de l'acteur principal d'une scène si incroyable, la cabale se tenoit ferme, gouvernoit Monseigneur, ne craignoit point qu'il lui échappât, l'entretenoit dans le plus grand éloignement de son fils et de sa belle-fille, dans le dépit secret de la disgrâce de Vendôme, se promettoit bien de monter sur le trône avec lui, et d'en anéantir l'héritier sous ce règne. Dieu souffle sur les desseins; en un instant il les renverse, et les asservit sans espérance à celui pour la perte duquel ils n'avoient rien oublié ni ménagé. Quelle rage, mais quelle dispersion!

Vendôme en frémit en Espagne, où il ne s'étoit jeté qu'en passant. De ce moment il résolut d'y fixer ses tabernacles, et de renoncer à la France après ce qu'il avoit attenté, et ce qui l'en avoit fait sortir. Mais la guerre, par où il comptoit de se rendre nécessaire, n'étoit pas pour durer toujours. Le Dauphin et le roi d'Espagne s'étoient toujours tendrement aimés; leur séparation n'y avoit rien changé; la reine d'Espagne, qui y pouvoit tout, étoit sœur de son ennemie et intimement unie avec elle; le besoin passé, son état pouvoit tristement changer; sa ressource fut de se lier le plus étroitement qu'il put à la princesse des Ursins et de devenir son courtisan, après avoir donné la loi à nos ministres et à notre cour. On en verra bientôt les suites.

Le Vaudemont se sentit perdu. Moins bien de beaucoup auprès du roi depuis la chute de Chamillart, il ne lui restoit plus de protecteur. Torcy ne s'étoit jamais fié à lui, et Voysin n'avoit jamais répondu que par des politesses crues à toutes les avances qu'il lui avoit prodiguées. Il étoit sans commerce étroit avec les ministres, et dans la plus légère bienséance avec les ducs de Chevreuse et de Beauvilliers, si même il y en avoit. Tessé bien traité, mais connu de Mme la Dauphine; la maréchale d'Estrées, qu'il s'étoit dévouée par d'autres contours, avoient les reins trop foibles pour le soutenir auprès de Mme la Dauphine; si justement irritée contre ses nièces et contre lui, si uni à M. de Vendôme et à Chamillart. Elle s'étoit à la fin dégoûtée de la maréchale d'Estrées. Mme de La Vallière, la plus spirituelle et la plus dangereuse des Noailles, lui avoit enlevé la faveur et la confiance, et n'avoit rien de commun avec une cabale qui marchoit sous l'étendard de la Choin, toujours en garde contre tout ce qui tenoit à son ancienne maîtresse. Vaudemont n'avoit donc plus de vie effective que par le tout-puissant crédit de ses nièces sur Monseigneur, qui lui en donnoit un direct avec lui, et un autre par réflexion de l'attente du futur. Cette corde rompue, il ne savoit plus où se reprendre; la conduite tout autrichienne du duc de Lorraine portoit un peu sur lui depuis que Chamillart n'étoit plus. Bien qu'à l'extérieur on n'eût pas donné attention aux circonstances si marquées, et qui ont été rapportées, de la conspiration tramée en Franche-Comté, qui fut déconcertée par la victoire du comte du Bourg et par la capture de la cassette de Mercy, cela n'avoit pas laissé d'écarter encore plus ce protée.

Mlle de Lislebonne, pénétrée d'une si profonde chute personnelle et commune, trop sûre de sa situation avec Mme la Dauphine, et avec tout ce qui approchoit intimement le Dauphin, n'étoit pas pour se pouvoir résoudre, altière comme elle étoit, à traîner dans une cour où elle avoit régné toute sa vie. Son oncle et elle prirent donc le parti d'aller passer l'été en Lorraine, pour se dérober à ces premiers temps de trouble, et se donner celui de se former un plan de vie tout nouveau.

La fortune secourut cette fée. La petite vérole enleva tout de suite plusieurs enfants à M. de Lorraine, entre autres une fille de sept ou huit ans, qu'il avoit fait élire abbesse de Remiremont, il y avoit deux ans, après la mort de Mme de Salm. Cet établissement parut à l'oncle et à la nièce une planche après le naufrage, un état noble et honnête pour une vieille fille, une retraite fort digne et sans contrainte, une espèce de maison de campagne pour quand elle y voudroit aller, sans nécessité de résidence assidue, ni d'abdiquer Paris et la cour, et un prétexte de l'en tirer à sa volonté, avec quarante mille livres de rente à qui en avoit peu et se trouvoit privée des voitures de Monseigneur et de toutes les commodités qu'elle en tiroit. Elle n'eut que la peine de désirer cet établissement; tout en arrivant en Lorraine, son élection se fit aussitôt.

Sa sœur, mère de famille, plus douce et plus flexible, ne se croyoit pas les mêmes raisons d'éloignement; son métier d'espionne de Mme de Maintenon, dont on a vu d'avance un étrange trait, lui donnoit de la protection et de la considération, dont le ressort étoit inconnu mais qui étoit marquée. Elle ne songea donc pas à quitter la cour, ce qui entroit aussi dans la politique de sa sœur et de son oncle. Mme d'Espinoy donna plutôt part qu'elle ne demanda permission de Remiremont pour sa sœur, laquelle passa avec la facilité pour eux ordinaire. Mlle de Lislebonne prit le nom de Mme de Remiremont, dont je l'appellerai désormais pour le peu de mention que j'aurai à faire d'elle dans la suite.

L'affaire de Remiremont se fit si brusquement que j'arrivai le soir de la permission donnée, sans en rien savoir, dans le salon, après le souper du roi. Je fus surpris de voir venir à moi, au sortir du cabinet du roi, Mme la Dauphine avec qui je n'avois aucune privance, m'environner et me rencoigner en riant avec cinq ou six dames de sa cour plus familières, me donner à deviner qui étoit abbesse de Remiremont. Je reculois toujours; et le rire augmentoit de ma surprise d'une question qui me paroissoit si hors de toute portée, et de ce que je n'imaginois personne à nommer. Enfin elle m'apprit que c'étoit Mlle de Lislebonne, et me demanda ce que j'en disois. « Ce que j'en dis? madame, lui répondis-je aussi en riant, j'en suis ravi pouvu que cela nous en délivre ici, et, à cette condition, j'en souhaiterois autant à sa sœur. — Je m'en doutois bien, répliqua la princesse, » et s'en alla riant de tout son cœur. Deux mois plus tôt, outre que l'occasion n'en eût pu être, une telle déclaration n'eût pas été de saison, quoique mes sentiments ne fussent pas ignorés. Alors, passé les premiers moments où cette hardiesse ne laissa pas de retentir, il n'en fut pas seulement question.

Mme la Duchesse fut d'abord abîmée dans la douleur. Tombée de ses plus vastes espérances, et d'une vie brillante et toujours agréablement occupée qui lui mettoit la cour à ses pieds, mal avec Mme de Maintenon, brouillée sans retour et d'une façon déclarée avec Mme la Dauphine, en haine ouverte avec M. du Maine, en équivalent avec Mme la duchesse d'Orléans, en procès avec ses belles-sœurs, sans personne de qui s'appuyer, avec un fils de dix-huit ans, deux filles qui lui échappoient déjà par le vol qu'elle leur avoit laissé prendre, tout le reste enfant, elle se trouva réduite à regretter M. le Prince, et M. le Duc, dont la mort l'avoit tant soulagée.

Ce fut alors que l'image si chérie de M. le prince de Conti se présenta sans cesse à sa pensée et à son cœur, qui n'auroit plus trouvé d'obstacle à son penchant, et ce prince avec tant de talents que l'envie avoit laissés inutiles, réconcilié peu avant sa mort avec Mme de Maintenon, intimement lié avec le Dauphin par les choses passées, et de toute sa vie avec les ducs de Chevreuse et de Beauvilliers et l'archevêque de Cambrai, uni à Mme la Dauphine par la haine commune de Vendôme et par la conduite et les propos qu'il avoit tenus pendant la campagne de Lille, auroit été bientôt le modérateur de la cour, et de l'État dans la suite. C'étoit le seul à qui Mme la Duchessse eût été fidèle, elle étoit l'unique pour qui il n'eût pas été volage; il lui auroit fait hommage de sa grandeur, et elle auroit brillé de son lustre. Quels souvenirs désespérants, avec Lassai fils pour tout réconfort! Faute de mieux elle s'y attacha sans mesure, et l'attachement dure encore après plus de trente ans.

Une désolation si bien fondée cessa pourtant bientôt quant à l'extérieur; elle n'étoit pas faite pour les larmes, elle voulut s'étourdir, et pour faire diversion elle se jeta dans les amusements, et bientôt dans les plaisirs, jusqu'à la dernière indécence pour son âge et son état. Elle chercha à y noyer ses chagrins, et elle y réussit. Le prince de Rohan, qui avoit jeté un million dans l'hôtel de Guise devenu un admirable palais entre ses mains, lui donna des fêtes sous prétexte de lui faire voir sa maison.

On a vu ailleurs combien il étoit uni à Mmes de Remiremont et d'Espinoy; cette union l'avoit lié à Mme la Duchesse. Sa chute, l'état ou le procès de la succession de M. le Prince mettoient ses affaires, le nombre d'enfants qu'elle avoit, lui fit espérer que le rang et les établissements de son fils, de son frère, de sa maison, avec ce palais et des biens immenses, pourroient tenter Mme la Duchesse de se défaire pour peu d'une de ses filles en faveur de son fils, et que le souvenir de sa mère pourroit encore assez sur le roi, avec la protection de Mme d'Espinoy auprès de Mme de Maintenon, pour lever la moderne difficulté des alliances avec le sang royal.

Il redoubla donc de jeu, de soins, de fêtes, d'empressement pour Mme la Duchesse. Il s'étoit servi de sa situation brillante auprès de Monseigneur, et de ce qui le gouvernoit pour s'approcher de Mme la Dauphine par un jeu prodigieux, une assiduité et des complaisances sans bornes qu'il redoubla en cette occasion; et la grande opinion qu'il avoit de sa figure lui avoit fait hasarder des galanteries par la Montauban sa cousine, dont Mme la Dauphine s'étoit fort moquée, mais fort en particulier, et l'avoit toujours traité avec distinction et familiarité à cause de Monseigneur et de ses entours. Il songeoit par là à donner une grande et durable protection à son rang de prince étranger. La consternation étoit tombée sur toutes ces usurpations étrangères qui espéroient tout de Monseigneur par ceux des leurs qui l'obsédoient, et qui se crurent perdues sans ressource par le nouveau Dauphin dont ils redoutoient les sentiments, et de ce qui pouvoit le plus sur lui. On a vu qu'ils auroient pu se trouver déçus dans leurs idées sur le père, mais elles étoient justes sur le fils, à qui la lecture avoit appris ce qu'ils savoient faire, et dont l'équité, le jugement solide et le discernement ne s'accommodoient pas d'un ordre de gens sortis, formés et soutenus par le désordre.

Le prince de Rohan ne put réussir dans ses vues auprès de Mme la Duchesse; il enraya promptement. Il n'eut garde de se montrer fâché par une conduite trop marquée qui auroit mis en évidence ce qu'il vouloit si soigneusement cacher, mais n'ayant plus ni vues ni besoin d'elle, il se retira peu à peu sans cesser de la voir, et Mme de Remiremont et Mme d'Espinoy, qui n'avoient plus à compter avec elle, s'en retirèrent aussi beaucoup peu à peu. On a vu plus haut ce que devint Mlle Choin.

D'Antin mieux que jamais avec le roi, parvenu sitôt après la mort de Monseigneur au comble de ses désirs et de la fortune, n'eut pas besoin de grandes réflexions pour se consoler. On a vu, lors de la campagne de Lille, avec quelle souple adresse il avoit su s'initier avec Mme la Dauphine, qu'il n'avoit pas négligée depuis, et dont il espéroit un puissant contre-poids aux mœurs du nouveau Dauphin, et au plus qu'éloignement qui étoit entre lui et ceux qui pouvoient le plus sur ce prince. Il comptoit que la santé du roi lui donneroit le temps de rapprocher le Dauphin et de ramener peut-être à lui ceux qu'il craignoit davantage. La mort de Monseigneur l'affranchissoit d'une assiduité auprès de lui fort pénible qui lui ôtoit un temps précieux auprès du roi, et il n'en pouvoit rien retrancher comme valet pris à condition de servir deux maîtres. Il se trouvoit délivré de la domination de Mme la Duchesse, par cela même réduite à compter avec lui, et débarrassé de plus de tous les manéges indispensables, et souvent très-difficiles, pour demeurer uni avec tous les personnages de cette cabale qui dominoit Monseigneur, dont les subdivisions donnoient bien de l'exercice aux initiés qui, comme d'Antin, vouloient aussi figurer avec eux, et qui avoit plus d'une fois tâté de leur jalousie et de leurs hauteurs. Enfin il espéra augmenter sa faveur par une assiduité sans partage, qui le rendroit considérable à la nouvelle cour, et lui donneroit les moyens de s'y initier à la longue. Il songeoit toujours à entrer dans le conseil, car a-t-on jamais vu un heureux se dire : C'est assez?

Des adhérents de la cabale, ou des gens particulièrement bien avec Monseigneur et qui se croyoient en situation de figure ou de fortune sous son règne, tous eurent leur part de la douleur ou de la chute. Le maréchal d'Huxelles fut au désespoir, et n'osa en faire semblant, mais pour tenir manégea sourdement une liaison avec M. du Maine. Le premier écuyer, honteux, de regarder d'où son père étoit sorti, paré de sa mère et de sa femme, avoit osé plus d'une fois aspirer à être duc, et n'espéroit rien moins de Monseigneur, tellement qu'il fut affligé comme un homme qui a perdu sa fortune. Harcourt plus avant qu'eux tous, se consola plus aisément que pas un. Il avoit Mme de Maintenon entièrement à lui, sa fortune complète, et il avoit su se mettre secrètement bien avec la Dauphine, il y avoit longtemps, au lieu que les deux précédents n'y avoient aucune jointure, ni avec le Dauphin, et se trouvoient fort éloignés de ce qui l'approchoit le plus, pareils en ce dernier article à Harcourt. Boufflers, assez avant avec Monseigneur pour lui avoir fait ses plaintes des froideurs, pour ne rien dire de plus, qu'il recevoit du roi sans cesse depuis ses désirs de l'épée de connétable, et qui en étoit favorablement écouté, le regretta par amitié en galant homme. Il étoit encore plus à portée du nouveau Dauphin qui savoit mieux connoître et goûter la vertu. Je l'avois extrêmement rapproché des ducs de Chevreuse et de Beauvilliers ; je m'en étois fait un travail, et j'y avois assez réussi pour m'en promettre des fruits. Ainsi Boufflers n'avoit qu'à gagner, considéré d'ailleurs de Mme la Dauphine, et toujours très-bien avec Mme de Maintenon, et dans un comble de fortune.

De classe inférieure, Sainte-Maure, qui n'étoit bon qu'à jouer, perdit véritablement sa fortune. La Vallière tenoit trop de toutes façons à Mme la princesse de Conti pour attendre beaucoup d'un prince dans la main de Mlle Choin ; il avoit épousé celles des Noailles qui avoit le plus d'esprit, de sens, d'adresse, de vues, de manéges et d'intrigue, qui gouvernoit sa tribu, qui étoit comptée à la cour, et qui étoit dans la plus grande confidence de la nouvelle Dauphine ; avec cela hardie, entreprenante, mais avec des boutades et beaucoup d'humeur. Biron et Roucy qui, sans être menins, étoient de tout temps très-attachés, et de tous les voyages de Monseigneur, crurent leur fortune perdue. Roucy eut raison ; il falloit être Monseigneur pour en faire une espèce de favori. Biron, prisonnier d'Audenarde, conservoit le chemin de la guerre ; il est aujourd'hui duc et pair, comme on le verra en son temps, et doyen des maréchaux de France. Il étoit frère de Mme de Nogaret et de Mme d'Urfé, amies intimes de Mme de Saint-Simon et les miennes, et neveu de M. de Lauzun de chez qui il ne bougeoit. Je l'avois appproché de M. de Beauvilliers, et j'avois réussi à le bien mettre avec lui ; par ce côté si important, et par sa sœur auprès de Mme la Dauphine, il eut de quoi espérer de la nouvelle cour.

Trois hommes à part peuvent tenir encore place ici : les ducs de La Rocheguyon, de Luxembourg et de Villeroy. On a vu les liens par lesquels M. de Luxembourg tenoit à Monseigneur, dont il avoit lieu de se promettre une figure autant qu'il en pouvoit être capable. D'ailleurs il ne tenoit à rien ; car, hors quelques agréments en Normandie, Voysin ne pouvoit le mener plus loin. Le roi ne considéroit en lui que son nom. Il avoit conservé des amis de son père, et il étoit fort du grand monde, mais c'étoit tout, malgré l'amitié de M. de Chevreuse, qui sentoit bien qu'il n'y avoit point de parti à en tirer. Il étoit si grand seigneur qu'il put se consoler dans soi-même. Il en faut dire encore plus des deux autres, qui par leurs charges existoient d'une façon plus importante pour eux et plus soutenue. Les mêmes lettres, dont j'ai parlé quelque part ici, qui causèrent leur disgrâce, dont ils ne sont même personnellement jamais bien revenus avec le roi, les avoient bien mis avec Monseigneur, outre l'habitude et à peu près le même âge ; mais ils n'avoient pas auprès de lui les mêmes ailes que M. de Luxembourg, et comme lui avoient perdu M. le prince de Conti, leur ami intime, qui les avoit laissés à découvert à M. de Vendôme et aux siens. Celui-ci n'y étoit plus, mais il y existoit par d'autres, et seroit sûrement revenu après le roi. Ce n'étoit pas qu'ils fussent personnellement mal avec lui ; mais les amis intimes de feu M. le prince de Conti ne pouvoient jamais être les siens. Ces deux beaux-frères, avec de si grands établissements, ne firent donc pas une si grande perte.

Un quatrième se trouva dans un nouveau désarroi. C'étoit La Feuillade. Perdu à son retour de Turin, il avoit cherché à s'attacher à Monseigneur, et à profiter du peu de temps que Chamillart demeura en place pour s'appuyer de Mlle de Lislebonne et de M. de Vendôme. On a vu ailleurs qu'il avoit percé jusqu'à Mlle Choin. Le jeu d'ailleurs le soutenoit à Meudon. Il étoit de tous les voyages, sans pourtant avoir rien gagné sur Monseigneur. Néanmoins, avec de si puissants entours, il comptoit sous lui se ramener la fortune. Il en désespéroit du reste du règne du roi ; et pour celui qui le devoit suivre, il avoit tout ce qu'il falloit pour en être encore plus éloigné ; aussi fut-il fort affligé.

Deux genres d'hommes fort homogènes, quoique fort

disproportionnés, le furent jusqu'au plus profond du cœur, les ministres et les financiers. On a vu, à l'occasion de l'établissement du dixième, ce que le nouveau Dauphin pensoit de ces derniers, et avec quelle liberté il s'en expliquoit. Mœurs, conscience, instruction, tout en lui étoit pour eux cause très-certaine des plus vives terreurs. Celle des ministres ne fut guère moindre. Monseigneur étoit le prince qu'il leur falloit pour régner en son nom, avec plus, s'il se peut, de pouvoir qu'ils n'en avoient usurpé, mais avec beaucoup moins de ménagement. En sa place, ils voyoient arriver un jeune prince instruit, appliqué, accessible, qui voudroit voir et savoir, et qui avoit, avec une volonté déjà soupçonnée, tout ce qu'il falloit pour les tenir bas, et vraiment ministres, c'est-à-dire exécuteurs, et plus du tout ordonnateurs, encore moins dispensateurs. Ils le sentirent, et déjà ils commencèrent un peu à baisser le ton, on peut juger avec quelle douleur.

Le chancelier perdoit tout le fruit d'un attachement qu'il avoit su ménager dès son entrée aux finances, et qu'il avoit eu moyen et attention de cultiver très-soigneusement par Bignon son neveu, par du Mont qu'il avoit rendu son ami par mille services, par Mlle de Lislebonne et Mme d'Espinoy qu'ils s'étoient aussi dévouées, en sorte qu'il avoit lieu de se flatter sous Monseigneur, qui lui marquoit amitié et distinction, du premier personnage dans les affaires, et d'une influence principale à la cour, que ses talents étoient bastants pour soutenir, et pour porter fort loin dans la primauté de sa charge. L'échange de ce qui succédoit étoit bien différent. Rien là ne lui rioit. Ennemi réputé des jésuites, et fort soupçonné de jansénisme, brouillé dès son entrée aux finances avec le duc de Beauvilliers, et hors de bienséance ensemble par les prises au conseil, où ils étoient rarement d'accord, et où, sur les matières de Rome, elles se poussoient quelquefois loin, et sans ménagement de la part du chancelier, déclaré de plus, même avec feu, contre l'archevêque de

Cambrai, dans tout le cours et les suites de son affaire. C'en étoit trop, avec un caractère droit, sec, ferme, pour ne pas se croire perdu, et pour que l'amitié, qui s'étoit maintenue entre le duc de Chevreuse et lui, lui pût être une ressource, et il le sentit bien.

Son fils, aussi universellement abhorré qu'il étoit mathématiquement détestable, avoit encore trouvé le moyen de se faire également craindre et mépriser, d'user même la bassesse d'une cour la plus servile, et de se brouiller avec les jésuites, tout en faisant profession d'intimité avec eux, en les maltraitant en mille choses, jusque-là qu'au lieu de lui savoir gré de l'inquisition et de la persécution ouverte qu'il faisoit avec une singulière application à tout ce qu'il croyoit qui pouvoit sentir le jansénisme, ils l'imputoient à son goût de faire du mal.

C'étoit la bête de la nouvelle Dauphine qui ne s'épargnoit pas à lui nuire auprès du roi. J'en dirai un trait entre plusieurs. Un soir que Pontchartrain sortoit de travailler avec le roi, elle entra du grand cabinet dans la chambre. Mme de Saint-Simon la suivoit avec une ou deux dames. Elle avisa, auprès de la place où Pontchartrain avoit été, de gros vilains crachats pleins de tabac : « Ah! voilà qui est effroyable! dit-elle au roi; c'est votre vilain borgne; il n'y a que lui qui puisse faire de ces horreurs-là, » et de là à lui tomber dessus de toutes les façons. Le roi la laissa dire, puis lui montrant Mme de Saint-Simon, l'avertit que sa présence la devoit retenir. « Bon! répondit-elle, elle ne le dira pas comme moi; mais je suis sûre qu'elle en pense tout de même. Eh! qui est-ce qui en pense autrement? » Là-dessus le roi sourit, et se leva pour passer au souper. Le nouveau Dauphin n'en pensoit guère mieux, ni tout ce qui l'approchoit. C'étoit donc une meule de plus attachée au cou du père, qui en sentoit tout le poids, et Mme de Maintenon, de longue main brouillée avec le père comme on l'a vu en son temps, n'aimoit pas mieux le fils que la princesse.

La Vrillière étoit aimé parce qu'il faisoit plaisir de bonne grâce aux rares occasions que sa charge lui en pouvoit fournir, mais qui n'avoit que des provinces sans autre département[1]. Lui et sa femme ensemble, et chacun à part, étoient très-bien avec Monseigneur; amis intimes de du Mont, et parvenus auprès de Mlle Choin à une amitié de confiance, à quoi le premier écuyer et Bignon encore plus les avoient fort servis. La perte fut donc extrême. Il ne tenoit d'ailleurs qu'au chancelier, avec qui il vivoit comme un fils; et cette liaison si naturelle m'avoit été un obstacle à l'approcher du duc de Beauvilliers, à quoi j'avois vainement travaillé. Mme de Mailly, sa belle-mère, n'avoit pas les reins assez forts pour le soutenir. Il avoit un malheur domestique qu'il eut la sagesse d'ignorer seul à la cour, et ce malheur creusoit sa ruine. Mme de La Vrillière, en butte à Mme la Dauphine, triomphoit d'elle en folle depuis bien des années sans ménagement. Il y avoit eu jusqu'à des scènes, et Mme la Dauphine ne haïssoit rien au monde tant qu'elle. Tout cela présageoit un triste avenir.

Voysin, sans nulle autre protection que celle de Mme de Maintenon, sans art, sans tour, sans ménagement pour personne, enfoncé dans ses papiers; enivré de sa faveur, sec, pour ne pas dire brutal, en ses réponses, et insolent dans ses lettres, n'avoit pour lui que le manége de sa femme; et tous deux nulle liaison avec la nouvelle cour, trop nouveaux pour s'être fait des amis, et le mari peu propre à s'en faire, peut-être moins à en conserver, avec une place la plus enviée de toutes, et la moins difficile à y trouver un successeur.

Torcy, doux et mesuré, avoit pour soi la longue expérience des affaires, et le secret de l'État et des postes, beaucoup d'amis et point d'ennemis alors. Il étoit cousin germain

---

1. Voyez, dans les notes à la fin du volume, quels étaient les départements des secrétaires d'État dans l'ancienne monarchie.

des duchesses de Chevreuse et de Beauvilliers, et gendre de Pomponne, pour qui MM. de Chevreuse et de Beauvilliers avoient une confiance entière, et une estime qui alloit à la vénération. D'ailleurs, sans liaison avec Monseigneur, ni avec la cabale frappée. Une telle position sembloit heureuse à l'égard de la nouvelle cour, mais ce n'étoit qu'une écorce. Au fond, Torcy n'étoit qu'en bienséance avec les ducs et les duchesses de Chevreuse et de Beauvilliers ; ni la parenté, ni le commerce continuel et indispensable d'affaires, n'avoient pu fondre les glaces qui s'étoient mises entre eux. Ils ne se voyoient que par nécessité d'affaires ou de bienséance, et cette froide bienséance n'étoit pas même poussée bien loin. Torcy et sa femme vivoient dans la plus parfaite union. Mme de Torcy, avec de l'humeur et de la hauteur, ne daignoit pas voiler assez ses sentiments. Son nom les rendoit encore plus suspects ; et quelque chose de plus que du crédit qu'elle avoit pris sur son mari le rendoit coupable d'après elle, et conséquemment aux yeux des deux ducs dangereux dans le ministère. Il ne fléchissoit point au conseil sur les matières de Rome, où tout en douceur il soutenoit avec force et capacité les avis que le chancelier embrassoit après, et qui donnoient lieu à ses prises avec le duc de Beauvilliers, qui y souffroit beaucoup des raisons détaillées de l'un, soutenues de la force et de l'autorité de l'autre. Mme de Torcy étoit moins aimée que Torcy, et plutôt éloignée qu'approchée de la nouvelle Dauphine pour qui elle ne s'étoit jamais contrainte, encore moins pour qui que ce fût. Elle ne laissoit pas d'avoir des amis, ainsi que Torcy, mais dont pas un n'étoit d'aucune ressource pour le futur que sa sœur par Mme la Duchesse, qui pût leur faire regretter Monseigneur.

Desmarets avoit assez longtemps tâté de la plus profonde disgrâce pour avoir pu faire d'utiles réflexions, et il avoit été ramené sur l'eau avec tant de travail et de peine qu'il devoit avoir appris à connoître les amis de sa personne, et à discerner ceux que les places donnent toujours, mais qui ne durent qu'autant qu'elles. Il avoit assez d'esprit et de sens pour que rien lui manquât de ce côté pour la conduite, et cependant il en manqua tout à fait. Le ministère l'enivra. Il se crut l'Atlas qui soutenoit le monde, et dont l'État ne pouvoit se passer; il se laissa séduire par les nouveaux amis de cour, et il compta pour rien ceux de sa disgrâce.

On a vu ailleurs que mon père, et moi à son exemple, avions été des principaux, et que je l'avois fort servi auprès de Chamillart, et pour rentrer dans les finances, et pour lui succéder dans la place de contrôleur général. On a vu qu'il ne l'ignoroit pas, et tout ce qui se passa là-dessus entre lui et moi. Avec la déclaration que je lui avois faite, et que je tins exactement, il devoit donc être doublement à son aise avec moi. Néanmoins je m'aperçus bientôt qu'il se refroidissoit; je suivis d'un œil sa conduite à mon égard pour ne me pas méprendre entre ce qui pouvoit être accidentel dans un homme chargé d'affaires épineuses, et ce que j'en soupçonnois. Mes soupçons devinrent une évidence qui me firent retirer de lui tout à fait, sans toutefois faire semblant de rien. Les ducs de Chevreuse et de Beauvilliers s'aperçurent de cette retraite; ils m'en parlèrent, ils me pressèrent; je leur avouai le fait et la cause. Ils essayèrent de me persuader que Desmarets étoit le même pour moi, et qu'il ne falloit pas prendre garde au froid et à la distinction que lui donnoient ses tristes occupations. Ils m'exhortèrent souvent d'aller chez lui, je les laissois dire et ne changeois rien à ce que je m'étois proposé. A la fin, lassés de mon opiniâtreté, pendant le dernier voyage de Fontainebleau ils me prirent un matin et me menèrent dîner chez Desmarets. Je résistai; ils le voulurent: j'obéis, et leur dis qu'ils auroient donc le plaisir d'être convaincus par eux-mêmes. En effet, le froid et l'inapplication furent si marqués pour moi, que les deux ducs piqués me l'avouèrent, et convinrent que j'avois raison de cesser de le voir.

Eux-mêmes ne tardèrent pas d'éprouver la même chose. L'honneur d'être leur cousin germain étoit le plus grand relief de Desmarets, et leur situation un appui pour lui et une décoration infinie. La relation nécessaire d'affaires avec eux étoit un autre lien. Enfin c'étoient ceux qui, à force de bras par Chamillart et par eux-mêmes, l'avoient tiré d'opprobre, et remis en honneur et dans le ministère. Malgré tant de raisons si majeures d'attachement et d'union, il les mit au même point où j'étois avec lui. Ils ne se voyoient que de loin à loin par une rare bienséance, et fort peu de communication d'affaires qui ne se pouvoit éviter entièrement avec le duc de Beauvilliers, de qui je sus vers ces temps-ci que lui ni le duc de Chevreuse ne lui parloient plus de rien, et qu'ils étoient hors de toute portée avec lui.

Il alla jusqu'à persécuter ouvertement le vidame d'Amiens, et les chevau-légers à cause du vidame, qui rompit ouvertement avec lui. Il n'en usa pas mieux avec Torcy, sa mère et sa sœur, dont il avoit été le commensal, depuis ses premiers retours de Maillebois jusqu'à son entrée dans le ministère, et il les poussa tous trois à ne le plus voir du tout. Le chancelier, qui à la vérité n'avoit pas été heureux pour lui, mais qui avoit rompu auprès du roi les premières glaces pour le rappeler aux finances du temps qu'il étoit contrôleur général, étoit le seul de tous les ministres qui ne fût pas payé, en sorte qu'il n'eut rien à se reprocher du côté de l'ingratitude, dans une place, et avec une humeur féroce dont il n'étoit pas maître, qui le rendoit redoutable aux femmes même, et d'une paresse qui ralentissoit tout.

Une conduite si dépravée ne lui donnoit pas beau jeu pour l'avenir, et son peu d'accès auprès de Monseigneur et de son intime cour ne lui faisoit rien perdre à ce qui venoit de disparoître. Telle étoit à la mort de Monseigneur la situation des ministres. Il faut venir maintenant à celle du duc de Beauvilliers, et de ceux qui trouvèrent leur ressource dans ce grand changement, et voir après les effets de ces contrastes.

Peu de gens parurent sur la scène du premier coup d'œil. Ceux-là mêmes ne purent être guère aperçus, hors les principaux ou les plus marqués, par les mesures politiques dont ils se couvrirent; mais on peut juger qu'il y eut presse d'avoir part avec ces principaux, et avec ceux des autres qui purent être reconnus. On peut imaginer encore quels furent les sentiments du duc de Beauvilliers, le seul homme peut-être pour lequel Monseigneur avoit conçu une véritable aversion, jusqu'à ne l'avoir pu dissimuler, laquelle étoit sans cesse bien soigneusement fomentée.

En échange, Beauvilliers voyoit l'élévation inespérée d'un pupille qui se faisoit un plaisir secret de l'être encore, et un honneur public de le montrer, sans que rien eût pu le faire changer là-dessus. L'honnête homme dans l'amour de l'État, l'homme de bien dans le désir du progrès de la vertu, et sous ce puissant auspice un autre M. de Cambrai dans Beauvilliers, se voyoit à portée de servir utilement l'État et la vertu, de préparer le retour de ce cher archevêque, et de le faire un jour son coopérateur en tout. A travers la candeur et la piété la plus pure, un reste d'humanité inséparable de l'homme faisant goûter à celui-ci un élargissement de cœur et d'esprit imprévu, un aise pour des desseins utiles qui désormais se remplissoient comme d'eux-mêmes, une sorte de dictature enfin d'autant plus savoureuse qu'elle étoit plus rare et plus pleine, moins attendue et moins contredite, et qui par lui se répandoit sur les siens, et sur ceux de son choix. Persécuté au milieu de la plus éclatante fortune, et, comme on l'a vu ici en plus d'un endroit, poussé quelquefois jusqu'au dernier bord du précipice, il se trouvoit tout d'un coup fondé sur le plus ferme rocher; et peut-être ne regarda-t-il pas sans quelque complaisance ces mêmes vagues, de la violence desquelles il avoit pensé être emporté quelquefois, ne pouvoir plus que se briser à ses pieds. Son âme toutefois parut toujours dans la même assiette ; même sagesse, même modération, même attention, même douceur, même accès, même politesse, même tranquillité, sans le moindre élan d'élévation, de distraction, d'empressement. Une autre cause plus digne de lui le combloit d'allégresse. Sûr du fond du nouveau Dauphin, il prévit son triomphe sur les esprits et sur les cœurs dès qu'il seroit affranchi et en sa place, et ce fut sur quoi il s'abandonna secrètement avec nous à sa sensibilité. Chevreuse, un avec lui dans tous les temps de leur vie, s'éjouit avec lui de la même joie, et y en trouva les mêmes motifs, et leurs familles s'applaudirent d'un consolidement de fortune et d'éclat qui ne tarda pas à paroître. Mais celui de tous à qui cet événement devint le plus sensible fut Fénelon, archevêque de Cambrai. Quelle préparation ! Quelle approche d'un triomphe sûr et complet, et quel puissant rayon de lumière vint à percer tout à coup une demeure de ténèbres !

Confiné depuis douze ans dans son diocèse, ce prélat y vieillissoit sous le poids inutile de ses espérances, et voyoit les années s'écouler dans une égalité qui ne pouvoit que le désespérer. Toujours odieux au roi, à qui personne n'osoit prononcer son nom, même en choses indifférentes ; plus odieux à Mme de Maintenon, parce qu'elle l'avoit perdu ; plus en butte que nul autre à la terrible cabale qui disposoit de Monseigneur, il n'avoit de ressource qu'en l'inaltérable amitié de son pupille, devenu lui-même victime de cette cabale, et qui, selon le cours ordinaire de la nature, le devoit être trop longtemps pour que le précepteur pût se flatter d'y survivre, ni par conséquent de sortir de son état de mort au monde. En un clin d'œil, ce pupille devient Dauphin ; en un autre, comme on va le voir, il parvient à une sorte d'avant-règne. Quelle transition pour un ambitieux !

On l'a déjà fait connoître lors de sa disgrâce. Son fameux *Télémaque*, qui l'approfondit plus que tout et la rendit incurable, le peint d'après nature. C'étoient les thèmes de son pupille qu'on déroba, qu'on joignit, qu'on publia à son insu dans la force de son affaire. M. de Noailles, qui, comme on l'a vu, ne vouloit rien moins que toutes les places du duc de Beauvilliers, disoit au roi alors et à qui voulut l'entendre, qu'il falloit être ennemi de sa personne pour l'avoir composé. Quoique si avancés ici dans la connoissance d'un prélat qui a fait, jusque du fond de sa disgrâce, tant de peur, et une figure en tout état si singulière, il ne sera pas inutile d'en dire encore un mot ici.

Plus coquet que toutes les femmes, mais en solide et non en misères, sa passion étoit de plaire, et il avoit autant de soin de captiver les valets que les maîtres, et les plus petites gens que les personnages. Il avoit pour cela des talents faits exprès, une douceur, une insinuation, des grâces naturelles et qui couloient de source, un esprit facile, ingénieux, fleuri, agréable, dont il tenoit, pour ainsi dire, le robinet, pour en verser la qualité et la quantité exactement convenables à chaque chose et à chaque personne. Il se proportionnoit et se faisoit tout à tous ; une figure fort singulière, mais noble, frappante, perçante, attirante ; un abord facile à tous ; une conversation aisée, légère et toujours décente, un commerce enchanteur ; une piété facile, égale, qui n'effarouchoit point et se faisoit respecter ; une libéralité bien entendue ; une magnificence qui n'insulte point, et qui se versoit sur les officiers et les soldats, qui embrassoit une vaste hospitalité, et qui, pour la table, les meubles et les équipages, demeuroit dans les justes bornes de sa place ; également officieux et modeste, secret dans les assistances qui se pouvoient cacher et qui étoient sans nombre, leste et délié sur les autres jusqu'à devenir l'obligé de ceux à qui il les donnoit, et à le persuader ; jamais empressé, jamais de compliments, mais une politesse qui, en embrassant tout, étoit toujours mesurée et proportionnée, en sorte qu'il sembloit à chacun qu'elle n'étoit que pour lui, avec cette précision dans laquelle il excelloit singulièrement. Adroit surtout dans l'art de porter les souffrances, il en usurpoit un mérite qui donnoit tout l'éclat au sien, et qui en portoit l'admiration et le dévouement pour lui dans le cœur de tous les habitants des Pays-Bas quels qu'ils fussent, et de toutes les dominations qui les partageoient, dont il avoit l'amour et la vénération. Il jouissoit, en attendant un autre genre de vie, qu'il ne perdit jamais de vue, de toute la douceur de celle-ci, qu'il eût peut-être regrettée dans l'éclat après lequel il soupira toujours, et il en jouissoit avec une paix si apparente que qui n'eût su ce qu'il avoit été, et ce qu'il pouvoit devenir encore, aucun même de ceux qui l'approchoient le plus, et qui le voyoient avec le plus de familiarité, ne s'en seroit jamais aperçu.

Parmi tant d'extérieur pour le monde, il n'en étoit pas moins appliqué à tous les devoirs d'un évêque qui n'auroit eu que son diocèse à gouverner, et qui n'en auroit été distrait par aucune autre chose. Visites d'hôpitaux, dispensation large mais judicieuse d'aumônes, clergé, communautés, rien ne lui échappoit. Il disoit tous les jours la messe dans sa chapelle, officioit souvent, suffisoit à toutes ses fonctions épiscopales sans se faire jamais suppléer, prêchoit quelquefois. Il trouvoit du temps pour tout, et n'avoit point l'air occupé. Sa maison ouverte, et sa table de même, avoit l'air de celle d'un gouverneur de Flandre, et tout à la fois d'un palais vraiment épiscopal; et toujours beaucoup de gens de guerre distingués, et beaucoup d'officiers particuliers, sains, malades, blessés, logés chez lui, défrayés et servis comme s'il n'y en eût eu qu'un seul; et lui ordinairement présent aux consultations des médecins et des chirurgiens, faisant d'ailleurs, auprès des malades et des blessés les fonctions de pasteur le plus charitable, et souvent par les maisons et par les hôpitaux; et tout cela sans oubli, sans petitesse, et toujours prévenant, avec les mains ouvertes. Aussi étoit-il adoré de tous.

Ce merveilleux dehors n'étoit pourtant pas tout lui-même.

Sans entreprendre de le sonder, on peut dire hardiment qu'il n'étoit pas sans soins et sans recherche de tout ce qui pouvoit le raccrocher et le conduire aux premières places. Intimement uni à cette partie des jésuites à la tête desquels étoit le P. Tellier, qui ne l'avoient jamais abandonné, et qui l'avoient soutenu jusque par delà leurs forces, il occupa ses dernières années à faire des écrits qui, vivement relevés par le P. Quesnel et plusieurs autres, ne firent que serrer les nœuds d'une union utile par où il espéra d'émousser l'aigreur du roi. Le silence dans l'Église étoit le partage naturel d'un évêque dont la doctrine avoit, après tant de bruit et de disputes, été solennellement condamnée. Il avoit trop d'esprit pour ne le pas sentir; mais il eut trop d'ambition pour ne compter pas pour rien tant de voix élevées contre l'auteur d'un dogme proscrit et ses écrits dogmatiques, et beaucoup d'autres qui ne l'épargnèrent pas sur le motif que le monde éclairé entrevoyoit assez.

Il marcha vers son but sans se détourner ni à droite ni à gauche; il donna lieu à ses amis d'oser nommer son nom quelquefois. il flatta Rome pour lui si ingrate, il se fit considérer par toute la société des jésuites comme un prélat d'un grand usage, en faveur duquel rien ne devoit être épargné. Il vint à bout de se concilier La Chétardie, curé de Saint-Sulpice, directeur imbécile et même gouverneur de Mme de Maintenon.

Parmi ces combats de plume, Fénelon, uniforme dans la douceur de sa conduite et dans sa passion de se faire aimer, se garda bien de s'engager dans une guerre d'action. Les Pays-Bas fourmilloient de jansénistes ou de gens réputés tels. En particulier son diocèse et Cambrai même en étoit plein. L'un et l'autre leur furent des lieux de constant asile et de paix. Heureux et contents d'y trouver du repos sous un ennemi de plume, ils ne s'émurent de rien à l'égard de leur archevêque qui, bien que si contraire à leur doctrine, leur laissoit toute sorte de tranquillité. Ils se reposèrent sur d'autres de leur défense dogmatique, et ne donnèrent point d'atteinte à l'amour général que tous portoient à Fénelon. Par une conduite si déliée, il ne perdit rien du mérite d'un prélat doux et pacifique, ni des espérances d'un évêque dont l'Église devoit tout se promettre, et dont l'intérêt étoit de tout faire pour lui.

Telle étoit la position de l'archevêque de Cambrai, lorsqu'il apprit la mort de Monseigneur, l'essor de son disciple, l'autorité de ses amis. Jamais liaison ne fut plus forte ni plus inaltérable que celle de ce petit troupeau à part. Elle étoit fondée sur une confiance intime et fidèle, qui elle-même l'étoit, à leur avis, sur l'amour de Dieu et de son Église. Ils étoient presque tous gens d'une grande vertu, grands et petits, à fort peu près qui en avoient l'écorce qui étoit prise par les autres pour la vertu même. Tous n'avoient qu'un but qu'aucune disgrâce ne put déranger, tous qu'une marche compassée et cadencée vers ce but, qui étoit le retour de Cambrai leur maître, et cependant de ne vivre et ne respirer que pour lui, de ne penser et de n'agir que sur ses principes, et de recevoir ses avis en tout genre comme les oracles de Dieu même dont il étoit le canal. Que ne peut point un enchantement de cette nature, qui ayant saisi le cœur des plus honnêtes gens, l'esprit de gens qui en avoient beaucoup, le goût et la plus ardente amitié des personnes les plus fidèles, s'est encore divinisé en eux par l'opinion ferme, ancienne, constante, qu'en cela consiste piété, vertu, gloire de Dieu, soutien de l'Église, et le salut particulier de leurs âmes, à quoi de bonne foi tout étoit postposé chez eux!

Par ce développement on voit sans peine quel puissant ressort étoit l'archevêque de Cambrai à l'égard des ducs de Chevreuse et de Beauvilliers et de leurs épouses, qui tous quatre n'étoient qu'un cœur, une âme, un sentiment, une pensée. Ce fut peut-être cette considération unique qui empêcha la retraite du duc de Beauvilliers à la mort de ses enfants, et lorsqu'il eut achevé l'établissement intérieur de sa famille, enfin aux diverses occasions où on l'a vu ici si près d'être perdu. Le duc de Chevreuse et lui avoient un goût et un penchant entier à la retraite. Il y étoit si entier que leur vie en tenoit une proximité tout à fait indécente à leurs emplois; mais l'ardeur de leurs désirs d'être utiles à la gloire de Dieu, à l'Église, à leur propre salut, le leur fit croire de la meilleure foi du monde attaché à demeurer en des places qui pussent ne rien laisser échapper sur le retour de leur père spirituel. Il ne leur fallut pas une raison à leur avis moins transcendante pour essayer tout, glisser sur tout et conjurer les orages, pour n'avoir pas à se reprocher un jour le crime de s'être rendus inutiles à une œuvre à leurs yeux si principale, dont les occasions leur pouvoient être présentées par les ressorts inconnus de la Providence, encore que, depuis si longtemps, ils n'y eussent pu entrevoir le moindre jour.

Le changement subit arrivé par la mort de Monseigneur leur parut cette grande opération de la Providence, expresse pour M. de Cambrai, si persévéramment attendue, sans savoir d'où ni comment elle s'accompliroit, la récompense du juste qui vit de la foi, qui espère contre toute espérance, et qui est délivré au moment le plus imprévu. Ce n'est pas que je leur aie ouï rien dire de tout cela; mais qui les voyoit comme moi dans leur intérieur, y voyoit une telle conformité dans tout le tissu de leur vie, de leur conduite, de leurs sentiments que leur attribuer ceux-là, c'est moins les scruter que les avoir bien connus. Serrés sur tout ce qui pouvoit approcher ces matières, renfermés entre eux autres anciens disciples, avec une discrétion et une fidélité merveilleuse, sans faire ni admettre aucuns prosélytes dans la crainte de s'en repentir, ils ne jouissoient qu'ensemble d'une vraie liberté, et cette liberté leur étoit si douce qu'ils la préféroient à tout; de là, plus que de toute autre chose, cette union plus que fraternelle des ducs et des duchesses de Chevreuse et de Beauvilliers ; de là le mariage du duc de Mortemart, fils de la disciple sans peur, sans mesure, sans contrainte ; de là les retraites impénétrables de la fin de chaque semaine à Vaucresson, avec un très-petit nombre de disciples trayés, obscurs et qui s'y succédoient les uns aux autres ; de là cette clôture de monastère qui les suivoit au milieu de la cour ; de là cet attachement au delà de tout au nouveau Dauphin, soigneusement élevé et entretenu dans les mêmes sentiments. Ils le regardoient comme un autre Esdras, comme le restaurateur du temple et du peuple de Dieu après la captivité.

Dans ce petit troupeau étoit une disciple des premiers temps formée par M. Bertau, qui tenoit des assemblées à l'abbaye de Montmartre, où elle avoit été instruite dès sa jeunesse, où elle alloit toutes les semaines avec M. de Noailles qui sut bien s'en retirer à temps : c'étoit la duchesse de Béthune, qui avoit toujours augmenté depuis en vertu, et qui avoit été trouvée digne par Mme Guyon d'être sa favorite. C'étoit par excellence la grande âme, devant qui M. de Cambrai même étoit en respect, et qui n'y étoit à son tour que par humilité et par différence de sexe. Cette confraternité avoit fait de la fille du surintendant Fouquet l'amie la plus intime des trois filles de Colbert et de ses gendres, qui la regardoient avec la plus grande vénération.

Le duc de Béthune, son mari, n'étoit qu'un frère coupechoux qu'on toléroit à cause d'elle ; mais le duc de Charost, son fils, recueillit tous les fruits de la béatitude de sa sainte mère. Une probité exacte, beaucoup d'honneur, et tout ce qu'il y pouvoit ajouter de vertu à force de bras, mais rehaussée de tout l'abandon à M. de Cambrai qui se pouvoit espérer du fils de la disciple mère, faisoit le fond du caractère de ce fils, d'ailleurs incrusté d'une ambition extrême, de jalousie à proportion, d'un grand amour du monde dans lequel il étoit fort répandu, et auquel il étoit fort propre ; l'esprit du grand monde, aucun d'affaires, nulle instruction de quelque genre que ce fût, pas même de dévotion, excepté celle qui étoit particulière au petit troupeau, et d'un mouvement de corps incroyable; fidèle à ses amis et fort capable d'amitié, et secret à surprendre à travers cette insupportable affluence de paroles, héréditaire chez lui de père en fils. Il a peut-être été le seul qui ait su joindre une profession publique de dévotion de toute sa vie avec le commerce étroit des libertins de son temps, et l'amitié de la plupart, qui tous le recherchoient et l'avoient tant qu'ils pouvoient dans leurs parties où il n'y avoit pas de débauche, et non-seulement sans se moquer de ses pratiques si contraires aux leurs (je dis la meilleure compagnie et la plus brillante de la cour et des armées), mais avec liberté et confiance, retenus même par considération pour lui, et sans que leur gaieté ni leur liberté en fût altérée. Il étoit de fort bonne compagnie et bon convive, avec de la valeur, de la gaieté et des propos et des expressions souvent fort plaisantes. La vivacité de son tempérament lui donnoit des passions auxquelles sa piété donnoit un frein pénible, mais qui en prenoit le dessus à force de bras, et qui fournissoient souvent avec lui à la plaisanterie.

M. de Beauvilliers avoit fort souhaité autrefois que Charost et moi liassions ensemble; et cette liaison qui s'étoit faite avoit réussi jusqu'à la plus grande intimité, qui a toujours duré depuis entre nous. Je n'ai jamais connu M. de Cambrai que de visage; j'étois à peine entré dans le monde lors du déclin de sa faveur; je ne me suis jamais présenté aux mystères du petit troupeau. C'étoit donc être bien inférieur au duc de Charost à l'égard des ducs de Chevreuse et de Beauvilliers, dont on lui verra bientôt recueillir le fruit, et néanmoins il en étoit demeuré avec eux à la confiance de leur gnose[1], tandis que je l'avois entière sur tout ce qui re-

---

1. Le mot *gnose*, tiré du grec, signifie la science par excellence; de là le nom de *gnostiques* donné à des hérétiques qui prétendaient qu'il y avait deux christianismes : l'un pour le peuple, l'autre pour les initiés.

gardoit l'État, la cour et la conduite du Dauphin. Sur leur gnose, ils ne m'en parloient pas; mais ils étoient à cœur ouvert avec moi sur leur attachement et leur admiration de M. de Cambrai, sur les désirs et les mesures de son retour. Dampierre et Vaucresson m'étoient ouverts en tout temps; les condisciples obscurs y paroissoient librement devant moi, et y conversoient de même; et j'étois l'unique, non initié en leur gnose, dans ce genre de confiance et de liberté avec eux. Il y avoit déjà bien des années que je m'étois aperçu qu'il s'en falloit tout que Charost ne fût aussi avant que moi dans leur confiance, par bien des choses dont il se plaignoit à moi de leur réserve, que je lui laissois ignorer qu'ils m'avoient confiées; et je ne vis pas depuis qu'il avançât là-dessus avec eux, tandis qu'ils me disoient et consultoient avec moi toutes choses.

Dans ma surprise de cette différence d'un homme si fort mon ancien d'âge et de cette sorte d'amitié si puissante avec eux, j'en ai souvent cherché les causes. Son activité étoit toute de corps; il étoit bien plus répandu que moi dans le monde, mais il savoit peu et ne suivoit guère ce qui s'y passoit de secret et d'important. Il ignoroit donc les machines de la cour, que me découvroient ma liaison avec les acteurs principaux des deux sexes, et mon application à démêler, à savoir et à suivre journellement toutes ces sortes de choses toujours curieuses, ordinairement utiles, et souvent d'un grand usage.

Mme de Saint-Simon étoit aussi tout à fait dans la confiance de MM. et de Mmes de Chevreuse et de Beauvilliers, qui avoient une grande opinion de sa vertu, de sa conduite, du caractère de son esprit. J'avois avec eux la liberté de leur tout dire, qui n'eût pas sié de même à la dévotion du duc de Charost; enfin j'avois eu les occasions, qu'on a vues ici, de les avertir de choses fort peu apparentes et de la plus extrême importance, qu'ils n'avoient même pu croire que par les événements; et cela avoit mis le dernier degré à leur ouverture sur tout avec moi, dont ils avoient de plus éprouvé en tout la plus constante et la plus fidèle amitié de toute préférence.

Ce fut donc une joie bien douce et bien pure de me trouver le seul homme de la cour dans l'amitié la plus intime, et dans la plus entière confiance de ce qui, privativement à tout autre, et sans crainte de revers, alloit figurer si grandement à la cour, et si puissamment sur le nouveau Dauphin qui alloit donner le ton à toutes choses. Plus ma liaison intime étoit connue avec les deux ducs, et plus je me tins en garde contre tout extérieur trop satisfait, et plus encore important, et plus j'eus soin que ma conduite et ma vie se continssent dans tout leur ordinaire à tous égards.

Dans ce grand changement de scène il ne parut donc d'abord que deux personnages en posture d'en profiter : le duc de Beauvilliers, et par lui le duc de Chevreuse, et un troisième en éloignement, l'archevêque de Cambrai. Tout rit aux deux premiers tout à coup, tout s'empressa autour d'eux, et chacun avoit été de leurs amis dans tous les temps. Mais en eux les courtisans n'eurent pas affaire à ces champignons de nouveaux ministres tirés en un moment de la poussière, et placés au timon de l'État, ignorants également d'affaires et de cour, également enorgueillis et enivrés, incapables de résister, rarement même de se défier de ces sortes de souplesses, et qui ont la fatuité d'attribuer à leur mérite ce qui n'est prostitué qu'à la faveur. Ceux-ci, sans rien changer à la modestie de leur extérieur, ni à l'arrangement de leur vie, ne pensèrent qu'à se dérober le plus qu'il leur fut possible aux bassesses entassées à leurs pieds, à faire usage de leurs amis d'épreuve, à se fortifier près du roi par une assiduité redoublée, à s'ancrer de plus en plus près de leur Dauphin, à le conduire à paroître ce qu'il étoit, sans avoir surtout l'air de le conduire, et pour faire que, tant du côté de l'estime et des cœurs que de celui de l'autorité, il différât entièrement de son père.

Ils n'oublièrent pas de tâcher à s'approcher de la Dauphine, du moins à ne la pas écarter d'eux. Elle l'étoit par une grande opposition d'inclinations et de conduite; elle l'étoit encore par Mme de Maintenon. Leur vertu, austère à son gré parce qu'elle n'en connoissoit que l'écorce, lui faisoit peur par leur influence sur le Dauphin; elle les craignoit encore plus directement par un endroit plus délicat, qui étoit celui-là même qui la devoit véritablement attacher à eux, si, avec tout son esprit, elle eût su discerner les effets de la vraie piété, de la vraie vertu, de la vraie sagesse, qui [sont] d'étouffer et de cacher, avec le plus grand soin et les plus extrêmes précautions, dont j'ai vu souvent ces deux ducs très-occupés, ce qui peut altérer la paix et la tranquillité du mariage. Ainsi, elle trembloit des avis fâcheux, du lieu même de sa plus ancienne sûreté. Toutes ces raisons avoient mis un froid et un malaise, que tout l'esprit et la faveur de Mme de Lévi n'avoit pu vaincre, et dont ces deux seigneurs et leurs épouses s'étoient aperçus de bonne heure, à travers les ménagements et la considération que la princesse ne pouvoit leur refuser, mais dont les sentiments étoient soigneusement entretenus par les Noailles et par la comtesse de Roucy, autant que celle-ci le pouvoit, qui, en communiant tous les huit jours, ne pardonna jamais au duc de Beauvilliers ni aux siens d'avoir opiné contre elle dans ce grand procès qu'elle gagna devant le roi contre M. d'Ambres, dont j'ai parlé ailleurs, et dans lequel Mme de Maintenon, contre sa coutume, se déclara si puissamment pour elle et pour la duchesse d'Arpajon, sa mère.

Le printemps, qui est la saison de l'assemblée des armées, fit apercevoir bien distinctement à Cambrai le changement qui étoit arrivé à la cour. Cambrai devint la seule route de toutes les différentes parties de la Flandre. Tout ce qui y servoit de gens de la cour, d'officiers généraux et même d'officiers moins connus, y passèrent tous et s'y arrêtèrent le plus qu'il leur fut possible. L'archevêque y eut une telle cour, et si empressée, qu'à travers sa joie, il en fut peiné, dans la crainte du retentissement et du mauvais effet qu'il en craignoit du côté du roi. On peut juger avec quelle affabilité, quelle modestie, quel discernement il reçut tant d'hommages, et le bon gré que se surent les raffinés qui de longue main l'avoient vu et ménagé dans leurs voyages en Flandre.

Cela fit grand bruit en effet; mais le prélat se conduisit si dextrement que le roi ni Mme de Maintenon ne témoignèrent rien de ce concours, qu'ils voulurent apparemment ignorer. A l'égard des ducs de Chevreuse et de Beauvilliers, le roi, accoutumé à les aimer, à les estimer, à y avoir sa confiance, jusque dans les rudes traverses qu'ils avoient quelquefois essuyées, ne put s'effaroucher de leur éclat nouveau, soit qu'il ne perçât pas jusqu'à lui, chose bien difficile à croire, soit plutôt qu'il ne pût être détourné de ses sentiments pour eux. Mme de Maintenon aussi ne montra rien là-dessus.

Il y avoit déjà des années que le duc de Beauvilliers avoit initié le duc de Chevreuse auprès du Dauphin, et qu'il l'avoit accoutumé à le considérer comme une seule chose avec lui. Le liant naturel et la douceur de l'esprit de Chevreuse, son savoir et sa manière de savoir et de s'expliquer, ses vues fleuries quoique sujettes à se perdre, furent des qualités faites exprès pour plaire à ce jeune prince avec lequel il avoit souvent de longs tête-à-tête, et qui le mirent si avant dans sa confiance que M. de Beauvilliers s'en servit souvent pour des choses qu'il crut plus à propos de faire présenter par son beau-frère que par lui-même. Comme ils n'étoient qu'un, tout entre eux marchoit par le même esprit, couloit des mêmes principes, tendoit au même but, et se référoit entre eux deux; en sorte que le prince avoit un seul conducteur en deux différentes personnes, et qu'il avoit pris beaucoup de goût et de confiance au duc de Chevreuse, qui depuis longtemps étoit bien reçu à lui dire tout ce qu'il pensoit de lui et ce qu'il désiroit sur sa conduite, et toujours avec des intermèdes d'histoire, de science et de piété; mais la supériorité en confiance, en amitié, et toute la déférence, étoit demeurée entière au duc de Beauvilliers.

On peut croire que ces deux hommes ne laissoient pas refroidir dans le prince ses vifs sentiments pour l'archevêque de Cambrai. Le confesseur étoit d'intelligence avec eux sur cet article, et en totale déférence sur tous autres; et jusqu'alors il n'y avoit pas eu de quatrième admis en cet intime intérieur du prince. Le premier soin des deux ducs fut de le porter à des mesures encore plus grandes, à un air de respect et de soumission encore plus marqué, à une assiduité de courtisan à l'égard du roi si naturellement jaloux, et déjà éprouvé tel en diverses occasions par son petit-fils.

Secondé à souhait par son adroite épouse, en possession elle-même de toute privance avec le roi et du cœur de Mme de Maintenon, il redoubla ses soins auprès d'elle, qui, dans le transport de trouver un Dauphin sur qui sûrement compter, au lieu d'un autre qui ne l'aimoit point, se livra à lui, et par cela même lui livra le roi. Les premiers quinze jours rendirent sensible à tout ce qui étoit à Marly un changement si extraordinaire dans le roi, si réservé pour ses enfants légitimes, et si fort roi avec eux.

Plus au large par un si grand pas fait, le Dauphin s'enhardit avec le monde qu'il redoutoit du vivant de Monseigneur, parce que, quelque grand qu'il fût, il en essuyoit les brocards applaudis. C'est ce qui lui donnoit cette timidité qui le renfermoit dans son cabinet, parce que ce n'étoit que là qu'il se trouvoit à l'abri et à son aise; c'est ce qui le faisoit paroître sauvage et le faisoit craindre pour l'avenir, tandis qu'en butte à son père, peut-être alors au roi même, contraint d'ailleurs par sa vertu; en butte à une cabale audacieuse, ennemie, intéressée à l'être, et à ses dépendances qui formoient le gros et le fort de la cour, gens avec qui il avoit continuellement à vivre; enfin en butte au monde en général, comme monde, il menoit une vie d'autant plus obscure qu'elle étoit plus nécessairement éclairée, et d'autant plus cruelle qu'il n'en envisageoit point de fin.

Le roi revenu pleinement à lui, l'insolente cabale tout à fait dissipée par la mort d'un père presque ennemi dont il prenoit la place, le monde en respect, en attention, en empressement, les personnages les plus opposés en air de servitude, ce même gros de la cour en soumission et en crainte, l'enjoué et le frivole, partie non médiocre d'une grande cour, à ses pieds par son épouse, certain d'ailleurs de ses démarches par Mme de Maintenon, on vit ce prince timide, sauvage, concentré, cette vertu précise, ce savoir déplacé, cet homme engoncé, étranger dans sa maison, contraint de tout, embarrassé partout; on le vit, dis-je, se montrer par degrés, se déployer peu à peu, se donner au monde avec mesure, y être libre, majestueux, gai, agréable, tenir le salon de Marly dans des temps coupés, présider au cercle rassemblé autour de lui comme la divinité du temple qui sent et qui reçoit avec bonté les hommages des mortels auxquels il est accoutumé, et les récompenser de ses douces influences.

Peu à peu la chasse ne fut plus l'entretien que du laisser-courre, ou du moment du retour. Une conversation aisée, mais instructive et adressée avec choix et justesse, charma le sage courtisan et fit admirer les autres. Des morceaux d'histoire convenables, amenés sans art des occasions naturelles, des applications désirables, mais toujours discrètes et simplement présentées sans les faire, des intermèdes aisés, quelquefois même plaisants, tout de source et sans recherche, des traits échappés de science mais rarement, et comme dardés de plénitude involontaire, firent tout à la fois ouvrir les yeux, les oreilles et les cœurs. Le Dauphin devint un autre prince de Conti. La soif de faire sa cour eut en plusieurs moins de part à l'empressement de l'environner dès qu'il paroissoit, que celle de l'entendre et d'y puiser une instruction délicieuse par l'agrément et la douceur d'une éloquence naturelle qui n'avoit rien de recherché, la justesse en tout, et plus que cela la consolation, si nécessaire et si désirée, de se voir un maître futur si capable de l'être par son fonds, et par l'usage qu'il montroit qu'il en sauroit faire.

Gracieux partout, plein d'attention au rang, à la naissance, à l'âge, à l'acquit de chacun, choses depuis si longtemps honnies et confondues avec le plus vil peuple de la cour, régulier à rendre à chacune de ces choses ce qui leur était dû de politesse, et ce qui s'y en pouvoit ajouter avec dignité, grave mais sans rides, et en même temps gai et aisé ; il est incroyable avec quelle étonnante rapidité l'admiration de l'esprit, l'estime du sens, l'amour du cœur et toutes les espérances furent entraînées, avec quelle roideur les fausses idées qu'on s'en étoit faites et voulu faire furent précipitées, et quel fut l'impétueux tourbillon du changement qui se fit généralement à son égard.

La joie publique faisoit qu'on ne s'en pouvoit taire, et qu'on se demandoit les uns aux autres si c'étoit bien là le même homme, et si ce qu'on voyoit étoit songe ou réalité. Cheverny, qui fut un de ceux à qui la question s'adressa, n'y laissa rien à repartir. Il répondit que la cause de tant de surprise étoit de ce qu'on ne connoissoit point ce prince qu'on n'avoit même pas voulu connoître; que pour lui il le trouvoit tel qu'il l'avoit toujours connu et vu dans son particulier; que, maintenant que la liberté lui étoit venue de se montrer dans tout son naturel, et aux autres de l'y voir, il paroissoit ce qu'il avoit toujours été; et que cette justice lui seroit rendue quand l'expérience de la continuité apprendroit cette vérité.

De la cour à Paris, et de Paris au fond de toutes les provinces, cette réputation vola avec tant de promptitude que ce peu de gens anciennement attachés au Dauphin en étoient à se demander les uns aux autres s'ils pouvoient en croire ce qui leur revenoit de toutes parts. Quelque fondé que fût un si prodigieux succès, il ne faut pas croire qu'il fût dû tout entier aux merveilles du jeune prince. Deux choses y contribuèrent beaucoup : les mesures immenses et si étrangement poussées de cette cabale dont j'ai tant parlé, à décrier ce prince sur toutes sortes de points, et depuis Lille toujours soutenues pour former contre lui une voix publique dont ils pussent s'appuyer auprès de Monseigneur, et en cueillir les fruits qu'ils s'en étoient proposés dès le départ pour cette campagne, que le complot de l'y perdre avoit été fait ; et le contraste de l'élastique à la chute du poids qui lui écrasoit les épaules, après lequel on le vit redressé, l'étonnement extrême que produisit ce même contraste entre l'opinion qu'on en avoit conçue et ce qu'on ne pouvoit s'empêcher de voir, et le sentiment de joie intime de chacun, par son plus sensible intérêt, de voir poindre une aurore qui déjà s'avançoit, et qui promettoit tant d'ordre et de bonheur après une si longue confusion et tant de ténèbres.

Mme de Maintenon, ravie de ces applaudissements, par amitié pour sa Dauphine, et par son propre intérêt de pouvoit compter sur un Dauphin qui commençoit à faire l'espérance et les délices publiques, s'appliqua à en presser tout l'usage qu'elle put auprès du roi. Quelque admiration qu'elle voulût montrer pour tout ce qui étoit de son goût et de sa volonté, et quelques mesures qu'elle gardât avec tous ses ministres, leur despotisme, et leur manière de l'exercer, lui déplaisoit beaucoup. Ses plus familiers avoient découvert en des occasions rares ses plus secrets sentiments là-dessus (qu'Harcourt avoit beaucoup fortifiés en elle), tantôt par des demi-mots de ridicule bien assenés où elle excelloit, quelquefois par quelques paroles plus sérieuses, bien qu'également étranglées, sur le mauvais de ce gouvernement. Elle crut donc se procurer un avantage, à l'État un bien, au roi un soulagement, de faire en sorte qu'il s'accoutumât à faire préparer les matières par le Dauphin, à lui en laisser expédier quelques-unes, et peu à peu ainsi à se décharger sur lui du gros et du plus pesant des affaires, dont il s'étoit toujours montré si capable, et dans lesquelles il étoit initié, puisqu'il étoit de tous les conseils, où il parloit depuis longtemps avec beaucoup de justesse et de discernement. Elle compta que cette nouveauté rendroit les ministres plus appliqués, plus laborieux, surtout plus traitables et plus circonspects. Vouloir et faire, sur les choses intérieures et qui par leur nature pouvoient s'amener de loin par degrés avec adresse, fut toujours pour elle une seule et même chose.

Le roi, déjà plus enclin à son petit-fils, étoit moins en garde des applaudissements qu'il recevoit sous ses yeux, qu'il ne l'avoit paru sur ceux de ses premières campagnes. Bloin et les autres valets intérieurs, dévoués à M. de Vendôme, n'avoient plus cet objet ni Monseigneur en croupe. Ils étoient en crainte et en tremblement ; et M. du Maine, destitué de leur appui, n'osoit plus ouvrir la bouche ni hasarder que Mme de Maintenon le découvrît contraire. Ainsi le roi étoit sans ces puissants contre-poids, qui avoient tant manégé auparavant dans ses heures les plus secrètes et les plus libres.

La sage et flexible conduite de ce respectueux et assidu petit-fils l'avoit préparé à se rendre facile aux insinuations de Mme de Maintenon, tellement que, quelque accoutumé que l'on commençât d'être à la complaisance que le roi prenoit dans le Dauphin, toute la cour fut étrangement surprise de ce que, l'ayant retenu un matin seul dans son cabinet assez longtemps, il ordonna le même jour à ses ministres d'aller travailler chez le Dauphin toutes les fois qu'il les manderoit, et sans être mandés encore, de lui aller rendre compte de toutes les affaires, dont une fois pour toutes il leur auroit ordonné de le faire.

Il n'est pas aisé de rendre le mouvement prodigieux que fit à la cour un ordre si directement opposé au goût, à l'esprit, aux maximes, à l'usage du roi, si constant jusqu'alors, qui, par cela même, marquoit une confiance pour le Dauphin qui n'alloit à rien moins qu'à lui remettre tacitement une grande partie de la disposition des affaires. Ce fut un coup de foudre sur les ministres, dont ils se trouvèrent tellement étourdis qu'ils n'en purent cacher l'étonnement ni le déconcertement.

Ce fut un ordre en effet bien amer pour des hommes qui, tirés de la poussière et tout à coup portés à la plus sûre et à la plus suprême puissance, étoient si accoutumés à régner en plein sous le nom du roi, auquel ils osoient même substituer quelquefois le leur, en usage tranquille et sans contredit de faire et de défaire les fortunes, d'attaquer avec succès les plus hautes, d'être les maîtres des plus patrimoniales de tout le monde, de disposer avec toute autorité du dedans et du dehors de l'État, de dispenser à leur gré toute considération, tout châtiment, toute récompense, de décider, de tout hardiment par un *le roi le veut*, de sécurité entière même à l'égard de leurs confrères, desquels qui que ce fût n'osoit ouvrir la bouche au roi de rien qui pût regarder leur personne, leur famille ni leur administration, sous peine d'en devenir aussitôt la victime exemplaire pour quiconque l'eût hasardé, par conséquent en toute liberté de taire, de dire, de tourner toutes choses au roi comme il leur convenoit, en un mot, rois d'effet, et presque de représentation. Quelle chute pour de tels hommes que d'avoir à compter sur tout avec un prince qui avoit Mme de Maintenon à lui, et qui auprès du roi étoit devenu plus fort qu'eux dans leur propre tripot; un prince qui n'avoit plus rien entre lui et le trône: qui étoit capable, laborieux, éclairé, avec un esprit juste et supérieur; qui avoit acquis sur un grand fonds tout fait depuis qu'il étoit dans le conseil; à qui rien ne manquoit pour les éclairer; qui, avec ces qualités, avoit le cœur bon, étoit juste, aimoit l'ordre; qui avoit du discernement, de l'attention, de l'application à suivre et à démêler; qui savoit tourner et approfondir; qui ne se payoit que de choses et point de langage; qui vouloit déterminément le bien pour le bien; qui pesoit tout au poids de sa conscience; qui, par un accès facile et une curiosité de dessein et de maximes, seroit instruit par force canaux; qui sauroit comparer et apprécier les choses, se défier et se confier à propos par un juste discernement et une application sage, et en garde contre les surprises de toutes parts; qui ayant le cœur du roi, avoit aussi son oreille à toute heure; et qui, outre les impressions qu'il prendroit d'eux pour quand il seroit leur maître, se trouvoit dès lors en état de confondre le faux et le double, et de porter une lumière aussi pénétrante qu'inconnue dans l'épaisseur de ces ténèbres qu'ils avoient formées et épaissies avec tant d'art, et qu'ils entretenoient de même.

L'élévation du prince et l'état de la cour ne comportoit plus le remède des cabales; et la joie publique d'un ordre qui rendoit ces rois à la condition des sujets, qui donnoit un frein à leur pouvoir, et une ressource à l'abus qu'ils en faisoient, ne leur laissoit aucune ressource. Ils n'eurent donc d'autre parti à prendre que de ployer les épaules à leur tour, ces épaules roidies à la consistance du fer. Ils allèrent, tous avec un air de condamnés, protester au Dauphin une obéissance forcée et une joie feinte de l'ordre qu'ils avoient reçu.

Le prince n'eut pas peine à démêler ce qu'eux-mêmes en avoient tant à cacher. Il les reçut avec un air de bonté et de considération, il entra avec eux dans le détail de leurs journées pour leur donner les heures les moins incommodes à la nécessité du travail et de l'expédition, et pour cette première soumission n'entra pas avec eux en affaires; mais ne différa pas de commencer à travailler chez lui avec eux.

Torcy, Voysin et Desmarets furent ceux sur qui le poids en tomba, par l'importance de leurs départements. Le chancelier, qui n'en avoit point, n'y eut que faire. Son fils, voyant les autres y travailler assidûment, auroit bien voulu y être mandé aussi. Il espéroit s'approcher par là du prince, et il étoit fort touché de l'air important; mais sa marine étoit à bas, et les délations du détail de Paris, dont il amusoit le roi tous les lundis aux dépens de tout le monde, et dont Argenson lui avoit adroitement laissé usurper tout l'odieux, n'étoient ni du goût du Dauphin, ni chose à laquelle il voulût perdre son temps. D'ailleurs la personne de Pontchartrain lui étoit désagréable, comme on le verra bientôt, et il ne put parvenir à être mandé, ni trouver sans cela de quoi oser aller rendre compte, dont il fut fort mortifié. La Vrillière n'avoit que le détail courant de ses provinces, par conséquent point de matière pour ce travail; le département de sa charge étoit la religion prétendue réformée, et tout ce qui regardoit les huguenots. Tout cela étoit tombé depuis les suites de la révocation de l'édit de Nantes, tellement qu'il n'avoit point de département.

Ce seroit ici le lieu de parler de la situation dans laquelle je me trouvai incontinent avec le Dauphin, et la confiance intime sur le présent et l'avenir, et toutes les mesures qui y étoient relatives, où je fus admis entre le duc de Beauvilliers et le Dauphin, et le duc de Chevreuse. La matière est curieuse et intéressante, mais elle mèneroit trop loin à la suite de la longue parenthèse que la mort de Monseigneur et ses suites, et que l'affaire de d'Antin et de l'édit qu'elle produisit, a mis au courant. Il le faut reprendre jusqu'au voyage de Fontainebleau. Je réviendrai après à ce que, pour le présent, je diffère.

## CHAPITRE XIII.

Voyage des généraux d'armée. — Permangle bat et brûle un grand convoi. — Duc de Noailles près du roi d'Espagne avec ses troupes sous Vendôme. — La reine d'Espagne attaquée d'écrouelles. — Bonac relève Blécourt à la cour d'Espagne. — Marly en jeu et en sa forme ordinaire; cause de sa singulière prolongation. — Premier mariage de Belle-Ile. — Mariage de Montboissier avec Mlle de Maillé. — Mariage de Parabère avec Mlle de La Vieuville. — Course à Marly de l'électeur de Bavière. — Mort de Langeron, lieutenant général des armées navales. — Mort, caractère, descendance et titres du duc d'Albe, ambassadeur d'Espagne en France; sa succession. — Fils d'Amelot président à mortier. — Digne souvenir du roi des services de Molé, premier président et garde des sceaux. — Bergheyck à Marly, mandé en Espagne. — Voyage du roi d'Angleterre par le royaume. — Grand prieur à Soleure. — Deuil de l'empereur suspendu, et sa cause. — Le roi d'Espagne donne ce qui lui reste aux Pays-Bas à l'électeur de Bavière, qui passe à Marly allant à Namur, et envoie le comte d'Albert en Espagne; comte de La Marck suit l'électeur, de la part du roi, sans caractère. — Gassion bat en Flandre douze bataillons et dix escadrons; son mérite et son extraction. — Clôture de l'assemblée extraordinaire du clergé; admirable et hardie harangue au roi de Nesmond, archevêque d'Alby. — Le Dauphin montré au clergé par le roi. — Services de Monseigneur à Saint-Denis et à Notre-Dame. — Merveilles du Dauphin à Paris. — Nul duc ne s'y trouve, quoique le roi l'eût désiré. — Création d'officiers gardes-côtes. — Pontchartrain en abuse et de mon amitié, me trompe, m'usurpe, et je me brouille avec lui. — Usurpation très-attentive des secrétaires d'État. — Sottise d'amitié. — Trahison noire de Pontchartrain. — Étrange procédé de Pontchartrain, qui me veut leurrer par Aubenton. — Impudence et embarras de Pontchartrain. — Le chancelier soutient le vol de son fils contre moi. — Peine et proposition des Pontchartrain. — Ma conduite avec eux.

Le maréchal de Villars étoit allé de bonne heure en Flandre, dans le dessein d'y faire le siége de Douai. Le maréchal de Montesquiou avoit fait pour cela les dispositions nécessaires, mais l'exécution ne put avoir lieu. Villars revint à la cour jusqu'au temps de l'ouverture de la campagne, qu'il s'en retourna prendre le commandement de l'armée. En attendant, Permangle, maréchal de camp, qui commandoit dans Condé, eut avis qu'un convoi de vivres des ennemis étoit sur l'Escaut, prêt à entrer dans la Scarpe, escorté de deux bataillons avec un officier général. Permangle y marcha avec huit cents hommes, défit les deux bataillons, en prit le commandement, et de trente-six bélandres[1], portant cent milliers chacune, en brûla vingt-cinq.

M. d'Harcourt partit les premiers jours de mai pour les eaux de Bourbonne. Le maréchal de Besons étoit déjà à Strasbourg ; il commanda l'armée du Rhin en l'attendant, et le duc de Berwick partit bientôt après pour le Dauphiné.

On ne laissa que quelques régiments d'infanterie sur le Ter. Le duc de Noailles étoit demeuré auprès du roi d'Espagne depuis qu'il y étoit passé après la prise de Girone ; et l'armée qui lui étoit destinée passa en Aragon, où il eut ordre de la commander à part, ou jointe à celle de M. de Vendôme mais à ses ordres, de l'une ou de l'autre manière, suivant ce que Vendôme jugeroit à propos pour le service du roi d'Espagne.

Il y avoit déjà quelques mois que la santé de la reine d'Espagne étoit altérée : il lui étoit venu des glandes au cou qui, peu à peu, dégénérèrent en écrouelles ; elle eut des rechutes de fièvre fréquentes, mais elle ne s'appliqua pas moins au rétablissement des affaires.

Bonac, neveu de Bonrepos, alla relever en Espagne Blécourt dont on a souvent parlé.

Le 8 mai, le lansquenet et les autres jeux recommencèrent dans le salon de Marly, qui, faute de ces amusements, avoit été fort désert depuis la mort de Monseigneur. Mme la Dau-

---

1. Bateaux plats.

phine s'étoit mise à jouer à l'oie ne pouvant mieux, mais en particulier chez elle. Elle fut encore huit ou dix jours sans jouer dans le salon. A la fin tout prit à Marly la forme ordinaire. Les petites véroles, qui accabloient Versailles, retinrent le roi à Marly pendant les fêtes de la Pentecôte, pour la première fois. Il n'y eut point de cérémonie de l'ordre; et la même raison l'y retint aussi à la Fête-Dieu.

Belle-Ile, qui à travers tant de diverses fortunes en a fait une si prodigieuse pour le petit-fils du surintendant Fouquet, épousa, avant de partir pour l'armée, Mlle de Sivrac, de la maison de Durfort. Elle étoit riche, extrêmement laide, encore plus folle. Elle s'en entêta et ne le rendit pas heureux, ni père. Son bonheur l'en délivra quelques années après, et le malheur de la France le remaria longtemps après. Montboissier épousa en même temps Mlle de Maillé, belle, riche et de beaucoup d'esprit. Il a succédé longtemps depuis à Canillac, son cousin, chevalier de l'ordre en 1728, capitaine de la deuxième compagnie des mousquetaires.

Parabère épousa aussi la fille de Mme de La Vieuville, dame d'atours de Mme la duchesse de Berry, qui peu après son mariage fit parler d'elle, et qui enfin a si publiquement vécu avec M. le duc d'Orléans, et après lui avec tant d'autres.

L'électeur de Bavière, à qui Torcy avoit été par ordre du roi porter, à Compiègne, la nouvelle de la mort de l'empereur aussitôt qu'il l'eut reçue, et conférer avec lui, vint quelque temps après passer quelques jours en une maison de campagne, qu'il emprunta, auprès de Paris. Deux jours après, il vint à Marly, sur les deux heures et demie (c'étoit le 26 mai); il fut descendre dans l'appartement que feu Monseigneur occupoit. Au bout d'un quart d'heure il passa dans le cabinet du roi, où il le trouva avec les deux fils de France, Mme la Dauphine et toutes les dames de cette princesse. La conversation s'y passa debout, à portes ouvertes, pendant un quart d'heure, après quoi tout sortit, et le roi demeura seul assez longtemps avec l'électeur, les portes fermées. Il vint ensuite dans le salon, où M. et Mme la Dauphine l'attendoient. La conversation dura debout quelque temps, et il s'en retourna à sa petite maison. Le roi lui avoit proposé de revenir le surlendemain à la chasse; il y vint, se déshabilla après dans ce même appartement de descente, et suivit après le roi dans les jardins, qui le fit monter seul avec lui dans son chariot ; ils se promenèrent fort dans les hauts de Marly. Au retour, il fut assez longtemps seul avec le roi dans son cabinet. Il vint après dans le salon ; Mme la Dauphine y jouoit au lansquenet, qui le fit asseoir auprès d'elle. Sur les huit heures, il alla souper chez d'Antin avec compagnie d'élite ; le repas fut gai et dura trois heures. Il parut partir fort content pour sa petite maison, d'où il regagna Compiègne par Liancourt.

Ce même jour Langeron, lieutenant général des armées navales et fort bon marin, mourut à Sceaux, d'apoplexie, sans être gros ni vieux. Il étoit fort attaché à M. et à Mme du Maine, et sa famille à la maison de Condé, sa sœur en particulier à Mme la Princesse. Il étoit frère de l'abbé de Langeron, mort à Cambrai depuis peu.

Le duc d'Albe, ambassadeur d'Espagne, étoit mort la veille après une assez longue maladie. Il l'étoit depuis plusieurs années, et y avoit acquis une grande réputation de sagesse, d'esprit, de prudence et de capacité ; il avoit aussi beaucoup de probité et de piété. Il s'étoit acquis l'estime et la confiance du roi et des ministres, et une considération générale. Il vivoit avec la meilleure compagnie et avec magnificence, et beaucoup de politesse et de dignité. Le roi d'Espagne fit payer toutes ses dettes, et continua quatre mois durant les appointements de l'ambassade à la duchesse d'Albe, qui ne partit point que tout ne fût payé. Le corps fut envoyé en Espagne.

Son nom est Tolède ; tiré de la ville de Tolède, mais avec celui d'Alvarez pour distinguer cette maison, l'une des premières d'Espagne, de quelques autres différentes qui le portent aussi avec d'autres noms. Jean II, roi de Castille, mit dans cette maison la ville d'Alva par don, que nous appelons *Albe* et qui est auprès de Salamanque, avec d'autres adjonctions en titre de comté, en 1430. Le troisième comte d'Albe fut fait duc d'Albe par Henri IV, en 1469 ; et c'est le bisaïeul, de mâle en mâle, du fameux duc d'Albe, gouverneur des Pays-Bas sous Philippe II, qui mourut en 1582, et laissa deux fils. L'aîné, qui avoit été fait duc d'Huesca, mourut sans enfants après son cadet, dont le fils lui succéda. Il épousa Antoinette Enriquez de Ribera, dont le frère étoit mort sans enfants ; elle fit entrer dans la maison de son mari ses biens et son nom. Ainsi ce sixième duc d'Albe et d'Huesca par soi, fut par sa mère, héritière de la maison de Beaumont si célèbre en Navarre et en Aragon, comte de Lerin, et connétable et chancelier héréditaire de Navarre, et par sa femme duc de Galisteo, comte d'Osorno, etc. Il fut grand-père du duc d'Albe qui mourut à Madrid d'une façon si singulière, et qui a été racontée peu de temps [après] l'arrivée de Philippe V à Madrid ; et c'est le fils de celui-là, ambassadeur en France, de la mort duquel on parle ici. On a vu ailleurs qui et quelle étoit la duchesse d'Albe, et qu'ils avoient perdu leur fils unique à Paris. Le marquis del Carpio, frère du père du duc d'Albe, lui succéda en ses grandesses et en ses biens.

Il étoit grand d'Espagne par sa femme, fille et héritière de don Gaspard de Haro, marquis del Carpio et d'Eliche, comte-duc d'Olivarès, ambassadeur à Rome, mort vice-roi de Naples, et fils du célèbre don Louis de Haro qui traita la paix des Pyrénées avec le cardinal Mazarin, et qui avoit hérité des biens, dignités et premier ministère du comte-duc d'Olivarès, son oncle maternel. Ce marquis del Carpio, dont la femme étoit fille de la sœur de l'amirante de Castille, s'étoit laissé entraîner par elle dans le parti de l'archiduc ; et ils étoient à Vienne, où ils marièrent leur fille au frère du duc de l'Infantado, qui avoit suivi le même parti.

Ils revinrent longtemps après à Madrid, où ce duc d'Albe aida au duc del Arco, parrain de mon second fils, à faire les honneurs le jour de sa couverture. J'aurai alors occasion de parler de plusieurs autres grands de cette maison de Tolède, dont étoit ce digne marquis de Mancera dont il a été mention plusieurs fois.

Amelot à qui ses ambassades, où il avoit si bien servi, et surtout celle d'Espagne qui ne lui avoit rien valu après l'avoir mis à portée de tout, eut enfin pour son fils la charge de président à mortier de Champlâtreux, qui mourut d'apoplexie en s'habillant pour aller à la réception de d'Antin, et qui ne laissa personne en état ni en âge de la recueillir; car le roi se souvenoit toujours du premier président Molé, garde des sceaux, et leur conserva cette charge tant qu'il y eut dans cette famille à qui la donner, qui y est revenu depuis. Bergheyck vit assez longtemps le roi en particulier, et les ministres séparément, passant de Flandre en Espagne, où le roi d'Espagne le mandoit avec empressement, et d'où Mme des Ursins en eut beaucoup plus à le renvoyer promptement.

Le roi d'Angleterre partit, en ce même temps, pour aller voyager par le royaume, ennuyé apparemment de ses tristes campagnes incognito, et plus encore de demeurer à Saint-Germain pendant la guerre. On soupçonna du mystère en ce voyage, sans qu'il y en eût aucun. Il alla avec une petite suite d'abord à Dijon, puis en Franche-Comté, en Alsace, et voir l'armée d'Allemagne; de là par Lyon en Dauphiné, à l'armée du duc de Berwick, voir les ports de Provence, et revenir par le Languedoc et la Guyenne.

Le grand prieur, gobé comme on l'a remarqué en son temps, obtint enfin sa liberté, sur sa parole de ne point sortir de Soleure jusqu'à ce qu'il eût obtenu la liberté de ce brigand de fils de Massenar, prisonnier à Pierre-Encise, que le roi ne voulut point accorder.

Il avoit porté quelques jours de plus le deuil des enfants de Mme de Lorraine, par paresse de changer d'habit, ce qu'il

n'aimoit point, comptant à tout moment de le prendre de
l'empereur; mais l'impératrice mère, qui gouvernoit en attendant
l'archiduc, s'avisa, dans la lettre par laquelle elle
lui en donnoit part, de parler fort peu à propos de la joie
qu'elle auroit de revoir son autre fils, le roi d'Espagne, etc.,
avec tous ses titres. Cela suspendit le deuil, et lui fit renvoyer
sa lettre.

Saint-Frémont mena un gros détachement de l'armée de
Flandre en Allemagne. Les ennemis y en firent un plus
gros, et sur le bruit que le prince Eugène l'y devoit mener
lui-même, on en fit un autre pour le devancer. On sut, en
même temps, que le roi d'Espagne donnoit en toute souveraineté
à l'électeur de Bavière tout ce qui lui restoit aux
Pays-Bas. De places, il n'y avoit que Luxembourg, Namur,
Charleroy et Nieuport; il y avoit longtemps que cela lui
étoit promis. Il arriva en même temps à une petite maison
des Moreau, riches marchands de drap au village de Villiers,
près Paris, d'où il vint à Marly descendre à l'appartement
de feu Monseigneur; Torcy l'y fut trouver et y conféra longtemps
avec lui. Il le mena ensuite dans le cabinet du roi, où
il demeura jusqu'à cinq heures, et en sortit avec l'air très-satisfait.
On fut de là courre le cerf. L'électeur joua au
lansquenet dans le salon avec Mme la Dauphine après la
chasse, et à dix heures fut souper chez d'Antin. Il retourna
coucher à Villiers, et partit trois ou quatre jours après pour
Namur.

Il envoya le comte d'Albert faire ses remercîments en
Espagne, et y prendre soin de ses affaires. En même temps
le comte de La Marck alla servir de maréchal de camp, et de
ministre sans caractère public, auprès de l'électeur de Bavière.
Fort peu après, Gassion défit douze bataillons et dix
escadrons des ennemis auprès de Douai, sur lesquels il
tomba à deux heures après minuit. Il avoit fort bien dérobé
sa marche, et ils ne l'attendoient pas. Il leur tua quatorze
ou quinze cents hommes et ramena douze ou treize

chevaux. Ce Gassion étoit petit-neveu du maréchal de Gassion, et il avoit quitté les gardes du corps, à la tête desquels il étoit arrivé, pour servir en liberté et en plein de lieutenant général, et arriver au bâton de maréchal de France. C'étoit un excellent officier général et un très-galant homme.

L'assemblée extraordinaire du clergé, qui finissoit, vint haranguer le roi à Marly. Le cardinal de Noailles, qui en étoit seul président, étoit à la tête. Nesmond, archevêque d'Alby, porta la parole, dont je ne perdis pas un mot. Son discours, outre l'écueil inévitable de l'encens répété et prodigué, roula sur la condoléance de la mort de Monseigneur, et sur la matière qui avoit occupé l'assemblée. Sur le premier point, il dit avec assez d'éloquence ce dont il étoit susceptible, sans rien outrer. Sur l'autre il surprit, il étonna, il enleva; on ne peut rendre avec quelle finesse il toucha la violence effective avec laquelle étoit extorqué leur don prétendu gratuit, ni avec combien d'adresse il sut mêler les louanges du roi avec la rigueur déployée à plein des impôts. Venant après au clergé plus expressément, il osa parcourir tous les tristes effets d'une si grande continuité d'exactions sur la partie sacrée du troupeau de Jésus-Christ qui sert de pasteur à l'autre, et ne feignit point de dire qu'il se croiroit coupable de la prévarication la plus criminelle, si, au lieu d'imiter la force des évêques qui parloient à de mauvais princes et à des empereurs païens, lui, qui se trouvoit aux pieds du meilleur et du plus pieux de tous les rois, il lui dissimuloit que le pain de la parole manquoit au peuple, et même le pain de vie, le pain des anges, faute de moyens de former des pasteurs, dont le nombre étoit tellement diminué que tous les diocèses en manquoient sans savoir où en faire. Ce trait hardi fut paraphrasé avec force, et avec une adresse admirable de louanges pour le faire passer.

Le roi remercia d'une manière obligeante pour celui qui

avoit si bien parlé. Il ne dédaigna pas de mêler dans sa réponse des espèces d'excuses et d'honnêtetés pour le clergé. Il finit, en montrant le Dauphin, qui étoit près de lui, aux prélats, par dire qu'il espéroit que ce prince, par sa justice et ses talents, feroit tout mieux que lui, mêlant quelque chose de touchant sur son âge et sa mort peu éloignée. Il ajouta que ce prince répareroit envers le clergé des choses que le malheur des temps l'avoit obligé d'exiger de son affection et de sa bonne volonté. Il en tira pour cette fois huit millions d'extraordinaire. Toute l'assistance fut attendrie de la réponse, et ne put se taire sur les louanges de la liberté si nouvelle de la harangue et l'adresse de l'encens dont il sut l'envelopper. Le roi n'en parut point choqué, et la loua en gros et en peu de mots, mais obligeants, à l'archevêque, et le Dauphin parut touché et peiné de ce que le roi dit de lui. Le roi fit donner un grand dîner à tous les prélats et députés du second ordre, et de petits chariots ensuite pour aller voir les jardins et les eaux.

A la harangue de l'ouverture que prononça le cardinal de Noailles, le roi, en montrant le Dauphin au clergé, avoit dit : « Voilà un prince qui, par sa vertu et sa piété, rendra l'Église encore plus florissante et le royaume plus heureux. » C'étoit aussi à Marly.

Le Dauphin fut fort attendri, et s'en alla, aussitôt après la réponse du roi, recevoir dans la chambre la harangue des mêmes députés par le cardinal de Noailles, qui le traita de Monseigneur, et sans ajouter, comme avoit fait le premier président à la tête de la députation du parlement, que c'étoit par l'ordre exprès du roi. La harangue fut belle, et la réponse courte, sage, polie, modeste, précise, Mme la Dauphine les reçut ensuite chez elle, le cardinal de Noailles portant toujours la parole. Revenons aux obsèques de Monseigneur.

On a vu (p. 153 de ce volume) que le genre de la maladie dont il étoit mort n'avoit permis aucunes cérémonies, et avoit fait tout aussitôt après brusquer son enterrement. Le 18 juin, qui était un jeudi, fut pris pour le service de Saint-Denis, où se trouvèrent, à l'ordinaire, le clergé et les cours supérieures. Le Dauphin, M. le duc de Berry et M. le duc d'Orléans firent le deuil. Le duc de Beauvilliers, premier gentilhomme de la chambre unique du Dauphin, assisté de Sainte-Maure, un des menins de Monseigneur, et de d'O, qui l'étoit du Dauphin, porta sa queue. Béthune-Orval, depuis devenu duc de Sully, lors premier gentilhomme de la chambre de M. le duc de Berry, et Pons, maître de sa garde-robe, portèrent la sienne. Simiane et Armentières, tous deux premiers gentilshommes de la chambre de M. le duc d'Orléans, portèrent la sienne; ainsi il en eut deux comme M. le duc de Berry, et cette égalité parut extraordinaire. Comme il n'y avoit point d'enterrement, il n'y eut point d'honneurs[1], ni personne, par conséquent, pour les porter. L'archevêque-duc de Reims, depuis cardinal de Mailly, officia, et Poncet, évêque d'Angers, y fit une très-méchante oraison funèbre.

Le roi eut envie que les ducs y assistassent, et fut sur le point de l'ordonner. Après, l'embarras des séances le retint; mais, désirant toujours qu'ils y allassent, il s'en laissa entendre. Je contribuai à les en empêcher, de sorte qu'il ne s'y en trouva aucun autre que le duc de Beauvilliers, par la nécessité de sa charge. Cela fut trouvé mauvais, et le roi se montra un peu blessé de ce qu'aucun de ceux qui étoient à Marly n'avoit disparu ce jour-là, et plus encore quand il sut qu'il ne s'en étoit trouvé aucun autre à Saint-Denis. Personne ne répondit; on laissa couler la chose, et on tint la même conduite pour le service de Notre-Dame, où pas un duc ne se trouva.

Ce fut le vendredi 3 juillet. Les trois mêmes princes y firent le deuil. M. le duc de Berry et M. le duc d'Orléans eu-

---

1. Il a été question, t. V, p. 311, note, des *honneurs* employés au sacre, au baptême, aux obsèques des princes, etc.

rent les mêmes porte-queues. Le duc de Beauvilliers porta celle du Dauphin, et y fut assisté par d'Urfé, menin de Monseigneur, et Gamaches, qui l'étoit du Dauphin. Le clergé et les cours supérieures s'y trouvèrent à l'ordinaire. Les trois princes s'habillèrent à l'archevêché et vinrent à pied en cérémonie de l'archevêché au grand portail de Notre-Dame, par où ils entrèrent. Le cardinal de Noailles officia, et le P. La Rue, jésuite, tira d'un si maigre sujet une oraison funèbre qui acheva d'accabler celle de l'évêque d'Angers. Le cardinal de Noailles traita ensuite les trois princes à un dîner magnifique; le Dauphin le fit mettre à table et les seigneurs qui l'avoient suivi. Il se surpassa en attentions et en politesses, mais mesurées avec discernement. Il voulut que toutes les portes fussent ouvertes et que la foule même le pressât. Il parla à quelques-uns de ce peuple avec une affabilité qui ne lui fit rien perdre de la gravité qu'exigeoit la triste écorce de la cérémonie; et il acheva de charmer cette multitude par le soin qu'il fit prendre d'une femme grosse qui s'y étoit indiscrètement fourrée, et à qui il envoya d'un plat dont elle n'avoit pu dissimuler l'extrême envie qui lui avoit pris d'en manger. Ce ne furent que cris d'acclamations et d'éloges à son passage à travers Paris, qui du centre gagnèrent bientôt le sentiment des provinces : tant il est vrai qu'en France il en coûte peu à ses princes pour s'y faire presque adorer. Le roi remarqua bien la conduite des ducs à ce second service, mais il n'en témoigna rien. La fin de cette cérémonie fut l'époque de la mitigation du salon de Marly, qui reprit sa forme ordinaire, comme on l'a dit d'avance (p. 310).

Il est temps à présent d'en venir à la situation où je me trouvai avec le nouveau Dauphin, qui développera bien des grandes parties de ce prince et de choses curieuses. Mais il faut auparavant essuyer une bourre que je voudrois pouvoir éviter, mais qu'on verra par une prompte suite inévitable à faire précéder un récit plus intéressant.

## CRÉATION D'OFFICIERS GARDES-CÔTES.

Il faut se souvenir de ce qui se trouve (t. VII, p. 269) des usurpations sur les droits de gouverneur de Blaye, que le maréchal de Montrevel ne cessoit de faire comme commandant en chef en Guyenne, et qui m'empêchèrent d'y aller, lorsqu'en 1709, les dégoûts que j'ai détaillés alors me résolurent à me retirer pour toujours de la cour, et qui finirent en m'y rattachant plus que jamais à la fin de cette année et au commencement de la suivante, comme je l'ai raconté sur ces temps-là. Chamillart, avant de quitter à Desmarets le contrôle général des finances, avoit fait un édit de création jusqu'alors inconnue d'offices militaires, mais héréditaires, pour commander les gardes-côtes, c'est-à-dire les paysans dont les paroisses bordent les côtes des deux mers qui baignent la France, et qui, sans autre enrôlement que le devoir et la nécessité de leur situation, sont obligés en temps de guerre de garder leurs côtes, et de se porter où il est besoin. Cette érection fut assaisonnée, comme toutes les autres de ce genre de finance, de tous les appât de droits et de prérogatives, propres à en tirer bien de l'argent des légers et inconsidérés François, qui n'ont pu se guérir de courre après ces leurres, quoique si continuellement avertis de leur néant par la dérision que les pourvus essuient sans cesse au conseil, dès qu'ils y portent des plaintes du trouble qu'ils reçoivent dans leurs priviléges, et à qui, à la paix, on supprime les titres mêmes qu'ils ont achetés.

Cette drogue bursale fut aussitôt donnée à Pontchartrain pour en tirer ce qu'il pourroit, en déduction de ce qui étoit dû à la marine.

Celui-ci, ardent à usurper et à étendre sa domination, trouva cette affaire fort propre à grossir ses conquêtes. Il prit thèse de ce qu'elle lui étoit donnée pour remplacement des fonds très-arriérés de la marine, et pour cela même, de la raison de l'augmenter et de l'en laisser le maître; il s'en fit donner le projet d'édit, et le changea, le grossit et le dressa comme il lui plut. Il ne négligea pas d'y couler une clause, par laquelle ces nouveaux officiers gardes-côtes n'obéiroient qu'aux seuls gouverneurs, commandants en chef et lieutenants-généraux des provinces, et seroient sous la charge de l'amiral et du département de la marine. Il en ôta celle qui restreignoit la création aux lieux où la garde des côtes étoit seulement en usage de tout temps; et non content d'y comprendre toute la vaste étendue des côtes des deux mers, il y ajouta les deux bords des rivières qui s'y embouchent, en remontant fort haut, et y prit la précaution de dénommer les lieux jusqu'où cela devoit s'étendre sur chacune. Il forma ainsi des capitaines gardes-côtes, non-seulement le long des deux mers, mais fort avant dans les terres, par le moyen des bords des rivières, et mit tous ces pays en proie aux avanies et aux vexations de ceux qu'il pourvut de ces charges.

Je ne sus rien de tout cela que lorsque Pontchartrain eut bien consommé son ouvrage, et qu'il me dit alors, sans aucune explication, que je ferois bien de chercher quelqu'un qui me convînt pour la garde-côte de mon gouvernement. Je pris cet avis pour un désir de trouver à débiter sa marchandise, et je ne m'en inquiétai pas. Assez longtemps après il m'en reparla, et me pressa de lui trouver quelqu'un, pour éviter qu'un inconnu venu au hasard ne me fît de la peine. Je lui répondis que qui que ce fût qui prît cette charge de garde-côte ne pouvoit s'empêcher d'y être sous mes ordres, et qu'ainsi peu m'importoit qui le fût. Il ne m'en dit pas davantage, et la chose en demeura là pour lors.

Dans la suite, je voulus faire régler mon droit et les prétentions du maréchal de Montrevel par Chamillart, pour sortir d'affaires; Montrevel ne l'osa refuser, et il céda d'abord les milices de Blaye. Elles avaient dans tous les temps été sous la seule autorité de mon père, et leurs officiers pourvus par des commissions en son nom. M. de Louvois, avec qui il n'avoit jamais été bien, et qui n'ignoroit pas cet usage, n'avoit jamais songé à le contester. Chamillart, tout mon ami qu'il étoit, fut plus secrétaire d'État que Louvois. Il me fit entendre que le roi ne s'accommoderoit pas de cet usage, dont toutefois il s'étoit toujours accommodé, mais dont, en style de secrétaire d'État, le pauvre Chamillart ne s'accommodoit pas lui-même ; mais il me dit que je n'avois qu'à nommer, et que, sur ma nomination, l'expédition se feroit en ses bureaux.

Alors Pontchartrain, qui suivoit sournoisement et avec grande attention les suites de mes contestations avec le maréchal de Montrevel, et aux questions duquel je répondois sans défiance, parce que je ne lui voyois point d'intérêt là dedans, me dit que, puisqu'il falloit une expédition au nom du roi sur ma nomination, comme il pensoit de même que Chamillart, et par le même intérêt, c'étoit aux bureaux de la marine et non en ceux de la guerre qu'elle devoit être faite ; fondé sur ce que ces officiers nommés par moi serviroient sous La Motte d'Ayran, capitaine de vaisseau, qu'il avoit désigné garde-côte pour Blaye et tout ce pays-là, et qu'aux termes de l'édit, ces capitaines gardes-côtes étoient sous la charge de l'amiral et du département de la marine. Chamillart, au contraire, regardoit ces milices comme troupes de terre, ainsi qu'elles avoient toujours été, et il s'appuyoit sur leur comparaison avec les milices du Boulonois qui borde la mer, qui avoit un capitaine garde-côte de cette nouvelle création, lesquelles cependant étoient demeurées troupes de terre, et dont les officiers s'expédioient au bureau de la guerre sur la nomination de M. d'Aumont, gouverneur de Boulogne. Ces deux secrétaires d'État, de longue main aigris et hors de mesure ensemble, s'opiniâtrèrent dans leurs prétentions, et à en porter le jugement au roi.

Le plus court et le plus simple étoit de me laisser suivre l'ancien usage, qui n'avoit point été contredit, et d'éviter cette nouvelle querelle entre eux, en me laissant donner les commissions en mon nom ; mais cette sagesse n'accommodoit pas l'usurpation commune de leurs charges aux dépens de la mienne, quoique si intimement lié avec tous les deux. Ils l'eussent également mis à couvert en acceptant la proposition que je leur fis de faire expédier aux bureaux de La Vrillière, secrétaire d'État ayant la Guyenne dans son département. Aucun des deux n'y voulut entendre, ni démordre de sa prétention. Chamillart, dans la faveur où il étoit alors, et appuyé de l'exemple de Boulogne, l'auroit emporté, et Pontchartrain en auroit eu tout le dégoût. C'étoit commettre mes deux amis, si ennemis, ensemble ; je crus donc devoir suspendre ma nomination. Le chancelier et son fils m'en remercièrent, et parurent sentir l'amitié de ce sacrifice, piqué au point où je l'étois contre Montrevel, et aussi intéressé à me remettre en possession de mes milices et dégrossir d'autant les contestations à décider entre nous. Dans cette situation, le temps s'écoula jusqu'à la chute de Chamillart, comme je crois l'avoir raconté en son lieu, et Montrevel refusa tout net le maréchal de Boufflers d'en passer par son avis.

Pendant tout cela, je voulus profiter de la nouveauté de Voysin dans la charge de Chamillart, qui n'auroit pas l'éveil de cette dispute, et faire expédier aux bureaux de la marine. La vie coupée de la cour, le mariage de Mme la duchesse de Berry, avec tout ce qui précéda et suivit cette grande affaire, et mille autres enchaînements, traînèrent ma nomination jusqu'à l'hiver qui précéda la mort de Monseigneur. Je voulus donc enfin terminer une chose dont le délai étoit indécent, et nuisible même au service. Mais quelle fut ma surprise, lorsque, sur le point de nommer, Pontchartrain me déclara que c'étoit un droit du capitaine garde-côte, ajoutant aussitôt que La Motte d'Ayran ne l'exerceroit qu'avec mon agrément, par où il n'auroit que l'apparence, dont je conserverois la réalité.

J'eus la sagesse de me contenir, et de descendre jusqu'à

plaider ma cause. J'alléguai les commissions de mon père que j'étois en état de rapporter ; le droit immémorial et la clarté de ce droit par la cession de Montrevel même, qui, si actif et si roide en prétentions, s'étoit vu forcé d'abandonner celle-là de lui-même, après l'avoir si vivement soutenue ; l'étrange contraste d'être dépouillé d'un droit si certain par un homme qui m'étoit nécessairement subordonné, et que j'exerçois indépendamment du gouverneur de la province représenté en tout par le commandant en chef. Je ne dédaignai pas de lui dire qu'il étoit plus honorable pour lui d'expédier sur ma nomination que sur celle d'un capitaine garde-côte ; enfin je le fis souvenir du sacrifice que je lui avois fait trois ans durant de suspendre ma nomination, que ni lui ni Chamillart ne me contestoient, mais qui vouloient chacun expédier dessus ; des remercîments que le chancelier et lui m'avoient faits de ne les pas commettre avec ce ministre dans sa faveur si supérieure, et de l'indigne fruit que j'en retirois par la perte de mon droit, qui étoit ce que je pouvois attendre de pis d'un ennemi en sa place, lui si personnellement engagé, dans ce fait même, et en général par l'alliance si proche et une si longue et si intime amitié et si éprouvée de sa part, à chercher à augmenter mon autorité à Blaye, et non pas à me dépouiller de celle que j'y avois de droit, d'usage, et de tout temps. Rien de tout cela ne fut contesté ; j'eus un aveu formel sur chaque article ; toutefois je parlois aux rochers.

Pontchartrain se retrancha sur l'attribution formelle de l'édit, et par cela même se chargeoit d'un nouveau crime, puisqu'il l'avoit changé et amplifié à dessein. Je me défendis sur la notoriété publique que ces édits, uniquement faits pour tirer de l'argent, n'avoient point d'effet contre des possessions et des titres, souvent même contre ce qui n'en avoit point. J'en donnai l'exemple de M. d'Aumont pour Boulogne, rivage de la mer vis-à-vis d'Angleterre, moi si loin d'elle et si avancé dans les terres, et celui des divers édits de création de charges municipales dont les traitants avaient voulu jouir à Blaye, où j'avois toujours maintenu les jurats de ma nomination.

Pontchartrain répliqua que les édits ne pouvoient nuire au service ; qu'il en étoit que les milices de Boulogne, si voisines de la frontière, continuassent d'y servir, ce qui emportoit exception de l'édit à leur égard ; ce qui n'étoit point à l'égard de Blaye, nommément compris dans l'édit pour un capitaine garde-côte, c'est-à-dire dans un supplément postérieur de l'édit qu'il avoit fait ajouter, que ce qui m'étoit arrivé pour les jurats de Blaye marquoit bien que j'aurois pu avoir le même succès sur l'édit des gardes-côtes, si je m'en fusse plaint à temps, mais qu'il étoit maintenant trop tard. Je répondis que je n'avois parlé sur les jurats que lorsque les traitants avoient voulu vendre ces charges à Blaye, et longtemps après les édits rendus ; que Chamillart, puis Desmarets, m'avoient, l'un après l'autre, fait justice au moment que je l'avois demandée, quoiqu'ils n'y fussent pas tenus comme lui l'étoit par une obligation réelle et essentielle sur ce même fait, laquelle il me donnoit maintenant pour un obstacle invincible. Ces derniers mots, prononcés avec feu, coupèrent la parole à Pontchartrain. Il se jeta dans les protestations que ma satisfaction lui étoit si chère qu'il feroit jusqu'à l'impossible pour me la procurer, et que nous en parlerions une autre fois. L'embarras du procédé et de la misère des raisons le réduisoit à chercher à finir une conversation si difficile pour lui à soutenir. Le dépit, qui de moment à autre s'augmentoit en moi, d'une tromperie si préparée et si étrangement conduite par une si noire ingratitude, avoit besoin de n'être plus excité. Je ne cherchai donc aussi qu'à la finir.

J'ai annoncé de la bourre, et je suis obligé d'avertir que ce n'est pas fait, mais qu'elle est absolument nécessaire aux choses qui la suivront et qui en dédommageront. Pour la continuer, Mme de Saint-Simon, aussi surprise que moi de

ce que je lui racontai, mais toujours plus sage, m'exhorta à
ne rien marquer, à vivre avec Ponchartrain à l'ordinaire, à
laisser reposer cette fantaisie, à la laisser dissiper et à ne
pas croire qu'il pût s'aheurter à une prétention qui le devoit
toucher si peu, et sur laquelle il me voyoit si sensible. J'en
usai comme elle le désira, accoutumé par amitié et par une
heureuse expérience à déférer à ses avis.

Au bout de quelque temps elle lui parla. Il se confondit
en respects, mais sans rien de plus solide. Peu après, étant
à Marly, il me dit qu'il étoit résolu à tout faire pour me
contenter; qu'il croyoit néanmoins qu'il valoit mieux ne
point traiter l'affaire ensemble; et qu'il me prioit de trouver
bon d'entendre là-dessus d'Aubanton un de ses premiers
commis. J'y consentis sans entrer plus avant en matière.

Deux jours après, Aubanton vint un matin chez moi.
J'écoutai patiemment une flatteuse rhétorique pour me faire
goûter ce que Pontchartrain m'avoit proposé. Je voulus bien
expliquer les mêmes raisons que j'ai abrégées plus haut.
Aubanton n'eut rien à y répondre, sinon d'essayer de me
persuader que, par la nécessité de mon agrément, j'avois
le fond de la chose, et le capitaine garde-côte l'écorce par
sa nomination. Je voulus bien encore parler honnêtement.
Je répondis qu'il étoit du bon sens de la prudence et de
l'usage, de terminer les choses durables d'une manière qui
le fût aussi; que je voulois bien ne pas douter qu'aucune
nomination du capitaine garde-côte ne seroit expédiée que
de mon agrément, tant que Pontchartrain et moi serions,
lui en place d'expédier, moi d'agréer ou non, mais que
cela pouvoit changer par la mutation de toutes les choses
de ce monde, qu'alors je serois pris pour dupe par un autre
secrétaire d'État qui ne se croiroit pas tenu aux mêmes
égards; qu'avec Pontchartrain même ces égards pouvoient
devenir susceptibles de mille queues fâcheuses, lorsque le
capitaine garde-côte et moi ne serions pas d'accord sur les

choix, qu'il étoit donc plus court et plus simple de me laisser continuer à jouir de mon droit, et qu'après tout ce qui s'étoit passé là-dessus de si personnel à Pontchartrain de ma part, je ne pouvois croire qu'il aimât mieux un capitaine garde-côte que moi, jusqu'à l'enrichir de ma dépouille. Honnêtetés de ma part, mais avec grande fermeté, respects et protestations de celle d'Aubanton, terminèrent cette inutile visite. Il me pressa de lui accorder encore une audience, et de penser moi-même à quelque expédient que Pontchartrain embrasseroit sûrement avec transport de joie.

Huit jours après, Aubanton revint avec force compliments pour toutes choses. J'avois cependant rêvé à quelque expédient pour me tirer d'embarras sans tout perdre et sans me brouiller. J'en étois retenu par le respect d'une liaison de vingt ans, de la mémoire de celle dont l'alliance l'avoit formée, de l'intimité du chancelier et de la chancelière, auxquels je n'avois pas dit un mot de tout cela juqu'alors pour en attendre le dénoûment, et ces considérations enchaînèrent ma colère d'un procédé si double et si indigne. Je les fis donc sentir à Daubanton, et lui dis qu'elles m'avoient amené à un expédient où je mettois tant au jeu que j'étois surpris moi-même d'avoir pu m'y résoudre, mais que l'amitié l'avoit emporté : c'étoit d'accepter la nomination des officiers des milices de Blaye par le capitaine garde-côte, qui ne seroit expédiée que de mon agrément, comme Pontchartrain le proposoit, mais d'y ajouter au moins, pour que cet agrément demeurât solide et nécessaire, la nécessité de mon attache sur les expéditions, à l'exemple en très-petit de l'attache du colonel général de la cavalerie sur les commissions de tous les officiers de la cavalerie. Aubanton avec esprit me laissa voir qu'il goûtoit fort l'expédient, et en même temps qu'il n'espéroit pas qu'il fût accepté. Il me quitta en prenant jour pour la réponse.

Elle fut telle qu'Aubanton l'avoit prévue. Il me dit que

Pontchartrain n'osoit expédier en une forme insolite sans permission du roi, à qui il ne croyoit pas qu'il fût à propos pour moi de la demander. Je répondis à d'Aubanton en remontant mon ton, sans sortir pourtant d'un air de politesse pour lui, et de modestie pour moi, que je n'étois pas surpris qu'une telle affaire eût une pareille issue depuis que Pontchartrain en avoit fait la sienne propre; que c'étoit le prix de vingt ans d'amitié, et de ma complaisance du temps de Chamillart pour n'en pas dire davantage; qu'après ce sacrifice si bien senti alors par lui, et dans une alliance si proche qu'il pouvoit un peu compter, il me faisoit un tour que je ne pourrois attendre d'un autre secrétaire d'État en sa place avec qui je serois dans la plus parfaite indifférence; que j'entendois bien le nœud de la difficulté, qui étoit qu'à l'ombre d'une nomination subalterne et obscure d'un capitaine garde-côte, si fort sous sa main, il feroit de ces emplois les récompenses de ses laquais; qu'il y avoit tant de distance de l'étendue du pouvoir de sa charge aux bornes si étroites de mon gouvernement que je ne laissois pas d'être surpris qu'il pût être touché de l'accroître de ma dépouille, jusqu'à l'avoir si adroitement, si longuement et si ténébreusement ménagée; que, tant que j'avois cru n'avoir affaire qu'à un édit bursal et à un capitaine garde-côte, l'évidente bonté de mes raisons me les avoit fait soutenir; que voyant clair enfin, et ne pouvant plus méconnoître ce que je m'étois caché à moi-même tant que j'avois pu, je savois trop la disproportion sans bornes du crédit de la place de Pontchartrain à celui d'un duc et pair, et d'un homme de ma sorte, pour prendre le parti de lutter avec lui; que je sentois dans toute son étendue la facile victoire qu'il remportoit sur moi, et les moyens obscurs qui pied à pied la lui acquéroient; que je cédois dans la pleine connoissance de mon impuissance, mais qu'en cédant je cédois tout, et n'entendrois jamais parler sur quoi que ce pût être des milices de Blaye.

Aubanton effrayé d'une déclaration si compassée, car je me possédois tout entier, mais si nette et si expressive dans ses termes, dans son ton, dans toute ma contenance, et peut-être par le feu échappé de mes regards, déploya pour me ramener le reste de son bien dire. Il m'étala les respects et les désirs de Pontchartrain ; il me représenta adroitement qu'en abandonnant jusqu'à la discipline et au commandement des milices de Blaye, je me faisois un tort à quoi rien ne m'obligeoit, et qui dans la suite me pourroit sembler trop précipité. Je sentis à son discours et à son maintien l'extrême honte que lui donnoit sa misérable ambassade, et les suites que, tout premier commis qu'il étoit d'un cinquième de roi de France, il n'étoit pas hors d'état de prévoir. Toute ma réponse fut un simple sourire, et de me lever. Alors il me conjura de ne pas regarder l'affaire comme finie, je l'interrompis par des honnêtetés personnelles, et de la satisfaction de l'avoir connu, et je l'éconduisis de la sorte.

Outré de colère et d'indignation, je me donnai quelques jours. Mené après toujours par les mêmes motifs, je voulus abuser de ma patience et jouir aussi de l'embarras d'un si misérable ravisseur. Il me dit en paroles entrecoupées qu'il s'estimoit bien malheureux que mon amitié fût au prix de l'impossible. Je répondis d'un air assez ouvert que je la croyois bien au-dessous ; qu'apparemment il avoit vu Aubanton ; que cela étant, la matière étoit épuisée et inutile à traiter. Il répliqua d'un air confondu quelques demi-mots sur l'ancienneté de l'amitié. Je lui dis d'un air simple que je ne demandois jamais ce qu'on ne pouvoit pas ; que je cédois tout, et qu'après cela il n'y avoit plus à en parler. Là-dessus il me donna carte blanche pour nous en rapporter à qui je voudrois. Je n'ignorois pas quel jugement je pouvois attendre entre lui et moi dans une cour aussi servile ; ainsi je répondis qu'à une affaire finie il ne falloit point de juge. Alors il me proposa son père, je n'eus pas la force de le refuser. Jusqu'alors qui que ce soit n'avoit su ce qui se passoit entre nous. J'ai dit ci-devant ce qui me retenoit d'éclater, et il n'avoit garde aussi de montrer son tissu d'infamie.

Revenus à Versailles (car le chancelier ne paroissoit à Marly qu'au conseil), je lui contai ce qu'il ignoroit depuis la chute de Chamillart. Il ne balança pas à me réitérer ses remercîments de la suspension de ma nomination avant cette chute; fit après une longue préface sur son peu d'indulgence pour son fils, ses défauts, ses sottises, la parfaite connoissance et la parfaite douleur qu'il en avoit, et de là me répéta toutes ses raisons entortillées de sophismes qu'il avoit excellemment à la main quand il en avoit besoin; les entremêla d'autorité, et prétendit enfin que je réduisois son fils à l'impossible. Mon extrême surprise m'ôta toute repartie. Je lui dis seulement que je ne me croyois de tort que de n'avoir pas nommé sans ménagement du temps de Chamillart; mais la parole me rentra tout à fait dans la poitrine par sa réplique, que j'aurois bien fait d'avoir nommé alors, et je ne songeai qu'à gagner la porte.

On a vu en différents endroits dans quelle amitié et dans quelle confiance réciproque je vivois avec le chancelier, et avec quelle adresse, de concert avec Mme de Saint-Simon, il m'empêcha de quitter la cour à la fin de 1709, où je me trouvois maintenant dans la situation la plus agréable, et comme on le verra incontinent, dans les espérances les plus flatteuses et les plus solidement fondées. Ce contraste avec l'état où je me serois trouvé dans la retraite que je voulois faire étreignit à son égard la colère de le voir soutenir la perfidie de son fils, mais à la vérité pour la porter sur ce fils tout entière, tellement que je finis une seconde conversation avec le chancelier par lui dire que la matière étoit épuisée, que nous ne nous persuaderions pas l'un l'autre, que je ne répondrois plus un seul mot à tout ce qu'il pourroit m'en dire, mais qu'il trouveroit bon aussi que je demeurasse dans ma résolution de n'ouïr jamais parler en rien des milices de Blaye, et d'en laisser faire à son fils et à son capitaine garde-côte tout ce que bon leur sembleroit. Le chancelier entendit ce françois; il me répondit avec embarras et quelque honte, que je faisois mal, mais que j'étois le maître.

Lui, la chancelière et Pontchartrain pressèrent extrêmement Mme de Saint-Simon de m'engager à acheter la capitainerie garde-côte de Blaye, et il parut bientôt qu'ils n'avoient pas prévu l'embarras où les jetoit ma fermeté, à laquelle ils ne s'étoient pas attendus, et qu'ils auroient bien voulu ne s'être pas engagés si avant, c'est-à-dire le fils, dans une si vilaine affaire, projetée et conduite à son ordinaire sans la participation de son père, et celui-ci à ne l'y pas soutenir quand il l'eut apprise pour être arbitre entre nous deux.

Pour se tirer d'un si mauvais pas, ils proposèrent à Mme de Saint-Simon d'emprunter de celui qu'ils lui nommeroient le prix de cette capitainerie, soit que ce fût un prêteur effectif, soit qu'il ne donnât que son nom pour couvrir leur bourse avec stipulation expresse qu'il se contenteroit des gages de la charge pour tout intérêt de la somme, et sans être tenus de les lui faire bons au cas qu'ils ne fussent point payés; de n'avoir que la charge même pour toute hypothèque, et à sa perte si elle se supprimoit et étoit mal ou point payée sans pouvoir nous en jamais rien demander, et de porter seul toutes les taxes, augmentations de gages, et toute autre espèce de choses dont on accabloit tous les jours ces nouvelles créations, sans que nous y pussions entrer pour rien : c'étoit, en un mot, que je voulusse bien recevoir la charge sans bourse délier, et sans pouvoir y courir aucune sorte de risque.

J'étois si aigri, que je fus longtemps sans en vouloir ouïr parler. Je consentis enfin, par complaisance pour Mme de Saint-Simon, mais à condition que devant ni après la chose faite, et qui ne se fit point, ils ne m'en parleroient jamais.

Je vis rarement et sérieusement Pontchartrain depuis cette rare affaire, et c'est où nous en étions à la mort de Monseigneur. Pour le chancelier, je vécus avec lui tout à mon ordinaire; elle n'apporta pas le moindre refroidissement entre nous, comme on le peut voir par ce qui a été rapporté sur la prétention d'Épernon et de Chaulnes, et l'édit de 1711, tant la reconnoissance eut de pouvoir sur moi. On verra bientôt qu'elle ne se borna pas là.

## CHAPITRE XIV.

Splendeur du duc de Beauvilliers. — Causes, outre l'amitié, de sa confiance entière en moi. — Discussion de la cour entre lui et moi. — Torcy. — Desmarets. — La Vrillière. — Voysin. — Pontchartrain père et fils. — Caractère de Pontchartrain. — Je sauve Pontchartrain perdu. — Je conçois le dessein d'une réconciliation sincère entre le duc de Beauvilliers et le chancelier. — Singulier hasard sur le jansénisme. — Pontchartrain sauvé par le duc de Beauvilliers. — — Conversation sur les Pontchartrain avec Beringhen, premier écuyer. — Son caractère. — Union et concert le plus intime entre les ducs et les duchesses de Beauvilliers, Chevreuse et Saint-Simon. — Conduite du dernier avec le Dauphin, et sa façon d'y être. — Mon sentiment sur le jansénisme, les jansénistes et les jésuites.

Le duc de Beauvilliers jouissoit avec splendeur de l'état si changé de son pupille; il étoit affranchi des inquiétudes de la cour de Monseigneur, et des mesures à l'égard du roi par la confiance que ce monarque donnoit à son petit-fils, et la solidité qu'y ajoutoit le goût et l'intérêt de Mme de Maintenon ravie d'aise pour sa Dauphine, et d'avoir un Dauphin sur lequel elle pouvoit sûrement compter dans tous les temps. Beauvilliers commençoit donc à marcher plus tête levée, à cacher moins que le temps étoit venu de commencer à compter avec lui ; il montroit un maintien plus dégagé et une liberté moins mesurée ; ses propos avec moi plus fermes et à lui tout à fait étrangers. J'aperçus un changement inespéré dont je ne le croyois pas susceptible ; je vis un homme consolidé, nerveux, actif, allant droit au fait et se dépouillant des entraves. Il repassa toute la cour avec moi sans se hérisser de ma franchise sur les portraits, et sans disputer avec moi. Il se souvenoit que je lui avois toujours parlé juste dans tous les temps, l'expérience lui avoit appris que j'en savois plus que lui en connoissances de gens, que sa charité et son enfermerie éloignoient de voir et d'apprendre. Mon avis sur Harcourt ; ma prédiction sur l'abbé de Polignac suivie de l'effet si peu croyable ; celle de la campagne de Lille, si précisément accomplie en effets prodigieux, ne lui étoient point sorties de l'esprit, et avoient ployé le sien à tout mon égard. Il étoit sûr de mon secret, j'ose dire de ma vérité et de ma probité ; il ne pouvoit douter de toute ma confiance, de mon dévouement, de mon attachement pour lui sans réserve et à toute épreuve, et d'une amitié de toute préférence depuis plus de seize ans que j'étois à la cour, et que mon désir de son alliance nous avoit étroitement unis. Il me parloit donc sans réserve, et la disproportion d'âge et de fortune n'en mettoit plus dans l'épanchement entier sur toutes les matières, qui étoit pleinement réciproque et continuel.

Cet examen entre lui et moi de toute la cour alloit à discuter qui il étoit bon d'approcher ou d'éloigner du Dauphin. La ville eut aussi son tour, c'est-à-dire la robe, non pas pour approcher ou écarter des gens que leur état n'en rendoit pas susceptibles, mais pour nous concerter tous deux, car il m'avoit mis à cette portée, et placer au Dauphin du bien de ceux que nous estimerions propres aux emplois, et au contraire sur les autres. Quatre ou cinq longues conversations près à près, que nous eûmes tête à tête, ce que je remarque parce que le duc de Chevreuse ne s'y trouva pas, achevèrent à peu près cette importante matière.

Suivit un autre tête-à-tête où le duc se déboutonna sur tous ceux qui avoient part aux affaires. Je l'avois averti il y avoit déjà longtemps de l'intime liaison que je voyois se former entre d'Antin et Torcy. La Bouzols, sœur du dernier, d'une figure hideuse, mais pleine de charmes, d'esprit, et forte en intrigue, et de tout temps en toute intimité avec Mme la Duchesse, en étoit le principal instrument. Celle qui commençoit à se montrer entre d'Antin et Mlle de Tourbes qui ne fit que croître, et qui dura autant que leur vie, y servit encore puissamment. C'étoit un autre démon d'esprit et qui aimoit à dominer, amie intime de Torcy, de sa sœur, peu à ses frères le maréchal et l'abbé d'Estrées, tout à Mme la Duchesse de toute leur vie. Rien n'étoit plus opposé au duc de Beauvilliers que cette cabale de Mme la Duchesse qui palpitoit encore, et que d'Antin personnellement. Le duc et Torcy étoient éloignés l'un de l'autre, mais en gens sages et mesurés; l'écorce entre eux étoit conservée; le duc de Chevreuse la ménageoit quoique aussi refroidi que son beau-frère; l'idée de la cour ne s'en apercevoit pas, elle étoit accoutumée à l'union singulière de toute la famille de Colbert; elle avoit été témoin de celle des deux ducs avec Pomponne depuis son retour jusqu'à sa mort, qui étoit de toute confiance. La communication d'affaires et les bienséances voiloient au monde prévenu et jusqu'aux plus éveillés le fond de leur situation ensemble, et eux-mêmes avoient soin d'entretenir ce voile par le dehors de leur conduite; mais le fond le voici.

On a vu quelle étoit l'extrême piété du duc de Beauvilliers, et quel aussi son abandon pour Mme Guyon, surtout pour M. de Cambrai, et pour tout ce petit troupeau, qui l'avoit pensé perdre plus d'une fois sans l'en avoir pu détacher le moins du monde, conséquemment pour les jésuites et pour la partie sulpicienne qui n'avoient jamais abandonné M. de Cambrai dans aucun temps. De là un aveuglement sur les matières de Rome et sur le jansénisme, qui ne lui permettoit pas de rien voir ni de rien entendre. Plus le roi avançoit en âge, plus sa foiblesse, toujours sans contre-poids sur ces matières qu'il ignoroit profondément, se trouvoit en proie aux jésuites et aux directeurs de Mme de Maintenon par elle; plus donc Rome d'une part, les jésuites de l'autre, gagnoient de terrain, et plus M. de Beauvilliers y donnoit à bride abattue, et c'étoit principalement depuis la mort de Pomponne que le grand cours de ces choses avoit commencé, et sans cesse s'étoit augmenté. Torcy pensoit là-dessus tout différemment. Il connoissoit l'inestimable prix de la conservation des droits de la couronne, de celle des libertés de l'école, et de celles de l'Église gallicane; il ne connoissoit pas moins les ruses des jésuites et la grossièreté des sulpiciens. Il étoit donc souvent opposé sur ces matières au duc de Beauvilliers au conseil. Il étoit extrêmement instruit, avoit beaucoup d'esprit, d'honneur, de probité, de lumières; mais sage, retenu, timide même, il ne disoit que ce qu'il falloit dire avec douceur et mesure, respect même, mais il le disoit bien, parce qu'il avoit le don de la parole et celui encore de l'écriture; presque toujours encore la raison étoit de son côté. M. de Beauvilliers, dont le rang d'opiner étoit le pénultième des ministres, suoit de l'encre d'entendre Torcy, et plus encore à réfuter son avis qui entraînoit plus que très-souvent les autres ministres. Il sentoit qu'il alloit essuyer le feu du chancelier qui opinoit immédiatement après lui, et qui ne le ménageoit pas, quelquefois même jusqu'à l'indécence, tellement qu'il regardoit Torcy comme un avec le chancelier sur ces matières, et qui lui fournissoit des armes dont le chancelier se servoit contre lui avec impétuosité, et en général ajoutoit aux raisons de Torcy le poids de son esprit, de sa liberté, de son autorité. Cela s'appeloit chez M. de Beauvilliers être janséniste, et être janséniste étoit chez lui quelque chose de plus odieux et de plus dangereux qu'être protestant.

Torcy avoit encore deux crimes envers lui : l'un de n'avoir jamais eu de liaison avec M. de Cambrai; l'autre d'être mari de Mme de Torcy, qui avoit en effet un véritable pouvoir sur lui, qui du cœur passoit à l'esprit. Elle en avoit beaucoup elle-même, et savoit beaucoup aussi. Avec cela, libre et peu capable de cacher ses sentiments, qui étoient tout à fait conformes à son nom. Ce n'étoit pas pourtant qu'elle fût imprudente, encore moins qu'elle affichât rien, mais on la démêloit. C'étoit donc aux yeux de M. de Beauvilliers une manière d'hérétique qui pervertissoit son mari, et qui le tenoit de trop près et de trop court pour espérer de le convertir, même de le rendre moins opposé, ou plus complaisant.

M. de Chevreuse, malgré son abjuration de Port-Royal où il avoit été élevé, n'étoit pas si outré que son beau-frère. C'étoit un composé fort bizarre à cet égard. Non moins abandonné à Mme Guyon, à M. de Cambrai surtout, et à toute sa gnose, il avoit retenu de son éducation une aversion parfaite des jésuites qu'il cachoit avec soin, où je le surpris plus d'une fois, et qu'il ne me désavoua pas avec le secret et la confiance qui étoit établie entre nous; par conséquent, toujours en garde contre eux, et comme plus foncier que M. de Beauvilliers, moins livré aux entreprises de Rome; je dis moins parce qu'il étoit encore beaucoup. Ces gens de Port-Royal qu'il avoit abdiqués, l'estime et l'affection pour eux n'avoit pu s'effacer en lui. Il me l'a avoué de presque tous, et néanmoins en spéculation à eux, il leur étoit contraire en pratique. Ce composé ne peut s'expliquer, mais il étoit tel que je le représente. Cette façon d'être, jointe avec sa douceur naturelle, son esprit compassé et si naturellement tourné à être amiable compositeur[1], le défaut d'occasion d'opinions contraires au conseil, où il n'entroit pas, quoique effectivement et véritablement ministre, l'écartoient moins de Torcy que le duc de Beauvilliers, et l'appliquoient à conserver tous les dehors entre eux, n'y pouvant davantage.

Torcy, qui sentoit parfaitement tout ce que le monde ne voyoit pas dans cet intérieur de famille, n'avoit pas tort de vouloir s'appuyer de d'Antin, et celui-ci, qui frappoit en dessous à la porte du conseil, avoit raison de se lier à un homme dont la place lui pouvoit donner des moyens de se la faire ouvrir. En même temps moi, qui connoissois cet intérieur, je ne fus pas surpris que le duc de Beauvilliers, discutant les ministres avec moi, mît Torcy le premier sur le tapis, et m'en parlât comme d'un homme qu'il étoit absolument nécessaire de remercier.

Lié où il étoit et dans une place qui ne me donnoit ni rapport avec lui ni aucun besoin de lui, je ne le connoissois alors que comme on connoît tout le monde; je n'allois jamais chez lui; lui aussi ne m'avoit jamais fait aucune avance, quoique nous eussions des amis communs. Je n'étois pas content de lui sur M. le duc d'Orléans, et s'il faut tout dire, son indifférence pour moi m'avoit déplu. Je n'entrepris donc pas sa défense avec M. de Beauvilliers, qui passa outre et me demanda qui je pensois qu'on pût mettre en sa place.

Amelot étoit bien le meilleur, mais il étoit trop lié à la princesse des Ursins, trop bien par conséquent avec Mme de Maintenon pour que ce fût l'homme de M. de Beauvilliers, ni le mien par rapport à M. le duc d'Orléans, que je voulois unir de plus en plus avec le Dauphin : je proposai donc Saint-Contest qui étoit fort de mes amis, et d'amitié de père

---

1. On appelait *amiable compositeur* l'arbitre qui terminait un différend entre les parties à des conditions équitables, sans recourir à la rigueur de la justice.

en fils. C'étoit un homme de beaucoup d'esprit et du plus délié, sous un extérieur épais, appliqué, travailleur, et qui, avec les manières les plus pleinement bourgeoises, connoissoit pourtant le monde, la cour et les gens extrêmement bien, et qui dans son intendance de Metz avoit toujours réussi dans les affaires ou les négociations qu'il avoit eues fort souvent avec l'électeur palatin, celui de Trèves, le duc de Lorraine, et plusieurs petits princes de ses environs; il étoit doux, liant, insinuant, et savoit aller à ses fins avec adresse et en contentant ceux avec qui il avoit à traiter, M. de Beauvilliers le connoissoit et le goûtoit assez, et il approuva beaucoup ma pensée, en sorte que cela demeura comme arrêté entre nous.

Desmarets nous fit disputer. Le duc en étoit, comme je l'ai remarqué, à n'oser plus lui parler de rien. Il ne pouvoit donc se dissimuler son humeur intraitable, ni l'excès de son ingratitude, mais ces défauts ne touchoient point à la religion. Il ne donnoit nul soupçon de jansénisme, et il étoit bien loin encore de revenir au monde lors de la disgrâce de l'archevêque de Cambrai : net sur des points à l'égard du duc si capitaux, d'autres le sauvoient. Il étoit neveu de Colbert, élevé dans les finances, à son école; il en avoit pris, à ce que l'on pensoit, les principes et les maximes. Il passoit pour l'homme le plus capable en finances; enfin, M. de Beauvilliers l'avoit ramené sur l'eau à force de sueurs, de temps et de rames, et quel qu'il l'éprouvât, il ne put se résoudre à détruire son ouvrage, et tout ce que j'alléguai ne fit que blanchir. Il ne trouva jamais mieux à mettre en sa place; et il se ferma à l'y laisser.

Nous fûmes aisément du même avis sur La Vrillière. Il convint avec moi que pour ce que ce secrétaire d'État faisoit, et quand même il seroit chargé de plus, il le faisoit très-bien, et qu'il n'y avoit point à chercher mieux.

Voysin nous parut également à tous deux nécessaire à renvoyer : nulle capacité, probité de cour, connoissance de

personne, dureté, et rusticité, créature de Mme de Maintenon jusqu'au dernier abandon. Je voulus sonder le duc sur
Chamillart, et je fus édifié, touché même de sa réponse : il
me dit qu'il étoit son ami depuis quarante ans, et que cette
liaison il l'avoit resserrée lui-même par le mariage de sa
nièce avec son fils ; qu'il connoissoit sa probité à toute
épreuve, et ses lumières fort au-dessus de l'idée qu'on en
avoit prise ; mais qu'il croyoit le Dauphin un obstacle invincible à son retour ; d'ailleurs que Chamillart avoit deux défauts qu'il croyoit incompatibles avec le bien de l'État et
dont il le savoit incorrigible, avec lesquels il se feroit un
grand scrupule de le replacer : une opiniâtreté invincible
dont il me conta des traits qui m'étonnèrent, quelque connoissance que j'eusse de cette opiniâtreté, dont j'ai rapporté
quelques-uns, et des amis sur lesquels il étoit incapable de
revenir, et dont l'entêtement étoit extrêmement dangereux.
De ce dernier j'en avois une parfaite expérience qui se trouve
répandue ici en plus d'un endroit. Je fus affligé avec d'autant plus d'amertume que je fus convaincu, et qu'il fallut
me détacher du plaisir extrême de contribuer à remettre
un ami en selle ; ce qui, en effet, n'étoit plus possible
avec ce que j'ai expliqué des choses de Flandre, indépendamment de tout le reste. Je proposai donc La Houssaye
que je ne connoissois point, mais par ce qu'il m'étoit revenu
de sa conduite dans l'intendance d'Alsace où il étoit, et il
falloit un intendant de frontières et de troupes, et M. de
Beauvilliers l'approuva.

Je trouvai sur Pontchartrain les dispositions les plus funestes et qui pouvoient le plus flatter celles qu'il avoit mé-
ritées de moi, mais qui m'épouvantèrent parce qu'il avoit
un père à qui j'étois lié d'amitié, de reconnoissance et de
confiance la plus intime, une mère que j'aimois et respectois véritablement, et que sa femme si proche de la mienne
et si parfaitement unie avec elle, lui avoit laissé des enfants.
Je vis leur sort, je vis le chancelier, ou éconduit, ou retiré

de lui-même avec le poignard dans le cœur, et survivre à sa prodigieuse fortune, en proie à l'horreur de son fils, et au néant de ses petits-fils. J'avois caché mon ressentiment et ses causes, et plus au duc de Beauvilliers qu'à personne, dans la situation où je le connoissois avec le chancelier.

Il s'ouvrit à moi sur le père et sur le fils plus qu'il n'avoit fait encore, car il s'ouvrit tout à fait. Rome, le jansénisme, et plus que tout, la différence extrême de sentiment sur la personne et la doctrine de M. de Cambrai, avoit achevé de cimenter le mur qui avoit commencé à s'élever entre le duc et lui dès son son arrivée à la tête des finances. Les escarmouches au conseil étoient continuelles. Outre ce que j'en ai touché ici, il n'y a pas longtemps, le chancelier s'y aidoit souvent d'une légèreté qui lui étoit naturelle, et qui mettoit les rieurs de son côté. Il passoit quelquefois jusqu'à porter des bottes indécentes et parfois scandaleuses, qui déconcertoient une gravité qui, sur ces matières, avoit rarement raison. Ailleurs le chancelier n'étoit pas plus mesuré ; ils avoient même été plus d'une fois jusqu'à cesser de se rendre les devoirs communs de la civilité réciproque, et quoiqu'ils n'en fussent pas là alors, ils n'en étoient pas mieux ensemble, quoique le duc de Chevreuse et le chancelier fussent toujours demeurés amis. L'éclat ancien qui n'avoit fait qu'augmenter depuis avoit engagé dès lors le duc de Beauvilliers de retirer de la marine ceux qu'il y protégeoit, et qu'il y avoit mis du temps de Colbert et de Seignelay. Les blessures étoient devenues si continuelles et si profondes que ces deux hommes ne se pouvoient pardonner, et que leur haine étoit publique. Le duc, avec toute sa piété et ses mesures, se permettoit à cet égard plus de choses qu'il n'en étoit naturellement capable. Sûr du roi et de son pupille dans les matières qui formoient leurs disputes, il se défendoit ordinairement avec hauteur et jetoit quelquefois au chancelier des choses et des faits qui l'embarrassoient, et le poussoit alors avec hardiesse. J'appris alors mille détails là-dessus du duc de Beauvilliers, que ses mesures si resserrées m'avoient cachées jusque-là, et que le chancelier n'avoit eu garde de me dire par considération pour moi dans la plus qu'intime liaison où il me savoit avec le duc, non par manque de confiance, car il m'en disoit assez tous les jours pour ne me laisser pas ignorer l'état où ils étoient ensemble. Bien que la séparation intérieure de Pontchartrain d'avec son père passât souvent jusqu'à l'extérieur, et que les mesures qu'il gardoit avec M. de Beauvilliers fussent les plus respectueuses, il ne l'en aimoit pas mieux au fond, et ce fond étoit bien aperçu.

L'entreprise d'Écosse que j'ai racontée en son lieu, et dont la triste issue lui fut justement imputée, lui étoit devenue un péché irrémissible auprès des ducs de Beauvilliers et de Chevreuse qui en avoit été l'auteur et le promoteur ; d'ailleurs son pernicieux caractère achevoit de le leur rendre odieux. On en a vu quelque chose, t. IV, p. 377, combien peu la Dauphine le ménageoit auprès du roi, et que le roi, si en garde en faveur de ses ministres, la laissoit dire avec complaisance. Mais il ne sera pas inutile de le faire connoître davantage : comme il est depuis longtemps tout à fait mort au monde, j'en parlerai, quoique vivant encore, comme d'un homme qui n'est plus.

Sa taille étoit ordinaire, son visage long, mafflé [1], fort lippu, dégoûtant, gâté de petite vérole qui lui avoit crevé un œil. Celui de verre, dont il l'avoit remplacé, étoit toujours pleurant, et lui donnoit une physionomie fausse, rude, refrognée, qui faisoit peur d'abord, mais pas tant encore qu'il en devoit faire. Il avoit de l'esprit mais parfaitement de travers, et avec quelques lettres et quelque teinture d'histoire ; appliqué, sachant bien sa marine, assez travailleur, et le vouloit paroître beaucoup plus qu'il ne l'étoit. Son naturel pervers, que rien n'avoit pu adoucir ni

---

1. Qui a de grosses joues.

redresser le moins du monde, perçoit partout; il aimoit le mal pour le mal, et prenoit un plaisir singulier à en faire. Si quelquefois il faisoit du bien, c'étoit une vanterie qui en faisoit perdre tout le mérite, et qui devenoit synonyme au reproche; encore l'avoit-il fait acheter chèrement par les refus, les difficultés dont il étoit hérissé pour tout, jusque pour les choses les plus communes, et par les manières de le faire qui piquoient, qui insultoient même, et qui lui faisoient des ennemis de presque tous ceux qu'il prétendoit obliger. Avec cela, noir, traître, et s'en applaudissoit; fin à scruter, à suivre, à apprendre et surtout à nuire. Pédant en régent de collége avec tous les défauts et tout le dégoût d'un homme né dans le ministère et gâté à l'excès.

Son commerce étoit insupportable par l'autorité brutale qu'il y usurpoit, et par ses infatigables questions; il se croyoit tout dû, et il exigeoit tout avec toute l'insolence d'un maître dur. Il s'établissoit le gouverneur de la conduite de chacun, et il en exigeoit compte; malheur à qui l'y avoit accoutumé par besoin, par lâcheté; c'étoit une chaîne qui ne pouvoit se rompre qu'en rompant avec lui. Outre qu'il étoit méchant, il étoit malin encore, et persécuteur jusqu'aux enfers, quand il en vouloit aux gens; ses propos ne démentoient point les désagréments dont il étoit chamarré. Ils étoient éternellement divisés en trois points, et sans cesse demandoit, en s'applaudissant, s'il se faisoit bien entendre; avec qui que ce fût, maître de la conversation, interrompant, questionnant, prenant la parole et le ton, avec des ris forcés à tous moments qui donnoient envie de pleurer. Une expression pénible, maussade, pleine de répétitions, avec un air de supériorité d'état et d'esprit qui faisoit vomir et qui révoltoit en même temps. Curieux de savoir le dedans et le dessous de toutes les familles et des intrigues, envieux et jaloux de tout, et dans sa marine comme un comite sur ses galériens. Aucun officier, même général, même pour des riens, n'étoit à couvert de ses sorties en pleine audience publique, et nul homme ni femme de la cour de ses airs d'autorité. Il disoit aux gens les choses les plus désagréables avec volupté, et réprimandoit durement en maître d'école sous prétexte d'amitié et en forme d'avis.

Son délice étoit de tendre des panneaux, et la joie de son cœur de rendre de mauvais offices. En garde surtout contre son père et sa mère et leurs amis, et contre toutes les grâces et tous les plaisirs qu'ils pouvoient désirer de lui, il s'en piquoit même, pour ne pas paroître sous leur férule, au point que le chancelier et la chancelière s'étoient fait une règle de ne lui rien demander ni recommander, et ne s'en cachoient point, parce que la négative étoit certaine. En général, il triomphoit de refuser et de faire mystère des choses même les plus futiles, surtout d'être hérissé de difficultés sur les choses qui en souffroient le moins. L'importance lui tournoit la tête, son ver rongeur étoit de n'être point ministre : d'ailleurs incapable de société, d'amusement de conversation ordinaire; toujours plein de ses fonctions, de ses occupations, et avec qui que ce fût, homme et femme, roi de ses moments et de ses heures, et le tyran de sa famille et de ses familiers. Sa première femme, si parfaite en tout, en mourut à la fin à force de vertu. La seconde l'a vengée.

On a vu sa conduite avec le comte de Toulouse, d'O et le maréchal d'Estrées. Les femmes des deux derniers l'avoient perdu auprès de Mme la Dauphine et auprès du Dauphin tout ce qui avoit pu l'approcher. Mme de Maintenon, qui aimoit fort sa première femme, et qui a toujours conservé du goût et de la considération personnelle pour la chancelière, ne le pouvoit supporter. Il ne tenoit auprès du roi que par l'amusement malicieux des délations de Paris, qui étoit de son département, et qui lui avoit causé force prises avec Argenson, lieutenant de police, qu'il vouloit tenir petit garçon sous lui. Argenson en savoit plus que lui ;

il s'étoit habilement saisi de la confiance du roi, et par elle du secret de la Bastille et des choses importantes de Paris; il les avoit enlevées à Pontchartrain, à qui en habile homme il n'avoit laissé que les délations des sottises des femmes et des folies des jeunes gens. Il s'étoit ainsi déchargé sur lui de l'odieux de sa charge, surtout des lettres courantes de cachet et se conservoit le mérite envers beaucoup de gens considérables de tous états d'avoir sauvé leurs proches de ses griffes, soit en faisant en sorte de lui en souffler les aventures, ou en diminuant et raccommodant auprès du roi ce qu'il y avoit gâté. Les jésuites, sulpiciens, etc., regardoient Argenson comme leur appui fidèle, et le servoient comme tel auprès du roi et de Mme de Maintenon; tandis que, comme on l'a déjà dit, ils n'avoient que de l'aversion pour Pontchartrain, tant il les servoit de mauvaise grâce, et n'imputoient la chasse qu'il ne cessoit de faire aux moindres soupçons de jansénisme, qu'au plaisir qu'il prenoit à faire du mal. La singularité d'un si détestable caractère m'a engagé à m'y étendre; la suite en fera voir encore davantage la nécessité. Avec tant de vices et d'insolence, il étoit d'une vérité à surprendre sur sa naissance; il n'en disoit pas le tout, mais bien qu'ils étoient de petits bourgeois de Montfort-l'Amaury, et assez pour désespérer La Vrillière, qui étoit glorieux là-dessus fort mal à propos. J'en ai quelquefois vu des scènes très-plaisantes entre eux deux. Comme secrétaire d'État, l'orgueil même.

Le duc de Beauvilliers m'allégua la plupart de ces choses, et j'en sentois à mesure la vérité. Il m'en fit des plaintes amères; et les parades que j'y donnai ne furent reçues que très-foiblement. Je le vis si arrêté dans sa résolution, que je ne jugeai pas à propos de heurter par une résistance opiniâtre; je glissai donc, et ne butai qu'à laisser une queue pour pouvoir traiter encore un chapitre si délicat. Cela donnoit lieu à reposer ses idées, et à moi, qui les avois aisément prises, du temps pour le tourner et tâcher de les changer; nous parlâmes donc d'autre chose, et Pontchartrain ne revint sur le tapis entre nous deux de trois à quatre jours.

Ce fut le duc qui m'écarta à une promenade du roi pour en faire une avec lui tête à tête, et qui reprit aussitôt ce chapitre, et je vis bien qu'il le faisoit à dessein. Le mien étoit tout préparé; le sien étoit de m'emporter par une foule de raisons, qui toutes n'étoient que trop bonnes; je lui laissai dire tout ce qu'il voulut. Il me pressa sur beaucoup de choses et de faits de Pontchartrain : son humeur étrange, sa malice, ses mauvais offices, sa satisfaction à faire du mal, son plaisir à nuire, sa mauvaise grâce à faire du bien, et sa peine à bien faire, sa passion de s'étendre et d'usurper, son attention à tout abaisser devant lui, l'aversion publique, ses procédés indignes avec un nombre infini de gens de tous états et des plus considérables. Il ne m'apprenoit rien sur tout cela, et de ce dernier point j'en avois l'expérience la plus étrange et la plus fraîche. Ce ne fut pas sans combat intérieur que je l'étouffai dans une crise si décisive.

Quand il en eut bien dit, je lui répondis que n'ayant ni la force de crédit ni la volonté, quand bien même j'aurois la puissance, de m'opposer jamais en quoi que ce fût à lui, je ne pouvois pourtant me résoudre à lui abandonner le fils du chancelier, tout imparfait, et plus encore, que je le reconnoissois. Je lui parlai d'une manière touchante de mon attachement plein de reconnoissance pour le père, et de ma tendresse pour les petits-fils.

Cette manière de résister à un homme naturellement bon et plein de sentiments le rendit rêveur. Je m'aperçus qu'il commençoit à flotter entre la peine de me voir si ferme et une sorte de satisfaction de la cause que je lui venois d'avouer et de paraphraser. Il ne laissa pas d'insister encore, et moi de répondre sur le même ton sans l'aigrir par des négatives fausses et grossières, mais en lui demandant s'il croyoit Pontchartrain entièrement incorrigible; il ne répliqua point, je me tus, et il demeura un peu de temps en silence, et comme en méditation à part soi.

Il en sortit par me dire qu'avec toutes mes défenses, et qui n'étoient d'aloi que pour moi seul, il vouloit bien me dire que Pontchartrain étoit actuellement en un péril très-grand; que pour l'amour de moi, puisque je m'obstinois si fort à le protéger, il vouloit encore bien me dire que le Dauphin ne le pouvoit souffrir; que la Dauphine avoit juré sa perte, poussée par tout ce qui l'approchoit, par le cri public, par son propre dégoût, par Mme de Maintenon même, qui, d'ancienneté brouillée avec le père, ne pouvoit personnellement supporter le fils par une aversion particulière que ses manières et tout ce qui lui en revenoit lui avoient donnée; que le roi seul paroissoit plus indifférent là-dessus, mais sentir bien tous les défauts de Pontchartrain, et ne sembloit pas préparer une grande résistance à tant et de telles batteries prêtes à jouer. Le duc ajouta que pour lui, s'il étoit sensible à la vengeance, je pouvois bien juger de ce qu'il penseroit et feroit; mais qu'au défaut d'une affection que le christianisme lui défendoit, il étoit poussé par tout ce qu'il voyoit, et par tout ce qu'il lui revenoit chaque jour de Pontchartrain; que sa chute, pour laquelle il n'avoit seulement qu'à laisser faire, il ne la pouvoit regarder que comme un bien public et avantageux à l'État, que pensant de la sorte, c'étoit à Pontchartrain, s'il en avoit le loisir, à changer si promptement de conduite, qu'il le convainquît qu'il étoit corrigible, après quoi on verroit ce qu'il seroit à propos de faire à son égard.

Comme nous nous parlions toujours sous le plus sûr secret et sans mesures, je lui demandai si ce qu'il me disoit là étoit une menace d'une chose possible par celles qui existoient, ou un orage tout formé, et des desseins pris et prêts à éclore. Il me répondit nettement que c'étoit le dernier. J'en frémis, et n'osant le presser sur le détail de cette affaire, je me contentai de le conjurer d'accorder un court loisir avant que de perdre un homme au moins si instruit de sa marine, et que son successeur encore feroit peut-être regretter.

Je n'ai point su quel il étoit, mais j'ai cru que Desmarets pouvoit être le désigné. Il avoit très-bien pris avec le roi, mieux encore avec Mme de Maintenon, par les charmes de la finance, et le goût qu'elle commençoit à prendre pour sa femme, quoique revenu en place malgré la fée qui vouloit Voysin, mais dont la place de secrétaire d'État de Chamillart, qu'elle lui avoit fait donner, l'avoit dépiquée. Desmarets avoit pour soi Mme la Dauphine, par les manéges de sa femme, et par les soins qu'il avoit de plaire pécuniairement à tout ce qui l'approchoit véritablement. On a vu plus haut que son humeur féroce et son ingratitude n'avoit pu déprendre de lui les ducs de Chevreuse et de Beauvilliers, et les causes de leur persévérance; et c'est ce groupe de choses qui m'a persuadé que c'étoit Desmarets qu'ils vouloient porter à la plénitude des charges de son oncle Colbert.

Sur mes instances que je rendis les plus pressantes, M. de Beauvilliers me permit d'avertir Pontchartrain de dominer son humeur dans ses audiences et avec tout le monde, de rapporter devant le roi avec moins de penchant au mal, de rendre compte au conseil des dépêches des affaires dont il étoit chargé avec un goût moins enclin à la sévérité, de lui en spécifier quelques-unes en particulier, que le duc m'expliqua, où ses manières dures et enclines au mal, tant en ce conseil qu'en ses audiences, et même dans son travail tête à tête avec le roi où Mme de Maintenon étoit toujours présente, avoient fait de fâcheuses impressions, et étoient vivement revenues; mais il me défendit d'aller plus loin, et de lui laisser apercevoir d'où je pouvois être instruit. Je rendis grâces au duc de Beauvilliers, comme d'une obligation du premier ordre, de ce qu'il vouloit bien que je fisse, et je le conjurai de nouveau de suspendre l'orage jusqu'à ce qu'il eût vu le fruit de ces avis. Il ne voulut s'engager à rien;

je crus apercevoir qu'il craignoit le plaisir de la vengeance, que ce principe le fit rendre un peu à mes instances, et qu'il résista par là même et par modestie, à la satisfaction de me laisser voir combien il influoit sur le sort de Pontchartrain. De cela même je m'ouvris à l'espérance. Ainsi finit cette importante conversation.

Elle me donna lieu à de grandes réflexions. Outre celles que j'ai déjà expliquées sur l'état du chancelier et de ses petits-fils, son fils chassé, je sentis encore que ce coup paré, si tant étoit que j'en pusse venir à bout, ils ne seroient encore en aucune assurance. Pontchartrain, fait comme il étoit, ne pourroit se contenir longtemps; ses rechutes deviendroient mortelles, avec cette horreur générale qu'il avoit si justement encourue, et cet éloignement extrême, pour ne rien dire de plus, toujours subsistant entre son père et le duc de Beauvilliers, dans la posture nouvelle et stable où se trouvoit alors ce dernier. Toute ma vie j'avois désiré avec la passion la plus vive de les voir solidement réconciliés, mais comme on désire quelquefois des choses imaginaires et impossibles. Deux hommes en tout si dissemblables, excepté en probité et en amour de l'État, n'avoient rien en quoi ils pussent compatir ensemble. Leurs liaisons, leurs vues, leurs sentiments, leurs tempéraments se trouvoient tellement contraires qu'il ne s'y pouvoit rien ajouter, et jusqu'à la religion dans deux très-hommes de bien, de la façon dont ils la prenoient l'un et l'autre, leur étoit devenue un très-puissant motif d'aversion. Cependant, par la face nouvelle que la cour avoit prise, je voyois le chancelier et son fils perdus sans cette réconciliation sincère, et sa nécessité me parut si démontrée que, quelque impossible et chimérique qu'elle me semblât, je me mis dans la tête d'y oser travailler. Sans ce remède unique, je ne voyois aucun moyen de subsister pour le chancelier, dans la nouvelle et durable face que la cour avoit prise, et je ne trouvois d'épine dans le riant de ma situation particulière que la peine extrême, et qui trouboit toute ma joie, de voir mes deux plus intimes amis en état ensemble que l'un infailliblement seroit perdu et anéanti par l'autre. Il ne falloit pas un motif moins puissant pour me faire entreprendre un ouvrage si voisin de l'impossible, et que l'extrême nécessité cessa lors, pour la première fois, de me laisser envisager comme une folie.

Dès le soir même, après que les soupeurs se furent retirés de chez Pontchartrain, j'entrai chez lui, où je n'allois plus familièrement, et même très-rarement. L'heure ajouta à sa surprise; je lui dis, d'abordée et d'un air grave et froid, que quoique ma coutume ne fût pas de lui faire des leçons, et que j'eusse lieu d'en être encore plus éloigné que jamais, j'avois pourtant des choses à lui dire dont je ne pouvois me dispenser; qu'il ne me demandât ni de mes raisons ni d'où je prenois ce que j'avois à lui dire; qu'il se contentât d'apprendre qu'il ne pouvoit m'écouter avec trop d'attention, ni prendre trop de soin d'en profiter sans délai. Après une préface si énergique, je lui dis, comme si j'en avois été l'auteur, tout ce que j'avois permission de lui dire, et cela tout de suite comme une leçon apprise par cœur. Je fus écouté avec toute l'attention que demandoit ma préface et la matière qui la suivit. Pontchartrain sentit aisément que les faits singuliers que je lui spécifiai ne pouvoient m'être venus que d'endroits importants. Il voulut s'excuser sur certaines choses, sur d'autres il avoua, et accusa son humeur. Je répondis qu'avec moi tout cela étoit inutile, que son affaire étoit de profiter de ce qu'il venoit d'entendre, la mienne de m'aller coucher, et là-dessus je le quittai aussi brusquement que je l'avois abordé. Je rendis compte le lendemain de ce que j'avois dit à Pontchartrain au duc de Beauvilliers. Il augmenta ma frayeur par ce qu'il me laissa voir de l'imminence de la chute, et néanmoins il convint d'attendre ce que produiroit ma remontrance.

A quelques jours de là, me promenant après minuit en

tiers avec le Dauphin et l'abbé de Polignac, la conversation tomba sur le gouvernement de Hollande, sur sa tolérance de toutes les sectes, et bientôt sur le jansénisme. L'adroit abbé n'en perdit pas l'occasion, et dit tout ce qu'il falloit pour plaire. Le Dauphin me donna lieu d'entrer assez dans la conversation. Je parlai suivant mes sentiments et sans affectation. La promenade se poussa tard par le plus beau temps du monde, et je quittai le Dauphin comme il alloit rentrer au château. J'expliquerai ailleurs ce que je pense sur cette matière, parce qu'elle entrera dans plus d'une chose dans la suite, et ma façon de voir et d'être avec le Dauphin. Dès le lendemain matin M. de Beauvilliers me prit dans le salon, et me conta que le Dauphin venoit de lui dire avec beaucoup de joie que, à des discours qu'il m'avoit ouï tenir le soir précédent à sa promenade, il me croyoit éloigné du jansénisme, et tout de suite me demanda de quoi il avoit été question, que le Dauphin n'avoit pas eu le temps de lui expliquer. Il me dit, après lui en avoir rendu compte, qu'il avoit tout à fait confirmé le Dauphin dans cette opinion sur moi, et cela mit en effet sa confiance pour moi au large sur toutes sortes de chapitres, et voilà ce que font les hasards.

Il fit encore qu'à ces propos le duc me dit tout de suite que le Dauphin soupçonnoit fort Pontchartrain de jansénisme, lui qui faisoit sa cour au roi du zèle de cette persécution. La délicatesse de M. de Beauvilliers étoit là-dessus si étrange, qu'après ce qu'il m'avoit dit lui-même que les jésuites et les sulpiciens imputoient au goût malfaisant de Pontchartrain la persécution qu'il faisoit aux jansénistes, je ne le pus faire revenir de ses soupçons là-dessus, qu'en lui répondant de Pontchartrain sur ce chapitre, et que, différent en tout d'avec son père, ils étoient aussi parfaitement divisés sur les jésuites et l'Oratoire. La fréquentation de Pontchartrain, lors de la mort de sa femme, avec le P. de La Tour, général de l'Oratoire, et encore quelque mois après, avoit répandu ces soupçons; mais j'assurai le duc, comme il était vrai, que Pontchartrain avec la dernière indécence avoit quitté le commerce du P. de La Tour, comme une chemise sale, et n'en avoit pas ouï parler depuis.

Nous nous revîmes le même jour sur le soir. Dans l'entre-deux, M. de Beauvilliers, sur ma parole, avoit répondu de Pontchartrain au Dauphin sur le jansénisme. Il me le confia, et ce fut le premier bon office qu'il lui rendit auprès de ce prince. De là, le duc me dit qu'il n'entendoit pas deux choses, Pontchartrain étant tel là-dessus que je lui avois si fort assuré : l'une qu'il étoit très-suspect aux jésuites, l'autre comment l'affaire d'un ecclésiastique d'Orléans étoit si mal entre ses mains ; que les jésuites attribuoient à son goût de faire du mal sa facilité à maltraiter les jansénistes que l'on exiloit, ou qu'on ôtoit de places, et n'en étoient pas moins en garde contre lui, parce qu'il leur étoit aussi contraire qu'il lui étoit possible ; et que cet ecclésiastique si opposé aux jansénistes, et qui tiroit de là tout son appui, ne pouvoit être plus mal servi qu'il étoit de Pontchartrain, pour l'union d'un bénéfice, qui étoit néanmoins très-essentielle au bon parti. Il s'échauffa assez là-dessus, et de lui-même me permit d'avertir Pontchartrain, mais comme de moi-même, de la disposition des jésuites à son égard ; qu'il lui importoit fort de la changer par une conduite opposée ; et sur cet ecclésiastique de lui dire, non plus comme de moi-même, mais de sa part à lui comme en avis, de rapporter son affaire au premier conseil des dépêches, d'y donner un tour favorable, et d'ajouter que cela lui étoit plus important qu'il ne pensoit.

Je fis ce même soir, vers le minuit, une seconde visite à Pontchartrain, toute semblable à la première, dont l'heure et le ton ne le surprit pas moins, et bien plus encore que la première pour les choses. Il s'étoit peut-être douté à la première d'où lui venoient mes avis. A cette seconde, il ne put plus l'ignorer. C'étoit en insolence le premier homme du monde, lorsqu'il ne craignoit point les gens; et le premier aussi en bassesse, où personne ne le surpassoit, à proportion de son besoin et de sa frayeur. Ainsi on peut juger de tout ce qu'il me pria de dire à M. de Beauvilliers, de quelle façon il se mit à en user avec les jésuites, et comment tourna l'affaire de l'ecclésiastique d'Orléans.

M. de Beauvilliers en fut si content, qu'il voulut bien que je lui disse, mais comme de moi-même, le péril en gros où il étoit auprès du Dauphin, et les moyens de le rapprocher peu à peu, tous opposés à son génie et à ses manières accoutumées. Le duc alla jusqu'à me charger de lui dire qu'il lui ménageroit des occasions de travailler avec le Dauphin, qu'il l'en avertiroit d'avance et de la façon de s'y conduire.

Je revis donc aussitôt Pontchartrain pour la troisième fois; je ne vis jamais homme si transporté. Il se crut noyé et sauvé au même instant, et les protestations qu'il me fit, tant pour M. de Beauvilliers que pour moi, furent infinies. Sur mon compte, je sus bien qu'en penser, puisque c'étoit trois semaines après qu'il m'eut envoyé Daubenton; aussi les reçus-je pour moi avec le froid le plus dédaigneux, et je lui fis sentir, au choix de mon peu de paroles, la nullité de part que sa personne devoit prendre au salut inespéré que je lui procurois.

Le duc tint parole; Pontchartrain fut averti et instruit; et, comme M. de Beauvilliers ne voulut pas s'y montrer, je fus toujours le canal entre eux sous le plus entier secret. Pontchartrain travailla chez le Dauphin; le duc avoit préparé les choses. Le prince fut content. Cela dura le reste du voyage de Marly, qui, d'une tirade, nous conduisit à Fontainebleau sans retourner à Versailles, à cause du mauvais air.

Dans ces entrefaites et sur la fin de Marly, je pris en particulier le premier écuyer, non pour lui confier quoi que ce soit de ce qui vient d'être raconté, mais pour m'en servir à ma manière au dessein de réconciliation que j'avais conçu.

C'étoit un grand homme, froid, de peu d'esprit, de beaucoup de sens, fort sage, fort sûr, fort mesuré, qui, à force d'être né et d'avoir passé sa vie à la cour, fils d'un homme qui étoit maître passé et dans une considération singulière, et lui dans les cabinets les plus secrets de Le Tellier, Louvois et Barbezieux, dont il étoit si proche par sa femme, et qui l'avoient admis à tout avec eux, avoit acquis une grande connoissance de la cour et du monde, y étoit fort compté, s'y étoit mêlé de beaucoup de choses, et y étoit enfin devenu une espèce de personnage. Il étoit de tout temps fort bien avec le roi, il avoit des particuliers quelquefois avec lui; et il avoit eu l'art d'être fort bien avec tous les ministres, et intimement avec le chancelier, qui avoit beaucoup de créance en lui. J'ai parlé de lui à l'occasion de la mort de Monseigneur, duquel il espéroit beaucoup, et rien de la cour nouvelle, avec qui il n'avoit nulle liaison, même quelque chose de moins avec les ducs de Chevreuse et de Beauvilliers, par l'ancien chrême des Louvois, si opposés à tout ce qui étoit Colbert, et tous leurs commerces et leurs allures tout à fait différentes.

Je crus donc que c'étoit le seul homme dont je pusse m'aider pour attaquer le chancelier sur sa conduite avec le duc de Beauvilliers. Je lui dis qu'ami au point où je l'étois de M. de Beauvilliers et du chancelier, je voyois de tout temps leur éloignement avec une peine extrême, que jusqu'alors je m'étois contenté de m'en affliger en moi-même; mais que, dans la face nouvelle que la cour venoit de prendre, et qui se fortifioit de jour en jour, je ne pouvois dormir en repos comme j'avois fait tant que leur inimitié n'avoit pu être fatale à aucun des deux; que le Dauphin devenoit rapidement le maître des affaires, et par lui son gouverneur, qui le seroit sans mesure lorsque son pupille auroit succédé au roi; que le danger présent étoit grand par la haine publique que Pontchartrain avoit encourue; et s'il subsistoit le reste de ce règne, ce qui me paroissoit bien difficile, il me sembloit impossible qu'il pût durer au delà ; que, tombant, je ne voyois pas ce que pourroit devenir le père d'un homme chassé dans une cour où tout le crédit seroit contre lui, où il survivroit à sa fortune et à soi-même, et où la décence ni sa propre humeur ne pourroit lui permettre d'y rester et d'y hasarder de se voir chasser lui-même sur quelque aventure de Rome et de jansénisme, et se voir bombarder un garde des sceaux; qu'en vain s'appuyoit-il sur l'autorité de sa place, sur son esprit, sur sa capacité, sur sa réputation, puisque ce ne seroit pas lui qu'on attaqueroit, mais son fils qui n'avoit aucun de ces boucliers, qui s'étoit rendu la bête de tout le monde, et dont la chute auroit les applaudissements publics.

Beringhen connoissoit parfaitement Pontchartrain ; il m'avoua la vérité de ce que je lui représentois, sa crainte extrême de ce que je prévoyois, et me pressa de travailler à une réconciliation si capitale à la fortune du père et du fils, comme le seul homme qui la pût entreprendre par l'amitié et la confiance que le duc et le chancelier avoient également et entièrement pour moi. Je lui répondis que c'étoit toute ma passion, mais que je travaillerois en vain tant que le chancelier s'escarmoucheroit avec le duc sans cesse au conseil, et ne se mesureroit pas ailleurs à son égard; qu'il nourrissoit ainsi une haine, pour parler nettement, de longue main enracinée, qu'il l'augmentoit tous les jours loin de songer à l'émousser, en quoi pourtant consistoit son salut et celui de sa famille; que c'étoit à lui, Beringhen, son ami, et qui ne lui seroit point suspect sur M. de Beauvilliers avec qui il savoit bien qu'il n'avoit point de liaison, à lui ouvrir les yeux sur le danger de voir périr toute la fortune prodigieuse qu'il avoit faite; et de lui faire comprendre qu'elle valoit bien la peine de se contraindre, et de ployer à la nécessité des temps; qu'après qu'il l'auroit rendu capable d'un vrai changement de conduite à cet égard, je verrois à tâcher de le mettre à profit auprès de M. de

Beauvilliers, et peu à peu les rapprocher, et de là les réconcilier enfin si je pouvois.

Le premier écuyer, ou timide comme il l'étoit naturellement, ou désespérant de faire entendre raison au chancelier vif et décidé comme il le connoissoit, ou véritablement court de temps, me dit qu'il en auroit peu pour parler suffisamment au chancelier qui n'étoit point à Marly, qui n'y venoit que pour les conseils, et qui ces jours-là s'en retournoit dîner à Versailles, et les autres jours se tenoit à Pontchartrain ; qu'il avoit demandé congé au roi de s'en aller dans quelques jours chez lui à Armainvilliers, et qu'il y passeroit presque tout le voyage de Fontainebleau, où la cour alloit incessamment. Il finit par me presser de nouveau de travailler à une aussi bonne œuvre que nul autre que moi ne pouvoit exécuter, et moi par l'exhorter de parler au moins avant de partir, et de parler sans ménagement. La suite de ceci se verra bientôt à Fontainebleau ; avant d'y conduire la cour, il faut reprendre des choses qui ont précédé ce voyage.

On a pu voir épars en plusieurs endroits de ces Mémoires à quel degré d'intimité et de toute confiance j'étois arrivé avec le duc de Beauvilliers, avec le duc de Chevreuse, et avec les duchesses leurs femmes. Tout cela vivoit dans la même amitié avec Mme de Saint-Simon, et ce qui étoit peut-être unique pour des personnes si généralement cachées et compassées, dans la confiance et la liberté la plus entière, fondées sur l'estime de sa vertu, et l'expérience de la sagesse et de la bonté de son esprit et de sa conduite, plus encore s'il se peut que sur ce qu'elle m'étoit, et de ce qu'ils savoient que j'étois pour elle. Il faut donc comprendre que ces trois couples faisoient un groupe qui ne se cachoit rien, qui se consultoit tout, qui en ce genre étoit inaccessible à quiconque, et dont le commerce étoit non-seulement continuel, mais de tous les jours, et souvent de plus d'une fois par jour quand nous étions dans les mêmes lieux, et il étoit fort rare que nous en fussions séparés, parce que Vaucresson étoit fort proche, et que je ne sortois presque point de la cour, ni Mme de Saint-Simon non plus. Cette union anciennement prise, mais liée et augmentée par degrés, en étoit à ce dernier bien longtemps avant la mort de Monseigneur, comme divers traits de ces Mémoires auront pu le faire remarquer.

Dans cet état, M. de Beauvilliers ne cessoit depuis longtemps de faire naître de l'estime, de l'amitié, du goût pour moi en son pupille, sur l'esprit et le cœur duquel il pouvoit tout. Il n'en perdit aucune occasion pendant plusieurs années. On a vu que j'en sentis l'effet à l'occasion de l'ambassade de Rome, et un autre si grandement marqué à son arrivée de la campagne de Lille. L'état triste où il fut après si longtemps ajouta aux mesures que le sage gouverneur me prescrivit toujours. On se souvient de la situation où la cabale de Meudon tenoit ce prince, et combien le roi même demeura aliéné de lui, en sus de ce qu'il en étoit auparavant par la vie si recluse et si resserrée de son petit-fils, qui l'avoit dès lors mis fort à gauche avec Monseigneur. On ne doutoit dans aucun de ces temps que le duc de Beauvilliers ne possédât ce jeune prince ; on ignoroit bien le fond de mon intimité avec le duc, mais la liaison étoit trop forte, et le commerce trop continuel et trop libre avec des gens aussi enfermés, pour n'avoir pas percé.

Être en mesure et en garde infinie étoit le caractère dominant du duc. La haine de Mme de Maintenon, et les secousses qu'il avoit éprouvées du roi même, augmentoient encore les entraves de sa timidité naturelle. Il craignoit les soupçons de circonvenir son pupille, il craignoit la jalousie et les regards perçants qui s'étoient fixés sur moi depuis ce choix pour Rome. Il vouloit me mettre peu à peu dans la confiance du jeune prince, mais il ne vouloit pas qu'il en parût rien. Il redoubla encore de précautions depuis la campagne de Lille où je m'étois si hautement déclaré et dont je fus perdu un temps. Je rappelle toutes ces époques et ces faits épars dans ces Mémoires, pour les remettre tous à la fois sous les yeux, et montrer les raisons de la conduite que le duc de Beauvilliers me fit observer, de concert avec le prince.

Je ne le voyois chez lui, aux heures de cour que rarement et courtement, assez pour qu'il ne parût rien d'affecté, assez peu pour qu'on ne pût soupçonner non-seulement privance, mais même aucun dessein de m'approcher de lui; en tout plus de négligence que de cour. Par cette raison le prince me distinguoit peu chez lui, et ne me donnoit guère au delà de ce qu'il avoit accoutumé aux gens de ma sorte; mais souvent un coup d'œil expressif, un sourire à la dérobée m'en disoit tout ce que j'en désirois savoir.

Outre la transcendance d'être sans cesse porté avec étude par le duc de Beauvilliers auprès de lui, et encore par le duc de Chevreuse, du caractère dont étoit ce prince, ce qu'il paroissoit du mien par le tissu de la conduite ordinaire de toute ma vie étoit un avantage peu commun pour lui plaire. Il aimoit une vie appliquée, égale, unie, il estimoit l'union dans les familles, il considéroit les amitiés qui faisoient honneur; et de celles-là, on a vu que j'y fus toujours heureux. Ma jeunesse n'avoit rien eu de ce qui eût pu l'étranger ou l'arrêter. Toutes mes liaisons particulières s'étoient trouvées avec des personnes qui presque toutes lui étoient agréables ou directement ou par quelque recoin; mes inimitiés ou mes éloignements, avec celles qui pour la plupart étoient en opposition avec lui, et très-ordinairement directe, ce qui étoit arrivé naturellement et sans aucun art. J'étois bien de toute ma vie avec les jésuites, quoique sans liaison qu'avec un seul à la fois, mais liaison unique jusqu'à la mort du dernier qui survécut le feu roi; ils me comptoient parmi leurs amis, comme on l'a vu du P. Tellier, et comme on le verra davantage. Je l'avois été intime, comme on l'a vu aussi, de l'évêque de Chartres, Godet. C'étoient là des boucliers sûrs contre le dangereux soupçon de jansénisme;

et ce que j'ai rapporté de cette conversation avec le Dauphin et l'abbé de Polignac en tiers, dans les jardins de Marly, mit le sceau à l'assurance. Ma façon d'être à cet égard reviendra trop souvent dans les suites pour ne mériter pas d'être expliquée, puisque l'occasion s'en présente si naturellement.

Le célèbre abbé de la Trappe a été ma boussole là-dessus, comme sur bien d'autres choses dont je désirerois infiniment avoir eu la pratique comme la théorie.

Je tiens tout parti détestable dans l'Église et dans l'État. Il n'y a de parti que celui de Jésus-Christ. Je tiens aussi pour hérétiques les cinq fameuses propositions directes et indirectes, et pour tel tout livre sans exception qui les contient. Je crois aussi qu'il y a des personnes qui les tiennent bonnes et vraies, qui sont unies entre elles et qui font un parti. Ainsi, de tous les côtés, je ne suis pas janséniste.

D'autre part, je suis attaché intimement, et plus encore par conscience que par la plus saine politique, à ce que très-mal à propos on connoît sous le nom de libertés de l'Église gallicane, puisque ces libertés ne sont ni privilèges, ni concessions, ni usurpations, ni libertés même d'usage et de tolérance, mais la pratique constante de l'Église universelle, que celle de France a jalousement conservée et défendue contre les entreprises et les usurpations de la cour de Rome, qui ont inondé et asservi toutes les autres et fait par ses prétentions un mal infini à la religion. Je dis la cour de Rome, par respect pour l'évêque de Rome, à qui seul le nom de pape est demeuré, qui est de foi le chef de l'Église, le successeur de saint Pierre, le premier évêque, avec supériorité et juridiction de droit divin sur tous les autres quels qu'ils soient, et à qui appartient seul la sollicitude et la surveillance sur toutes les Églises du monde comme étant le vicaire de Jésus-Christ par excellence, c'est-à-dire le premier de tous ses vicaires qui sont les évêques. A quoi j'ajoute que je tiens l'Église de Rome pour la mère et la maîtresse de toutes les autres, avec laquelle il faut être en communion ; maîtresse, *magistra*, et non pas *domina* ; ni le pape, le seul évêque, ni l'évêque universel, ordinaire et diocésain de tous les diocèses, ni ayant seul le pouvoir épiscopal duquel il émane dans les autres évêques, comme l'inquisition, que je tiens abominable devant Dieu et exécrable aux hommes, le veut donner comme de foi.

Je crois la signature du fameux formulaire une très-pernicieuse invention, tolérable toutefois en s'y tenant exactement suivant la paix de Clément IX, autrement insoutenable. Il résulte que je suis fort éloigné de croire le pape infaillible, en quelque sens qu'on le prenne, ni supérieur, ni même égal aux conciles œcuméniques, auxquels seuls appartient de définir les articles de foi, et de ne pouvoir errer sur elle.

Sur Port-Royal, je pense tout comme le feu roi s'en expliqua à Maréchal en soupirant (t. VI, p. 128), que ce que les derniers siècles ont produit de plus saint, de plus pur, de plus savant, de plus instructif, de plus pratique, et néanmoins de plus élevé, mais de plus lumineux et de plus clair, est sorti de cette école, et de ce qu'on connoît sous le nom de Port-Royal ; que le nom de jansénisme et de janséniste est un pot au noir de l'usage le plus commode pour perdre qui on veut, et que d'un millier de personnes à qui on le jette, il n'y en a peut-être pas deux qui le méritent ; que ne point croire ce qu'il plaît à la cour de Rome de prétendre sur le spirituel, et même sur le temporel, ou mener une vie simple, retirée, laborieuse, serrée, ou être uni avec des personnes de cette sorte, c'en est assez pour encourir la tache de janséniste ; et que cette étendue de soupçons mal fondés, mais si commode et si utile à qui l'inspire et en profite, est une plaie cruelle à la religion, à la société, à l'État.

Je suis persuadé que les jésuites sont d'un excellent usage en les tenant à celui que saint Ignace a établi. La compagnie est trop nombreuse pour ne renfermer pas beaucoup de saints, et de ceux-là j'en ai connu, mais aussi pour n'en contenir pas bien d'autres. Leur politique et leur jalousie a causé, et cause encore de grands maux ; leur piété, leur application à l'instruction de la jeunesse et l'étendue de leurs lumières et de leur savoir, fait aussi de grands biens.

C'en est assez pour un homme de mon état, ce seroit en sortir, et des bornes de ce qui est traité ici, que descendre dans plus de détails ; mais ce n'est pas trop pour les choses dont les récits nécessaires s'approchent. Ce que je viens d'expliquer ne contentera pas ceux qui prétendent que le jansénisme et les jansénistes sont une hérésie et des hérétiques imaginaires, et satisfera sûrement encore moins ceux à qui la prévention, l'ignorance ou l'intérêt en font voir partout. Ce qui m'a infiniment surpris, est comment la prévention qui mettoit M. de Beauvilliers de ce dernier côté lui a pu permettre de s'accommoder de moi au point qu'il a fait, et sans le moindre nuage, toute sa vie, avec la franchise entière que j'ai toujours eue avec lui là-dessus, comme sur tous mes autres sentiments sur toutes autres manières.

## CHAPITRE XV.

Situation personnelle de la duchesse de Saint-Simon à la cour. — Précautions de ma conduite. — Je sonde heureusement le Dauphin. — Court entretien dérobé avec le Dauphin. — Tête-à-tête du Dauphin avec moi. — Dignité : gouvernement, ministère. — Belles et justes espérances. — Conférence entre le duc de Beauvilliers et moi. — Autre tête-à-tête du Dauphin avec moi. — Secret de ces entretiens. — Dignité : princes, princes du sang, princes légitimés. — Belles paroles du Dauphin sur les bâtards. — Conférence entre le duc de Beauvilliers et moi. — Importance solide du duc de Beauvilliers.

— Concert entier entre lui et moi. — Contrariété d'avis entre le duc de Beauvilliers et moi sur la succession de Monseigneur. — Manière dont elle fut traitée; extrême indécence qui s'y commit à Marly.

Divers endroits de ces Mémoires ont fait voir combien Mme de Saint-Simon pouvoit compter sur les bontés de Mme la duchesse de Bourgogne, et le dessein constant qu'elle eut toujours de la faire succéder à la duchesse du Lude. La place qu'elle fut forcée de remplir auprès de Mme la duchesse de Berry, l'approcha de tous les particuliers; plus elle fut vue de près, plus elle fut goûtée, aimée, et si j'ose parler d'après toutes ces têtes presque couronnées, même après le roi et Mme de Maintenon, elle fut honorée et respectée; et les écarts de la princesse à qui on l'avoit attachée malgré elle ne firent que plus d'impression en faveur de son grand sens, de la prudence, de la justesse de son esprit et de sa conduite, de la sagesse, de l'égalité, de la modestie, de la vertu de tout le tissu de sa vie, et d'une vertu pure toujours suivie, et qui, austère pour elle-même, étoit aimable et bien loin de rebuter par ses rides. [Elle] se fit toujours rechercher par celles même dont l'âge et la conduite en étoient les plus éloignés, qui vinrent plus d'une fois se jeter à elle pour en être conseillées et tirées par son moyen des dangers et des orages domestiques où leur conduite les avoit livrées. Tant de qualités aimables et solides lui avoient acquis l'amitié et la confiance de beaucoup de personnes considérables, et tant de réputation que personne n'y fut plus heureuse qu'elle, sur quoi on peut se souvenir du conseil que les trois ministres, sans nul concert entre eux, me donnèrent, lorsque je fus choisi pour Rome, de lui tout communiquer et de profiter de ses avis. Le Dauphin, qui la voyoit souvent dans les parties particulières et toujours depuis le mariage de M. le duc de Berry, avoit pris pour elle beaucoup d'estime, d'amitié, même de confiance, qui me fut un autre appui très-fort près de lui, que le duc de Beauvilliers fortifia toujours, et par amitié, et plus encore par l'opinion qu'il avoit d'elle. Ainsi tout me portoit dans la confiance et dans l'amitié libre et familière du Dauphin.

La cour changée par la mort de Monseigneur, il fut question pour moi de changer de conduite à l'égard du nouveau Dauphin. M. de Beauvilliers m'en parla d'abord, mais il jugea que ce changement ne devoit se faire que fort lentement, et de manière à y accoutumer sans effaroucher. J'avois en divers temps échappé à d'étranges noirceurs; je devois compter que les regards se fixeroient sur moi à proportion de la jalousie, et que je n'en pouvois éviter les dangers qu'en voilant ma situation nouvelle, si fort changée par le changement de toute la scène de la cour; pour cela ne m'approcher à découvert que peu à peu du prince, à mesure que son asile se fortifieroit à mon égard, c'est-à-dire à mesure qu'il croîtroit auprès du roi en confiance, et en autorité dans les affaires et dans le monde. Je crus néanmoins à propos de le sonder dès les premiers jours de son nouvel essor. Un soir que je le joignis dans les jardins de Marly, où il étoit peu accompagné, et de personne qui me tînt de court, je profitai de son accueil gracieux pour lui dire comme à la dérobée, que bien des raisons qu'il n'ignoroit pas m'avoient retenu jusqu'alors dans un éloignement de lui nécessaire, que maintenant j'espérois pouvoir suivre avec moins de contrainte mon attachement et mon inclination, et que je me flattois qu'il l'auroit agréable. Il me répondit bas aussi qu'il y avoit en effet des raisons quelquefois qui retenoient; qu'il croyoit qu'elles avoient cessé; qu'il savoit bien quel j'étois pour lui ; et qu'il comptoit avec plaisir que nous nous verrions maintenant plus librement de part et d'autre. J'écris exactement les paroles de sa réponse pour la singulière politesse de celles qui la finissent. Je la regardai comme l'engagement heureux d'une amorce qui avoit pris comme je me l'étois proposé. Je me rendis peu à peu plus assidu à ses promenades, mais sans les suivre entières, qu'autant que la foule, ou des gens dangereux ne les grossissoient pas, et j'y pris la parole avec plus de liberté. Je demeurai sobre à le voir chez lui avec le monde, et je m'approchois de lui dans le salon, suivant que j'y voyois ma convenance.

Je lui avois présenté notre mémoire contre d'Antin lors du procès, et je n'avois pas manqué de lui glisser un mot sur notre dignité, à laquelle je le savois très-favorable, et par principes. Il avoit lu le mémoire et avoit été fort aise, à cause de quelques-uns d'entre nous, de le trouver fort bon, et la cause de d'Antin insoutenable. Je n'ignorois pas aussi ce qu'il pensoit sur la forme du gouvernement de l'État, et sur beaucoup de choses qui y ont rapport ; et ses sentiments là-dessus étoient les miens mêmes, et ceux des ducs de Chevreuse et de Beauvilliers, par qui j'étois bien instruit. C'étoit l'avoir trop beau pour n'essayer pas à en tirer grand parti. Je me rendis donc attentif à saisir tout ce qui pourroit me conduire à entrer naturellement en matière, et je ne fus pas longtemps à en trouver le moment.

Quelques jours après étant dans le salon, j'y vis entrer le Dauphin et la Dauphine ensemble se parlant à diverses reprises. Je m'approchai d'eux, et j'entendis les dernières paroles. Elles m'excitèrent à demander au prince de quoi il s'agissoit, non pas de front, mais avec un tour de liberté respectueuse, que j'usurpois déjà. Il me répondit qu'ils alloient à Saint-Germain pour la première fois qu'il étoit Dauphin, c'est-à-dire en visite ordinaire, après celle en manteau et en mante ; que cela changeoit le cérémonial avec la princesse d'Angleterre, m'expliqua la chose, et appuya avec vivacité sur l'obligation de ne laisser rien perdre de ses droits légitimes. « Que j'ai de joie, lui répondis-je, de vous voir penser ainsi, et que vous avez raison d'appuyer sur ces sortes d'attentions dont la négligence ternit toutes choses ! » Il reprit avec feu, et j'en saisis le moment le plus actif pour lui dire que si, lui qui étoit si grand, et dont le rang étoit si décidé avoit raison d'y être attentif, combien plus nous autres, à qui on disputoit et souvent on ôtoit tout sans qu'à peine nous osassions nous en plaindre, avions-nous raison de nous affliger de nos pertes, et de tâcher à nous soutenir. Il entra là-dessus avec moi jusqu'à devenir l'avocat de notre cause, et finit par me dire qu'il regardoit notre restauration comme une justice importante à l'État; qu'il savoit que j'étois bien instruit de ces sortes de choses; et que je lui ferois plaisir de l'en entretenir un jour. Il rejoignit dans ce moment la Dauphine, et s'en allèrent à Saint-Germain.

Le fait qui avoit donné lieu à cette courte mais importante ouverture étoit que, du vivant de Monseigneur, Mme la duchesse de Bourgogne cédoit partout en lieu tiers à la princesse d'Angleterre; mais que, devenue l'épouse de l'héritier présomptif par la mort de Monseigneur, elle devoit désormais précéder partout en lieu tiers cette même princesse d'Angleterre, qui n'étoit pas héritière présomptive d'un frère qui auroit des enfants, et qui n'étoit pas même encore marié. A peu de jours de là, le Dauphin m'envoya chercher. J'entrai par la garde-robe, où du Chesne, son premier valet de chambre, très-homme de bien, sûr et qui avoit sa confiance, m'attendoit pour m'introduire dans son cabinet, où il étoit seul. Mon remercîment ne fut pas sans mélange de ma conduite passée et présente, et de ma joie du changement de son état. Il entra en matière, en homme qui craint moins de s'ouvrir que de se laisser aller à la vanité de son nouvel éclat. Il me dit que jusqu'alors il n'avoit cherché qu'à s'occuper et à s'instruire; sans s'ingérer à rien, qu'il n'avoit pas cru devoir s'offrir ni se présenter de lui-même, mais que, depuis que le roi lui avoit ordonné de prendre connoissance de tout, de travailler chez lui avec les ministres, et de le soulager, il regardoit tout son temps comme étant dû à l'État et au public, et comme un larcin tout ce qu'il en déroberoit aux affaires, ou à ce qui le pourroit conduire à s'en rendre capable; qu'aussi ne prenoit d'amusement que par délassement, et pour se rendre l'esprit plus propre à recommencer utilement après un relâchement nécessaire à la nature. De là il s'étendit sur le roi, m'en parla avec une extrême tendresse et une grande reconnoissance et me dit qu'il se croyoit obligé d'une manière très-étroite à contribuer à son soulagement, puisqu'il avoit la confiance en lui de le désirer. J'entrai fort dans des sentiments si dignes, mais en peine si la tendresse, la reconnoissance et le respect ne dégénéroient point en une admiration dangereuse. Je glissai quelques mots sur ce que le roi ignoroit bien des choses qu'il s'étoit mis en état de ne pouvoir apprendre, et auxquelles sûrement sa bonté ne demeureroit pas insensible si elles pouvoient arriver jusqu'à lui.

Cette corde, touchée ainsi légèrement, rendit aussitôt un grand son. Le prince, après quelques mots de préface sur ce qu'il savoit par M. de Beauvilliers qu'on pouvoit sûrement me parler de tout, avoua la vérité de ce que je disois, et tomba incontinent sur les ministres. Il s'étendit sur l'autorité sans bornes qu'ils avoient usurpée, sur celle qu'ils s'étoient acquise sur le roi, sur le dangereux usage qu'ils en pouvoient faire, sur l'impossibilité de faire rien passer au roi, ni du roi à personne, sans leur entremise; et, sans nommer aucun d'eux, il me fit bien clairement entendre que cette forme de gouvernement étoit entièrement contraire à son goût et à ses maximes. Revenant de là tendrement au roi, il se plaignit de la mauvaise éducation qu'il avoit eue, et des pernicieuses mains dans lesquelles il étoit successivement tombé; que par là, sous prétexte de politique et d'autorité dont tout le pouvoir et tout l'utile n'étoit que pour les ministres, son cœur, naturellement bon et juste, avoit sans cesse été détourné du droit chemin, sans s'en apercevoir; qu'un long usage l'avoit confirmé dans ces routes une fois prises, et avoit rendu le royaume très-malheureux. Puis, se ramenant à soi avec humilité, il me donna de grands sujets de l'admirer. Il revint après à la conduite des ministres, et j'en pris occasion de le conduire sur leurs usurpations avec les ducs et avec les gens de la plus haute qualité. A ce récit, l'indignation échappa à sa retenue; il s'échauffa sur le *monseigneur* qu'ils nous refusent, et qu'ils exigeoient de tout ce qui n'étoit point titré, à l'exception de la robe.

Je ne puis rendre à quel point cette audace le choqua, et cette distinction si follement favorable à la bourgeoisie sur la plus haute noblesse. Je le laissai parler, tant pour jouir des dignes sentiments de celui qui se trouvoit si proche d'en pouvoir faire des règles et des lois, que pour m'instruire moi-même du degré ou l'équité enflammée le pouvoit porter. Je repris ensuite les commencements de l'intervertissement de tout ordre, et je lui dis que le pur hasard m'avoit conservé trois lettres à mon père de M. Colbert, ministre contrôleur général des finances et secrétaire d'État, qui lui écrivoit *monseigneur*. Cela parut lui faire autant de plaisir que s'il y avoit été intéressé. Il m'ordonna de les envoyer chercher, et admira la hardiesse d'un changement si entier. Nous le discutâmes; et comme il aimoit à approfondir et à remonter tant qu'il pouvoit aux sources, il se mit sur la naissance des charges de secrétaire d'État, dont la ténuité de l'origine le surprit de nouveau, quoique lui-même, par l'explication qu'il se prit à en faire, me montrât qu'il n'avoit rien à apprendre là-dessus[1].

Tout cela fut la matière de plus d'une heure d'entretien; elle nous détourna de celle que nous devions traiter, mais d'une manière plus importante que cette matière même, à laquelle celle de cet entretien n'étoit rien moins qu'étrangère. Le Dauphin m'ordonna de l'avertir lorsque j'aurois

1. Voy., à la fin du volume, une note sur l'origine des secrétaires d'État.

ces trois lettres de M. Colbert à mon père, et me dit qu'en même temps nous reprendrions la matière qu'il s'étoit proposé de traiter, et dont celle-ci l'avoit diverti.

Il est difficile d'exprimer ce que je sentis en sortant d'avec le Dauphin. Un magnifique et prochain avenir s'ouvroit devant moi. Je vis un prince pieux, juste, débonnaire, éclairé et qui cherchoit à le devenir de plus en plus, et l'inutilité avec lui du futile, pièce toujours si principale avec ses personnes-là. Je sentis aussi par cette expérience une autre merveille auprès d'eux, qui est que l'estime et l'opinion d'attachement, une fois prise par lui et nourrie de tout temps, résistoit au non-usage et à la séparation entière d'habitude. Je goûtai délicieusement une confiance si précieuse et si pleine, dès la première occasion d'un tête-à-tête, sur les matières les plus capitales. Je connus avec certitude un changement de gouvernement par principes. J'aperçus sans chimères la chute des marteaux de l'État et des tout-puissants ennemis des seigneurs et de la noblesse qu'ils avoient mis en poudre à leurs pieds, et qui, ranimée d'un souffle de la bouche de ce prince devenu roi, reprendroit son ordre, son état et son rang, et feroit rentrer les autres dans leur situation naturelle. Ce désir en général sur le rétablissement de l'ordre et du rang avoit été toute ma vie le principal des miens, et fort supérieur à celui de toute fortune personnelle. Je sentis donc toute la douceur de cette perspective, et de la délivrance d'une servitude qui m'étoit secrètement insupportable, et dont l'impatience perçoit souvent malgré moi.

Je ne pus me refuser la charmante comparaison de ce règne de Monseigneur, que je n'avois envisagé qu'avec toutes les affres possibles et générales et particulières, avec les solides douceurs de l'avant-règne de son fils, et bientôt de son règne effectif, qui commençoit sitôt à m'ouvrir son cœur, et en même temps le chemin de l'espérance la mieux fondée de tout ce qu'un homme de ma sorte se pouvoit le plus légitimement proposer, en ne voulant que l'ordre, la justice, la raison du bien de l'État, celui des particuliers, et par des voies honnêtes, honorables, et où la probité et la vérité se pourroient montrer. Je résolus en même temps de cacher avec grand soin cette faveur si propre, si on l'apercevoit, à effrayer et à rameuter tout contre moi, mais de la cultiver sous cette sûreté, et à me procurer avec discrétion de ces audiences dans lesquelles j'aurois tant à apprendre, à semer, à inculquer doucement, et à me fortifier; mais j'aurois cru faire un larcin, et payer d'ingratitude, si j'avois manqué de faire hommage entier de cette faveur à celui duquel je la tenois tout entière. Certain d'ailleurs, comme je l'étois, que le duc de Beauvilliers avoit le passe-partout du cœur et de l'esprit du Dauphin, je ne crus pas commettre une infidélité de lui aller raconter tout ce qui venoit de se passer entre ce prince et moi; et je me persuadai que la franchise du tribut en soutiendroit la matière, et me serviroit par les conseils à y bien diriger ma conduite. J'allai donc tout de suite rendre cette conversation au duc de Beauvilliers. Il n'en fut pas moins ravi que je l'étois moi-même.

Ce duc, à travers une éminente piété presque de l'autre monde, d'une timidité qui sentoit trop les fers, d'un respect pour le roi trop peu distant de l'adoration de latrie, n'étoit pas moins pénétré que moi du mauvais de la forme du gouvernement, de l'éclat de la puissance et de la manière de l'exercer des ministres, qui, chacun dans leur département, et même au dehors, étoient des rois absolus; enfin non moins duc et pair que je l'étois moi-même. Il fut étonné d'une ouverture si grande avec moi, et surpris d'un si grand effet de ce que lui-même avoit pris tant de soin de planter et de cultiver en ma faveur dans l'esprit de son pupille. Sa vertu et ses mesures, qui le contenoient avec lui, l'y captivoient; en sorte qu'il me parut qu'il ne l'avoit guère ouï parler si clairement. J'en fus surpris au dernier point mais cela me parut à toute sa contenance, et aux répétitions qu'il exigea de moi sur ce qui regardoit le pouvoir des ministres, et la mauvaise éducation du roi. Il m'avoua même sa joie sur ces deux chapitres, avec une naïveté qui me fit comprendre que, encore qu'il n'apprît rien de nouveau sur les dispositions du Dauphin, les expressions pourtant le lui étoient, et que ce prince n'avoit pas été si net, ni peut-être si loin avec lui. La suite me le fit encore mieux sentir; car, soit que son caractère personnel lui imposât des mesures qu'il ne se crût pas permis de franchir, ou qu'il ne voulût franchir que peu à peu, peut-être comme un maître qui aime mieux suivre son écuyer en de certains passages, il ne tarda pas à prendre des mesures avec moi pour agir sur plusieurs choses de concert, puis d'une manière conséquente par lui-même, il me parut très-sensible à la confiance pleine de dépendance dont j'usois avec lui là-dessus, et bien déterminé à faire usage de sa situation nouvelle.

Peu de jours après j'eus une autre audience. Il faut dire une fois pour toutes que du Chesne ordinairement, rarement M. de Beauvilliers, quelquefois le Dauphin bas, à la promenade, m'avertissoit de l'heure de me trouver chez lui, et que lorsque c'étoit moi qui voulois une audience, je le disois à du Chesne, qui en prenoit l'ordre aussitôt et m'en avertissoit. Où que ce fût dans la suite, Fontainebleau, Versailles, Marly, j'entrois toujours à la dérobée par la garde-robe, où du Chesne avoit soin de m'attendre toujours seul pour m'introduire aussitôt, et de m'attendre à la sortie seul encore, de façon que personne ne s'en est jamais aperçu, sinon une fois la Dauphine, comme je le raconterai en son lieu, mais qui en garda parfaitement le secret.

Je présentai au Dauphin ces trois lettres dont j'ai parlé de M. Colbert à mon père. Il les prit, les regarda fort, les lut toutes trois, et s'intéressa dans l'heureux hasard qui les avoit conservées, et sauvées du peu d'importance de leur contenu. Il en examina les dates, et retomba sur l'insolence des ministres (il n'en ménagea pas le terme), et sur le malheur des seigneurs. Je m'étois principalement proposé de le sonder sur tout ce qui intéresse notre dignité ; je m'appliquai donc à rompre doucement tous les propos qui s'écartoient de ce but, à y ramener la conversation, et la promener sur tous les différents chapitres. Je le trouvai très-instruit du fond de notre dignité, de ses rapports à l'État et à la couronne, de tout ce que l'histoire y fournit, assez sur plusieurs autres choses qui la concernent, peu ou point sur d'autres, mais pénétré de l'intérêt sensible de l'État, de la majesté des rois de France et de la primauté de leur couronne, à soutenir et rétablir cette première dignité du royaume, et du désir de le faire.

Je le touchai là-dessus par ce que j'avois reconnu de sensible en lui là-dessus, à l'occasion de sa première visite à Saint-Germain avec Mme la Dauphine, depuis la mort de Monseigneur. Je le fis souvenir de la nouveauté si étrange des prétentions de l'électeur de Bavière, tout incognito qu'il étoit, avec Monseigneur à Meudon. Je les mis en opposition avec l'usage constant jusqu'alors, et avec ce que l'histoire nous fournit de rois qui se sont contentés d'égalité avec des fils de France. Je lui fis faire les réflexions naturelles sur le tort extrême que la tolérance de ces abus faisoit aux rois et à leur couronne, qui portoit après sur les choses les plus solides par l'affoiblissement de l'idée de leur grandeur. Je lui montrai fort clairement que les degrés de ces chutes étoient les nôtres, qui, avilis au dedans et abandonnés au dehors, donnions lieu par nos flétrissures à celles du trône même, par l'avilissement de ce qui en émane de plus grand, et le peu de cas qu'on accoutume ainsi les étrangers à en faire. Je lui exposai la nouveauté des usurpations faites sur nous par les électeurs ses oncles, par quelle méprise cela étoit arrivé et demeuré, d'où bientôt après l'électeur de Bavière s'étoit porté jusqu'à prétendre la main de Monseigneur, et à s'y soutenir par des *mezzo-termine*, tout incognito qu'il étoit, parce qu'il s'étoit aperçu qu'il n'y avoit qu'à prétendre et entreprendre. Je vins après à la comparaison des grands d'Espagne avec les ducs pairs et vérifiés, qui me donna un beau champ, et en même temps à la politique de Charles-Quint, soigneusement imitée par les rois d'Espagne ses successeurs, qui non content d'avoir si fort élevé leur dignité dans ses États, s'étoit servi de leur étendue et de leur dispersion dans les différentes parties de l'Europe, et de l'autorité que sa puissance lui avoit acquise à Rome et dans d'autres cours, pour leur y procurer le rang le plus grandement distingué, duquel ils y jouissent encore, et qui sert infiniment à faire respecter la couronne d'Espagne au dehors de ses États. Je passai de cet exemple à celui du vaste usage que les papes ont su tirer, pour leur grandeur temporelle, de celle où ils ont porté les cardinaux, dont la dignité se peut appeler littéralement une chimère, puisqu'elle n'a rien de nécessairement ecclésiastique, qu'elle n'en a ni ordres ni juridiction, ainsi laïque avec les ecclésiastiques, ecclésiastique avec les laïques, sans autre solidité que le droit d'élection des papes, et l'usage d'être ses principaux ministres d'État. Me promenant ensuite en Angleterre, chez les rois du nord et par toute l'Europe, je démontrai sans peine que la France seule, entre tous les États qui la composent, souffre en la personne de ses grands ce que pas un des autres n'a jamais toléré, non pas même la cour impériale, quoique si fourmillante de tant de véritables princes, et que la France seule aussi en a pensé périr, et la maison régnante, dont la Ligue, sur tous exemples, me fournit toutes les preuves.

Le Dauphin, activement attentif, goûtoit toutes mes raisons, les achevoit souvent en ma place, recevoit avidement l'impression de toutes ces vérités. Elles furent discutées d'une manière agréable et instructive. Outre la Ligue, les dangers que l'État et les rois ont si souvent courus, jusqu'à Louis XIV inclusivement, par les félonies et les attentats de princes faux et véritables, et les établissements qu'ils leur ont valu au lieu de châtiment, ne furent pas oubliés. Le Dauphin, extrêmement instruit de tous ces faits historiques, prit feu en les déduisant, et gémit de l'ignorance et du peu de réflexions du roi. De toutes ces diverses matières, je ne faisois presque que les entamer en les présentant successivement au Dauphin, et le suivre après pour lui laisser le plaisir de parler, de me laisser voir qu'il étoit instruit, lui donner lieu à se persuader par lui-même, à s'échauffer, à se piquer, et à moi de voir ses sentiments, sa manière de concevoir et de prendre des impressions, pour profiter de cette connoissance, et augmenter plus aisément par les mêmes voies sa conviction et son feu. Mais cela fait sur chaque chose, je cherchois moins à pousser les raisonnements et les parenthèses qu'à le conduire sur d'autres objets, afin de lui montrer une modération qui animât sa raison, sa justice, sa persuasion venue de lui-même, et sa confiance; et pour avoir le temps aussi de le sonder partout, et de l'imprégner doucement et solidement de mes sentiments et de mes vues sur chacune de ces matières, toutes distinctes dans la même. Je n'oubliai pas d'assener sur M. d'Espinoy, en passant, le terme d'apprenti prince, et sur M. de Talmont et autres pareils, par vérité d'expression, et pour m'aider d'un ridicule qui sert souvent beaucoup aux desseins les plus sérieux. Content donc au dernier point de ce que le Dauphin sentoit sur les rangs étrangers, la plume et la robe qui eut aussi son léger chapitre, je mis en avant le nouvel édit de cette année 1711, fait à l'occasion de d'Antin sur les duchés.

Je discutai avec le Dauphin, naturellement curieux de savoir et d'apprendre; je discutai, dis-je, avec lui les prétentions diverses qui y avoient donné lieu. Je ne le fis que légèrement pour le satisfaire, dans le dessein de passer le plus tôt que je le pourrois aux deux premiers articles de cet édit, et de m'y étendre selon que j'y trouverois d'ouverture. J'y portai donc le prince. Ma surprise et ma satisfaction furent grandes, lorsqu'à la simple mention, je le vis prendre la parole et me déduire lui-même et avec ardeur l'iniquité de ces deux premiers articles, et de là passer tout de suite aux usurpations des princes du sang, et s'étendre sur l'énormité du rang nouveau des bâtards. Les usurpations des princes du sang furent un des points où je le trouvai le plus au fait de l'état en soi de ces princes, et de celui de notre dignité, et en même temps parfaitement équitable, comme il me l'avoit paru sur tous les autres. Il me déduisit très-nettement l'un et l'autre, avec cette éloquence noble, simple et naturelle qui charmoit sur les matières les plus sèches, combien plus sur celle-ci. Il admettoit avec grande justice et raison l'idée qu'avoit eue Henri III, par l'équité, de donner aux héritiers possibles d'une couronne successive et singulièrement masculine une préséance et une prééminence sur ceux qui, bien que les plus grands de l'État, ne peuvent toutefois dépouiller jamais la condition de sujets; mais n'oubliant point aussi qu'avant Henri III nos dignités précédoient le sang royal qui n'en étoit pas revêtu, et qui jusqu'alors avoit si peu compté ce beau droit exclusif de succéder à la couronne que les cadets de branches aînées cédoient partout aux chefs des branches cadettes, qui toutefois pouvoient devenir sujets de ces cadets qu'ils précédoient, il se souvint bien, de lui-même, que la préséance et prééminence ne put être établie qu'en supposant et rendant tout le sang royal masculin pair de droit, sans terre érigée par droit d'aînesse, et plus ancien que nuls autres, par lui faire tirer son ancienneté d'Hugues Capet; abolissant en même temps toute préséance entre les princes du sang par autre titre que celui de leur aînesse.

Avec ces connoissances exactes et vraies, le Dauphin ne pouvoit souffrir l'avilissement de notre dignité, par ceux-là mêmes qui s'en étoient si bien servis pour leur élévation quoique si juste. Il se déclara donc fort contre les usurpations que les princes du sang lui avoient faites; sur toutes il ne put souffrir l'attribution aux princes du sang, par l'édit, de la représentation des anciens pairs au sacre, à l'exclusion des pairs. Il sentoit parfaitement toute la force d'expression des diverses figures de cette auguste cérémonie, et il me laissa bien clairement apercevoir qu'il vouloit être couronné comme l'avoient été ses ancêtres. Moins informé des temps et des occasions des usurpations des princes du sang sur les pairs, que des usurpations mêmes, je l'en entretins avec un grand plaisir de sa part, plus soigneux de le suivre et de satisfaire à ses questions pour entretenir son feu et sa curiosité, que de lui faire des récits et une suite de discours. En garde contre l'écoulement du temps, lorsque je le crus pour cette fois suffisamment instruit sur les princes du sang, je m'aidai de la grandeur des bâtards, qui avoit si fort servi à augmenter celle des princes du sang, pour amener le Dauphin aux légitimés. C'étoit une corde que je voulois lui faire toucher le premier, pour sentir au son qu'il lui donneroit le ton que je devois prendre à cet égard. Ma sensibilité sur tout ce qu'ils nous ont enlevé, et le respect du Dauphin pour le roi son grand-père, m'étoient également suspects, de manière qu'attentif à le suivre sur les princes du sang, et à ne faire que lui montrer les autres, je fus longtemps à le faire venir à mon point. Il y tomba enfin de lui-même. Prenant alors un ton plus bas, des paroles plus mesurées, mais en échange un visage plus significatif, car mes yeux travailloient avec autant d'application que mes oreilles, il se mit sur les excuses du roi, sur ses louanges, sur le malheur de son éducation, et celui de l'état où il s'étoit mis de ne pouvoir entendre personne. Je ne contredisois que de l'air et de la contenance, pour lui faire sentir modestement combien ce malheur portoit à plein sur nous. Il entendit bien ce langage muet, et il m'encouragea à parler. Je préludai donc comme lui par les louanges du roi, par les plaintes que lui-même en avoit faites, et je tombai enfin sur les inconvénients qui en résultoient.

Je me servis, non sans cause, de la piété, de l'exemple, de la tentation nouvelle, ajoutée à celle de la chose même, qui précipiteroit toutes les femmes entre les bras des rois, le scandale de l'égalité entière entre le fils du sacrement et le fils du double adultère, c'est-à-dire après deux générations, de l'égalité parfaite, de l'égalité de la postérité des rois légitime et illégitime, comme on le voyoit déjà entre M. le duc de Chartres et les enfants de M. du Maine; et ces remarques ne furent point languissantes.

Le Dauphin, satisfait de son exorde, et peut-être content du mien, excité après par mes paroles, m'interrompit et s'échauffa. Cette application présente le frappa vivement. Il se mit sur la différence d'une extraction qui tire toute celle qui la distingue si grandement de son habileté innée à la couronne, d'avec une autre qui n'est due qu'à un crime séducteur et scandaleux qui ne porte avec soi qu'infamie. Il parcourut les divers et nombreux degrés par lesquels les bâtards (car ce mot fut souvent employé) étoient montés au niveau des princes du sang, et qui, pour leur avantage, avoient élevé ce niveau de tant d'autres degrés à nos dépens. Il traita de nouveau le point du sacre énoncé dans l'édit; et, s'il avoit paru intolérable dans les princes du sang, il lui sembla odieux, et presque sacrilége dans les légitimés. Dans tout cela, néanmoins, de fréquents retours de respect, d'attendrissement même et de compassion pour le roi, qui me firent admirer souvent la juste alliance du bon fils et du bon prince dans ce Dauphin si éclairé. Sur la fin se concentrant en lui-même : « C'est un grand malheur, me dit-il, d'avoir de ces sortes d'enfants. Jusqu'ici Dieu me fait la grâce d'être éloigné de cette route; il ne faut pas s'en élever. Je ne sais ce qui m'arrivera dans la suite. Je puis tomber dans toutes sortes de désordres, je prie Dieu de m'en préserver! mais je crois que, si j'avois des bâtards, je me garderois bien de les élever de la sorte, et même de les reconnoître. Mais c'est un sentiment que j'ai à présent par la grâce que Dieu me fait; comme on n'est pas sûr de la mériter et de l'avoir toujours, il faut au moins se brider là-dessus de telle sorte qu'on ne puisse plus tomber dans ces inconvénients. »

Un sentiment si humble et en même temps si sage me charma; je le louai de toutes mes forces. Cela attira d'autres témoignages de sa piété et de son humilité; après quoi, la conversation revenue à son sujet, je lui dis qu'on n'ignoroit pas la peine qu'il avoit eue des dernières grandeurs que M. du Maine avoit obtenues pour ses enfants. Jamais rien ne peut être plus expressif que le fut sa réponse muette : toute sa personne prit un renouvellement de vivacité que je vis qu'il eut peine à contenir. L'air de son visage, quelques gestes échappés à la retenue que l'improbation précise du roi lui imposoit, témoignèrent avec éloquence combien impatiemment il supportoit ces grandeurs monstrueuses, et combien peu elles dureroient de son règne. J'en vis assez pour en espérer tout, pour oser même le lui faire entendre; et je reconnus très-bien que je lui plaisois.

Enfin, la conversation ayant duré plus de deux heures, il me remit en gros sur les pertes de notre dignité, sur l'importance de les réparer, et me témoigna qu'il seroit bien aise d'en être instruit à fond. Dans le commencement de la conversation, je lui avois dit qu'il seroit surpris du nombre et de l'excès de nos pertes, s'il les voyoit toutes d'un coup d'œil. Je lui proposai ici d'en faire les recherches et de les lui présenter; non-seulement il le voulut bien, mais il me pria avec ardeur de le faire. Je lui demandai un peu de temps pour ne lui rien donner que de bien exact, et je lui laissai le choix de l'ordre que j'y donnerois, par natures de choses et de matières, ou pour dates de pertes. Il préféra le dernier, quoique moins net pour lui, et plus pénible pour moi; je le lui représentai, même sur-le-champ, mais il persista dans ce choix, et il m'étoit trop important de le servir là-dessus à son gré pour y rien ménager de ma peine. J'omets ici les remercîments que je lui fis de l'honneur de sa confiance, et tout ce qu'il eut la bonté de me dire de flatteur. Il me donna, en prenant congé de lui, la liberté de ne le voir en public qu'autant que je le jugerois à propos sans inconvénient, et en particulier, toutes les fois que je le désirerois, pour l'entretenir de ce que j'aurois à lui dire.

Il n'est pas difficile d'imaginer dans quel ravissement je sortis d'un entretien si intéressant. La confiance d'un Dauphin, juste, éclairé, si près du trône, et qui y participoit déjà, ne laissoit rien à désirer pour la satisfaction présente, ni pour les espérances. Le bonheur et la règle de l'État, et après, le renouvellement de notre dignité, avoient été dans tous les temps de ma vie l'objet le plus ardent de mes désirs, qui laissoient loin derrière celui de ma fortune. Je rencontrois tous ces objets dans le Dauphin; je me voyois en situation de contribuer à ces grands ouvrages, de m'élever en même temps, et avec un peu de conduite, en possession tranquille de tant et de si précieux avantages. Je ne pensai donc plus qu'à me rendre digne de l'une et coopérateur fidèle des autres.

Je rendis compte le lendemain au duc de Beauvilliers de ce qui s'étoit passé entre le Dauphin et moi. Il mêla sa joie à la mienne; il ne fut point surpris de ses sentiments sur notre dignité, en particulier sur les bâtards. J'avois déjà bien su, comme je l'ai rapporté alors, que le Dauphin s'étoit expliqué à lui, lors des grandeurs accordées aux enfants du duc du Maine; je vis encore mieux ici qu'ils s'étoient bien expliqués ensemble sur les bâtards, et que M. de Beauvilliers l'avoit fort instruit sur notre dignité. Nous convînmes de plus en plus d'un concert entier sur tout ce qui auroit rapport au Dauphin, et aux matières qui s'étoient traitées dans mes deux conversations avec lui; que je le verrois plutôt à ses promenades qu'aux heures de cour chez lui ; parce que j'y serois plus libre de les suivre et de les quitter, de remarquer, de parler ou de me taire, suivant ce qui s'y trouveroit ; d'avoir attention d'éviter d'aborder et de quitter la promenade du roi avec le Dauphin, et de lui parler en sa présence ; enfin, de tout ce que la prudence peut suggérer pour éviter tout éclat, m'insinuer de plus en plus, et profiter au mieux de ce qui se présentoit à moi de si bonne grâce. Il m'avertit que je pouvois parler de tout sans aucune sorte de crainte au Dauphin, et que je devois le faire selon que je le jugerois à propos ; étant bon de l'y accoutumer ; il finit par m'exhorter au travail où je m'étois engagé : c'étoient les fruits de ce qu'il avoit de longue main préparé, puis fait pour moi auprès du Dauphin. Son amitié et son estime l'avoient persuadé que la confiance que ce prince pourroit prendre en moi seroit utile à l'état et au prince, et il étoit si sûr de moi que c'étoit initier un autre soi-même.

Il préparoit et dirigeoit le travail particulier du Dauphin avec les ministres, eux-mêmes ne le pouvoient guère ignorer. L'ancienne rancune de Mme de Maintenon cédoit au besoin présent d'un homme qu'elle n'avoit pu renverser, qui étoit toujours demeuré avec elle dans une mesure également ferme et modeste, qui étoit incapable d'abuser de ce que le Dauphin lui étoit, duquel elle ne craignoit rien pour l'avenir, bien assurée de la reconnoissance de ce prince, qui sentoit qu'il lui devoit la confiance du roi, et l'autorité où il commençoit à l'élever, d'ailleurs sûre de la Dauphine comme d'elle-même, pour l'amour de laquelle elle avoit ramené le roi jusqu'à ce point. Par conséquent le roi, qui ne trouvoit plus d'aigreur ni de manéges en Mme de Maintenon, contre M. de Beauvilliers, suivoit son penchant d'habitude, d'estime et de confiance, et n'étoit point blessé de ce qui étoit pesant aux ministres, et de ce qui mettoit le duc dans une situation si principale au dedans et si considérable au dehors. Bien qu'on ignorât à la cour jusqu'où alloit mon intérieur avec lui, et entièrement mes particuliers avec le Dauphin, je ne laissois pas d'être regardé, examiné, compté tout autrement que je ne l'avois été jusqu'alors. On me craignit, on me courtisa. Mon application fut de paroître toujours le même, surtout désoccuppé, et d'être en garde contre tout air important, et contre tout ce qui pouvoit découvrir rien de ce que tant d'envieux et de curieux cherchoient à pénétrer ; jusqu'à mes plus intimes amis, jusqu'au chancelier même, je ne laissai voir que l'écorce que je ne pouvois cacher.

Le duc de Beauvilliers étoit presque tous les jours enfermé longtemps avec le Dauphin et le plus souvent mandé par lui. Ils digéroient ensemble les matières principales de la cour, celles d'État, et le travail particulier des ministres. Beaucoup de gens qui n'y pensoient guère y passoient en revue en bien et en mal, qui presque toujours avoient été ballottés entre le duc et moi, avant d'être discutés entre lui et le Dauphin. Il en étoit de même de quantité de matières importantes, et de celles surtout qui regardoient la conduite de ce prince ; une entre autres tomba fort en dispute entre le duc et moi, sur laquelle je ne pus céder ni le persuader, et qui regardoit la succession de Monseigneur.

Le roi eut un moment envie d'hériter, mais fit bientôt réflexion que cela seroit trop étrange. Elle fut traitée comme celle du plus simple particulier, et le chancelier et son fils furent chargés seuls, en qualité de commissaires, d'y faire ce que les juges ordinaires font à la mort des particuliers. Meudon et Chaville, qui valoient environ quarante mille livres de rente, et pour un million cinq cent mille livres de meubles ou de pierreries, composaient tout ce qui étoit à partager, sur quoi il y avoit à payer trois cent mille livres de dettes. Le roi d'Espagne se rapporta au roi de ses intérêts, et témoigna qu'il préféroit des meubles pour ce qui lui devoit revenir. Il y avoit encore une infinité de bijoux de toute espèce. Le roi voulut que les pierres de couleur fussent pour le Dauphin, parce que la couronne en avoit peu, et au contraire beaucoup de diamants. On fit donc un inventaire, une prisée de tous les effets mobiliers, et trois lots : les plus beaux meubles et les cristaux furent pour le roi d'Espagne, et les diamants pour M. le duc de Berry avec un meuble. Tous les bijoux et les moindres meubles, qui à cause de Meudon étoient immenses, se vendirent à l'encan pour payer les dettes. Du Mont et le bailli de Meudon furent chargés de la vente, qui se fit à Meudon de ces moindres meubles, et des joyaux les plus communs.

Les principaux bijoux, et qui étoient en assez grand nombre, se vendirent avec une indécence qui n'a peut-être point eu d'exemple. Ce fut dans Marly, dans l'appartement de Mme la Dauphine, en sa présence, quelquefois en celle de M. le Dauphin, par complaisance pour elle, et ce fut pendant la dernière moitié du voyage de Marly l'amusement des après-dînées. Toute la cour, princes et princesses du sang, hommes et femmes, y entroient à portes ouvertes ; chacun achetoit à l'enchère ; on examinoit les pièces, on rioit, on causoit, en un mot un franc inventaire, un vrai encan. Le Dauphin ne prit presque rien, mais il fit quelques présents aux personnes qui avoient été attachées à Monseigneur, et les confondit, parce qu'il n'avoit pas eu lieu de les aimer du temps de ce prince. Cette vente causa quelques petites riotes entre la Dauphine et M. le duc de Berry, poussé quelquefois par Mme la duchesse de Berry, par l'envie des mêmes pièces. Elles furent même poussées assez loin sur du tabac dont il y avoit en grande quantité, et d'excellent, parce que Monseigneur en prenoit beaucoup, pour qu'il fallût que M. de Beauvilliers et quelques dames des plus familières s'en mêlassent, et pour le coup la Dauphine avoit tort, et en vint même à la fin à quelques excuses de fort bonne grâce.

Le partage de M. le duc de Berry étoit tombé en litige,

parce qu'il avoit eu un apanage dont Monseigneur et lui avoient signé l'acte, ce qui opéroit sa renonciation à la succession du roi et à celle de Monseigneur, comme en étant déjà rempli d'avance. Cela fut jugé de la sorte devant le roi, qui en même temps lui donna, par une augmentation d'apanage, tout ce qui lui seroit revenu de son partage outre le meuble et les diamants. Pendant que tout cela s'agitoit, le roi fit hâter le partage et la vente des meubles, dans la crainte que celui de ses deux petits-fils à qui Meudon demeureroit n'en voulût faire usage, et partageât ainsi la cour de nouveau.

Cette inquiétude étoit vaine. On a vu qu'il devoit être pleinement rassuré là-dessus du côté du Dauphin, et à l'égard de M. le duc de Berry qui n'auroit osé lui déplaire; la suite d'un prince cadet, quand même il auroit usé de Meudon, n'auroit pas rendu la cour moins grosse, surtout dès qu'on s'y seroit aperçu que ce n'auroit pas été faire la sienne au roi qu'être de ces voyages. Ce prince, qui dans tout son apanage n'avoit aucune demeure, désiroit passionnément Meudon, et Mme la duchesse de Berry encore davantage. Mon sentiment étoit que le Dauphin lui fît présent de toute sa part; il vivoit de la couronne en attendant qu'elle tombât sur sa tête; il ne perdoit donc rien à ce don; il y gagnoit au contraire le plaisir, la reconnoissance, la bienséance même, d'un bienfait considérable, et plein de charmes pour M. son frère, et pour Mme la duchesse de Berry, qui recevroit sûrement un applaudissement universel. M. de Beauvilliers, à qui je le dis, ne me surprit pas peu par un avis contraire. Sa raison, qu'il m'expliqua, fut que rien ne seroit plus dangereux que donner occasion et tentation à M. [le duc] et à Mme la duchesse de Berry d'une cour à part qui déplairoit souverainement au roi, et qui tout au plus différée après lui, sépareroit les deux frères, et deviendroit la source sinon de discorde, du moins de peu d'union; qu'il falloit que l'aîné jouît de tous ses avantages, que le cadet dependît toujours de lui; qu'il valoit mieux qu'il fût pauvre en attendant que son frère fût roi pour recevoir alors des marques de sa libéralité, que si, mis prématurément à son aise, il se trouvoit alors en état de se passer, conséquemment de mériter peu ses bienfaits; qu'avoir Meudon et ne donner pas le moindre signe d'en vouloir user, seroit au Dauphin un moyen sûr de plaire infiniment au roi; qu'en un mot Meudon convenoit au Dauphin, qu'il y avoit sa part et son préciput, et celle encore du roi d'Espagne en lui donnant des meubles et d'autres choses en échange, et que, si M. le duc de Berry se trouvoit y avoir quelque chose, il l'en falloit récompenser en diamants.

Ce raisonnement politique me parut fort tiré et ne put m'entrer dans la tête. Je soutins au duc la supériorité des bienfaits sur la nécessité à l'égard d'un fils de France; la bienséance d'adoucir par des prémices solides d'amitié cette grande différence que la mort du père mettoit entre les frères, et la totale dont la perspective commençoit à se faire sentir; l'utile sûreté d'émousser les semences d'aigreur entre eux, en saisissant l'occasion unique de gratifier un frère avant d'être son roi; la disproportion de l'avantage idéal d'un côté, très-effectif de l'autre, et celle de l'impression que prendroit le monde d'une conduite sèche, dure, littérale, ou remplie de générosité et de tendresse; l'impuissance de retenir un frère dans sa future cour qu'à faute de maison ailleurs, que tôt ou tard il lui faudroit bien donner, non comme grâce, mais comme chose de toute nécessité; l'abondance des moyens, toujours nouveaux, fournis par la couronne, de gratifier un frère qui même étoit si mal apanagé, et à qui Meudon augmenteroit bien plus qu'il ne diminueroit le besoin des grâces, comme on avoit vu que Saint-Cloud avoit été une source de besoins à Monsieur si prodigieusement apanagé, et au roi un moyen continuel de le tenir, dont il avoit si bien su profiter; enfin indépendamment du sacrifice de l'usage de Meudon, le Dauphin, établi et soutenu comme il l'étoit dans l'entière confiance du roi, et ancré déjà par son grand-père dans l'exercice, et en la disposition même en partie des affaires, ne manqueroit pas d'occasions et de moyens journaliers de lui plaire, et de s'établir de plus en plus dans son cœur, dans son esprit, et dans toute l'administration. Il me sembloit et il me semble encore que mon raisonnement là-dessus étoit juste et solide. Aussi devint-il celui de tout le monde, mais il ne persuada point M. de Beauvilliers.

Meudon demeura au Dauphin, et tout ce qui regarda cette succession fut traité avec la même rigueur. Elle ne fit pas honneur dans le monde, ni un bon effet en M. [le duc] et Mme la duchesse de Berry, à qui je me gardai bien de laisser entrevoir quoi que ce soit là-dessus. Mais il n'étoit pas indifférent au bien dont il avoit peu à proportion de ses charges, et dont il dépensoit avec fort peu de mesure, et poussé de plus par Mme la duchesse de Berry, haute avec emportement, et déjà si éloignée de cœur du Dauphin, surtout de la Dauphine. Ils se turent sagement, n'imaginèrent pas que le duc de Beauvilliers eût aucune part en cette affaire, et ne tardèrent pas à vendre beaucoup de diamants de leur héritage pour remplir les vides que leurs fantaisies avoient déjà creusés dans leurs affaires.

## CHAPITRE XVI.

Je vois souvent le Dauphin tête à tête. — Le Dauphin, seul avec moi, surpris par la Dauphine. — Ma situation à l'égard de la Dauphine. — Mérite de Mme de Saint-Simon m'est très-utile. — Aversion de Mme de Maintenon pour moi; sur quoi fondée. — Je travaille à unir M. le duc d'Orléans au Dauphin. — Intérieur de la famille royale, et le mien avec elle. — Je donne un étrange avis à M. le duc d'Orléans, qui en fait un plus étrange usage avec Mme sa fille. — Je me brouille et me laisse après raccommoder avec lui, et je demeure très-froidement avec Mme la duchesse de Berry depuis. — Dégoûts du roi de M. le duc d'Orléans. — Dangereux manéges du duc du Maine, qui projette le mariage de son fils avec une sœur de Mme la duchesse de Berry. — Je travaille à unir M. le duc d'Orléans au Dauphin et au duc de Beauvilliers, [union] à laquelle je réussis.

Je voyois souvent le Dauphin en particulier, et je rendois aussitôt après au duc de Beauvilliers ce qui s'y étoit passé. Je profitai de son avis, et je parlai de tout au prince. Sa réserve ni sa charité ne s'effarouchèrent de rien; non-seulement il entra aisément et avec liberté dans tout ce que je mis sur le tapis de choses et de personnes, mais il m'encouragea à le faire, et me chargea de lui rendre compte de beaucoup de choses et de gens. Il me donnoit des mémoires, je les lui rendois avec le compte qu'il m'en avoit demandé; je lui en donnois d'autres qu'il gardoit et qu'il discutoit après avec moi en me les rendant. Je garnissois toutes mes poches de force papiers toutes les fois que j'allois à ces audiences, et je riois souvent en moi-même, passant dans le salon, d'y voir force gens qui se trouvoient actuellement dans mes poches, et qui étoient bien éloignés de se douter de l'importante discussion qui alloit se faire d'eux.

Le Dauphin logeoit alors dans celui des quatre grands appartements de plain-pied au salon, que la maladie de Mme la princesse de Conti, comme je l'ai remarqué lors de la mort de Monseigneur, fit rompre pendant le voyage suivant de Fontainebleau, pour y placer un grand escalier, parce que le roi avoit eu peine à monter chez elle par les petits degrés tortueux, uniques alors. La chambre du prince étoit dans cet emplacement; le lit avoit les pieds aux fenêtres; à la ruelle du côté de la cheminée étoit la porte de la garde-robe obscure par où j'entrois; entre la cheminée et une des deux fenêtres, un petit bureau portatif à travailler;

vis-à-vis la porte ordinaire d'entrée, et derrière le siége à travailler et le bureau, la porte d'une autre pièce du côté de la Dauphine ; entre les deux fenêtres une commode qui n'étoit que pour des papiers.

Il y avoit toujours quelques moments de conversation avant que le Dauphin se mît à son bureau, et qu'il m'ordonnât de m'asseoir vis-à-vis tout contre. Devenu plus libre avec lui, je pris la liberté de lui dire, dans ces premiers moments de conversation debout, qu'il feroit bien de pousser le verrou de la porte derrière lui. Il me dit que la Dauphine ne viendroit pas, et que ce n'étoient pas là ses heures. Je répondis que je ne craindrois point cette princesse seule, mais beaucoup l'accompagnement qui la suivoit toujours ; il fut opiniâtre et n'en voulut rien faire. Je n'osai l'en presser davantage ; il se mit à son bureau et m'ordonna de m'y mettre aussi. La séance fut longue, après laquelle nous triâmes nos papiers. Il me donna des siens à mettre dans mes poches, il en prit des miens, il en enferma dans sa commode, et, au lieu d'en enfermer d'autres dans son bureau, il en laissa dessus et se mit à causer, le dos à la cheminée, des papiers dans une main et ses clefs dans l'autre. J'étois debout au bureau, y cherchant quelques papiers d'une main et de l'autre en tenant d'autres, lorsque tout à coup la porte s'ouvrit vis-à-vis de moi, et la Dauphine entra.

Ce premier coup d'œil de tous les trois, car Dieu merci elle étoit seule, l'étonnement, la contenance de tous les trois ne sont jamais sortis de ma mémoire. Le fixe des yeux et l'immobilité de statue, le silence, l'embarras également dans tous trois, dura plus d'un lent *Pater*. La princesse le rompit la première. Elle dit au prince, d'une voix très-mal assurée, qu'elle ne le croyoit pas en si bonne compagnie, en souriant à lui et puis à moi. J'eus le temps de sourire aussi et de baisser les yeux avant que le Dauphin répondît. « Puisque vous m'y trouvez, madame, lui dit-il en souriant de même, allez-vous-en. » Elle fut un instant à le regarder en lui souriant davantage et lui à elle; elle me regarda après toujours souriant avec plus de liberté que d'abord, fit après la pirouette, sortit et ferma la porte, dont elle n'avoit pas dépassé plus que la profondeur.

Jamais je ne vis femme si étonnée; jamais, j'en hasarderai le mauvais mot, je ne vis homme si penaud que le prince, même après la sortie; jamais homme, car il faut tout dire, n'eut si grand'peur que j'eus d'abord, mais qui se rassura dès que je ne la vis point suivie. Sitôt qu'elle eut fermé la porte : « Eh bien, monsieur, dis-je au Dauphin, si vous aviez bien voulu tirer le verrou? — Vous aviez raison, me dit-il, et j'ai eu tort. Mais il n'y a point de mal, elle étoit seule heureusement, et je vous réponds de son secret. — Je n'en suis point en peine, lui dis-je (si l'étois-je bien toutefois), mais c'est un miracle de ce qu'elle s'est trouvée seule. Avec sa suite vous en auriez été quitte pour être peut-être grondé, mais moi, je serois perdu sans ressource. » Il convint encore de son tort, et me rassura de plus en plus sur le secret. Elle nous avoit pris non-seulement tête à tête, ce dont personne au monde n'avoit le moindre soupçon, mais sur le fait, mais, comme on dit, le larcin à la main. Je compris bien qu'elle ne voudroit pas exposer le Dauphin, mais je craignois la facilité de quelque confidence, et de là la révélation après du secret. Toutefois il fut si bien gardé, ou confié, s'il le fut, à personnes si sûres qu'il n'en a jamais rien transpiré. Je n'insistai pas davantage. Nous achevâmes, moi d'empocher, le prince de serrer nos papiers. Le reste de la conversation fut court, et je me retirai par la garde-robe, comme j'étois venu, et comme je faisois toujours, où du Chesne seul m'attendoit. M. de Beauvilliers, à qui je contai l'aventure, en lui rendant compte du travail, en pâlit d'abord, et se remit lorsque je lui dis que la Dauphine étoit seule, et blâma fort l'imprudence du verrou; mais il me rassura aussi sur le secret.

Depuis cette découverte la Dauphine me sourit souvent,

comme pour m'en faire souvenir, et prit pour moi un air d'attention marqué. Elle aimoit fort Mme de Saint-Simon, et ne lui en a jamais parlé. Moi, elle me craignoit en gros, parce qu'elle craignoit fort les ducs de Chevreuse et de Beauvilliers, dont les allures graves et sérieuses n'étoient pas les siennes, et qu'elle n'ignoroit pas mon intime et ancienne liaison avec eux. Leurs mœurs et leur influence sur le Dauphin la gênoit; l'aversion de Mme de Maintenon pour eux ne l'avoit pas rassurée; la confiance du roi en eux et leur liberté avec lui, toute timide qu'elle étoit, la tenoit aussi en presse. Elle les redoutoit, surtout M. de Beauvilliers, sur l'article le plus délicat auprès de son époux, et peut-être auprès du roi; et elle ignoroit, sans qu'on osât le lui apprendre, à quel point il étoit occupé de la frayeur de ce qu'elle craignoit de lui, et qui lui pouvoit arriver par d'autres, et de toutes les précautions possibles à sagement prendre pour y barrer tout chemin. Pour moi, qui en étois tout aussi éloigné, et qu'elle n'avoit pas lieu d'appréhender là-dessus, je n'avois jamais été en aucune familiarité avec elle. Cela ne pouvoit guère arriver que par le jeu, et je ne jouois point, très-difficilement par ailleurs, et je ne l'avois point même recherché. Cette liaison des deux ducs et ma vie sérieuse avoient formé en elle, qui étoit timide, cette appréhension à laquelle Mme de Maintenon, qui ne m'aimoit pas, avoit pu contribuer aussi; mais cela n'alloit pas jusqu'à l'éloignement, par d'autres liaisons aussi fort étroites que j'avois avec des dames de sa confiance, comme avoit été la duchesse de Villeroy, et comme étoit Mme la duchesse d'Orléans, Mme de Nogaret et quelques autres; outre qu'elle étoit légère, et qu'un éloignement effectif pour moi ne lui auroit pas permis de vouloir faire succéder Mme de Saint-Simon à la duchesse du Lude autant qu'elle le désiroit, et de prendre là-dessus tous les devants et tous les tournants pour l'y conduire.

Le Dauphin ne le souhaitoit pas moins. Il ne s'en cacha

pas à elle-même, et il y avoit pris confiance par l'estime de sa vertu et de sa conduite égale, et amitié par l'agrément et la douceur, surtout la sûreté de sa société, qu'il éprouvoit sans cesse dans la familiarité des particuliers et des parties avec Mme la duchesse de Bourgogne, de tout temps, beaucoup plus encore depuis le mariage de Mme la duchesse de Berry, qui, mettant nécessairement Mme de Saint-Simon de tout dans leur intrinsèque, avoit formé plus d'habitude et leur avoit montré un assemblage de vertu, de douceur, de sagesse, de grand sens et de discrétion, qui les charma, dans l'exercice d'un emploi que l'humeur de Mme la duchesse de Berry ne rendoit pas moins difficile que son tempérament, qui lui concilioit la plus grande considération de cette princesse, et sans aucun soupçon, en même temps que toute l'amitié et la confiance de M. le duc de Berry; et tout cela entretenu par l'estime et la considération très-marquée en tout temps pour elle du roi et de Mme de Maintenon, par l'affection générale et la réputation entière qu'elle s'étoit acquise et entretenue à la cour depuis qu'elle y étoit, et sans soins, surtout sans bassesses ni rien qui les sentît, et avec beaucoup de dignité, qui, avec l'opinion que le monde avoit prise d'elle, la fit toujours singulièrement respecter, et qui dans tous les temps de ma vie m'a été un grand soutien et une puissante ressource.

Je viens de dire que Mme de Maintenon ne m'aimoit pas. Je ne faisois alors que m'en douter, et cet article mérite de s'y étendre un moment, au hasard de quelque répétition. Il y avoit longtemps qu'elle me haïssoit, sans que je l'eusse mérité d'elle. Chamillart me l'apprit après la mort du roi, jusqu'à laquelle il ne m'en avoit pas laissé soupçonner la moindre chose. Il me dit alors que, lorsqu'il travailla à me raccommoder avec le roi et à me remettre dans le train ordinaire de Marly, ç'avoit été moins lui qu'il avoit eu à ramener que Mme de Maintenon qu'il avoit eue à combattre, jusque-là qu'il en avoit eu des prises avec elle et même fortes, sans l'avoir jamais pu faire revenir sur moi, ni tirer d'elle contre moi que des lieux communs et des choses générales, tellement qu'il avoit eu par là toutes les peines du monde et fort longtemps à travailler du côté du roi, et à l'emporter enfin et de mauvaise grâce par complaisance pour lui, parce que Mme de Maintenon fut toujours et constamment contraire. Chamillart n'avoit pas voulu me révéler ce secret par fidélité et par modestie, peut-être aussi pour ne me jeter pas dans une peine et dans un embarras où il ne voyoit point de remède, et me l'avoua enfin quand il n'y eut plus rien de tout cela à ménager. Cette tardive découverte, lorsqu'elle ne pouvoit plus servir à rien, me fit voir que mes soupçons ne m'avoient pas trompé, encore qu'ils n'allassent pas jusqu'à ce que j'appris alors.

Je m'étois douté que M. du Maine, à bout enfin de ses incroyables avances envers moi, qu'on a vues (t. VIII, p. 156) et outré de n'avoir pu parvenir à me lier, non pas même à m'apprivoiser avec lui, m'avoit secrètement regardé comme son ennemi et dangereux pour son rang, que j'avois jugé être l'objet de ses infatigables et incompréhensibles recherches et de celles de Mme la duchesse du Maine ; et que dans ce sentiment il avoit inspiré à Mme de Maintenon cet éloignement que je sentois, et que Chamillart m'apprit enfin être une véritable haine. Je n'avois personne auprès d'elle, je n'avois jamais songé à m'approcher d'elle ; rien de si difficile que son accès, nulle occasion ne m'en étoit née, et pour ne rien retenir, je ne m'en souciai jamais, parce que ce qu'elle étoit et force choses qu'elle faisoit me donnoient pour elle un extrême éloignement. Mon intime liaison avec les ducs de Chevreuse et de Beauvilliers d'une part, avec M. le duc d'Orléans de l'autre, avec le chancelier encore, ne fit dans la suite qu'augmenter pour moi les mauvaises dispositions de cette étrange fée ; et sûrement ses mauvais offices, auxquels je ne comprends pas comment j'ai pu échapper, et à ceux de Nyert, de Bloin, et des valets principaux, tous à M. du Maine, et sur lesquels j'étois averti et défendu souvent par Maréchal. Je ne puis donc comprendre encore d'où m'est venue, et moins encore comment a pu subsister constamment la considération, même personnelle, que le roi m'a toujours montrée, depuis l'audience que Maréchal m'en procura (t. VII, p. 443) jusqu'à sa mort, ni comment il a tenu à un intérieur si intime et qui m'étoit si contraire, et dans les crises qu'on a vues depuis cette audience, et dans celles qu'on verra dans la suite. Quelquefois il se piquoit de caprice et de certaines choses contre Mme de Maintenon. M. du Maine, timide et réservé, laissoit à elle et aux valets à me nuire. Je n'ai jamais su qu'il m'eût desservi auprès du roi expressément et à découvert. Il n'alloit jamais qu'entre deux terres, et on verra qu'il me ménagea toujours personnellement en tout ce qui put me marquer son extrême envie de me raccrocher, et sa patience sans mesure à ne se lasser point de son peu de succès avec moi.

Parmi tant de choses générales et particulières qui m'occupoient, je ne l'étois pas peu d'unir bien M. le duc d'Orléans avec le Dauphin, et pour cela de le lier avec le duc de Beauvilliers. Tout m'y secondoit, excepté lui et Mme sa fille, ce qui est étrange à concevoir, d'autant plus que ce prince en sentoit la convenance et le besoin, et qu'il le désiroit. L'obligation si prodigieuse de ce grand mariage qu'il avoit fait, la liaison qui s'en maintenoit entière entre la Dauphine et la duchesse d'Orléans, celle qui subsistoit en leur manière entre M. le duc d'Orléans et le duc de Chevreuse, la partialité publique et non interrompue de ce prince pour l'archevêque de Cambrai, et le coin des jésuites qu'il avoit toujours utilement ménagé, tout cela étoit de grandes avances vers le but que je me proposois. Leur contredit n'étoit guère moindre. Les mœurs de M. le duc d'Orléans, l'affection de se parer de ses débauches et d'impiété, des indiscrétions là-dessus les plus déplacées, faisoient fuir le Dauphin et rebroussoient infiniment son ancien gouverneur.

Il était d'ailleurs en brassière du côté du roi, à qui la conduite de son neveu étoit par plus d'un endroit odieuse, et cet autre endroit va être expliqué, et la brassière étoit redoublée par la haine de Mme de Maintenon pour M. le duc d'Orléans, que le mariage de sa fille n'avoit point émoussée, dans le temps même qu'elle le faisoit.

Ce mariage, qui auroit dû être un centre de réunion, étoit devenu entre eux tous un flambeau de discorde. On a vu ici (p. 149 ci-dessus) quelques traits du caractère terrible de Mme la duchesse de Berry, dont la galanterie étrangement menée, et plus singulièrement étendue, n'étoit pas à beaucoup près le plus mauvais côté en comparaison des autres. On a vu son ingratitude et la folie de ses desseins. L'élévation de son beau-frère et de sa belle-sœur, à qui elle devoit tout, n'avoit fait qu'exciter sa jalousie, son dépit, sa rage; et le besoin qu'elle avoit d'eux portoit les élans de ces passions à l'excès. Nourrie dans l'aversion de Mme la duchesse d'Orléans et dans l'indignation du vice de sa naissance, elle ne s'en contraignit plus dès qu'elle fut mariée. Quoiqu'elle dût ce qu'elle étoit devenue à sa mère et à la naissance de sa mère, quoiqu'elle en eût sans cesse reçu toute sorte d'amitié et nulle contrainte, cette haine et ce mépris pour elle éclatoit à tous moments par les scènes les plus scandaleuses, que la mère étouffoit encore tant qu'elle pouvoit, et qui ne laissèrent pas souvent d'attirer à la fille de justes et rudes mercuriales du roi, et même de Madame, qui n'avoit pourtant jamais pu s'accoutumer à la naissance de sa belle-fille; et ces mercuriales, qui contenoient pour un temps, augmentoient encore le dépit et la haine. Outre un naturel hardi et violent, elle se sentoit forte de son mari et de son père.

M. le duc de Berry, né bon, doux, facile, en étoit extrêmement amoureux, et, outre que l'amour l'aveugloit, il étoit effrayé de ses emportements. M. le duc d'Orléans, comme on ne le verra que trop dans la suite, étoit la foiblesse et la fausseté même. Il avoit aimé cette fille dès sa naissance préférablement à tous ses enfants, et il n'avoit cessé de l'aimer de plus en plus ; il la craignoit aussi; et elle, qui sentoit ce double ascendant qu'elle avoit sur l'un et sur l'autre, en abusoit continuellement. M. le duc de Berry, droit et vrai, mais qui étoit fort amoureux, et dont l'esprit et le bien-dire n'approchoit pas de celui de Mme la duchesse de Berry, se laissoit aller souvent contre ce qu'il pensoit et vouloit, et, s'il osoit la contredire, il en essuyoit les plus terribles scènes. M. le duc d'Orléans, qui presque toujours la désapprouvoit, et presque toujours s'en expliquoit très-naturellement à Mme la duchesse d'Orléans et à d'autres, même à M. le duc de Berry, ne tenoit pas plus que lui devant elle, et s'il pensoit vouloir lui faire entendre raison, les injures ne lui coûtoient rien : elle le traitoit comme un nègre, tellement qu'il ne songeoit après qu'à l'apaiser et à obtenir son pardon, qu'elle lui faisoit bien acheter. Ainsi, pour l'ordinaire, il donnoit raison à elle et à Mme la duchesse d'Orléans sur les sujets de leurs brouilleries, ou sur les choses que l'une faisoit et que l'autre improuvoit, et c'étoit un cercle dont on ne pouvoit le sortir. Il passoit beaucoup de temps par jour avec elle, surtout tête à tête dans son cabinet.

On a vu (t. VIII, p. 278) que le monde s'étoit noirci de fort bonne heure d'une amitié de père qui, sans les malheureuses circonstances de cabales enragées, n'auroit jamais été ramassée de personne. La jalousie d'un si grand mariage, que ces cabales n'avoient pu empêcher, se tourna à tâcher de le rendre infructueux ; et l'assiduité d'un père malheureusement né désœuvré, et dont l'amitié naturelle et de tout temps trouvoit de l'amusement dans l'esprit et la conversation de sa fille, donna beau jeu aux langues de Satan. Leur bruit fut porté jusqu'à M. le duc de Berry, qui, de son côté, voulant jouir en liberté de la société de Mme sa femme, s'importunoit d'y avoir presque toujours son beau-père en tiers, et s'en alloit peu content. Ce bruit de surcroît le frappa fort; cela nous revint à Mme de Saint-Simon et à moi (ceci n'arriva qu'au retour de Fontainebleau, pour ce que je vais raconter qui me regarde, mais je n'ai pas cru devoir y revenir à deux fois). L'importance d'un éclat qui pouvoit arriver entre le gendre et le beau-père sur un fondement si faux mais si odieux, nous parut devoir être détourné avec promptitude.

J'avois déjà tâché de détourner M. le duc d'Orléans de cette grande assiduité chez Mme sa fille, qui fatiguoit M. le duc de Berry, et je n'y avois pas réussi. Je crus donc devoir recharger plus fortement encore; et voyant mon peu de succès, je lui fis une préface convenable, et je lui dis après ce qui m'avoit forcé à le presser là-dessus. Il en fut étourdi, il s'écria sur l'horreur d'une imputation si noire, et la scélératesse de l'avoir portée jusqu'à M. le duc de Berry. Il me remercia du service de l'en avoir averti, qu'il n'y avoit guère que moi qui le lui pût rendre. Je le laissai en tirer la conclusion que la chose présentoit d'elle-même sur sa conduite. Cela se passa entre lui et moi à Versailles, sur les quatre heures après midi. Il n'y avoit que Mme la duchesse d'Orléans, outre Mme de Saint-Simon, qui sût ce que je devois faire, et qui m'en avoit extrêmement pressé.

Le lendemain Mme de Saint-Simon me conta que, rentrant la veille du souper et du cabinet du roi chez Mme la duchesse de Berry avec elle, elle avoit passé tout droit dans sa garde-robe, et l'y avoit appelée; que là, d'un air colère et sec, elle lui avoit dit qu'elle étoit bien étonnée que je la voulusse brouiller avec M. le duc d'Orléans; et que, sur la surprise que Mme de Saint-Simon avoit témoignée, elle lui avoit dit que rien n'étoit si vrai; que je voulois l'éloigner d'elle, mais que je n'en viendrois pas à bout; et tout de suite lui conta ce que j'avois dit à M. son père, qu'il avoit eu la bonté de lui rendre une heure après. Mme de Saint-Simon, encore plus surprise, l'écouta attentivement jusques au bout, et lui répondit que cet horrible bruit étoit public, qu'elle pouvoit elle-même, tout faux et abominable qu'il fût, se douter des conséquences qu'il pouvoit avoir, sentir s'il n'étoit pas important que M. le duc d'Orléans en fût averti, et que j'avois rendu de telles preuves de mon attachement pour eux, et de mon désir de leur union et de leur bonheur à tous, qu'il n'étoit pas possible qu'elle pût avoir le moindre soupçon contraire, finit brusquement par la révérence et sortir pour se venir coucher. Le trait me parut énorme.

J'allai l'après-dînée le conter à Mme la duchesse d'Orléans. J'ajoutai que, instruit par une si surprenante expérience, j'aurois l'honneur désormais de voir M. le duc d'Orléans si rarement et si sobrement, que j'en éviterois les risques les plus impossibles à prévoir; et que, pour Mme la duchesse de Berry, je me tiendrois pour dit, et pour toujours, la rare opinion qu'il lui plaisoit prendre de moi. Mme la duchesse d'Orléans fut outrée. Elle se mit à dire de la chose tout ce qu'elle méritoit, mais en même temps à l'excuser sur la foiblesse du père pour sa fille, et à me conjurer de n'abandonner point M. le duc d'Orléans, qui ne voyoit que moi d'honnête homme en état de lui parler franc et vrai. La cause de la rupture lui fit peur. L'utilité journalière dont je lui étois auprès de lui, et à lui-même, si je l'ose dire, depuis que je les avois raccommodés, l'effraya encore d'en être privée. Elle ne me dissimula ni l'un ni l'autre, et déploya toute son éloquence, qui n'étoit pas médiocre, pour me persuader que l'amitié devoit pardonner cette légèreté, toute pesante qu'elle fût. J'abrégeai la visite, je ne me pressai pas de la redoubler, et je cessai de voir M. le duc d'Orléans. L'un et l'autre en furent bien en peine. Ils en parlèrent à Mme de Saint-Simon. Mme la duchesse de Berry que M. son père avoit apparemment grondée, essaya de rhabiller avec elle ce qu'elle lui avoit dit, quoique d'assez mauvaise grâce. Mme la duchesse d'Orléans m'envoya prier d'aller chez elle. Elle s'y remit sur son bien-dire, M. le duc d'Orléans m'y vint surprendre. Excuses, propos, tout ce qui se peut dire de plus touchant. Je demeurai longtemps sur la glace du silence, puis du respect ; à la fin je me mis en colère, et m'en expliquai tout au plus librement avec lui. Ce ton-là leur déplut moins que le premier ; ils redoublèrent d'excuses, de prières, de promesses de fidélité et de secret à l'avenir. L'amitié, je n'oserois dire la compassion de sa foiblesse, me séduisit. Je me laissai entraîner dans l'espérance que je mis dans la bonté de cette leçon ; et, pour le faire court, nous nous raccommodâmes, mais avec résolution intérieure et ferme de le laisser vivre avec Mme sa fille sans lui en jamais parler, et d'être très-sobre avec lui sur tout ce qui la regarderoit d'ailleurs.

Depuis que j'avois reconnu Mme la duchesse de Berry, je la voyois fort rarement, et je m'étois défait de tout particulier avec elle. Mais elle venoit quelquefois me trouver dans ma chambre, sous prétexte d'aller chez Mme de Saint-Simon, et m'y tenoit des heures tête à tête quand elle se trouvoit dans l'embarras. Depuis cette aventure je ne remis de longtemps le pied chez elle, et ailleurs je lui battis si froid que je lui fis perdre l'habitude de me venir chercher. Dans la suite, pour ne rien trop marquer, j'allois à sa toilette publique une fois en deux mois et des moments chaque fois ; et tant qu'elle a vécu je ne m'en suis pas rapproché davantage, malgré force agaceries directes et indirectes, qui ont souvent recommencé et auxquelles j'ai constamment résisté. C'est une fois pour toutes ce qu'il falloit expliquer de cet intérieur de famille royale, et du mien avec eux tous. Revenons maintenant d'où je suis parti.

La lueur de raison et de religion qui parut en M. le duc d'Orléans, après sa séparation d'avec Mme d'Argenton, n'avoit pas été de longue durée, quoique de bonne foi pendant quelque temps, et peut-être allongée de politique jusqu'au mariage de Mme la duchesse de Berry, qui suivit cette rupture de cinq ou six mois. L'ennui, l'habitude, la mauvaise compagnie qu'il voyoit dans ses voyages de Paris, l'entraînèrent; il se rembarqua dans la débauche et dans l'impiété, quoique sans nouvelle maîtresse en titre, ni de brouilleries avec Mme la duchesse d'Orléans que par celles de Mme la duchesse de Berry. C'étoit entre le père et la fille à qui emporteroit le plus ridiculement la pièce sur les mœurs et sur la religion, et souvent devant M. le duc de Berry, qui en avoit beaucoup et qui trouvoit ces propos fort étranges, et aussi mauvais qu'il l'osoit, les attaques qu'ils lui donnoient là-dessus et qui ne réussirent jamais.

Le roi n'ignoroit rien de la conduite de son neveu. Il avoit été fort choqué de son retour à la débauche et à ses compagnies de Paris. Son assiduité chez Mme sa fille et son attachement pour elle firent retomber sur lui des dégoûts continuels qu'il prenoit d'elle, et les déplaisirs souvent éclatants qu'elle donnoit à sa mère, laquelle il aimoit en père et en protecteur, et pour l'amour de qui il avoit fait ce mariage, malgré toute la répugnance de Monseigneur. Le manége de M. du Maine ne laissoit rien passer ni refroidir. Il se montroit peu à découvert, mais il faisoit le bon personnage en plaignant une sœur avec qui la haine de l'autre sœur l'avoit étroitement réuni. Les valets principaux le servoient bien; et il disposoit d'autant plus sûrement de Mme de Maintenon, qu'on a vu, et qu'on verra encore mieux dans la suite, à quel point d'aveuglement elle l'aimoit, et combien elle haïssoit M. le duc d'Orléans. M. du Maine avoit ses raisons. Il avoit travaillé au mariage dans la crainte de celui de Mlle de Bourbon; mais, le mariage fait, il ne vouloit pas dans l'intérieur du roi, aussi familier que le sien même pour les heures libres et les entrées, qu'un prince aussi supérieur à lui l'égalât dans l'amusement, approchât de lui en amitié, et le diminuât par une considération à laquelle il n'étoit pas pour atteindre, et pour être vis-à-vis de lui. Un autre grand intérêt le portoit encore à éloigner le roi de ce prince le plus qu'il lui seroit possible. Un de ses motifs pour le mariage de Mme la duchesse de Berry étoit aussi celui d'une sœur de cette princesse avec le prince de Dombes. Le principal obstacle en étoit levé par le rang entier de prince du sang qu'il avoit obtenu pour ses enfants. Mme la duchesse d'Orléans, toute bâtarde et uniquement occupée de la grandeur de ses frères et de ses neveux, le désiroit passionnément. Elle s'étoit servie de cette vue auprès de M. du Maine pour le faire agir en faveur du mariage de Mme la duchesse de Berry; elle ne me l'avoit pas caché, mais toutefois sans m'en parler autrement que comme d'un coup d'aiguillon à son frère, quoique je visse le fond de ses désirs.

Je crois aussi que ce dessein entroit pour beaucoup dans l'inconcevable constance des ménagements si recherchés de M. du Maine pour moi, parce qu'il ne voyoit d'obstacle que M. le duc d'Orléans, et que, comme on présume toujours de son esprit, de son manége, et de la sottise de ceux qu'on veut emporter, il ne désespéroit peut-être pas de me gagner, et par moi M. le duc d'Orléans, quelque intérêt de rang que j'eusse à empêcher de consolider si bien celui de ses enfants. De toutes ces choses résultoit un mécontentement et un éloignement du roi pour M. le duc d'Orléans, qui augmentoit sans cesse, moins peut-être par sa conduite personnelle que par celle de Mme la duchesse de Berry. Le gros de tout cela n'étoit pas inconnu au duc de Beauvilliers, qui l'éloignoit encore de la liaison que je voulois former entre M. le duc d'Orléans et lui. Je voyois le but de M. du Maine. Il vouloit plonger au plus bas M. le duc d'Orléans, pour ne lui laisser de ressource auprès du roi que le mariage du prince de Dombes; et comme il le connoissoit l'unique obstacle à ce dessein, et en même temps la foiblesse même, il se dévouoit à une route de laquelle il espéroit un si grand succès. Mais plus je voyois ce but et la justesse de cette noire politique pour y arriver, plus je sentois l'extrême nécessité de fortifier M. le duc d'Orléans d'une union avec M. de Beauvilliers, qui opéreroit celle du Dauphin avec lui, et qui, étant sin-

cère, contiendroit M. le duc d'Orléans sur beaucoup de
choses, le rendroit considérable, et à la longue brideroit
Mme la duchesse de Berry moins supportée de M. son père,
et émousseroit les choses passées dans cet intérieur de famille royale, et les disposeroit tout autrement à l'avenir, et
dans le crédit que le Dauphin prenoit de jour en jour, surtout pensant comme il faisoit sur les bâtards, je regardois
cette union comme un des plus grands renforts que la foiblesse de M. le duc d'Orléans pût recevoir, et un obstacle
dirimant au mariage qui auroit fait le prince de Dombes
beau-frère de M. le duc de Berry, qui par lui-même n'auroit eu la force ni le crédit de l'empêcher, et beaucoup
moins Mme la duchesse de Berry d'en oser seulement ouvrir
la bouche, dans l'état où elle s'étoit mise avec le roi.

Pressé par ces vues, j'en exposai fortement au duc de
Beauvilliers l'importance, et combien il étoit nécessaire de
ne se rebuter de rien pour ne laisser pas échapper le fruit
si principal qu'on s'étoit proposé du mariage de Mme la duchesse de Berry, qui étoit l'union de la famille royale; que
plus on s'étoit trompé dans le personnel de cette princesse,
plus il se falloit roidir pour en détourner et en corriger les
inconvénients, dont le moyen unique étoit celui que je lui
proposois; que je le priois d'examiner s'il en pouvoit trouver
un autre, et de comparer l'embarras de l'embrasser avec le
danger de le négliger. Je lui représentai l'ascendant que
cette union pouvoit lui faire prendre sur la facilité, la foiblesse, j'ajoutai la timidité de M. le duc d'Orléans, dont l'esprit et la conduite contenue, et peu à peu guidée par son
influence qui portoit quand et soi celle du Dauphin, et qui
par là seroit doublement comptée, pouvoit prendre tout un
autre tour, et servir alors autant qu'elle nuisoit maintenant
à cette union de famille si désirable; que tout foible et futile
par oisiveté qu'étoit à cette heure M. le duc d'Orléans, sa
proximité si rapprochée par l'alliance en faisoit toujours un
prince qui ne pouvoit être dans l'indifférence, et bien moins

encore à l'avenir que pendant la vie du roi qui retenoit tout dans le tremblement devant lui. Qu'outre cette raison, il ne me pouvoit nier celle d'un esprit supérieur en tout genre, et capable d'atteindre à tout ce qu'il voudroit sitôt qu'il en voudroit faire usage; que ses campagnes avoient manifesté cette vérité, qui se développeroit bien davantage lorsque, délivré du joug du roi, le dégoût d'une vie ennuyée du néant et de l'inutile à laquelle il étoit maintenant réduit, et l'aiguillon de l'humeur et de l'esprit ambitieux et imaginaire de Mme sa fille, lui donneroient envie de se faire compter sous un nouveau règne, et si alors on ne se repentiroit pas de n'avoir pas, quand on l'avoit pu, mis pour soi, et pour une union si nécessaire, ce qu'on y trouveroit alors si opposé, et toujours, en ce cas, plus ou moins embarrassant. J'assaisonnai la force de ces considérations de celle de l'opinion qu'il savoit que M. de Chevreuse avoit foncièrement de ce prince, qu'il voyoit toujours de fois à autre en particulier de tout temps; et je me gardai bien d'omettre ce qu'il ne pouvoit ignorer, que M. le duc d'Orléans avoit toujours pensé, et tout haut, sur M de Cambrai. Enfin, je n'oubliai pas de lui faire entendre que les faits historiques, les arts, les sciences, dont le Dauphin aimoit à s'entretenir, étoient une matière toujours prête et jamais épuisée où M. le duc d'Orléans étoit maître, dont il savoit parler nettement et fort agréablement, et qui seroit entre eux un amusement sérieux qui leur plairoit beaucoup à l'un et à l'autre, et qui ne serviroit pas peu au dessein si raisonnable que nous nous proposions.

Tant de raisons ébranlèrent le duc de Beauvilliers qui s'étoit ému dès les premiers mots, mais qui à ma prière m'avoit laissé tout dire sans interruption. Il convint de tout, mais en même temps il m'opposa les mœurs et les propos étranges qui lui échappoient quelquefois devant le Dauphin, et qui l'aliénoient infiniment; et me montra sans peine que cette indiscrétion étoit un obstacle qui mettoit la plus forte barrière à leur liaison. Je le sentois trop pour en pouvoir disconvenir, mais je le pressai en ôtant cet obstacle, et je vis un homme intérieurement rendu à cette condition. Alors je m'arrêtai, parce que je sentis que tout dépendoit de cela, qu'il s'agissoit, par conséquent, d'y travailler avant toutes choses, et que, connoissant la légèreté de M. le duc d'Orléans, et ce détestable héroïsme d'impiété, qu'il affectoit bien plus encore qu'il n'en avoit le fond, je ne pouvois me répondre de réussir.

Je ne différai pas à l'attaquer, et je n'eus aucune peine à le faire sincèrement convenir de tous les solides avantages qu'il trouveroit, outre la considération présente, de son union avec le Dauphin, et ce qui étoit inséparable avec le duc de Beauvilliers. De l'aveu, je le conduisis aisément au désir, que je crus devoir aiguiser par la difficulté que lui-même sentoit bien résulter de ses mœurs et de sa conduite. Je le ballottai longtemps exprès là-dessus dans la même conversation. Quand je crus l'avoir assez échauffé et assez embarrassé pour pouvoir espérer le faire venir à mon point en lui proposant la solution que j'avois projetée, je lui dis que je m'abstenois de l'exhorter sur ses mœurs et sur ses opinions prétendues, qu'il ne pouvoit avoir foncièrement, et sur lesquelles il se trompoit soi-même ; qu'il savoit de reste ce que je pensois sur tout cela, et que je n'ignorois plus aussi combien vainement je le presserois d'en changer ; qu'aussi étoit-ce à moins de frais que je croyois qu'il pourroit réussir à l'union qu'il avoit de si pressantes raisons de désirer ; que le moyen en étoit entre ses mains et facile, mais que, s'il se résolvoit à le prendre, il ne falloit pas s'en lasser ; et qu'en ce cas, je croyois qu'il ne tarderoit pas à en voir des succès qui, suivis et entretenus avec attention, le pourroient conduire à tout ce qu'il en pouvoit souhaiter. Je l'avois ainsi excité de plus en plus, en le laissant au large sur le malheureux fond de sa vie ; je lui fis dans la même vue acheter l'explication de ce chemin et du moyen facile que je lui proposois sans le lui dire. Enfin après lui avoir doucement reproché que je ne l'en croyois pas capable, je me laissai vaincre, et je lui dis que tout consistoit en deux points : le premier d'être en garde continuelle de tout propos le moins du monde licencieux en présence du Dauphin, et chez Mme la princesse de Conti où le Dauphin alloit quelquefois, et d'où de tels discours lui pourroient revenir ; que son indiscrétion là-dessus lui aliénoit ce prince plus dangereusement et plus loin beaucoup qu'il ne pouvoit se l'imaginer, et que ce que je lui disois là-dessus n'étoit pas opinion, mais science ; que la discrétion opposée lui plairoit tant, qu'elle le feroit revenir peu à peu, en lui ôtant l'occasion de l'horreur qu'il concevoit de ces choses, et de celui qui les produisoit, par conséquent la crainte et les entraves où sa présence le mettoit, qui se changeroient en aise et en liberté quand l'expérience lui auroit appris qu'il pouvoit l'entendre sans scandale, et se livrer sans scrupule à sa conversation, dont les arts, les sciences et des choses historiques entretiendroient la matière entre eux, et peu à peu en banniroit toute contrainte, et n'y laisseroit que de l'agrément. L'autre point étoit d'aller moins souvent à Paris, d'y faire la débauche au moins à huis clos, puisqu'il étoit assez malheureux que de la vouloir faire, et d'imposer assez à lui-même, et à ceux qui la faisoient avec lui, pour qu'il n'en fût pas question le lendemain matin.

Il goûta un expédient qui n'attaquoit point ses plaisirs ; il me promit de le suivre. Il y fut fidèle, surtout pour les propos en présence du Dauphin, ou qui lui pouvoient revenir. Je rendis ce que j'avois fait au duc de Beauvilliers. Le Dauphin s'aperçut bientôt de ce changement, et le dit au duc, par qui il me revint. Peu à peu ils se rapprochèrent ; et comme M. de Beauvilliers craignoit toute nouveauté apparente, et qu'il n'avoit pas accoutumé de voir M. le duc d'Orléans, tout entre eux passa par moi, et après ce Marly, où le duc de Chevreuse n'étoit point, par lui et par moi, tantôt l'un tantôt l'autre.

## CHAPITRE XVII.

Mémoire des pertes de la dignité de duc et pair, etc. — Tête-à-tête du Dauphin avec moi. — Affaire du cardinal de Noailles remise par le roi au Dauphin. — Causes de ce renvoi. — Discussion entre le duc de Beauvilliers et moi sur un prélat à proposer au Dauphin pour travailler sous lui à l'affaire du cardinal de Noailles. — Voyage de Fontainebleau par Petit-Bourg. — Dureté du roi dans sa famille. — Comte de Toulouse attaqué de la pierre. — Musique du roi à la messe de la Dauphine. — Je raccommode sincèrement et solidement le duc de Beauvilliers et le chancelier. — Famille et mort du prince de Nassau, gouverneur de Frise. — Mort de Penautier; quel il étoit. — Mort du duc de Lesdiguières, qui éteint ce duché-pairie. — Neuf mille livres de pension sur Lyon au duc de Villeroy. — Mort de Pelletier, ci-devant ministre et contrôleur général. — Mort de Phélypeaux, conseiller d'État, frère du chancelier. — Mort de Serrant et du chevalier de Maulevrier; leur famille. — Mort de la princesse de Fürstemberg; sa famille, son caractère. — Maison de son mari. — Le tabouret lui est procuré tard par adresse. — Mariage du chevalier de Luxembourg avec Mlle d'Harlay. — Mort du cardinal de Tournon. — Mort et caractère du maréchal de Boufflers. — Danger que j'y cours. — Triste fin de vie. — Horreur des médecins. — Générosité de la maréchale de Boufflers, qui accepte à peine une pension du roi de douze mille livres.

Parmi tous ces soins et ces affaires, il falloit travailler au mémoire de nos pertes tel que le Dauphin me l'avoit demandé. De tout temps je les avois rassemblées avec les occasions qui les avoient causées autant que j'avois pu. J'avois eu cette curiosité dès ma première jeunesse; je l'avois toujours suivie depuis; je m'étois continuellement appliqué à m'en instruire des vieux ducs et duchesses les plus de la cour en leur temps et les mieux informés; à constater par d'autres ce que j'en apprenois, et surtout à m'en donner à moi-même la dernière certitude par des gens non titrés, anciens, instruits, versés dans les usages de la cour et du monde, qui y avoient été beaucoup, qui avoient vu par eux-mêmes, et par d'anciens valets principaux. Je mettois les uns et les autres sur les voies, et par conversation je les enfilois doucement à raconter ce que je m'étois proposé de tirer d'eux. J'avois écrit à mesure; ainsi j'avois tous mes matériaux, où j'avois ajouté à mesure aussi les pertes depuis mon temps, et dont j'avois été témoin avec toute la cour. Sans une telle avance, le recueil m'eût été impossible, et les recherches m'en auroient mené trop loin. Mais l'arrangement tel que le Dauphin le voulut fut encore un travail long et pénible. Je n'y pouvois être aidé de personne. M. de Chevreuse encore une fois n'étoit point à Marly. M. de Beauvilliers étoit trop occupé; je n'osai même me servir de secrétaire; néanmoins j'en vins à bout vers la fin du voyage. M. de Beauvilliers ne put repasser ce travail que superficiellement. M. de Chevreuse à qui je l'envoyai, l'examina à fond. J'allai le trouver après à Dampierre, de Marly, où je couchai une nuit. Il m'en parut content et n'y corrigea rien. J'y fis une courte préface adressée au Dauphin. Tout cet ouvrage se trouvera avec les Pièces. Il s'en peut faire, depuis qu'il fut achevé, un étrange supplément.

J'ajoutai un mémoire qui eût pu être bien meilleur s'il n'eût pas été fait si rapidement, mais que je crus devoir présenter au Dauphin dans tout son naturel, en lui en expliquant l'occasion. Ce fut lors de la sortie du cardinal de Bouillon du royaume, et de son impudente lettre au roi, que le maréchal de Boufflers me le demanda sur les maisons de Lorraine, de Bouillon et de Rohan, et avec tant de précipitation que je le fis en deux fois dans la même journée. Il croyoit pouvoir en faire usage dans un moment critique; il n'en fit aucun, c'est toujours le sort de ce qui regarde la dignité. J'avertis le Dauphin que l'état des changements arrivés à notre dignité pendant ce règne étoit prêt à lui être présenté. J'y avois joint, en faveur de la haute noblesse, la lettre que le roi écrivit à ses ambassadeurs et autres ministres dans les cours étrangères, du 19 décembre 1670, sur la rupture du mariage de Mademoiselle avec M. de Lauzun, parce que mon dessein, comme on l'a pu déjà voir, n'étoit pas moins de la relever que les chutes de notre dignité.

Quelque occupé que fût le Dauphin de l'affaire qui enfanta depuis la fameuse bulle *Unigenitus* que le roi lui avoit renvoyée en partie, il me donna heure dans son cabinet. J'eus peine à cacher dans mes poches, sans en laisser remarquer l'enflure, tout ce que j'avois à lui porter. Il en serra plusieurs papiers parmi les siens les plus importants, et les autres avec d'autres qui ne l'étoient pas moins, et j'admirai cependant l'ordre net et correct dont il les tenoit tous, malgré les changements de lieu si ordinaires de la cour, qui n'étoit pas une de ses moindres peines. Avant de les mettre sous la clef, il voulut passer les yeux sur notre décadence, et fut épouvanté du nombre des articles. Son étonnement augmenta bien davantage, lorsque je lui fis entendre en peu de mots le contenu du dernier article, qui comprenoit une infinité de choses qui auroient pu faire autant d'autres articles, mais que j'avois ramassés ensemble pour le fatiguer moins, et n'avoir pas l'air d'un juste volume. Je lui lus la préface, et je lui expliquai les sources d'où j'avois puisé ce qui a précédé mon temps. Il admira la grandeur du travail, l'ordre et la commodité des deux différentes tables; il me remercia de la peine que j'y avois prise, comme si je n'y eusse pas été intéressé; il me répéta que, puisque je l'avois bien voulu, il ne pouvoit regretter la peine que m'avoit donnée l'ordre chronologique qu'il m'avoit demandé, auquel j'avois si nettement suppléé par l'arrangement des tables, que je ne lui dissimulai pas avoir été ce qui m'avoit le plus coûté. Je lui dis qu'avec un prince superficiel et moins désireux d'approfondir et de savoir à fond, je me serois bien gardé de présenter les deux ouvrages ensemble, de peur qu'il ne se contentât des tables et de leurs extraits; mais que ce que j'avois fait pour son soulagement et pour la satisfaction subite d'une première curiosité, j'espérois qu'il ne deviendroit pas obstacle à la lecture des articles entiers, où il trouveroit encore toute autre chose que les extraits ne pouvoient renfermer. Il me donna parole de lire le tout à Fontainebleau d'un bout à l'autre, de le lire pour s'en meubler la tête, et de m'en entretenir après. Il ajouta qu'il ne remettoit cela à Fontainebleau, où on alloit bientôt, que parce qu'il étoit accablé, outre le courant, d'une affaire que le roi lui avoit renvoyée presque tout entière, et qui l'occupoit d'autant plus que la religion y étoit intéressée.

Je ne jugeai pas à propos de prolonger une audience en laquelle je n'avois rien à ajouter à la matière qui me la procuroit, et où je ne le voyois pas disposé à me parler d'autre chose. Comme il ne s'ouvrit pas davantage sur l'affaire qui l'occupoit tant, et en effet beaucoup trop, je me contentai de le louer du temps qu'il y vouloit bien donner, et de lui représenter en gros combien il étoit désirable qu'elle finît promptement, et combien dangereuses les passions et les altercations qui l'allongeroient en l'obscurcissant. Il me répondit là-dessus avec son humilité ordinaire sur lui-même, et avec bonté pour moi, sur quoi je me retirai. J'allai aussitôt après rendre compte de cette courte audience au duc de Beauvilliers; il fut ravi de la manière dont elle s'étoit passée; mais, ainsi que le Dauphin, il était tout absorbé de l'affaire dont ce prince me venoit de légèrement parler.

On entend bien que c'étoit celle du cardinal de Noailles qui enfanta depuis la fameuse constitution *Unigenitus*, sur laquelle on se souviendra ici de ce qui a été ci-devant dit et expliqué (p. 84 et suiv. de ce volume). Les noirs inventeurs de cette profonde trame, contents au dernier point de l'avoir si bien conduite, et réduit le cardinal de Noailles à une défensive de laquelle même ils lui faisoient un crime auprès du roi, ne loissoient pas d'être en peine d'avoir vu ce cardinal revenir à la cour, et y avoir une audience du roi passablement favorable, après en avoir obtenu une défense de s'y présenter, qui fut ainsi de courte durée. Le roi, tiraillé par les prestiges de son confesseur appuyés du côté de Mme de Maintenon par ceux de l'évêque de Meaux, et l'ineptie irritée de La Chétardie, curé de Saint-Sulpice, ne résistoit qu'à peine pour son ancien goût pour le cardinal de Noailles, et à l'estime qui alloit jusqu'à la vénération qu'il avoit conçue pour lui. Ils s'aperçurent que, quelques progrès qu'ils fissent, la présence du cardinal, ou les déconcertoit, ou du moins mettoit le roi dans un malaise qui les tenoit en échec. Le remède qu'ils y trouvèrent fut de faire renvoyer l'affaire au Dauphin, puisque le roi lui en renvoyoit tant d'autres, qu'il se mêloit de toutes avec autorité par la volonté et pour le soulagement du roi, et que tous les ministres travailloient chez ce prince. Le roi, fatigué de cette affaire, prit aisément à cette ouverture. Il ordonna donc au Dauphin de travailler à la finir, de lui en épargner les détails et de ne lui en rendre compte qu'en gros, et seulement lorsqu'il seroit nécessaire.

Rien n'accommodoit mieux les ennemis du cardinal de Noailles. Il étoit resté le seul en vie des trois prélats qui avoient lutté contre l'archevêque de Cambrai lors de l'orage du quiétisme, et qu'il l'avoient culbuté à la cour et fait condamner à Rome. Ce mot seul explique toute la convenance de la remise de l'affaire présente au Dauphin, livré absolument au duc de Beauvilliers, beaucoup aussi au duc de Chevreuse, toujours également passionné pour son ancien précepteur, élevé dans tous leurs principes sur la doctrine, et qu'ils espéroient bien rendre pareil à eux sur Rome, et sur les immenses terreurs du jansénisme et des jansénistes. Le Dauphin avoit pourtant montré plus d'une fois en plein conseil et avec éclat, sur des affaires très-principales que les jésuites y avoient en leur nom, que la justice et ses lumières prévaloient à toute affection, mais ils comptèrent gagner l'une et l'autre en celle-ci avec les deux ducs si puissamment en croupe et si unis au P. Tellier.

Raisonnant peu de jours après avec le duc de Beauvilliers, allant avec lui de Marly à Saint-Germain du renvoi de cette affaire au Dauphin, nous convînmes aisément de la nécessité de lui proposer un évêque pour y travailler sous lui et y exécuter ses ordres à l'égard des parties, et nous agitâmes les prélats qui pouvoient y être propres. Je lui nommai l'ancien évêque de Troyes. Plusieurs raisons me firent penser à lui. C'étoit un homme d'esprit et de savoir, qui avoit de plus la science et le langage du monde auquel il étoit fort rompu; il avoit brillé dans toutes les assemblées du clergé, où il avoit souvent réuni les esprits; il s'étoit trouvé à la cour dans des liaisons importantes et fort opposées, sans soupçon sur sa probité. Dans les affaires de l'Église, il s'étoit maintenu bien avec tous et avec les jésuites; il étoit neuf sur celle-ci, puisqu'il étoit démis et retiré à Troyes depuis nombre d'années; enfin sa droiture et sa piété ne pouvoient être suspectes à la vie toute pénitente qu'il avoit choisie très-volontairement, et dans laquelle il persévéroit depuis si longtemps. Toutes ces qualités jointes à un esprit poli, doux, facile, liant, insinuant, qui étoit proprement le sien, me paraissoient fort exprès pour remplir les vues de l'emploi dont il s'agissoit. J'expliquai ces raisons à M. de Beauvilliers, qui n'eut rien à m'opposer, sinon que M. de Troyes étoit ami du cardinal de Noailles; et de cela je ne l'en pus tirer, quoi que je lui pusse représenter. Je vins donc à un autre, et lui parlai de Besons, archevêque de Bordeaux, liant aussi, fort instruit, estimé, transféré d'Aire à Bordeaux par le P. de La Chaise, enfin ami des jésuites, et qui ne pouvoit être suspect.

Le duc ne rejeta pas la proposition, mais il me parla de Bissy, évêque de Meaux, comme du plus propre à travailler sous le Dauphin. Celui-ci n'avoit pas encore levé le masque;

il s'entretenoit respectueusement bien avec le cardinal de Noailles, tandis que, de concert en tout avec le P. Tellier, il l'égorgeoit en secret auprès de Mme de Maintenon. Je m'élevai donc contre ce choix, et lui dis ce que je savois de l'ambition et des menées de ce prélat à Rome, étant évêque de Toul, des causes de son refus opiniâtre de l'archevêché de Bordeaux, qui le dépaysoit, et beaucoup d'autres choses que je ne répéterai pas et qui se trouvent t. II, p. 88, et t. IV, p. 256, pour la plupart. Alors M. de Beauvilliers m'avoua qu'il en avoit déjà parlé au Dauphin, et, sur ce que je m'écriai encore davantage, et que je lui reprochai ensuite plus doucement une dissertation inutile, puisque le choix étoit fait, je l'ébranlai et je vis jour à joindre le Bordeaux au Meaux, dans ce travail sous le Dauphin. Il n'est pas temps maintenant d'en dire davantage sur cette affaire.

Le roi étoit à Marly depuis la mort de Monseigneur, c'est-à-dire qu'il y étoit arrivé de Meudon la nuit du 14 au 15 d'avril, et il y avoit été retenu, comme je l'ai remarqué, à cause du mauvais air; que Versailles étoit plein de petites véroles, et par la considération des princes ses petits-fils. Il fut trois mois pleins à Marly, et il en partit le mercredi 15 juillet, après y avoir tenu conseil et dîné, passa à Versailles, où il monta un moment dans son appartement, et alla coucher à Petit-Bourg, chez d'Antin, et le lendemain à Fontainebleau, où il demeura jusqu'au 14 septembre. Je supprimerois cette bagatelle, arrivée à l'occasion de ce voyage, si elle ne servoit de plus en plus à caractériser le roi. Mme la duchesse de Berry étoit grosse, pour la première fois, de près de trois mois, fort incommodée et avoit la fièvre assez forte. M. Fagon trouva beaucoup d'inconvénient à ne lui pas faire différer le voyage de quelques jours. Ni elle ni M. le duc d'Orléans n'osèrent en parler. M. le duc de Berry en hasarda timidement un mot, et fut mal reçu. Mme la duchesse d'Orléans, plus timide encore, s'adressa à Madame et à Mme de Maintenon, qui, toutes peu tendres qu'elles fussent pour Mme la duchesse de Berry, trouvèrent si hasardeux de la faire partir que, appuyées de Fagon, elles en parlèrent au roi. Ce fut inutilement. Elles ne se rebutèrent pas, et cette dispute dura trois ou quatre jours. La fin en fut que le roi se fâcha tout de bon, et que, par capitulation, le voyage se fit en bateau au lieu du carrosse du roi.

Pour l'exécuter, ce fut une autre peine d'obtenir que Mme la duchesse de Berry partiroit de Marly le 13, pour aller coucher au Palais-Royal, s'y reposer le 14, et s'embarquer le 15 pour arriver à Petit-Bourg, où le roi devoit coucher ce jour-là, et arriver comme lui le 16 à Fontainebleau, mais toujours par la rivière. M. le duc de Berry eut permission d'aller avec Mme sa femme ; mais le roi lui défendit avec colère de sortir du Palais-Royal pour aller nulle part, même l'Opéra à l'un et à l'autre, quoiqu'on y allât du Palais-Royal sans sortir, et de plain-pied des appartements dans les loges de M. le duc d'Orléans. Le 14, le roi, sous prétexte d'envoyer savoir de leurs nouvelles, leur fit réitérer les mêmes défenses, et à M. [le duc] et à Mme la duchesse d'Orléans, à qui il les avoit déjà faites à leur départ de Marly. Il les poussa jusqu'à les faire à Mme de Saint-Simon pour ce qui regardoit Mme la duchesse de Berry, et lui enjoignit de ne la pas perdre de vue, ce qui lui fut encore réitéré à Paris de sa part. On peut juger que ses ordres furent ponctuellement exécutés. Mme de Saint-Simon ne put se défendre de demeurer et de coucher au Palais-Royal, où on lui donna l'appartement de la reine mère. Il y eut grand jeu tant qu'ils y furent pour consoler M. le duc de Berry de sa prison.

Le prévôt des marchands avoit reçu ordre de faire préparer des bateaux pour le voyage ; il eut si peu de temps qu'ils furent mal choisis. Mme la duchesse de Berry s'embarqua le 15, et arriva avec la fièvre, à dix heures du soir, à Petit-Bourg, où le roi parut épanoui d'une obéissance si exacte.

Le lendemain, Mme la Dauphine la vit embarquer. Le pont de Melun pensa être funeste ; le bateau de Mme la duchesse de Berry heurta, pensa tourner, et s'ouvrit à grand bruit, en sorte qu'ils furent en très-grand danger. Ils en furent quittes pour la peur et pour du retardement ; ils débarquèrent en grand désordre à Valvin, où leurs équipages les attendoient, et ils arrivèrent à Fontainebleau à deux heures après minuit. Le roi, content au possible, l'alla voir le lendemain matin, dans le bel appartement de la reine mère que le feu roi et la reine d'Angleterre, et après eux Monseigneur, avoient toujours occupé. Mme la duchesse de Berry, à qui on avoit fait garder le lit depuis son arrivée, se blessa et accoucha, sur les six heures du matin du mardi 21 juillet, d'une fille. Mme de Saint-Simon l'alla dire au roi à son premier réveil, avant que les grandes entrées fussent appelées ; il n'en parut pas fort ému, et il avoit été obéi. La duchesse de Beauvilliers accompagnée de la marquise de Châtillon nommée par le roi, l'une comme duchesse, l'autre comme dame de qualité, eurent la corvée de porter l'embryon à Saint-Denis. Comme ce n'étoit qu'une fille on s'en consola, et que la couche n'eut point de mauvaises suites.

M. le comte de Toulouse, attaqué de grandes douleurs de vessie depuis deux mois à Marly, n'y voyoit sur les fins presque plus personne. Le roi l'alla voir plus d'une fois, mais il voulut aussi qu'il allât à Fontainebleau en même temps que lui. Quoiqu'il ne pût souffrir de voiture, et encore moins monter à cheval, il en fit le voyage en bateau, et ne put presque sortir de sa chambre pour aller seulement chez le roi, très-rarement, tant qu'on fut à Fontainebleau. C'est ainsi que rien ne pouvoit dispenser des voyages, et que le roi faisoit éprouver aux siens qu'il étoit au-dessus de tout. Il fit en arrivant la galanterie à la Dauphine d'envoyer à sa messe toute sa musique, comme elle étoit auparavant à celle de Monseigneur. Le Dauphin ne se soucia point de l'avoir à sa messe, qu'il entendoit d'ordinaire de bonne heure, et toujours dans un recueillement qui ne se seroit guère accommodé de musique, d'autant plus qu'il l'aimoit beaucoup. Ce fut une distinction que la Dauphine n'avoit point demandée; elle la toucha beaucoup et montra à la cour une grande considération.

Dès que nous fûmes à Fontainebleau, je songeai de plus en plus comment je pourrois réussir à une réconciliation sincère du duc de Beauvilliers et du chancelier; je continuois à parler au premier du fils, sans jamais lui nommer le père, et je lui faisois valoir sa conversion par la soumission qu'il montroit entière à tout ce que je lui portois de sa part. J'en vis le duc si satisfait, que je crus qu'il étoit temps de le sonder tout à fait, pour m'assurer de voir rester le fils en place, dont j'avois bien de grandes espérances, mais non encore la pleine certitude que je désirois. Je l'exécutai dans une conférence, dans la galerie des Cerfs; le duc en avoit une clef, on y entroit du bas de son degré, et c'étoit là d'ordinaire qu'il aimoit à parler tête à tête en se promenant sans crainte d'être interrompu. Après quelques propos sur Pontchartrain, j'en tirai ce mot décisif, que, si Pontchartrain devenoit praticable, il opinoit à le laisser en place puisqu'il y étoit, plutôt même qu'y en mettre un autre meilleur que lui pour éviter un déplacement. Je remerciai extrêmement M. de Beauvilliers, et je le confirmai de mon mieux dans une résolution pour laquelle j'avois tant labouré. Sûr alors que Pontchartrain avoit échappé au danger, et qu'en continuant de se conduire à l'égard du duc comme il faisoit, et comme la frayeur l'empêcheroit d'y broncher il n'avoit plus à craindre, et devoit son salut au duc de Beauvilliers, je crus que c'étoit le moment d'essayer de frapper le grand coup que je méditois; mais je compris que si la réconciliation étoit possible, ce ne seroit qu'en la forçant, et, pour ainsi dire, malgré l'un et l'autre.

Le duc étoit trop justement ulcéré, et sentoit trop ses forces pour vouloir ouïr parler du chancelier; et celui-ci trop outré de voir toute la faveur et l'autorité, sur lesquelles il avoit si raisonnablement compté sous Monseigneur, passées par la mort de ce prince au duc de Beauvilliers, et qu'il jouissoit déjà d'avance d'une grande partie, pour souffrir d'entendre parler de l'humiliation de se courber devant cet homme qu'il s'étoit accoutumé à attaquer et à haïr, et consentir à lui faire des avances.

Plein de mon idée, j'allai une après-dînée à la chancellerie, où il logéoit, à heure de l'y trouver seul et de n'être pas interrompu. Il avoit un petit jardin particulier le long de son appartement et de plain-pied qu'il appeloit sa Chartreuse, et qui y ressembloit en effet, où il aimoit à se promener seul, et souvent avec moi tête à tête. Dès qu'il me vit entrer dans son cabinet, il me mena dans ce petit jardin, affamé de causer depuis notre longue séparation de Marly, et qu'il ne faisoit que d'arriver à Fontainebleau où je ne l'avois vu qu'un soir ou deux avec du monde. Là, après une conversation vague, assez courte, des gens qui effleurent tout parce qu'ils ont beaucoup à se dire, je lui demandai, à propos du travail des ministres chez le Dauphin, et de la grandeur nouvelle du duc de Beauvilliers dont il étoit fort affecté, s'il savoit tout ce qui s'étoit passé à Marly, et si son fils lui en avoit rendu compte. Sur ce qu'il m'en dit, et qui n'avoit nul trait à son fait, je regardai le chancelier en lui demandant s'il ne lui avoit rien appris de plus particulier et de plus intéressant. Il m'assura que non, avec curiosité de ce que je voulois dire. « Oh! bien donc, monsieur, repris-je, apprenez donc ce que votre éloignement continuel de Marly et votre passion pour Pontchartrain, d'où vous voudriez ne bouger, vous fait ignorer, et à quoi peut-être cette conduite vous expose : c'est que M. votre fils a été au moment d'être chassé. — Hélas! me répondit-il en haussant les épaules, à la conduite qu'il a, et aux sottises qu'il fait tous les jours, c'est un malheur auquel je m'attends à tous instants. » Puis se tournant vers moi d'un air fort agité : « Mais contez-moi donc cela, ajouta-t-il, et à quoi il en est. » Je lui dis le fait, et tout ce que je crus le plus capable de l'effrayer, mais en prenant garde de lui rien montrer qui le pût faire douter le moins du monde du duc de Beauvilliers, et le laissant au contraire dans l'opinion de l'effet de leur haine et de son nouveau crédit, qu'il exhala vivement à plus d'une reprise.

Je le tins longtemps entre deux fers, comme en effet son fils y avoit été longtemps, et lui dans l'impatience de la conclusion et de savoir où en étoit son fils, et je fis exprès monter cette impatience jusqu'à la dernière frayeur. Alors je lui dis qu'il étoit sauvé; que pour cette fois il n'avoit plus rien à craindre, et que j'avois même lieu de croire qu'il pouvoit être soutenu par qui l'avoit sauvé. Voilà le chancelier qui respire, qui m'embrasse, et qui me demande avec empressement qui peut être le généreux ami à qui il doit le salut de sa fortune. Je ne me pressai point de répondre, pour l'exciter davantage, et revins à l'extrême et imminent péril dont la délivrance étoit presque incroyable. Le chancelier à petiller, et à me demander coup sur coup le nom de celui à qui il devoit tout, et à qui il vouloit être sans mesure toute sa vie. Je le promenai encore sur l'excès de l'obligation et sur les sentiments qui lui étoient dus par le chancelier et par toute sa famille; et, comme il me demanda de nouveau qui c'étoit donc, et si je ne le lui nommerois jamais, je le regardai fixement et d'un air sévère, qui m'appartenoit peu avec lui, mais que je crus devoir usurper pour cette fois : « Que vous allez être étonné, lui dis-je, de l'entendre ce nom que vous devez baiser; et que vous allez être honteux ! Cet homme que vous haïssez sans cause, que vous ne cessez d'attaquer partout, M. de Beauvilliers enfin, » en haussant la voix et lui lançant un regard de feu, « est celui à qui il n'a tenu, en laissant faire, que votre fils n'ait été chassé, et qui l'a sauvé et raffermi de plus dans sa place. Qu'en direz-vous, monsieur? » ajoutai-je tout de suite. « Croyez-moi, allez vous cacher. — Ce que j'en dirai, répondit le chancelier d'une voix entrecoupée d'émotion, c'est que je suis son serviteur pour jamais, et qu'il n'y a rien que je ne fasse pour le lui témoigner : » puis, me regardant, et m'embrassant avec un soupir : « C'est bien là votre ouvrage, je vous y reconnois ; eh ! combien je le sens ! mais cela est admirable à M. de Beauvilliers au point où il est, et au point où nous sommes ensemble. Je vous conjure de l'aller trouver, de lui dire que je me jette à ses pieds, que j'embrasse ses genoux, que je suis à lui pour toute ma vie ; mais auparavant je vous conjure de me raconter tout ce détail dont vous ne m'avez dit que le gros. »

Alors je n'en fis plus de difficulté : je lui fis le récit fort étendu de ce que j'ai cru devoir resserrer ici sans plus ménager le secret que M. de Beauvilliers m'avoit imposé, et par moi ensuite à Pontchartrain, lorsqu'il voulut après que je lui parlasse de sa part. Ce récit très-exact, mais appuyé et circonstancié avec soin, jeta le chancelier dans une honte, dans une confusion, dans un repentir, dans une admiration, dans une reconnoissance dignes d'un homme de sa droiture et de son esprit. Il redoubla les remercîments qu'il me fit d'un service si signalé que j'avois rendu à lui et à son fils, et lorsque j'en étois si mécontent, mais qu'il falloit qu'il s'en souvînt toute sa vie, et passât partout par où je voudrois. Je répondis au chancelier qu'à mon égard ce n'étoit là au sien que le payement de mes dettes, mais qu'il devoit porter toute sa gratitude vers le duc de Beauvilliers, qui n'ayant reçu de lui qu'aigreurs et procédés fâcheux, et souvent même de son fils encore, le sauvoit néanmoins par pure générosité, par effort de religion, sans y être obligé le moins du monde, n'ayant qu'à se taire pour le laisser périr, et dans un temps encore où il falloit avouer qu'il n'avoit, et que, selon toute apparence humaine, il n'auroit jamais aucun besoin de lui ni de son fils.

Le chancelier convint bien franchement qu'il n'auroit jamais pensé trouver là son salut, se livra de même à toute la honte que je voulus encore lui faire de ses préventions et de ses manières à l'égard de M. Beauvilliers, ajouta de nouveau qu'il vouloit être pour jamais à lui et sans mesure, et qu'il lui tardoit qu'il le sût par lui-même. Je le priai de suspendre jusqu'à ce que j'eusse préparé le duc à la révélation de son secret, et, ce que je ne lui dis pas, à vouloir bien recevoir son hommage et se raccommoder avec lui. Il me conjura de n'y perdre pas un moment de protester au duc qu'il étoit à lui sans réserve ; qu'il le supplioit de trouver bon que son opinion au conseil lui demeurât libre en choses graves, mais qu'à cela près, il se rangeroit toujours à son avis toutes les fois que cela lui seroit possible ; qu'il n'y manqueroit jamais dans les choses qui ne seroient pas vraiment importantes, et que si, dans celles qui le seroient, il ne pouvoit pas toujours se ranger à son avis, il diroit le sien tout uniment, sans jamais contester ni disputer avec lui ; qu'enfin, il verroit, par toute sa conduite, combien exactement il rempliroit ses engagements, et combien en tout genre son dévouement et sa reconnaissance seroient fidèles et entiers.

J'allai de ce pas chez le duc de Beauvilliers, à qui je racontai sans détour toute la conversation que je venois d'avoir. Il rougit, et me demanda avec quelque petite colère qui m'en avoit prié. Je lui repartis que c'étoit moi-même ; que je ne lui dissimulois pas que mon désir, et enfin mon dessein, avoit toujours été de le raccommoder avec le chancelier, dont le péril troubloit toute la joie de ma vie. Un peu de courte, mais de vive paraphrase que j'ajoutai en même sens, calma le duc jusqu'à me savoir bon gré, non de la chose, mais du sentiment qui me l'avoit fait faire. Je lui fis comprendre tout de suite assez aisément que, bien loin qu'il y allât le moins du monde du sien dans la situation où il se trouvoit, une générosité si gratuite et si peu méritée lui enchaînoit le chancelier et son fils, par une obligation de nature à ne pouvoir jamais s'en séparer, lui épargnoit la peine d'achever de perdre l'un, et de continuer nécessairement par travailler à la perte de l'autre, que je ne regardois le fils que comme accessoire; mais qu'une fois sincèrement réuni avec le père, j'étois persuadé qu'il y trouveroit des ressources qui le soulageroient en tous les temps, et qui deviendroient fort utiles à l'État. Le duc, tout à fait radouci, me chargea de compliments modestes pour le chancelier, et de lui dire qu'il étoit bien aise de montrer à lui et à son fils combien ils s'étoient mécomptés sur lui; que les engagements qu'il vouloit prendre pour le conseil étoient trop forts; qu'il étoit juste que tous deux y conservassent leur liberté entière; que l'aigreur et la chaleur étoient les seules choses à y retrancher; et qui l'assuroit aussi qu'il y seroit toujours le plus qu'il le pourroit favorable à ce qu'il jugeroit qui lui pourroit être agréable.

Tout de suite j'exigeai du duc et aussitôt après du chancelier, que mettant à part toute prévention réciproque sur les affaires concernant Rome et la matière du jansénisme, ils en parleroient mesurément en conseil, en y disant néanmoins tout ce qui feroit à l'affaire et à leur sentiment, mais de façon à se marquer réciproquement leur considération mutuelle, jusque dans ces choses qui les touchoient si fort tous deux et d'une manière si opposée. J'en eus parole de tous les deux et de bonne grâce, et tous deux l'ont toujours depuis tenue fort exactement. Je me gardai bien de rendre au chancelier la manière dont j'avois été reçu d'abord du duc de Beauvilliers; je lui dit tout le reste. Il petilloit de sceller lui-même cette grande réconciliation avec lui; mais le duc, toujours et quelquefois trop plein de mesures, voulut un délai de dix ou douze jours sans que j'en visse la raison. Je soupçonnai qu'ayant été pris au dépourvu, et comme par force, il crut avoir besoin de ce temps pour se dompter entièrement sur le chancelier, et ne rien faire de mauvaise grâce. Le chancelier toutefois ne s'en douta point, mais son impatience le porta à me prier de demander en grâce au duc de trouver bon qu'au premier conseil il profitât de ce petit passage long et noir qui avoit d'un côté la chambre du premier valet de chambre en quartier, et de l'autre une vaste armoire, et qui étoit l'unique entrée de l'antichambre dans la chambre du roi, et que là, comme passant presque ensemble, il le serrât, lui prît la main, et lui exprimât au moins par ce langage muet ce qu'il n'avoit pas encore la liberté de lui dire. Le duc y consentit, et cela fut exécuté de la sorte.

Au bout de dix ou douze jours, M. de Beauvilliers me chargea d'avertir le chancelier qu'il iroit chez lui le lendemain après dîner avec le duc de Chevreuse qui avoit à lui parler, et, ce qui me surprit fort, de le prier de ne lui rien témoigner devant ce tiers à qui toutefois il ne cachoit rien et qui étoit ami particulier du chancelier ; il ne voulut non plus que je m'y trouvasse. La visite ne se passa que civilement, quoique avec plus d'onction qu'il n'y en avoit eu jusque-là entre eux. Quand elle fut finie, le duc de Beauvilliers pria le duc de Chevreuse de le laisser seul avec le chancelier. Alors se firent les remercîments d'une part, les embrassades et les protestations de toutes les deux d'une amitié sincère. Le chancelier ne feignit point de s'avouer vaincu de tous points, et l'obligé de toutes les sortes. Ils se remirent, pour abréger, à tout ce que je leur avois dit de la part de l'un à l'autre; ils convinrent que leur réconciliation demeureroit secrète pour éviter les discours et les raisonnements; et ils se séparèrent extrêmement contents l'un de l'autre. Le duc de Chevreuse attendoit son beau-frère avec qui il s'en alla, et le chancelier avoit mis ordre à être trouvé seul, et qu'il ne se trouvât personne chez lui pendant leur visite. Le duc et le chancelier me rendirent tous deux ce qui s'y étoit passé, et tous deux me prièrent que leur commerce continuât à passer par moi. Tous deux aussi me rendirent longtemps comment les choses se passoient entre eux en conseil.

Le chancelier et sa femme ne tarissoient point de remercîments avec moi. Pontchartrain, souple par la nécessité dont je lui étois et par crainte et par honte, ne me dit pas un mot de la capitainerie garde-côte de Blaye, ni moi à lui. J'en admirai la ténacité, et j'avois beau jeu alors de lui faire quitter prise, mais je n'en voulus pas faire la moindre mention, ni leur laisser croire qu'un si petit objet eût pu entrer pour rien dans le projet du pénible ouvrage que je venois d'exécuter. Son succès me donna la joie la plus sensible et la plus pure; et j'ai eu celle que cette amitié de mes deux plus intimes amis a duré vraie, fidèle, entière, sans lacune et sans ride tant qu'ils ont vécu. Mme de Beauvilliers en fut enfin fort aise, et me le témoigna, M. et Mme de Chevreuse beaucoup aussi, à qui M. de Beauvilliers ne le cacha pas. Le monde ignora longtemps cette réconciliation. Les manières si changées au conseil de ces deux personnages ouvrirent enfin les yeux aux autres ministres, et lentement après aux courtisans. L'érection nouvelle de Chaulnes, postérieure à tout ceci de trois mois, fut prise quelque temps pour la cause du raccommodement dont ils ne s'aperçurent que longtemps après; mais à la fin, tout se sait en vieillissant, et on découvrit la véritable origine. Je ne pus en faire un secret au premier écuyer, après ce qui s'étoit passé entre lui et moi là-dessus. La réconciliation s'étoit consommée dans les quinze premiers jours de Fontainebleau; son séjour d'Armainvilliers lui en différa la joie jusque vers la fin du voyage.

Le prince de Nassau, gouverneur héréditaire des provinces de Frise et de Groningue, se noya au passage du Mordick. La pluie le rendit paresseux de sortir de son carrosse, et de passer dans un autre bâtiment que celui où on l'embarqua. Les chevaux s'effrayèrent et causèrent tout le désordre. Il n'y périt que deux ou trois personnes avec lui. Il avoit pris le nom de prince d'Orange depuis la mort du roi Guillaume qui l'avoit fait son héritier de tout ce qu'il avoit pu. Le pensionnaire Heinsius, tout puissant en Hollande, et la créature la plus affidée et dévouée au roi Guillaume, le vouloit faire stathouder de la république. Il étoit bien fait, spirituel, appliqué, affable, aimé; il promettoit infiniment pour son âge; il avoit épousé la sœur du landgrave d'Hesse-Cassel, depuis roi de Suède. Il la laissa grosse d'un fils unique, qui porte aussi le nom de prince d'Orange, qui a épousé une fille du roi George II d'Angleterre, qui est bossu et fort vilain, mais qui a beaucoup d'esprit et d'ambition, et qui n'oublie rien pour arriver au stathoudérat de la république, dont néanmoins il paroît encore assez éloigné[1].

Penautier mourut fort vieux en Languedoc. De petit caissier, il étoit devenu trésorier du clergé, et trésorier des états du Languedoc, et prodigieusement riche. C'étoit un grand homme, très-bien fait, fort galant et fort magnifique, respectueux et très-obligeant; il avoit beaucoup d'esprit et il étoit fort mêlé dans le monde; il le fut aussi dans l'affaire de la Brinvilliers et des poisons, qui a fait tant de bruit, et mis en prison avec grand danger de sa vie. Il est incroyable combien de gens, et des plus considérables, se remuèrent pour lui, le cardinal Bonzi à la tête, fort en faveur alors, qui le tirèrent d'affaire. Il conserva longtemps depuis ses emplois et ses amis; et quoique sa réputation eût fort souffert de son affaire, il demeura dans le monde comme s'il n'en avoit point eu. Il est sorti de ses bureaux force financiers qui ont fait grande fortune. Celle de Crosat, son caissier, est connue de tout le monde.

Le duc de Lesdiguières mourut à Paris à quatre-vingt-cinq ans sans enfants, et en lui fut éteint ce duché-pairie. C'étoit un courtisan imbécile, frère des duc et maréchal de Créqui, qui n'étoient rien moins. J'en ai parlé sous le nom de Ca-

---

1. Le stathoudérat avait été supprimé à la mort de Guillaume III, en 1702; il ne fut rétabli qu'en faveur de Guillaume IV.

naples, qu'il portoit lors du voyage de la maison de Mme la duchesse de Bourgogne au-devant d'elle à Lyon, où il commandoit, et à l'occasion de son mariage. Sa femme, qui tenoit beaucoup de l'esprit des Mortemart, eut la sottise de le pleurer. On se moqua bien d'elle : « Que voulez-vous, dit-elle, je le respectois comme mon père et je l'aimois comme mon fils. » On s'en moqua encore davantage; elle n'osa plus pleurer. Elle avoit passé sa vie dans une grande contrainte avec Mme de Montespan; ce mari la contraignoit encore davantage; avec tout son esprit, elle se trouva embarrassée de sa liberté. Il avoit neuf mille livres de la ville de Lyon, que le roi donna au duc de Villeroy. Canaples, cousin germain des Villeroy, avoit eu par eux le commandement de Lyon après l'archevêque de Lyon, frère du vieux maréchal de Villeroy, qui lui avoit fait donner douze mille livres par la ville. Canaples les eut en lui succédant. On l'ôta à force d'imbécillités. Le maréchal de Villeroy fit mettre Rochebonne à sa place avec mille écus, et c'est les neuf mille livres qui furent laissées à Canaples qu'eut le duc de Villeroy.

M. Pelletier, qui avoit été ministre et contrôleur général des finances, mourut à Paris à plus de quatre-vingts ans. J'ai suffisamment parlé de lui lors de sa belle retraite, qu'il soutint admirablement. Il avoit une grosse pension, voyoit le roi quelquefois par les derrières, qui le traitoit toujours avec beaucoup d'estime et d'amitié, et dont il a obtenu tout ce qu'il a voulu depuis sa retraite, et les établissements les plus considérables dans la robe pour sa famille.

Le chancelier perdit aussi son frère, accablé d'apoplexies, qu'il aimoit fort, quoique ce ne fût pas un grand clerc, mais un fort honnête homme, extrêmement riche par sa femme. Son frère l'avoit fait intendant de Paris, qu'il n'étoit plus, et conseiller d'État. Il laissa des enfants que leur richesse ni leur parenté n'ont pu sauver de leur peu de mérite et de la dernière obscurité.

Le vieux Serrant mourut aussi extrêmement vieux, dans sa belle maison de Serrant en Anjou, où il étoit retiré depuis longues années. Il avoit été maître des requêtes et surintendant de Monsieur. Il étoit Bautru, bourgeois de Tours, extrêmement riche, oncle et beau-père de Vaubrun, grand-père de l'abbé de Vaubrun et de la duchesse d'Estrées. Son petit-fils, le chevalier de Maulevrier, Colbert par son autre fille, mourut en même temps de la petite vérole, fort aimé, estimé et regretté à la guerre, où il s'étoit fort distingué, et étoit devenu maréchal de camp fort jeune. Son père étoit frère de M. Colbert, mort étrangement, chevalier de l'ordre, de douleur de n'être pas maréchal de France, qu'il méritoit. M. de Louvois, pour l'en empêcher, ne pouvant pis, lui fit donner l'ordre en 1688.

En même temps mourut aussi la princesse de Fürstemberg. On a vu (t. II, p. 400) qui étoit son mari, qui fut le dernier de sa maison, des premiers et des plus anciens comtes de l'empire, et dont le père en avoit été fait prince, qui étoit frère de l'évêque de Strasbourg et du cardinal de Fürstemberg. La princesse de Fürstemberg étoit fille unique et fort riche de Ligny, maître des requêtes, et de la sœur de la vieille Tambonneau, et de la mère du duc et du cardinal de Noailles. Elle avoit été extrêmement jolie, faite à peindre, et quoique boiteuse, dont elle ne se cachoit point, elle avoit été une des meilleures danseuses de son temps. C'étoit la meilleure et la plus aimable femme du monde, dont elle étoit extrêmement, et d'une naïveté très-plaisante. Elle étoit amie intime de la duchesse de Foix, et logeoit et couchoit à Versailles avec elle. Un soir que Mme de Foix s'étoit amusée fort tard à jouer chez M. le Grand, elle trouva la princesse de Fürstemberg couchée, qui, d'une voix lamentable, lui dit qu'elle se mouroit, et que c'étoit tout de bon. Mme de Foix s'approche, lui demande ce qu'elle a; l'autre dit qu'elle ne sait, mais que depuis deux heures qu'elle est au lit, les artères lui battent, la tête lui fend, et qu'elle a une sueur à tout percer, qu'enfin elle se trouve très-mal et que le cœur lui manque. Voilà Mme de Foix bien en peine, et qui de plus, n'ayant point d'autre lit, va par l'autre ruelle pour se coucher au petit bord. En se fourrant doucement pour ne pas incommoder son amie, elle se heurte contre du bois fort chaud; elle s'écrie; une femme de chambre accourt avec une bougie; elle trouve un moine dont on avoit chauffé le lit, que la Fürstemberg n'avoit point senti, et qui, par sa chaleur, l'avoit mise dans l'état où elle étoit. Mme de Foix se moqua bien d'elle, et toute la cour le lendemain.

Je ne sais comment un Allemand de la naissance de son mari l'avoit épousée. Il la planta là quelques années après, et s'en retourna en Allemagne, où il devint le premier ministre de l'électeur de Saxe, et gouverneur en plein de l'électorat quand ce prince fut en Pologne. Sa femme n'avoit jamais été assise, ni prétendu à l'être. Le cardinal de Fürstemberg, fort en faveur, prétexta que son neveu la demandoit. Elle fit longtemps ses paquets et ses adieux : sur le point de partir, le cardinal de Fürstemberg témoigna au roi sa douleur de la situation de son neveu avec sa femme, qu'il n'avoit osé mener en Allemagne, à cause de la mésalliance; que ses occupations l'empêchoient de se mêler de ses affaires domestiques; que sa maison s'éteignoit; que ces raisons le forçoient de la faire venir auprès de lui pour ne plus revenir en France; que ce lui seroit une grande consolation, et à son neveu un grand moyen de bien faire recevoir sa femme, si, en partant d'ici, le roi lui vouloit faire la grâce de la faire asseoir à son souper; qu'il ne le demandoit qu'en prenant congé, et pour une fois unique. Le roi, accoutumé à ne rien refuser à un homme qui l'avoit si bien servi, et tant et si dangereusement souffert pour lui, l'accorda à cette condition. Elle s'assit donc, mais se garda bien de prendre congé. Le voyage parut différé. Incontinent après, Monsieur, qui l'aimoit fort, excusa le délai, et représenta au roi en même temps que de ne pas continuer ce tabouret jusqu'au départ étoit pis que de l'avoir refusé. Le cardinal de Fürstemberg, de son côté, que sa nièce, après avoir eu cet honneur, ne pouvoit plus paroître à la cour sans qu'il lui fût continué ; et que si elle n'y venoit plus, son mari la croiroit chassée, et que cela les brouilleroit. Avec tout ce manége, le tabouret lui demeura, le voyage s'éloigna, puis s'évanouit par insensible transpiration. Elle demeura le reste de sa vie à Paris, et à la cour assise. Elle n'eut point de garçons, ni sa fille aînée d'enfants du prince d'Isenghien, qu'elle laissa bientôt veuf. Sa seconde fille avoit épousé Seignelay, comme on l'a vu en son temps, dont une fille unique très-riche, qui a épousé le duc de Luxembourg, petit-fils du maréchal ; et sa troisième le comte de Lannoid, en Normandie.

Ce fut en ce même temps que le chevalier de Luxembourg, dernier fils du maréchal, et maréchal de France lui-même vingt-trois ans depuis, épousa la fille unique d'Harlay, conseiller d'État, fils unique du feu premier président Harlay, qui étoit une riche héritière.

On eut en ce même temps à Rome et ici l'étrange nouvelle de la mort du cardinal de Tournon, légat *a latere* à la Chine et aux Indes. Elle fit un prodigieux bruit par toute l'Europe. Sa mission, son succès, sa sainte mais exécrable catastrophe, sont tellement connus et imprimés partout, que je m'abstiendrai d'entrer dans cette énorme affaire, qui aussi bien est tout à fait étrangère aux matières de ces Mémoires, si ce n'est l'admirable cadence de ce martyr avec la naissance de l'affaire de la bulle *Unigenitus*.

Le maréchal de Boufflers mourut à Fontainebleau, à soixante-huit ans. Il est si souvent mention de lui dans ces Mémoires qu'il n'en reste presque rien à dire. Rien de si surprenant qu'avec aussi peu d'esprit, et un esprit aussi courtisan, mais non jusqu'aux ministres, avec qui il se savoit bien soutenir, il ait conservé une probité sans la plus légère tache, une générosité aussi parfaitement pure, une noblesse en tout du premier ordre, et une vertu vraie et sincère, qui ont continuellement éclaté dans tout le cours de sa conduite et de sa vie. Il fut exactement juste pour le mérite et les actions des autres, sans acception ni distinction, et à ses propres dépens; bon et adroit à excuser les fautes; hardi à saisir les occasions de remettre en selle les gens les plus disgraciés. Il eut une passion extrême pour l'État, son honneur, sa prospérité; il n'en eut pas moins par admiration et par reconnoissance pour la gloire et pour la personne du roi. Personne n'aima mieux sa famille et ses amis, et ne fut plus exactement honnête homme, ni plus fidèle à tous ses devoirs. Les gens d'honneur et les bons officiers lui étoient en singulière estime, et avec une magnificence de roi, il sut être réglé autant qu'il le put et singulièrement désintéressé; il fut sensible à l'estime, à l'amitié, à la confiance. Discret et secret au dernier point, et d'une rare modestie en tout temps, mais qui ne l'empêcha pas de se sentir aux occasions rares qu'on a vues, et de se faire pesamment sentir aussi à qui s'outrecuidoit à son égard. Il tira tout de son amour du bien, de l'excellente droiture de ses intentions, et d'un travail en tout genre au-dessus des forces ordinaires, qui, nonobstant le peu d'étendue de ses lumières, tira souvent de lui des mémoires, des projets et des lettres d'affaires très-justes et très-sensées, dont il m'a montré plusieurs. Je lui en communiquois aussi des miens, et il en avoit un fort important dans sa cassette, lorsque je fus averti de son extrémité, telle qu'il mourut le lendemain. J'avois espéré jusque-là, et je n'avois pas voulu lui montrer d'inquiétude. Je courus chez lui dans la frayeur du scellé et de l'inventaire; je lui dis que j'espérois tout de l'état où je le trouvois; mais que cette maladie étant grande, il seroit longtemps sans pouvoir s'appliquer à rien de sérieux, pendant quoi j'aurois besoin de mon mémoire, qu'il me feroit plaisir de me rendre, et que je lui redonnerois après quand il voudroit. Il ne fut point ému de ce discours, appela sa femme, qui étoit arrivée la surveille, la pria d'aller chercher sa cassette, l'ouvrit, y prit le papier et me le rendit.

J'ai déjà dit que le service si rare, et qui fut si heureux, qu'il rendit à la bataille de Malplaquet, lui avoit tourné la tête jusqu'à oser demander l'épée de connétable, et sur le refus, la charge de colonel général de l'infanterie, supprimée aussi, et encore plus dangereuse. De celle-là, le refus encore plus sec l'outra ; il oublia ses récompenses, il ne vit que les refus, en contraste de tout ce qui fut prodigué au maréchal de Villars pour prix de la même bataille, et d'une campagne où tous les genres de mérites étoient de son côté, et de celui de Villars tous les démérites possibles : cela le désespéra. Le roi se dégoûta de lui comme d'un ambitieux qui étoit insatiable, et ne s'en contraignit pas. Boufflers aimoit le roi comme on aime un maître ; il le craignoit, l'admiroit, l'adoroit presque comme un dieu. Il sentit que l'impression étoit faite, et, bientôt après, qu'elle étoit sans remède. Il en tomba dans un déplaisir cuisant, amer et sombre, qui lui fit compter toute sa fortune pour rien, et qui peu à peu le jeta dans des infirmités où les médecins ne purent rien comprendre. Je perdis mon temps et mes efforts à le consoler ; car il ne m'avoit caché que ses demandes avant de les faire, mais non leur triste succès. Il s'en plaignoit quelquefois à Monseigneur, qui le considéroit, et qui cherchoit à le consoler ; souvent à Mgr le duc de Bourgogne, et encore depuis qu'il fut Dauphin, qui l'aimoit et l'estimoit, et qui l'alla voir avec affection dans sa maladie. Il revenoit d'un tour à Paris lorsqu'elle le prit ; quatre ou cinq jours le conduisirent aux portes de la mort. Un empirique lui donna un remède qui le mit presque hors de danger par la sueur, et qui défendit bien tout purgatif. Le lendemain matin, la Faculté, bien étonnée de le trouver en si bon état, lui persuada une médecine qui le tua dans la journée, avec des accidents qui montrèrent bien que c'étoit un poison après le remède qu'il avoit pris, et qui ne fit pas honneur à ceux qui la lui donnèrent. Il fut universellement regretté, et ses louanges retentirent dans toutes les bouches, quoique sa considération fût tout à fait tombée. Le roi en parla bien, mais peu, et se sentit extrêmement soulagé. On emporta chez la duchesse de Guiche la maréchale de Boufflers, où le Dauphin et la Dauphine allèrent la voir. Elle voulut s'en aller aussitôt après à Paris, et ne permit point qu'on demandât rien pour elle, ce qu'elle rejeta même avec indignation. Néanmoins leurs affaires étoient fort embarrassées, et quelques jours après on la força d'accepter une pension du roi de douze mille livres.

## CHAPITRE XVIII.

Charost capitaine des gardes du corps par le Dauphin. — Domingue; quel, et son propos sur Charost à la Dauphine. — Cause de la charge de Charost. — Fortune des trois Charost. — Cause curieuse du mariage du vieux Charost. — Cause du tabouret de grâce de la princesse d'Espinoy. — Prince d'Espinoy chevalier de l'ordre parmi les gentilshommes en 1661. — Pont d'or fait aux Charost pour leur ôter la charge de capitaine des gardes, et sa cause. — Habileté importante du vieux Charost. — Malice de Lauzun sur le duc de Charost, et sa cause — Raison qui fit renouveler des ducs vérifiés sans pairie. — Repentir de Louis XIII de l'érection de Paris en archevêché. — Cause qui fit Charost duc et pair. — Raison qui priva Harlay, archevêque de Paris, du cardinalat, et qui le fit duc et pair. — Importance des entrées. — Ruses d'Harlay, archevêque de Paris, démontées par Charost. — Dessein du duc de Beauvilliers et du Dauphin de me faire gouverneur de Mgr le duc de Bretagne. — Fortune de Charost du tout complète. — Campagne d'Allemagne. — Campagne de Savoie. — Campagne de Flandre. — Témérité du prince Eugène et de Marlborough. — Fautes énormes de Villars. — Impudence de Villars, qui donne faussement un démenti net et public au maréchal de Montesquiou, qui l'avale. — Course de

Contade à la cour; son caractère. — Siége de Bouchain; Ravignan dedans; sa situation personnelle; son caractère. — Bouchain rendu; la garnison prisonnière; générosité des ennemis à l'égard de Ravignan. — Fin de la campagne en Flandre. — Villars assez bien reçu à la cour, et pourquoi.

La charge vacante eut plusieurs prétendants. Je hasardai de m'en mettre par une lettre que je présentai au roi. Il me revint aussitôt qu'elle lui avoit plu assez pour me donner de l'espérance; mais M. de Beauvilliers, sans qui je ne faisois rien d'important, et qui m'y avoit exhorté à tout hasard, me la diminua bientôt. Le maréchal étoit mort le 22 août. Le vendredi matin, 4 septembre, le roi travailla à l'ordinaire avec le P. Tellier, puis envoya chercher le Dauphin. Il lui dit qu'en l'âge où il étoit, ce n'étoit plus pour soi qu'il devoit faire des choix de gens qui ne le serviroient guère, mais qui serviroient le Dauphin toute leur vie; qu'ainsi il vouloit lui donner un capitaine des gardes à son gré, et qu'il ordonnoit de lui dire franchement à qui des prétendants il donnoit la préférence. Le Dauphin, après lui avoir fait les réponses convenables, lui nomma le duc de Charost comme celui qui lui étoit le plus agréable, et dans l'instant il l'obtint. Le roi passa ensuite chez Mme de Maintenon; il y fit appeler Charost, lui donna la charge avec cinq cent mille livres de brevet de retenue pour en payer autant qu'en avoit le maréchal de Boufflers, lui dit qu'il devoit cette préférence au Dauphin, à qui il avoit laissé le choix, et lui ordonna d'envoyer sur-le-champ cette nouvelle à son père, à qui elle feroit grand plaisir.

Charost étoit lieutenant général, mais ne servoit plus depuis longtemps. Il n'étoit pas même sur un pied avec le roi à se faire craindre aux prétendants de la charge; ce fut donc un étonnement extrême et un bourdonnement étrange, et en même temps un événement qui imprima à toute la cour un grand respect pour le Dauphin et une persuasion parfaite de tout ce qu'il pouvoit. Un nommé Domingue, portemanteau de la Dauphine et fort familier avec elle, courut lui dire la nouvelle. Il osa ajouter qu'il l'en félicitoit avec toute la joie possible, parce qu'au moins M. de Charost, fait capitaine des gardes, ne seroit pas gouverneur de Mgr le duc de Bretagne. On verra qu'il ne fut pas prophète; mais la Dauphine en rit et y applaudit, et ce qui se trouva, là de ses familières, par qui je le sus. Ce Domingue étoit un garçon d'esprit et orné, fort au-dessus de son état, et bien traité et avec distinction de tout le monde. Il étoit venu tout enfant d'Espagne, avec son père, à la suite de la reine, à qui il étoit, et lui aussi quand il fut plus grand, puis à la dauphine de Bavière, enfin à celle-ci à son mariage. Elle avoit de la bonté pour lui, qui alloit à une vraie confiance. Il lui parloit pourtant en honnête homme, et très-franchement tête à tête, et ne laissoit pas de lui faire souvent impression. Il s'attacha tellement à elle qu'il ne voulut point se marier pour ne se point partager, et elle lui en savoit gré; enfin, il fut tellement touché de sa mort qu'il ne put se consoler. Il tomba dans des infirmités qui en moins d'un an le conduisirent au tombeau sans être sorti presque de sa chambre, ni avoir voulu voir personne que pour sa conscience.

N'ayant pas la charge, je fus ravi de la voir à un de mes plus intimes amis. Lui et moi nous l'étions réciproquement souhaitée. Je ne vis jamais homme si aise, et de la chose et de la manière. Le Dauphin, à travers toute sa modeste retenue, parut extrêmement content, et la Dauphine aussi, mais par concomitance : on a vu quel rang tenoit la duchesse de Béthune dans le petit troupeau de M. de Cambrai et parmi les disciples de Mme Guyon, et quelle considération il en revenoit au duc de Charost, son fils, auprès du Dauphin par celle de M. de Cambrai, et par les ducs de Chevreuse et de Beauvilliers, ce qui lui valut la charge. Quoique cette fortune fût fort peu apparente, et aussi peu espérée, on lui en verra faire une plus haute et encore moins attendue de lui ni de personne. C'est ce qui m'engage à un peu de digression sur la singulière et curieuse fortune de ces MM. de Charost.

Le comte de Charost, grand-père de celui-ci, étoit quatrième fils, mais tenant lieu de second fils du frère du premier duc de Sully, ministre favori d'Henri IV. Ce frère, qui étoit catholique, fut célèbre par ses nombreuses et importantes ambassades, par les succès qu'il y eut et par ses emplois considérables dans les armées; chevalier du Saint-Esprit en 1609, et mort à quatre-vingt-quatre ans, en 1649. Charost, son cadet, ne pouvoit pas espérer grand bien de lui. Le fameux procès que le comte de Soissons intenta au prince de Condé, duquel M. de Sully avoit pris la défense auprès d'Henri IV, qui le rendit partial, et dont le comte de Soissons ne pardonna jamais le succès au favori, avoit lié une amitié intime entre ce dernier et L'Escalopier, qu'il avoit fait nommer rapporteur du procès, et qu'il en fit récompenser d'une charge de président à mortier au parlement de Paris. L'Escalopier avoit une fille fort riche, dont M. de Sully, qui ne mourut qu'à la fin de décembre 1641, fit le mariage avec le comte de Charost, son neveu, en février 1639. Ce comte de Charost se trouva un homme de mérite qui se distingua fort dans toutes les guerres de son temps, et qui y eut toujours des emplois considérables. Il s'attacha au cardinal de Richelieu, jusqu'à s'en faire créature ; cette protection lui valut la charge de capitaine des gardes du corps, dont se défit, en 1634, le comte de Charlus, bisaïeul du duc de Lévi, et deux ans après, Calais.

Le cardinal Mazarin, qui se piqua d'aimer et d'avancer tout ce qui avoit particulièrement été attaché au cardinal de Richelieu, rechercha l'amitié du comte de Charost, et le mit en grande considération auprès de la reine mère, et ensuite auprès du roi, qui le regardèrent toujours comme un homme de tête et de valeur, et d'une fidélité à toute épreuve. Il se fit un principe de demeurer uni avec tout ce qui avoit tenu au cardinal de Richelieu, qu'il appeloit toujours son maître, et dont il avoit force portraits, quoique sa mémoire ne fût pas agréable à la reine mère. Il avoit beaucoup dépensé, il aimoit la faveur quoique fort homme d'honneur. Il maria donc son fils, au commencement de 1657, à la fille unique du premier lit de M. Fouquet qui étoit lors dans l'apogée du ministère et de la faveur. La sienne à lui obtint un tabouret de grâce en 1662, qui fit le mariage de sa fille avec le prince d'Espinoy qui n'y songeoit pas, et qui avoit été avec lui de la promotion de l'ordre de 1661, sans aucune prétention parmi les gentilshommes, et qui n'en a jamais eu jusqu'à sa mort. Celle du cardinal Mazarin, qui suivit de près le mariage que Charost avoit fait de son fils, la fut de bien plus près de la disgrâce, ou plutôt de la perte de Fouquet que ce premier ministre mourant avoit conseillée.

Colbert, son intendant, qu'il avoit recommandé comme un homme très-capable, s'éleva bientôt sur les ruines du surintendant. Le Tellier et lui, qui bien qu'ennemis étoient très-unis pour la perte de Fouquet qu'ils avoient hâtée et approfondie, le furent toujours à la sceller de toutes parts. Dans la frayeur de son retour, ils ne voyoient qu'avec la dernière inquiétude le vif sentiment avec lequel le vieux Charost et son fils avoient pris les malheurs de Fouquet, combien ils s'étoient peu embarrassés de garder les moindres mesures dans leurs discours et dans leurs mouvements en sa faveur. Le fils étoit capitaine des gardes en survivance de son père, ils n'en avoient rien perdu de leur familiarité, ni de leur considération auprès du roi et auprès de la reine, et l'un et l'autre aimoient, estimoient et distinguoient le père comme un ancien serviteur de toute épreuve, ce qui influoit aussi sur le fils. Les deux ministres ne purent se croire en sûreté à l'égard de Fouquet, ni sur eux-mêmes, tant que ces deux hommes conserveroient une charge qui leur donnoit un accès si libre et si continuel. Le roi et la reine sa mère, tiraillés de part et d'autre, se seroient trouvés soulagés de voir leur charge en d'autres mains ; mais trop sûrs de leur fidélité, et trop accoutumés à une sorte de déférence pour le père, ils ne purent se résoudre à les en dépouiller. Ce fut donc aux deux ministres à recourir à la voie de la négociation, et ils eurent permission de leur faire un pont d'or.

Charost, vieux routier de cour, sentit qu'à la longue il ne leur résisteroit pas, deviendroit à la fin à charge au roi et seroit forcé de faire avec dégoût, et pour ce qu'on voudroit bien lui donner, une chose qu'il pouvoit faire alors avec agrément en imposant la loi, et en conservant et augmentant même sa considération et sa familiarité. Le traité fut donc que M. de Duras lui rendroit le prix de sa charge, et qu'il en seroit pouvu; que M. de Charost auroit pour rien la lieutenance générale unique de Picardie, Boulonois et pays reconquis, avec le commandement en chef dans la province; que son fils, qui quitteroit sa survivance en faveur de M. de Duras, auroit celle de ladite lieutenance générale, avec celle du gouvernement de Calais, et que le père et le fils seroient en même temps faits ducs à brevet l'un et l'autre; mais ce ne fut pas tout; le père voulut deux choses du roi, auquel il s'adressa directement, et les obtint toutes les deux. L'une fut un billet entièrement écrit et signé de la propre main du roi, portant parole et promesse expresse de ne point faire de pair de France pour quelque cause que ce pût être, sans faire Charost père ou fils, et sans le faire avant tout autre, en sorte qu'il auroit le rang d'ancienneté sur celui ou ceux que le roi voudroit faire. L'autre chose fut un brevet d'affaires au père et un au fils, c'est-à-dire de moindres entrées que celles des premiers gentilshommes de la chambre, et beaucoup plus grandes que toutes les autres. Cette voie si rare et si précieuse d'un accès continuel et familier n'étoit pas le compte des deux ministres qui l'auroient bien empêché s'ils l'avoient pu, mais Charost brusqua ce dernier point du roi à lui, comme le vin du marché, sans lequel il ne pouvoit le conclure de bon cœur, ni quitter une charge qui l'approchoit si fort de lui, et sans s'assurer pour soi et pour son fils de s'en approcher encore davantage. Le billet fut un point capital et un effort extrême de considération. C'est l'unique promesse que le roi ait jamais donnée par écrit d'aucune grâce. On verra bientôt de quelle importance furent les entrées et le promesses, et combien ce trait fut celui d'un habile homme. Il mourut en 1681, à soixante-dix-sept ans, et toujours en grande considération.

Il ne faut pas omettre que Calais et la lieutenance générale de Picardie fut et est encore un morceau de quatre-vingt mille livres de rente, outre le grand établissement. Charost son fils servit avec distinction, et se maintint dans la familiarité du roi : ce ne fut pas sans une légère éclipse. Il étoit à Calais lorsque la reine d'Angleterre y arriva avec le prince de Galles. M. de Lauzun, qui les avoit sauvés d'Angleterre et conduits, s'étoit pris à Pignerol d'une aversion extrême contre le malheureux Fouquet, qu'il y avoit trouvé et laissé. Cette haine s'étendit à sa famille, et il n'en est jamais revenu. Tout occupé qu'il devoit être de son retour à la faveur d'une fortune si unique et si inimaginable, il ne le fut pas moins de nuire à Charost. Il rendit au roi un compte si désavantageux en tout de Charost, de sa réception de la reine d'Angleterre, de l'état de Calais et de la garde de la place, que Charost eut le dégoût d'y voir arriver Laubanie en qualité de commandant, le même qui s'acquit longtemps depuis tant de gloire à la défense de Landau. Charost revint, et lui et Lauzun demeurèrent des années sans se parler et longtemps sans se saluer.

Laubanie se conduisit en très-galant homme qu'il étoit à l'égard de Charost, avec toutes sortes d'égards et de respects, et se fit un point d'honneur de lui rendre justice, et de détruire les mauvaises impressions que le roi avoit prises. Il y réussit, et Charost revint auprès du roi comme auparavant. Il avoit vu faire en divers temps plusieurs ducs vérifiés, M. de La Feuillade, M. de Chevreuse, M. de La Rocheguyon, M. de Duras, le maréchal d'Humières : il s'en étoit plaint. Le roi, qui ne les faisoit point pairs pour éviter de faire Charost, lui répondoit toujours froidement qu'il avoit tort de se plaindre, qu'il ne faisoit point de pairs, et Charost en effet n'avoit point à répliquer, mais il voyoit que le roi se moquoit de lui. A la fin la faveur d'Harlay, archevêque de Paris, prévalut. Il étoit duc à brevet depuis le mois d'avril 1674, et il petilloit d'attacher la pairie à son siége. Ce n'est pas d'aujourd'hui que les rois se laissent entraîner en des fautes, même en les voyant. Le cardinal Gondi avoit arraché le consentement de Louis XIII à l'érection de son évêché de Paris en archevêché. Rome, à son ordinaire, avoit longtemps balancé, pour mieux faire acheter une grâce qui lui coûtoit si peu. Cependant on ouvrit les yeux là-dessus à Louis XIII : il comprit qu'il n'avoit pas intérêt à augmenter l'autorité du siége de sa capitale, ni de ceux qui le rempliroient, et il en fut si persuadé, qu'il fit dépêcher un courrier à Rome pour rompre cette affaire : le courrier arriva le lendemain du consistoire où l'érection avoit passé ; le cardinal Gondi fut archevêque de Paris, d'évêque qu'il en étoit auparavant, et on se garda bien de laisser découvrir que, vingt-quatre heures plus tard, Paris n'eût jamais été métropole.

C'étoit ici le même inconvénient dans le genre séculier, et plus grand encore en tant que ce siége avoit déjà tout dans le genre ecclésiastique. Son prélat, que le roi aimoit, étoit duc à brevet ; c'étoit des honneurs pour sa personne, dont il se devoit d'autant mieux contenter, que ses successeurs ne lui étoient rien, et que leur dignité ne décoroit point sa famille. Le roi pouvoit aussi se contenter de cette distinction unique dans le clergé et personnelle qu'il lui avoit donnée, sans se soucier de ses successeurs, et craindre d'en augmenter l'autorité, que le cardinal de Retz lui avoit assez fait sentir, et de rendre une septième pairie éternelle; néanmoins la faveur l'emporta, et le roi résolut d'élever le siége de Paris à la pairie ; en même temps il ne vouloit point faire Charost ; il recommanda donc fort le secret à l'archevêque de Paris, dans le dessein qu'il fût enregistré et reçu en même moment, et que la grâce ne se sût que par là, quitte après de se défaire comme il pourroit des clameurs de Charost.

L'archevêque eut beau mener son affaire le plus sourdement qu'il fut possible, et le premier président et le procureur général l'y aider par ordre du roi, les érections sont sujettes à quantité de formes; Charost étoit au guet, il eut le vent de ce qu'il se préparoit, il en parla au roi qui biaisa, et se hâta de se défaire de lui. Charost par là encore, plus certain de la chose, et qu'on lui vouloit faire passer la plume par le bec, ne se rebuta point; il attaqua le roi à la fin du petit coucher, où le peu de ceux qui jouissoient de ces entrées avoient toujours la considération réciproque de sortir tous, dès que l'un d'eux se présentoit à parler au roi, comme il donnoit le bonsoir, afin de le laisser seul en liberté avec lui. Là le roi, prêt à se mettre au lit, ne pouvoit prétexter des affaires ni passer dans une autre pièce; il falloit bien qu'il écoutât jusqu'au bout des gens en très-petit nombre, la plupart en grande dignité, et distingués tous par leurs privances et presque tous par leurs charges. Le roi, pris ainsi au trébuchet, se mit à se promener par sa chambre avec Charost, qui, son billet à la main, le somma de sa parole comme le plus honnête homme qui fût dans son royaume. Le roi ne put disconvenir de l'engagement, mais il se tourna à exagérer les services de l'archevêque dont la nature demandoit d'autant plus une récompense éclatante et immédiate de sa main, qu'ils étoient obstacles invincibles à celle qu'il lui avoit voulu donner par Rome, où les propositions de l'assemblée du clergé de 1682 où il présidoit étoient si odieuses, que le pape, qui ne pouvoit ne pas remplir la nomination qu'il lui avoit donnée pour la promotion des couronnes, s'opiniâtroit depuis tant d'années à la différer toujours, et aimoit mieux ne faire plus de promotions de son pontificat, que de donner un chapeau à l'archevêque. Charost trouva ces raisons fort bonnes, mais il ajouta qu'elles ne concluoient en quoi que ce fût pour son exclusion, et pour que le roi oubliât les services de son père et les siens, et manquât pour l'unique fois de sa vie à une promesse solennelle, qu'il lui représentoit de sa propre main, et que lui-même avouoit telle.

Le roi prétendit que l'archevêque devoit passer seul par les considérations qu'il venoit d'expliquer, mais avec assurance qu'il ne feroit plus aucun pair sans tenir la parole qu'il avoit donnée. Charost insista et se retira au bout d'une demi-heure, fort mal satisfait du succès d'une si longue dispute. Il en eut encore trois fort près à près, toutes à la même heure, toutes autant ou plus longues, toutes en se promenant. A la dernière il emporta le prix de sa persévérance. Le roi lui dit qu'il lui auroit fait grand plaisir d'entrer dans ses raisons, et de se fier à lui pour une autre fois, mais enfin, puisqu'il ne se vouloit point relâcher de sa parole qu'il avoit, il la lui vouloit tenir, et qu'il pouvoit avertir de sa part le premier président et le procureur général de prendre ses ordres là-dessus, et qu'il pouvoit aussi prendre ses mesures pour ce qu'il avoit à faire de sa part. On peut juger qu'il n'y perdit pas de temps; lui-même m'a conté ce détail et celui qui va suivre, et m'a dit que sans ses entrées et la facilité de forcer le roi de l'écouter seul à la fin de son petit coucher tant qu'il vouloit, il n'auroit jamais emporté sa pairie.

L'archevêque de Paris, qui avoit compté sur la distinction d'être seul, voulut au moins être le premier des deux, et prit secrètement toutes ses mesures. Charost n'y fut pas moins attentif, ni moins bien servi qu'il l'avoit été sur l'érection même. Il retourna au roi toujours au petit coucher, toujours son billet en main; il se plaignit du dessein avantageux de l'archevêque, et montra au roi que sa parole n'étoit pas moins engagée à ce qu'il fût le premier de ceux qu'il feroit, qu'à n'en faire aucun sans lui. Le principal étoit accordé, l'accessoire ne tint pas. Le roi avoit bien tacitement consenti à la surprise que l'archevêque lui vouloit faire, mais une fois éventée et portée en plainte, elle ne tint pas. Le roi promit à Charost d'arrêter l'archevêque qui, en effet, ne fut enregistré et reçu au parlement que huit jours après lui. Mais ce fut encore une autre ruse où Charost le poursuivit jusqu'au bout. L'archevêque, outré de n'avoir pu faire que Charost ne fût point fait pair en même temps que lui, plus piqué encore de n'avoir pu réussir à faire passer sa pairie la première, eut la petitesse d'en vouloir éviter au moins la préséance actuelle, et pour cela voulut, ce qui ne se fait jamais, être reçu à la dérobée sans assistance d'aucun pair. Il eut encore l'infortune d'être découvert et forcé dans ce dernier retranchement. Charost, toujours aux écoutes, fut encore averti. Il sut le jour que le secret complot se devoit exécuter ; en vingt-quatre heures il s'assura du plus grand nombre de pairs qu'il put, qui arrivèrent avec lui à la grand'chambre à sept heures du matin comme on alloit commencer l'affaire de l'archevêque. Ils l'y trouvèrent lui-même qui attendoit à l'ordinaire des pairs qui vont être reçus, et ils lui firent des compliments dont il se seroit bien passé. Sa surprise et son dépit ne purent se cacher. Ces pairs prirent aussitôt leurs places, et l'archevêque fut obligé de prendre la sienne au-dessous du duc de Charost.

Cette aventure fut fort ridicule pour l'archevêque, et Charost eut complète satisfaction. Il avoit été duc à brevet avec son père en 1672, et il fut pair avec l'archevêque de Paris en 1690. Il étoit chevalier de l'ordre de 1688. La teinture que M. de Lauzun lui avoit donnée auprès du roi, et qui n'étoit pas encore effacée, comme elle la fut depuis, eut grande part à tout ce qu'il eut à surmonter dans cette occasion pour lui si capitale.

Il maria son fils, cause de cette digression, en 1680, à sa

cousine germaine, fille du prince d'Espinoy et de sa première femme qui mourut trois ans après, et lui laissa deux fils. Il se remaria huit ans après à une Lamet, fille unique de Baule, gouverneur de Dourlens, dont il eut après le gouvernement. Il avoit déjà les survivances de son père de Calais et de Picardie, etc. Il fut lieutenant général des armées du roi en 1702, et n'a presque pas servi depuis. Son père se démit de son duché en sa faveur en 1697. Il aimoit à aller au parlement, et y entraînoit souvent son cousin le duc d'Estrées. Le cardinal d'Estrées disoit plaisamment qu'il y avoit là du Lescalopier. Démis, il continua à y aller plus d'un an, parce que son fils ne s'y faisoit point recevoir. Le roi à la fin le trouva mauvais, et le duc de Charost fut reçu au parlement, et son père cessa d'y pouvoir aller, qui, lors de sa démission avoit pris le nom de duc de Béthune. Nous verrons dans la suite la continuation de cette fortune. M. de Beauvilliers qui ne jugeoit le duc de Charost propre qu'aux choses du dehors, qui en effet ne lui communiquoit jamais rien, et qui l'avoit extrêmement approché du Dauphin sur ce même pied-là de tout temps, le voulut placer de même auprès de lui, récompenser ainsi la liaison si intime de sa mère, favoriser tout le petit troupeau, et avoir un homme à eux et à lui dans cette charge principale, et qui par la singularité de la grâce fît montre du crédit du Dauphin.

Il avoit sur moi d'autres vues qu'il ne tarda pas à m'expliquer, et où je fus bientôt après confirmé par le Dauphin même. C'étoit de me faire gouverneur de Mgr le duc de Bretagne, né le 8 janvier 1707, lorsqu'il seroit en âge de sortir des mains des femmes, place dont il y avoit d'autant plus d'apparence que le roi en laisseroit la disposition au Dauphin, qu'il venoit de lui donner celle d'une autre principale, et qui ne lui étoit ni si directe ni si intime. Dieu qui souffle sur les projets des hommes n'a pas permis l'accomplissement de celui-là. On verra bientôt enterrer ce jeune prince avec toute l'espérance et le bonheur de la nation, avec toutes les grâces, les charmes et les plaisirs de la cour. Ainsi Charost, par des événements uniques, eut le pont d'or que la compagnie des gardes valut à sa famille pour s'en démettre, rattrapa en sus cette même compagnie, et on verra qu'outre qu'il la fit passer à fils et à petit-fils, avec les charges qui en avoient été la récompense et la dignité de duc et pair où elle l'avoit porté, il eut encore la place qui m'avoit été destinée, et dont la vue fit préférer Charost pour la charge de capitaine des gardes du corps.

Les armées du Rhin et des Alpes passèrent de part et d'autre la campagne à s'observer, et à subsister. Besons, qui soulageoit fort d'Harcourt, vivoit aux dépens de l'ennemi au delà du Rhin, tandis qu'Harcourt étoit demeuré dans nos lignes de Wessembourg, avec le gros de l'armée, que Besons rejoignit après avoir consommé tout ce qu'il avoit pu de fourrages. Le reste de la campagne s'y passa dans cette tranquillité jusqu'à la mi-octobre, qu'Harcourt, ne voyant plus rien à craindre, la laissa en quartiers de fourrages sous Besons, et s'en alla prendre des eaux à Bourbonne.

Berwick, toujours sur une assez faible défensive, faute de troupes et de moyens à pouvoir mieux, ne fut que mollement inquiété; M. de Savoie, qui commandoit son armée, auroit pu l'attaquer plus d'une fois avec beaucoup d'avantage, mais il fut retenu par ses soupçons et plus encore par son mécontentement. Il prit ombrage du trop grand affoiblissement de la France, qui faisoit trop pencher la balance, et il ne pouvoit obtenir du nouveau gouvernement de Vienne de lui tenir les paroles qu'il avoit tirées du précédent, sur des cessions en Lombardie, ni en tirer les payements de ce qui lui étoit dû de subsides.

En Flandre, le prince Eugène et le duc de Marlborough, dans leur union accoutumée, se contentèrent longtemps de vivre aux dépens des pays du roi et de resserrer son armée dans des lignes. A ce qui s'y étoit passé les années précédentes, c'étoit pour celle-ci en être quitte à bon marché, quoique fort honteux. Néanmoins ces avantages des alliés, quoique très-réels, ne leur parurent pas dignes de leurs campagnes ordinaires. Marlborough, au faîte de la gloire et de la plus haute fortune où un capitaine de sa nation pût parvenir, se trouvoit menacé d'un funeste revers qu'il avoit un pressant intérêt de parer par quelque grand coup qui ranimât son parti, et qui pût ébranler celui qui lui étoit contraire. Le prince Eugène, personnellement mal avec l'archiduc successeur de son frère, et fort en brassière avec le nouveau gouvernement de Vienne, avoit le même intérêt que Marlborough. Il leur étoit particulier à chacun, et en commun ils avoient celui de la continuation de la guerre qui maintenoit toute leur autorité, leur puissance et leurs établissements, et qui augmentoit journellement leurs immenses richesses, de Marlborough surtout également avare et avide. De si pressantes raisons les jetèrent à une entreprise en apparence insensée, que leur bonheur, leur témérité, et l'incompréhensible conduite du maréchal de Villars fit réussir.

Ce dernier couvrait Bouchain. Outre le peu de places qui nous restoient de cette frontière si malmenée, celle-là est un passage fort important, tient la tête des rivières, ouvre ou ferme un grand pays. Pour en faire le siége il falloit tourner toute notre armée, et la place par un long détour, et s'exposer à tout au passage inévitable de l'Escaut. C'est ce que les deux généraux ennemis osèrent entreprendre au hasard d'une bataille, demi-passés ou incontinent après. Villars, qui tiroit gros de partout où il pouvoit, mais qui payoit peu et mal les espions, fut tard averti. Il voulut les suivre. S'il se fût pressé, il les eût combattus à l'Escaut. Il montra désir de réparer cette faute qui ne se pouvoit dissimuler, et arriva de fort bonne heure dans une belle plaine, où il voulut camper. Plusieurs officiers généraux et le maréchal de Montesquiou même lui rapportèrent des nouvelles des ennemis si proches et en si mauvais ordre, que personne ne douta qu'elles ne le déterminassent à les aller attaquer, et à réparer sur-le-champ l'occasion qu'il venoit de manquer. Son froid, ses difficultés, ses lenteurs, surprirent infiniment l'armée, où les nouvelles des ennemis s'étoient répandues, et avoient inspiré une ardeur qui éclata par des cris, et qui fit souvenir avec joie de l'ancien courage françois. Les remontrances furent redoublées, pressées, poussées au delà de la bienséance. Villars fut inflexible ; pour toutes raisons il vanta son courage avec audace, on n'en doutoit pas, et fit des rodomontades pour le lendemain. L'armée, en fureur contre lui, coucha en bataille, et ne s'ébranla qu'assez avant dans la matinée suivante par les mêmes lenteurs. Elle eut beau marcher, les ennemis avoient pris les devants, qui furent redevables de leur salut à la rare retenue du maréchal de Villars, dont le motif n'a pu être pénétré, puisque en l'état où les ennemis se trouvèrent, ils ne pouvoient, de l'aveu des deux armées, éviter d'être battus.

Villars avoit annoncé la bataille par un courrier à la cour, qui fut quatre jours dans la plus vive attente. Enfin un courrier arriva à Fontainebleau, que Voysin amena au roi, qui venoit de donner le bonsoir ; le Dauphin, qui se déshabilloit, se rhabilla, et tout courut en un moment chez le roi, pour apprendre le succès de la bataille, et savoir les morts et les blessés ; l'antichambre étoit pleine, qui croyoit que Voysin en lisoit le détail au roi, qui attendoit qu'il sortît avec la dernière impatience, et qui sut enfin de lui qu'il n'y avoit point eu d'action. Pour revenir à l'armée, Villars voyant les ennemis échappés, il se mit à éclater en reproches. Les officiers généraux, surpris tout ce qu'on peu l'être, se regardèrent les uns les autres ; Albergotti et quelque autre avec lui, prirent la parole pour le faire souvenir qu'il n'avoit pas tenu à leurs représentations les plus vives qu'il n'eût vivement poursuivi sa marche. Montesquiou, qui se crut plus offensé et plus à l'abri que les autres par son bâton de maréchal de France, lui répondit plus vertement qu'eux; un prompt démenti net et sec, sans détour ni enveloppe, fut le salaire de cette vérité; Montesquiou frémit, tourna le dos de sa main sur la garde de son épée et sortit.

Villars, fier de ce triomphe, l'unique de sa campagne, après en avoir coup sur coup manqué deux si beaux, si sûrs, si nécessaires, se mit à braver de plus belle, d'autant mieux qu'après cet étrange essai, il ne craignoit plus d'être contredit en face; mais la vérité étoit contre lui, elle demeuroit entière, elle étoit connue de toute l'armée, et quoique Montesquiou n'en fût pas aimé, il fut visité de toute l'armée en foule. Villars enfin, un peu revenu à soi, fut fort embarrassé; il fit des pas pour se raccommoder avec Montesquiou. Les armées, non plus que les cours, ne manquent pas de gens qui aiment à se faire de fête et à s'empresser; il s'en trouva qui volontiers s'entremirent entre les deux maréchaux. Le second, bien fâché d'avoir à repousser contre son supérieur une injure si atroce et si publique, ne fut pas fâché d'en sortir par l'apparente porte de l'amour du bien public dans des conjonctures fâcheuses, soutenu par une réputation plus que faite sur la valeur, et par la consolation d'avoir toute l'armée pour témoin de la vérité qu'il avoit soutenue. Pour couper court à une si étrange affaire, il ne fut pas question d'éclaircissement qui n'eût pas été possible, ni d'excuse qui n'eût fait qu'aggraver; on crut qu'un air d'oubli ou de chose non avenue étoit l'unique voie à prendre. Dès le lendemain Montesquiou parut un moment chez Villars, et peu à peu ils se revirent à l'ordinaire. Pour achever tout de suite ce qui regarde cette aventure, elle revint à Paris et à la cour par toutes les lettres de l'armée. Le roi aimoit Montesquiou qu'il voyoit depuis longtemps quelquefois par les derrières, et qui étoit ami de tous les valets principaux, mais son démenti le peinoit bien moins que la cause et que les suites qu'il en voyoit par le siége de Bouchain, que les ennemis avoient formé; il ordonna donc à Villars de lui envoyer un officier général bien instruit pour lui rendre compte des mouvements qui avoient précédé ce siége. Villars, en bon courtisan, choisit Contade, major du régiment des gardes, fort connu du roi et fort dans le grand et le meilleur monde, qui étoit major général de son armée. Contade savoit aller et parler, et se tourner à propos, et fort bien à qui il avoit affaire; il s'étoit fort attaché à Villars, il étoit fort ami de la maréchale et plus qu'ami de longtemps de Mme de Maisons, sœur de la maréchale. Contade arriva le 20 août à Fontainebleau; il fut le lendemain matin vendredi conduit après la messe du roi chez Mme de Maintenon, où ils demeurèrent deux heures avec lui. Ils y retournèrent encore l'après-dînée où Contade prit congé; il fut après assez longtemps seul avec le Dauphin dans son cabinet, et repartit le 22 pour retourner à l'armée. On peut juger du compte que rendit Contade, disposé comme il l'étoit, choisi et instruit par Villars, en présence de Mme de Maintenon, qui lui fut toujours si favorable, et d'un ministre moins ministre du roi et d'État que ministre de cette dame.

Marlborough, qui n'avoit jamais tenté un si dangereux hasard, se félicita publiquement d'y être échappé, et ne songea plus qu'à former le siége de Bouchain, qui étoit l'objet qui l'avoit engagé à s'y exposer, ce qu'il exécuta incontinent après. Villars espéra d'abord de sauver la place en s'y entretenant une communication libre par les marécages. La garnison y étoit bonne, forte et bien munie et approvisionnée, et Ravignan y commandoit. Il vint concerter avec les maréchaux; sa personne fit un embarras. Il avoit été fait prisonnier avec la garnison de Tournai et renvoyé sur parole. La difficulté des échanges l'empêcha de servir. Il exposa le malheur de cette situation au duc de Marlborough, qui eut la générosité, par sa réponse, de lui permettre de servir, en l'avertissant toutefois qu'il ne lui répondoit en cela que des Anglois, et nullement des Impériaux ni des Hollandois.

Cette restriction n'arrêta point Ravignan. Il avoit beaucoup d'ambition, il ne pouvoit la satisfaire que par la guerre. Il l'aimoit et il étoit fort bon officier, et de même nom que le président de Mesmes, qui prenoit grande part à lui. Il étoit fort connu du roi, dont il avoit été page, et qui avoit ri quelquefois de ses tours de page, et de ce que la passion de la chasse lui avoit fait faire. Il ne balança donc pas à servir d'inspecteur qu'il étoit et partout où il put, mais sans être mis comme officier général sur les états des armées, parce que la permission seule des Anglois ne suffisoit pas pour cela. Il falloit quelqu'un d'intelligent pour commander l'été dans Bouchain, et on l'y mit parce qu'on ne crut pas que la place dût craindre d'être assiégée. Le cas arrivé, il fut question de savoir si Ravignan y demeureroit. C'étoit contrevenir très-directement à sa parole à l'égard des Impériaux et des Hollandois. Il est même si différent de servir en ligne parmi la foule, ou de se charger de la défense d'une place attaquée, que Marlborough avoit droit de trouver que c'étoit abuser de la générosité de sa permission. Les lois de la guerre n'alloient à rien moins qu'à excepter Ravignan de toute capitulation si la place étoit prise, et de le faire pendre haut et court, ce que Marlborough, quelque bonne volonté qu'il pût lui conserver, n'étoit pas en état d'empêcher. Cette matière amplement délibérée au camp, tandis que Ravignan s'y trouvoit, il fut résolu que son honneur ni la bonne foi de la guerre ne devoient pas être exposés, et on songeoit déjà à envoyer dès le soir même un autre commandant dans Bouchain; mais Ravignan mit moins son honneur à garder sa parole, qu'à sortir d'une place, où il commandoit, à la vue des ennemis qui alloient former le siége. Il pressa Villars de l'y laisser retourner, et il fit des instances si fortes que Villars, outré d'un siége formé par ses fautes, et dont les suites étoient si terribles pour les campagnes suivantes, ne fut peut-être pas fâché d'en laisser la défense à un officier aussi entendu, et dont l'opiniâtreté seroit assistée de la perspective d'une potence.

Ainsi, contre l'avis universel, Villars prit sur soi d'y renvoyer Ravignan, qui ne se le fit pas dire deux fois et y retourna aussitôt.

La communication avec la place, entreprise avec de grands travaux, ne put se soutenir. Albergotti qui la gardoit en fut chassé, et l'événement fut regardé comme décisif pour le siége. Il produisit des accusations réciproques entre Albergotti et Villars, qui furent fort poussées. Tout à la fin du siége, l'adroit Italien n'oublia aucune souplesse pour se raccommoder avec son général. A l'extérieur il ne parut plus rien; personne n'en fut la dupe, et à leur retour, ils se portèrent l'un à l'autre tous les coups qu'ils purent, mais avec une égale impuissance. Villars fit toutes les démonstrations de vouloir combattre et secourir la place. On est encore à savoir s'il en eut effectivement le dessein. La fanfaronnade fut courte, il s'éloigna pour subsister. Cependant, après une défense de moins d'un mois, Bouchain battit la chamade le 13 septembre, et la garnison, prisonnière de guerre, fut conduite à Tournai. Les généraux ennemis ne voulurent pas s'apercevoir de Ravignan avec toute la générosité possible, et demeurèrent un mois à réparer la place. Il étoit lors la mi-octobre.

Marlborough étoit pressé de passer la mer pour soutenir son parti fort abandonné, et une fortune chancelante. Le prince Eugène, si inséparablement uni à lui par les mêmes intérêts, n'étoit pas lui-même sans inquiétudes, comme on l'a vu. Il avoit à soutenir à la Haye la bonne volonté d'Heinsius et de leur cabale, à y tout concerter en l'absence de Marlborough, et la perspective d'un voyage en Allemagne vers un nouveau maître et une cour nouvelle avec qui il étoit mal. De si fortes raisons, et dans une saison si avancée, leur persuadèrent de finir la campagne. Notre armée, harassée à l'excès et sans utilité, profita aussitôt de l'exemple; chacun de part et d'autre tourna aux quartiers d'hiver. Villars fut assez bien reçu, parce qu'on n'avoit personne à lui substituer pour la campagne suivante; Montesquiou passa l'hiver sur la frontière comme les précédents, et, par la raison qui vient d'être expliquée, fut assez peu content d'une course qu'il vint faire à la cour.

FIN DU NEUVIÈME VOLUME.

# NOTES.

### I. DES ANCIENNES PAIRIES; PAIRS ECCLÉSIASTIQUES ET LAÏQUES.

#### Page 248.

A l'époque féodale, et spécialement aux XII$^e$ et XIII$^e$ siècles, les douze pairs de France étaient en grande renommée. Le poëte Robert Wace, qui vivait au XII$^e$ siècle, parle, dans son *Roman du Brut*, de

> Douze comtes d'aulte puissance,
> Que l'on clamoit les pairs de France.

Suivant l'usage de cette époque, les poëtes transportaient l'institution des douze pairs dans tous les pays, et à la cour de tous les princes dont ils chantaient les exploits. Ainsi, dans le *Roman d'Alexandre*, le roi de Macédoine, avant de commencer la guerre contre les Perses, mande toute sa noblesse et ses chevaliers, puis choisit douze pairs, dont l'un doit porter l'étendard royal. L'Écosse et l'Angleterre ont aussi leurs douze pairs dans le *Roman de Perceforêt*. Ces légendes poétiques constatent la haute renommée dont jouissaient les douze pairs de France. Mais quels étaient, en réalité, les personnages qui formaient cette cour féodale des douze pairs? Il y avait six archevêques ou évêques, trois ducs et trois comtes.

Les pairs ecclésiastiques étaient : 1° l'archevêque-duc de Reims, auquel appartenait le droit de sacrer les rois de France; en son absence, c'était l'évêque de Soissons qui remplissait cette fonction; 2° l'évêque-duc de Laon, qui portait la sainte ampoule au sacre des rois; 3° l'évêque-duc de Langres, auquel était confiée l'épée royale dans la même cérémonie; 4° l'évêque-comte de Beauvais; il présentait au roi le manteau royal; il allait, avec l'évêque-duc de Laon, chercher le roi au palais de l'archevêque de Reims, et l'amenait à l'église ; ces deux prélats se tenaient aux côtés du roi pendant qu'il recevait les onctions, l'aidaient à se lever de son fauteuil, et demandaient à l'assemblée, par un souvenir des anciennes élections des rois barbares, si elle était disposée à reconnaître le prince pour son souverain ; 5° l'évêque-comte de Châlons-sur-Marne ; il portait au sacre l'anneau royal ; 6° l'évêque-comte de Noyon ; la ceinture et le baudrier royal lui étaient confiés.

A la tête des pairs laïques, on plaçait primitivement le duc de Normandie. Matthieu Pâris, parlant des douze pairs, dit positivement : « Le duc de Normandie est le premier entre les pairs laïques, et le plus illustre[1]. » 2° Le duc de Bourgogne. Lorsque Jean le Bon donna le duché de Bourgogne à son fils Philippe le Hardi, en 1363, il lui accorda le premier rang entre les pairs de France ; et depuis cette époque, les ducs de Bourgogne en restèrent en possession. Au sacre de Charles VI, en 1380, Philippe le Hardi, duc de Bourgogne, précéda son frère aîné, Louis d'Anjou, en sa qualité de *doyen des pairs de France*. Des lettres patentes de Louis XI, en date du 14 octobre 1468, confirmèrent la prérogative des successeurs de Philippe le Hardi, et déclarèrent que le duché de Bourgogne était la première pairie. Au sacre des rois, le duc de Bourgogne portait la couronne. 3° Le duc de Guyenne ou d'Aquitaine. C'était à lui qu'était remise, dans cette cérémonie, la première bannière carrée ou étendard royal. 4° Le comte de Flandre ; il portait au sacre une des épées du roi. 5° Le comte de Champagne. On lui donnait le titre de palatin ou comte du palais, parce qu'il exerçait primitivement la juridiction sur tous les officiers du palais. Il était chargé de la seconde bannière royale ou étendard de guerre. 6° Le comte de Toulouse. Il avait aspiré au premier rang entre les pairs laïques, comme comte de Narbonne ; mais sa prétention ne fut pas admise. Au sacre, il portait les éperons du roi.

## II. DES SECRÉTAIRES D'ÉTAT ; DE LEUR ORIGINE ET DE LEURS DÉPARTEMENTS DANS L'ANCIENNE MONARCHIE.

Pages 282 et 365.

Saint-Simon revient souvent sur les ministres secrétaires d'État, sur leur puissance récente et faible dans l'origine, sur les accroissements qu'elle prit successivement, et sur les départements attribués

---

1. « Dux Normanniæ primus inter laicos et nobilissimus. »

à chacun d'eux. Il ne sera pas inutile de résumer rapidement pour le lecteur moderne les renseignements propres à éclaircir ces passages de Saint-Simon.

*La ténuité de l'origine* des secrétaires d'État, comme dit Saint-Simon (p. 365), ne saurait être contestée. On les appelait primitivement *clercs du secret*, parce que, depuis la fin du xiii° siècle, ils étaient chargés de rédiger les délibérations du conseil secret du roi. Ce fut seulement au xvi° siècle qu'ils sortirent de cette humble condition. Florimond Robertet, qui était secrétaire d'État sous le règne de Louis XII, fut le premier qui contre-signa les ordonnances des rois de France. En 1547, Henri II, qui venait de monter sur le trône, fixa à quatre le nombre des secrétaires d'État, et augmenta leurs honoraires. La division de leurs attributions était, à cette époque, purement géographique : ainsi BOCHETEL avait dans son département la Normandie, la Picardie, l'Angleterre et l'Écosse; CLAUSSE, la Provence, le Languedoc, la Guyenne, la Bretagne, l'Espagne et le Portugal; DE L'AUBESPINE, la Champagne, la Bourgogne, la Bresse, la Savoie, la Suisse et l'Allemagne; DU THIER, le Dauphiné, le Piémont, Rome, Venise et l'Orient. Une pareille division supposait à chaque ministre une capacité universelle, ou le réduisait au rôle d'un simple secrétaire de correspondance. Telle était, en effet, la position des ministres secrétaires d'État, même au xvi° siècle. Henri III voulut vainement déterminer leurs fonctions avec plus de netteté, par des ordonnances rendues à Blois, aux mois de mai et de septembre 1588; les troubles qui suivirent paralysèrent toutes les réformes de ce prince.

Ce fut seulement au xvii° siècle que les ministres commencèrent à se partager les départements de la maison du roi, de la guerre, de la marine, des affaires étrangères. Déjà, sous Henri IV, nous voyons un des secrétaires d'État chargé du département de la maison du roi et des affaires ecclésiastiques. En 1619, un des secrétaires d'État eut la correspondance avec tous les généraux, et devint un véritable ministre de la guerre. Le Tellier et son fils Louvois donnèrent à ce département la plus haute importance. En 1626, toutes les affaires extérieures, qui jusqu'alors étaient divisées entre les quatre secrétaires d'État, furent réunies entre les mains d'un seul; le ministère des affaires étrangères fut créé. Richelieu et Mazarin, qui dirigeaient toute la politique extérieure, n'y mirent que des commis; mais après la mort de Mazarin, de Lyonne donna à ce ministère une importance qui ne fit que s'accroître sous ses successeurs. La marine ne forma un département particulier qu'à l'époque où Colbert en fut chargé. Elle resta, jusqu'en 1669, réunie au département des affaires étrangères. Quant aux finances et à la justice, ils ne dépendaient pas des secrétaires d'État. Les surintendants des finances, et, après leur suppression en 1661, les contrôleurs généraux étaient chargés de l'administration du trésor public. La justice était placée sous la direction du chancelier. Le commerce, les travaux publics, les postes, les colonies, l'instruction publique, ne formaient pas des départements ministériels, et ne dépendaient pas spécialement d'un des secrétaires d'État. Le roi en disposait comme bon lui semblait. Ainsi les travaux publics, ou direction générale des bâtiments, qui avaient appartenu à Colbert, à la fois contrôleur général des finances et secrétaire d'État de la marine, furent donnés, après sa mort, au ministre de la guerre, Louvois.

Il n'y avait point, dans l'ancienne monarchie, de ministre de l'intérieur. Les généralités, qui formaient, sous Louis XIV, les principales circonscriptions administratives de la France, étaient partagées entre les quatre secrétaires d'État, et on retrouvait dans cette organisation une partie des divisions géographiques que nous avons signalées plus haut. Ainsi, du secrétaire d'État des affaires étrangères dépendaient la haute et basse Guyenne, les intendances de Bayonne, Auch et Bordeaux, la Normandie, la Champagne, la principauté de Dombes, le Berry, et la partie de la Brie qui était rattachée à la généralité de Châlons-sur-Marne. Le ministre secrétaire d'État de la maison du roi avait dans son département la ville et généralité de Paris, le Languedoc, la Provence, la Bourgogne, la Bresse, la Bretagne, le comté de Foix, la Navarre, l'Auvergne, le Nivernais, le Bourbonnais, le Limousin, l'Angoumois, la Marche, le Poitou, la Saintonge, l'Aunis, la Touraine, la Picardie, le Boulonais, etc. Telles étaient les provinces de La Vrillière, dont Saint-Simon parle dans ce volume (p. 282). Les ports de mer et les colonies dépendaient du ministre de la marine. Le secrétaire d'État de la guerre avait l'Alsace, la Franche-Comté, la Lorraine, le Dauphiné, l'Artois, la Flandre, le Roussillon, etc.

Les divisions géographiques que je viens de rappeler ont subi de fréquentes variations; mais cette organisation administrative a existé, sauf quelques modifications, jusqu'à l'époque de la révolution française. Pour remédier aux inconvénients d'une administration sans unité, on tenait tous les quinze jours, en présence du roi, le conseil des dépêches, où l'on réglait tous les détails de l'administration intérieure du royaume. Les secrétaires d'État expédiaient dans les provinces qui leur étaient attribuées les règlements et ordonnances arrêtés dans ce conseil.

## III. CARDINAL DE BOUILLON ; ARRÊT DU PARLEMENT

(2 janvier 1711).

T. V, p. 296, et t. VI, p. 277.

Le cardinal de Bouillon a joué un grand rôle à la fin dn XVIIe siècle, et pendant plusieurs années on le considéra comme un des chefs les plus illustres de l'Église de France. Son orgueil finit par lui attirer une disgrâce dont il ne se releva jamais. Saint-Simon, qui le traite avec beaucoup de sévérité, a insisté sur les actes déplorables auxquels il se laissa entraîner par la vanité et l'ambition[1]. Les documents officiels confirment les assertions de l'historien. Je citerai, entre autres, un arrêt du parlement en date du 2 janvier 1711.

### ARRÊT DU PARLEMENT DE PARIS DU 2 JANVIER 1711[2].

« Vu par la cour la requête à elle présentée par le procureur général du roi contenant que la cour ayant ordonné, par un arrêt du 5 août dernier, que le lieutenant général en la sénéchaussée de Lyon se transporteroit dans l'abbaye et dans l'église de Cluny en présence du substitut du procureur général du roi au même siége, tant pour y dresser procès-verbal et y faire faire un plan du mausolée que le cardinal de Bouillon a commandé d'y faire élever dans cette église et des ouvrages qui en dépendent, que pour tirer des extraits des actes de ce monument et la sépulture de la maison de La Tour; cet arrêt a été pleinement exécuté dans toutes ses parties, soit par la description exacte que le lieutenant général de Lyon a faite de ces ouvrages, soit par les dessins qu'il en a fait tracer, soit par la copie qu'il en a insérée dans son procès-verbal de tous les actes contenus dans les registres de Cluny qui pouvoient avoir rapport à la sépulture de la maison de La Tour dans l'église de cette abbaye; que le procureur général n'entrera point dans un long détail des conséquences que l'on peut tirer de ce procès-verbal et de tout ce qui l'accompagne; il aime mieux s'en rapporter à l'impression que ces pièces

---

1. Voy., entre autres, t. II, p. 428 et suiv.; V, p. 296 et suiv.; VI, p. 277 et suiv. de cette édition.
2. Extrait des registres du parlement, Bibl. imp. du Louvre, ms., B, 1253-1.

feront sur l'esprit de la cour, quand elle les examinera, que de prévenir cette impression par des paroles toujours inutiles, lorsque les choses parlent d'elles-mêmes; qu'il se contentera donc d'observer qu'entre les ornements étrangers qu'il paroît par le procès-verbal du lieutenant général de Lyon, que le cardinal de Bouillon a fait mettre sans aucun fondement à plusieurs endroits de l'église de Cluny, comme le manteau fourré d'hermine et un bonnet à peu près semblable à celui des princes de l'empire d'Allemagne, on trouve, soit dans le mausolée, soit dans les actes qui regardent la sépulture de la maison de La Tour, une vérité de dessins, dont toutes les parties tendent également à consacrer et immortaliser, par la religion d'un tombeau toujours durable, les prétentions trop ambitieuses de son auteur sur l'origine et sur la grandeur de sa maison; c'étoit là ce que les statues, les inscriptions, les ornements et toute la structure de ce mausolée devoient apprendre à la postérité, et celui qui en a conçu l'idée s'étant flatté sans doute que l'on s'accoutumeroit insensiblement aux titres magnifiques que ce monument suppose et dont quelque jour il deviendroit une preuve, qui, après avoir paru longtemps aux yeux du public sans être contestée, pourroit enfin être regardée comme incontestable; que le procureur général du roi, qui doit mettre au nombre de ses principaux devoirs l'honorable nécessité que son ministère lui impose de réprimer toute grandeur qui s'élève au-dessus de ses bornes légitimes, est d'autant plus obligé de le faire dans cette occasion qu'il s'agit ici, non d'un honneur vain et stérile qui ne fait point d'autre mal que de flatter l'orgueil de celui qui l'usurpe, mais d'une ambition aussi dangereuse que téméraire qui a jeté dans le cœur du cardinal de Bouillon ces principes d'indépendance et ces semences de révolte qu'il a fait enfin éclater par sa sortie du royaume et par cette lettre criminelle, par lesquelles il a mérité que la cour lui fît son procès comme à un coupable de lèse-majesté; que, dans la nécessité où le procureur général du roi se trouve de s'élever contre l'ouvrage d'une vanité, si vaste dans ses vues et si pernicieuse dans ses effets, il espère au moins qu'il ne sera jamais obligé de l'imputer qu'à celui qui jusqu'à présent en paroît l'unique auteur, et qu'il présume assez de la sagesse et de la fidélité du reste de la maison de La Tour pour croire qu'entre tous ceux de cette maison qui sont dans le royaume, il ne s'en trouvera aucun qui veuille se rendre coupable de la faute d'autrui en entreprenant de la soutenir, et qui ne sente que leur véritable honneur consiste à savoir se renfermer glorieusement dans la solide et réelle grandeur de leur maison pour la transmettre d'autant plus pure à leurs descendants qu'ils l'auront déjà dégagée de tout ce qu'une fiction étrangère a voulu y ajouter de faux et de chimérique; mais que la justice que le procureur général du roi croit lui rendre en cela ne le dispense pas de prendre toutes les précautions nécessaires pour empêcher que, dans des siècles éloignés et peut-être peu instruits de ce qui se sera passé dans celui-ci, on n'abuse de la sépulture de la maison de La Tour dans l'église de Cluny et des titres gravés sur les cercueils de ceux de cette maison qui y sont enterrés, pour faire revivre des prétentions auxquelles cette procédure et ces titres paroîtroient donner un nouveau jour à une espèce de prétention que la faveur des conjonctures fait quelquefois passer en cette matière pour la vérité; que c'est dans toutes ces vues que le procureur général du roi a cru devoir dresser les conclusions que son ministère l'oblige de prendre sur le procès-verbal dudit lieutenant général de Lyon; et comme cet officier n'y a point joint de copie de la table généalogique et des cinq pièces déposées dans les archives de l'abbaye de Cluny pour servir à la généalogie de la maison de La Tour, le procureur général du roi, auquel il est important que ces pièces soient communiquées, ne peut que demander à la cour qu'elles soient apportées au greffe pour faire ensuite à cet égard les réquisitions qu'il jugera nécessaires. A ces causes requéroit le procureur général du roi qu'il plût à la cour ordonner que lesdits monuments, mausolées, statues, ouvrages et ornements en dépendant, mentionnés dans le procès-verbal dudit lieutenant général, ensemble les dessins et modèles dudit mausolée qui sont dans l'église et abbaye de Cluny, et pareillement les titres gravés sur le cercueil du sieur Louis de La Tour, enterré dans ladite église, en seront incessamment ôtés, détruits et effacés, comme aussi que la délibération du chapitre général de Cluny de l'an 1685, transcrite au commencement de la cinquième page du registre dudit chapitre; la délibération des religieux de ladite abbaye, du 24 octobre 1685, transcrite au treizième feuillet des registres des actes capitulaires de la communauté de Cluny commençant le 2 janvier 1682; l'acte du 25 octobre 1692 concernant la réception des corps des feu sieur et feue dame duchesse de Bouillon et du feu sieur Louis de La Tour, leur petit-fils, dans l'église de Cluny, et pareillement la délibération du 14 octobre 1693, transcrite au vingt-septième feuillet du même registre des actes capitulaires de ladite communauté, touchant la réception du cœur du feu sieur maréchal de Turenne, ensemble tous autres actes semblables, si aucuns y a, concernant ladite sépulture seront rayés et biffés, à la marge desquels sera fait mention de l'arrêt qui interviendra sur ladite requête, lequel sera en outre transcrit en entier dans le registre des délibérations capitulaires de l'abbaye de Cluny, enjoint au lieutenant général de Lyon de tenir la main à l'exécution dudit arrêt, à l'effet de quoi il se transportera dans ladite abbaye en présence du substitut du procureur général du roi en ladite sénéchaussée de Lyon, et, avant de faire droit sur ce qui regarde la table et les pièces servant à la généalogie de la maison de La Tour trouvées dans les archives de ladite abbaye, ordonne que ladite table généalogique de ladite maison, et la liasse composée de cinq pièces mentionnées dans le procès-verbal dudit lieutenant général, seront apportées au greffe de la cour, enjoint aux religieux dépositaires desdites tables et pièces de les y envoyer après le premier commandement qui leur en sera fait; à quoi faire ils seront contraints par les voies en tels cas requises et accoutumées; quoi faisant déchargés; pour ce fait, rapporté et communiqué au procureur général, par lui pris telles conclusions qu'il appartiendra, vu aussi le procès-verbal de transport du lieutenant général en la sénéchaussée de Lyon, en présence du substitut du procureur général du roi en ladite sénéchaussée dans l'église et abbaye de Cluny, du 13 août 1710 et jours suivants, fait en exécution de l'arrêt du 5 du même mois, ensemble les actes insérés dans le procès-verbal, et les plans et dessins y attachés, faits en exécution dudit arrêt par le peintre nommé d'office à cet effet par ledit lieutenant général suivant ledit arrêt attaché à ladite requête du procureur général du roi; ouï le rapport de maître Jean Le Nain, conseiller; tout considéré,

« LA COUR, ayant égard à la requête dudit procureur général du roi, ordonne que lesdits monument ou mausolée, statues, ouvrages et monuments en dépendant, mentionnés dans le procès-verbal dudit lieutenant général de Lyon, ensemble les dessins et modèles dudit mausolée qui sont dans l'église et abbaye de Cluny, et pareillement les titres gravés sur le cercueil de Louis de La Tour enterré dans ladite église, en seront incessamment ôtés, détruits et effacés, comme aussi que la délibération du chapitre général de Cluny de l'année 1685, transcrite au commencement de la cinquième page du registre dudit chapitre; la délibération des religieux de ladite abbaye du 24 octobre 1685, transcrite au treizième feuillet du registre des actes capitulaires de la communauté de Cluny commençant le 2 janvier 1682; l'acte du 25 octobre 1692 concernant la réception des corps du feu duc et de la feue duchesse de Bouillon et du feu Louis de La Tour, leur petit-fils, dans l'église de Cluny, et pareillement la délibération du 14 octobre 1693, transcrite au vingt-septième feuillet du même registre des actes capitulaires de ladite communauté touchant la réception du cœur du feu maréchal de Turenne, ensemble tous autres actes semblables, si aucuns y a, concernant ladite sépulture, seront rayés et biffés, à la marge desquels sera fait mention du présent arrêt, lequel sera en outre transcrit en entier dans le registre desdites délibérations capitulaires de l'abbaye de Cluny, enjoint au lieutenant général de Lyon de tenir la main à l'exécution dudit arrêt, à l'effet de quoi il se transportera dans ladite abbaye, en présence du substitut du procureur général du roi en ladite sénéchaussée de Lyon, et avant faire droit sur ce qui regarde la table et les pièces servant à la généalogie de la maison de La Tour trouvées dans les archives de ladite abbaye, ordonne que ladite table généalogique de ladite maison et la liasse composée de cinq pièces mentionnées dans ledit procès-verbal dudit lieutenant général de Lyon, seront apportées au greffe de la cour, enjoint aux religieux dépositaires desdites tables et pièces de les y envoyer après le premier commandement qui leur en sera fait, à quoi faire ils seront contraints par les voies en tels cas requises et accoutumées, pour ce fait, rapporté et communiqué au procureur général du roi, être par lui pris telles conclusions qu'il appartiendra, et vu par la cour être ordonné ce que de raison. »

FIN DES NOTES DU NEUVIÈME VOLUME.

# TABLE DES CHAPITRES

### DU NEUVIÈME VOLUME.

Chapitre premier. — Prince de Lorraine coadjuteur de Trèves. — Mort et caractère du cardinal Grimani. — Mort et famille de la duchesse de Modène; son deuil. — Mort et fortune du prince de Salm. — Mort du comte de Noailles. — Mort et caractère de Mme de Ravetot; sa famille et celle de son mari — Mort, famille et singularité de l'abbé de Pompadour. — Dixième denier. — P. Tellier persuade au roi que tous les biens de ses sujets sont à lui. — Explication du conseil des finances. — Monseigneur et Mgr le duc de Bourgogne fâchés du dixième. — Sortie de Mgr le duc de Bourgogne contre les financiers. — Du Mont m'avertit de la plus folle calomnie persuadée contre moi à Monseigneur. — Crédulité inconcevable de ce prince. — Mme de Saint Simon s'adresse à Mme la duchesse de Bourgogne, qui détrompe pleinement Monseigneur et me tire d'affaire.................................................................... 1

Chapitre ii. — Abbé de Vaubrun rappelé après dix ans d'exil. — Sa famille, son caractère. — Bulle qui condamne les jésuites sur les usages chinois. — Cinq hommes d'augmentation par compagnie d'infanterie. — Taxe d'usuriers. — Refonte et profit de la monnoie. — Pont de Moulins tombé. — Ravages de la Loire. — Grand prieur enlevé par une espèce de partisan impérial. — Apanage et maison de M. [le duc] et de Mme la duchesse de Berry. — Rare méprise. — Benoist, contrôleur de la bouche, homme dangereux. — Scrupule du roi sur la vénalité des charges de ses aumôniers. — Mme de La Rochepot fort étrangement admise, comme femme du chancelier de M. le duc de Berry, à Marly, à [la] table et dans les carrosses de Mme la duchesse de Bourgogne. — Mme la duchesse de Bourgogne seule maîtresse indépendante de sa maison. — Retour des généraux. — Fervaques quitte le service. — Mort du lord Greffin. — Mort de Spanheim. — Mort et deuil de la duchesse de Mantoue. — Prétendu faiseur d'or. — Boudin; son état et son caractère. — Bals, fêtes et plaisirs à la cour tout l'hiver.................................................... 25

Chapitre iii. — 1711. — Prince de Conti, Médavy, du Bourg, Albergotti, Goesbriant reçus chevaliers de l'ordre. — Singularités sur le prince de Conti. — Goesbriant gouverneur de Verdun. — Mariage de Châtillon avec une fille de Voysin. — Électeur de Cologne, à Paris et à la cour, dit la messe à Mme la duchesse de Bourgogne. — Son étrange poisson d'avril.

— Mort de l'électeur de Trèves. — La Porte déclare la guerre à la Russie. — Nangis colonel du régiment du roi. — Mort, famille et caractère de Feuquières. — Réflexion sur les vilains. — Mort et caractère d'Estrades; sa naissance. — Prétention et procès de d'Antin sur la dignité de duc et pair d'Épernon. — D'Antin obtient permission du roi d'intenter son procès. — Ruse et artifice de son discours. — Appartement du roi à Marly. — Ferme et nombreuse résolution de défense. — Avis sensé et hardi d'Harcourt. — Causes de fermeté. — Mesures prises. — Je refuse la direction de l'affaire, dont je fais charger les ducs de Charost et d'Humières. — Opposition à d'Antin signée. — Étrange procédé du duc de Mortemart. — Souplesse de d'Antin. — Partialité du roi pour d'Antin, inutile. — Misérable procédé de La Feuillade. — Ducs dyscoles. — Aiguillon. — Le roi fait déclarer son impartialité au parlement. — Inquiétude singulière du duc de Beauvilliers à la réception du duc de Saint-Aignan, son frère............................................. 37

CHAPITRE IV. — Prise de Girone. — Brancas en est fait gouverneur. — Estaires et Beaufremont chevaliers de la Toison d'or, et le duc de Noailles grand d'Espagne de la première classe, qui passe en Espagne, dont l'armée ne peut s'assembler qu'en août. — Dix mille livres de pension du roi d'Espagne à Mme de Rupelmonde, dont le mari avoit été tué à Brihuega. — Mort du duc de Medina-Celi. — Mort du marquis de Legañez. — Mort du prince de Médicis, auparavant cardinal. — Bergheyck à Paris, passe en Espagne, d'où il est bientôt renvoyé par la princesse des Ursins. — Premier mariage du duc de Fronsac, peu après mis en correction à la Bastille. — Fortune de Mme de Villefort. — Fortune de Mlle de Pincré, qui épouse le fils de Mme de Villefort. — Mariage d'un cadet de Nassau-Siegen avec la sœur du marquis de Nesle. — Famille et mariage de Saint-Germain-Beaupré avec la fille de Doublet, qui se fourre de tout. — Mot cruel du premier président Harlay aux deux frères Doublet. — Mouvements du procès de la succession de M. le Prince. — M. le Duc perd en plein son procès contre Mmes ses tantes, et avec des queues fâcheuses. — Mort et court éloge du maréchal de Choiseul. — Chevalier de Luxembourg gouverneur de Valenciennes. — Mort de Boileau-Despréaux. — Mort du fils aîné du maréchal de Boufflers, dont la survivance passe au cadet............................................. 69

CHAPITRE V. — Commencement de l'affaire qui a produit la constitution *Unigenitus*. — Bagatelles d'Espagne. — Maillebois resté otage à Lille, s'en sauve. — Étrange fin de l'abbé de La Bourlie à Londres. — Mariage de Lassai; sa famille. — Enfants de M. du Maine en princes du sang à la chapelle. — Mort de la duchesse douairière d'Aumont; son caractère. — Mort et famille de Mme de Châteauneuf. — Mon embarras à l'égard de Monseigneur et de sa cour intérieure............................ 84

CHAPITRE VI. — Maladie de Monseigneur. — Le roi à Meudon. — Le roi mal à son aise hors de ses maisons; Mme de Maintenon encore plus. — Contrastes dans Meudon. — Versailles. — Harengères à Meudon bien reçues. — Singulière conversation avec Mme la duchesse d'Orléans chez moi. — Spactacle de Meudon. — Extrémité de Monseigneur. — Mort de Monseigneur. — Le roi va à Marly. — Spectacle de Versailles. — Surprenantes larmes de M. le duc d'Orléans............................................. 103

CHAPITRE VII. — Continuation du spectacle de Versailles. — Plaisante aventure d'un Suisse. — Horreur de Meudon. — Confusion de Marly. — Caractère de Monseigneur. — Problème si Monseigneur avoit épousé Mlle Choin. — Monseigneur sans agrément, sans liberté, sans crédit avec le roi. — Monsieur et Monseigneur morts outrés contre le roi. — Monseigneur peu à Versailles. — Complaisant aux choses du sacre. — Monseigneur et Mme de Maintenon fort éloignés. — Cour intime de Monseigneur. — Monseigneur, plus que sec avec Mgr [le duc] et Mme la duchesse de Bourgogne, aime M. le duc de Berry et traite bien Mme la duchesse de Berry. — Monseigneur favorable aux ducs contre les princes. — Monseigneur fort vrai; Mlle Choin aussi. — Opposition de Monseigneur à l'alliance du sang bâtard prétendue. — Désintéressement de Mlle Choin. — Monseigneur attaché à la mémoire et à la famille du duc de Montausier. — Amours de Monseigneur. — Ridicule aventure. — Monseigneur n'aime point M. du Maine et traite bien le comte de Toulouse. — Cour plus ou moins particulière de Monseigneur. — Infamies du maréchal d'Huxelles. — Aversions de Monseigneur. — Éloignement de Mgr [le duc] et de Mme la duchesse de Bourgogne. — M. [le duc] et Mme la duchesse de Berry bien avec Monseigneur. — Crayon et projets de Mme la duchesse de Berry. — Affection de Monseigneur pour le roi d'Espagne. — Portrait raccourci de Monseigneur..................................... 120

CHAPITRE VIII. — Obsèques [de Monseigneur]. — Mme de Maintenon à l'égard de Monseigneur et de Mgr [le duc] et de Mme la duchesse de Bourgogne. — Genre de la douleur du roi. — Ses ordres sur les suites de la mort de Monseigneur. — Ses occupations des premiers jours. — Douze mille livres de pension à Mlle Choin, bien traitée du nouveau Dauphin et de la Dauphine. — Gêne de sa vie. — Sagesse de sa conduite après la mort de Monseigneur; n'est point abandonnée. — Princesse de Conti veut inutilement se raccommoder avec Mlle Choin. — Du Mont justement bien traité et Casau. — Princesse d'Angleterre cède à Mme la Dauphine en lieu tiers. — Deuil drapé de Monseigneur. — Situation de M. [le duc] et de Mme la duchesse de Berry. — Les deux battants des portes, chez les fils et filles de France, ne s'ouvrent que pour les fils et les filles de France. — Colère de Mme la duchesse de Berry. — Orage tombé sur Mme la duchesse de Berry. — Elle avoue à Mme de Saint-Simon ses étranges projets, avortés par la mort de Monseigneur, laquelle l'exhorte à n'oublier rien pour se raccommoder avec Mme la Dauphine. — Mme la duchesse de Berry se raccommode avec Mme la Dauphine. — Service de M. [le duc] et Mme la duchesse de Berry à Mgr le Dauphin et à Mme la Dauphine. — Singulier avis de Mme de Maintenon à Mme la Dauphine. — Duc de La Rochefoucauld prétend la garde-robe du nouveau Dauphin, et la perd contre le duc de Beauvilliers. — Soumission et modération de Mgr le Dauphin; veut être nommé et appelé Monsieur, et non Monseigneur. — Marly repeuplé. — Châtillon et Beauvau obtiennent de draper. — Deuil singulier pour Monseigneur. — Bâtards obtiennent d'être visités en fils de France sur la mort de Monseigneur. — Manteaux et mantes à Marly. — Indécence et confusion parfaite. — Burlesque ruse de Mme la Princesse. — Monseigneur et Mme la Dauphine en mantes et en manteaux à Saint-Germain. — Ministres étrangers à Versailles, où les compagnies haranguent Mgr le Dauphin, traité par le parlement de Monseigneur par ordre du roi.................................................. 153

CHAPITRE IX. — Mort et caractère de la duchesse de Villeroy. — Mort de l'empereur Joseph. — Prince Eugène mal avec son successeur. — Mort de Mmes de Vaubourg et Turgot. — Mort de Caravas. — Mariage des deux filles de Beauvau avec Beauvau et Choiseul. — Reprise de l'affaire d'Épernon. — Force prétentions semblables prêtes à éclore. — Leur impression sur les parties du procès d'Épernon. — Ancien projet de règlement sur les duchés-pairies en 1694; son sort alors. — Perversité du premier président d'Harlay, qui le dressa. — Duc de Chevreuse, de concert avec d'Antin, gagne le chancelier pour un règlement sur ce modèle. — Le chancelier m'en confie l'idée et l'ancien projet. — Raisons qui m'y font entrer sans en prévoir le funeste, et j'y travaille seul avec le chancelier. — Ancien projet et mes notes dessus. — Grâce de substitution accordée au duc d'Harcourt enfourne ce règlement. — Sagesse et franchise d'Harcourt avec moi sur les bâtards. — Je joins le maréchal de Boufflers au secret, qui est restreint d'une part entre nous deux et Harcourt en général, de l'autre entre Chevreuse et d'Antin en général, et sans nous rien communiquer. — Harcourt parle au roi, et la chose s'enfourne. — Chimères de Chevreuse et de Chaulnes. — Duc de Beauvilliers n'approuve pas les chimères; ne peut pourtant être admis au secret du règlement par moi. — Secret de tout ce qui se fit sur le règlement uniquement entre le chancelier et moi. — Trait hardi et raffiné du plus délié courtisan de d'Antin, qui parle au roi. — Le roi suspend la plaidoirie sur le point de commencer sur la prétention d'Épernon............ 180

CHAPITRE X. — Discussion du projet de règlement entre le chancelier et moi. — Friponnerie insigne et ambitieuse du premier président d'Harlay. — Apophthegme du premier maréchal de Villeroy. — Je fais comprendre les ducs vérifiés en l'édit. — L'amitié m'intéresse aux lettres nouvelles de Chaulnes, et le chancelier s'y porte de bonne grâce. — Je l'y soutiens avec peine, dépité qu'il devient des sophismes du duc de Chevreuse. — Le chancelier travaille seul avec le roi sur le règlement. — Son aversion des ducs et sa cause. — Scélératesse du premier président d'Harlay sur le sacre et la propagation des bâtards. — Je propose le très-faible dédommagement de la double séance de pairs démis. — Le roi, uniquement pour son autorité, favorable à M. de La Rochefoucauld contre moi. — Chaulnes enfourné. — Mémoire uniquement portant sur l'autorité du roi, qui me vaut la préséance sur M. de La Rochefoucauld. — Défaut de foi et hommage; explication et nécessité de cet acte. — Alternative ordonnée en attendant jugement; et commencée par la tirer au sort. — Préjugés célèbres du roi en faveur de M. de Saint-Simon. — Singulier procédé entre les ducs de Saint-Simon et de La Rochefoucauld lors et à la suite de la réception au parlement du premier. — Autre préjugé du roi tout récent en faveur de M. de Saint-Simon. — L'autorité du roi favorable à M. de Saint-Simon. — Enregistrement sauvage des lettres d'érection de La Rochefoucauld. — Lettres de M. le duc de Saint-Simon à M. le chancelier; de M. le chancelier à M. le duc de Saint-Simon; de M. le duc de Saint-Simon à M. le chancelier. — Éclaircissement de quelques endroits de mes lettres. — Anecdote curieuse de l'enregistrement de La Rochefoucauld................................................ 207

CHAPITRE XI. — Courte et foncière explication de la question de préséance entre la première réception du pair au parlement, et la date de l'enregistrement de la pairie. — Nature de la dignité. — Ce qui de tout temps fixoit l'ancienneté du rang des pairs, l'a fixée toujours et la fixe encore aujourd'hui. — Fausse et indécente difficulté tombée de la date de chaque réception successive. — Dignité de duc et pair mixte de fief et d'office, et unique de ce genre. — L'impétrant, et sa postérité appelée et installée avec lui en la dignité ds pair, à la différence de tout autre officier. — — Reprise de l'édit. — Lettre de M. le duc de Saint-Simon à M. le chancelier. — Lettre de M. le chancelier à M. le duc de Saint-Simon — J'apprends du chancelier les articles de l'édit résolus. — Je confie au duc de Beauvilliers, et au duc et à la duchesse de Chevreuse, que Chaulnes va être réérigé pour leur second fils. — L'édit en gros s'évente. — Mouvements de Matignon et des Rohan; leur intérêt. — Lettres de M. le duc de Saint-Simon à M. le chancelier: de M. le chancelier à M. le duc de Saint-Simon. — L'édit passé, dont j'apprends par le chancelier tous les articles tels qu'ils y sont. — Double séance rejetée et Chaulnes différé, après avoir été accordés. — D'Antin, reçu duc et pair au parlement, m'invite seul d'étranger au repas. — Le roi se montre content que j'y aie été. — Adresse et impudence de d'Antin. — Sagesse et dignité de Boufflers. — Douleur de Matignon et son affaire avec le duc de Chevreuse. — Duc de La Rocheguyon fait au chancelier des plaintes de l'édit; prétend en revenir contre ma préséance, qui le refroidit, et le duc de Villeroy, entièrement et pour toujours avec moi. — Fâcheux personnage du duc de Luxembourg sur l'édit; est à Rouen, et pourquoi.................. 245

CHAPITRE XII. — Grand changement à la cour par la mort de Monseigneur, et ses impressions différentes. — Duc du Maine. — Duc du Maine fort mal à Marly. — Princesse de Conti. — Cabale. — Duc de Vendôme. — Vaudemont et ses nièces. — Mlle de Lislebonne abbesse de Remiremont. — Mme la Duchesse. — Prince de Rohan. — Princes étrangers. — D'Antin. — Huxelles, Beringhen, Harcourt, Boufflers, Sainte-Maure, Biron, Roucy, La Vallière. — Ducs de Luxembourg, La Rocheguyon, Villeroy. — La Feuillade. — Ministres et financiers. — Le chancelier et son fils. — La Vrillière. — Voysin. — Torcy. — Desmarets. — Duc de Beauvilliers. — Fénelon archevêque de Cambrai. — Union de M. de Cambrai et de tout le petit troupeau. — Duc de Charost et sa mère. — Duc et duchesse de Saint-Simon. — Conduite des ducs de Chevreuse et de Beauvilliers. — Duc de Chevreuse. — Mgr le Dauphin. — Mme de Maintenon point aux ministres, tout au Dauphin. — Ministres travaillent chez le Dauphin............................................................ 268

CHAPITRE XIII. — Voyages des généraux d'armée. — Permangle bat et brûle un grand convoi. — Duc de Noailles près du roi d'Espagne avec ses troupes sous Vendôme. — La reine d'Espagne attaquée d'écrouelles. — Bonac relève Blécourt à la cour d'Espagne. — Marly en jeu et en sa forme ordinaire; cause de sa singulière prolongation. — Premier mariage de Belle-Ile. — Mariage de Montboissier avec Mlle de Maillé. — Mariage de Parabère avec Mlle de La Vieuville. — Course à Marly de l'électeur de Bavière. — Mort de Langeron, lieutenant général des armées navales. — Mort, caractère, descendance et titres du duc d'Albe, ambassadeur d'Espagne en France; sa succession. — Fils d'Amelot président à mortier. — Digne souvenir du roi des services de Molé, premier président et garde des sceaux. — Bergheyck à Marly, mandé en Espagne. — Voyage du roi d'Angleterre par le royaume. — Grand prieur à Soleure. — Deuil de l'empereur suspendu, et sa cause. — Le roi d'Espagne donne ce qui lui reste aux Pays-Bas à l'électeur de Bavière, qui passe à Marly allant à Namur, et envoie le comte d'Albert en Espagne; comte de La Marck suit l'électeur, de la part du roi, sans caractère. — Gassion bat en Flandre douze bataillons et dix escadrons; son mérite et son extraction. — Clôture de l'assemblée extraordinaire du clergé; admirable et hardie harangue au roi de Nesmond, archevêque d'Albi. — Le Dauphin montré au clergé par le roi. — Services de Monseigneur à Saint-Denis et à Notre-Dame. — Merveilles du Dauphin à Paris. — Nul duc ne s'y trouve, quoique le roi l'eût désiré. — Création d'officiers gardes-côtes. — Pontchartrain en abuse et de mon amitié, me trompe, m'usurpe, et je me brouille avec lui. — Usurpation très-attentive des secrétaires d'État. — Sottise d'amitié. — Trahison noire de Pontchartrain. — Étrange procédé de Pontchartrain, qui me veut leurrer par Aubanton. — Impudence et embarras de Pontchartrain. — Le chancelier soutient le vol de son fils contre moi. — Peine et proposition des Pontchartrain. — Ma conduite avec eux.................................................................. 308

CHAPITRE XIV. — Splendeur du duc de Beauvilliers. — Causes, outre l'amitié, de sa confiance entière en moi. — Discussion de la cour entre lui et moi. — Torcy. — Desmarets. — La Vrillière. — Voysin. — Pontchartrain père et fils. — Caractère de Pontchartrain. — Je sauve Pontchartrain perdu. — Je conçois le dessein d'une réconciliation sincère entre le duc de Beauvilliers et le chancelier. — Singulier hasard sur le jansénisme. — Pontchartrain sauvé par le duc de Beauvilliers. — Conversation sur les Pontchartrain avec Beringhen, premier écuyer. — Son caractère. — Union et concert le plus intime entre les ducs et les duchesses de Beauvilliers, Chevreuse et Saint-Simon. — Conduite du dernier avec le Dauphin, et sa façon d'y être. — Mon sentiment sur le jansénisme, les jansénistes et les jésuites.............................. 331

CHAPITRE XV. — Situation personnelle de la duchesse de Saint-Simon à la cour. — Précautions de ma conduite. — Je sonde heureusement le Dauphin. — Court entretien dérobé avec le Dauphin. — Tête-à-tête du Dauphin avec moi. — Dignité : gouvernement, ministère. — Belles et justes espérances. — Conférence entre le duc de Beauvilliers et moi. — Autre tête-à-tête du Dauphin avec moi. — Secret de ces entretiens. — Dignité : princes, princes du sang, princes légitimés. — Belles paroles du Dauphin sur les bâtards. — Conférence entre le duc de Beauvilliers et moi. — Importance solide du duc de Beauvilliers. — Concert entier entre lui et moi. — Contrariété d'avis entre le duc de Beauvilliers et moi sur la succession de Monseigneur. — Manière dont elle fut traitée; extrême indécence qui s'y commit à Marly............................................... 359

CHAPITRE XVI. — Je vois souvent le Dauphin tête à tête. — Le Dauphin, seul avec moi, surpris par la Dauphine. — Ma situation à l'égard de la Dauphine. — Mérite de Mme de Saint-Simon m'est très-utile. — Aversion de Mme de Maintenon pour moi; sur quoi fondée. — Je travaille à unir M. le duc d'Orléans au Dauphin. — Intérieur de la famille royale; et le mien avec elle. — Je donne un étrange avis à M. le duc d'Orléans, qui en fait un plus étrange usage avec Mme sa fille. — Je me brouille et me laisse après raccommoder avec lui, et je demeure très-froidement avec Mme la duchesse de Berry depuis. — Dégoûts du roi de M. le duc d'Orléans. — Dangereux manéges du duc du Maine, qui projette le mariage de son fils avec une sœur de Mme la duchesse de Berry. — Je travaille à unir M. le duc d'Orléans au Dauphin et au duc de Beauvilliers, [union] à laquelle je réussis.................................................... 382

Chapitre XVII. — Mémoire des pertes de la dignité de duc et pair, etc. — Tête-à-tête du Dauphin avec moi. — Affaire du cardinal de Noailles remise par le roi au Dauphin. — Causes de ce renvoi. — Discussion entre le duc de Beauvilliers et moi sur un prélat à proposer au Dauphin pour travailler sous lui à l'affaire du cardinal de Noailles. — Voyage de Fontainebleau par Petit-Bourg. — Dureté du roi dans sa famille. — Comte de Toulouse attaqué de la pierre. — Musique du roi à la messe de la Dauphine. — Je raccommode sincèrement et solidement le duc de Beauvilliers et le chancelier. — Famille et mort du prince de Nassau, gouverneur de Frise. — Mort de Penautier; quel il étoit. — Mort du duc de Lesdiguières, qui éteint ce duché-pairie. — Neuf mille livres de pension sur Lyon au duc de Villeroy. — Mort de Pelletier, ci-devant ministre et contrôleur général. — Mort de Phélypeaux, conseiller d'État, frère du chancelier. — Mort de Serrant et du chevalier de Maulevrier; leur famille. — Mort de la princesse de Fürstemberg; sa famille, son caractère. — Maison de son mari. — Le tabouret lui est procuré tard par adresse. — Mariage du chevalier de Luxembourg avec Mlle d'Harlay. — Mort du cardinal de Tournon. — Mort et caractère du maréchal de Boufflers. — Danger que j'y cours. — Triste fin de vie. — Horreur des médecins. — Générosité de la maréchale de Boufflers, qui accepte à peine une pension du roi de douze mille livres........................................................ 401

Chapitre XVIII. — Charost capitaine des gardes du corps par le Dauphin. — Domingue; quel, et son propos sur Charost à la Dauphine. — Cause de la charge de Charost. — Fortune des trois Charost. — Cause curieuse du mariage du vieux Charost. — Cause du tabouret de grâce de la princesse d'Espinoy. — Prince d'Espinoy chevalier de l'ordre parmi les gentilshommes en 1661. — Pont d'or fait aux Charost pour leur ôter la charge de capitaine des gardes, et sa cause. — Habileté importante du vieux Charost. — Malice de Lauzun sur le duc de Charost, et sa cause. — Raison qui fit renouveler des ducs vérifiés sans pairie. — Repentir de Louis XIII de l'érection de Paris en archevêché. — Cause qui fit Charost duc et pair. — Raison qui priva Harlay, archevêque de Paris, du cardinalat, et qui le fit duc et pair. — Importance des entrées. — Ruses d'Harlay, archevêque de Paris, démontées par Charost. — Dessein du duc de Beauvilliers et du Dauphin de me faire gouverneur de Mgr le duc de Bretagne. — Fortune de Charost du tout complète. — Campagne d'Allemagne. — Campagne de Savoie. — Campagne de Flandre. — Témérité du prince Eugène et de Marlborough. — Fautes énormes de Villars. — Impudence de Villars, qui donne faussement un démenti net et public au maréchal de Montesquiou, qui l'avale. — Course de Contade à la cour; son caractère. — Siége de Bouchain; Ravignan dedans; sa situation personnelle; son caractère. — Bouchain rendu; la garnison prisonnière; générosité des ennemis à l'égard de Ravignan. — Fin de la campagne en Flandre. — Villars assez bien reçu à la cour, et pourquoi......... 425

## NOTES.

I. Des anciennes pairies; pairs ecclésiastiques et laïques........... 445

II. Des secrétaires d'État; de leur origine et de leurs départements dans l'ancienne monarchie................................ 446

III. Cardinal de Bouillon; arrêt du parlement..... ................ 449

FIN DE LA TABLE DES CHAPITRES.

TYPOGRAPHIE DE CH. LAHURE
Imprimeur du Sénat et de la Cour de Cassation
rue de Vaugirard, 9.

www.ingramcontent.com/pod-product-compliance
Lightning Source LLC
Chambersburg PA
CBHW070210240426
43671CB00007B/608